PORTRAITS
LITTÉRAIRES

I

Paris. — Imprimerie de P.-A. BOURDIER et Cⁱᵉ, rue Mazarine, 30.

PORTRAITS LITTÉRAIRES

PAR

C.-A. SAINTE-BEUVE

DE L'ACADÉMIE FRANÇAISE.

Nouvelle Édition revue et corrigée.

I

BOILEAU, PIERRE CORNEILLE,
LA FONTAINE, RACINE, JEAN-BAPT. ROUSSEAU,
LE BRUN, MATHURIN REGNIER, ANDRÉ CHÉNIER,
GEORGE FARCY, DIDEROT, L'ABBÉ PRÉVOST,
M. ANDRIEUX, M. JOUFFROY, M. AMPÈRE,
BAYLE, LA BRUYÈRE, MILLEVOYE,
CHARLES NODIER.

PARIS

GARNIER FRÈRES, LIBRAIRES-ÉDITEURS

6, RUE DES SAINTS-PÈRES ET PALAIS-ROYAL, 215

1862

« Chaque publication de ces volumes de critique est
« une manière pour moi de liquider en quelque sorte
« le passé, de mettre ordre à mes affaires littéraires. »
C'est ce que je disais dans une dernière édition de ces
portraits, et j'ai tâché de m'en souvenir ici. Bien que
ce ne soit qu'une édition nouvelle à laquelle un choix
sévère a présidé, j'ai fait en sorte qu'elle parût à certains égards véritablement augmentée. En parlant ainsi,
j'entends bien n'en pas séparer le volume intitulé :
Portraits de Femmes, qu'on a jugé plus commode d'isoler et d'assortir en une même suite, mais qui fait partie
intégrante de ce que j'appelle ma présente liquidation.
Les portraits des morts seuls ont trouvé place dans ces
volumes ; ç'a été un moyen de rendre la ressemblance
de plus en plus fidèle. J'ai ajouté çà et là bien des
petites notes et corrigé quelques erreurs. C'est à quoi
les réimpressions surtout sont bonnes ; les auteurs en
devraient mieux profiter qu'ils ne font. L'histoire litté-

raire prête tant aux inadvertances par les particularités dont elle abonde! Le docteur Boileau, frère du satirique, a écrit en latin un petit traité sur les bévues des auteurs illustres;-et, en les relevant, on assure qu'il en a commis à son tour. J'ai fait de plus en plus mon possible pour éviter de trop grossir cette liste fatale, où les grands noms qui y figurent ne peuvent servir d'excuse qu'à eux-mêmes. « L'histoire littéraire « est une mer sans rivage, » avait coutume de dire M. Daunou, qui en parlait en vieux nocher; elle a par conséquent ses écueils, ses ennuis. Mais il faut vite ajouter qu'au milieu même des soins infinis et minutieux qu'elle suppose, elle porte avec elle sa douceur et sa récompense.

Septembre 1843.

BOILEAU [1]

Depuis plus d'un siècle que Boileau est mort, de longues et continuelles querelles se sont élevées à son sujet. Tandis que la postérité acceptait, avec des acclamations unanimes, la gloire des Corneille, des Molière, des Racine, des La Fontaine, on discutait sans cesse, on revisait avec une singulière rigueur les titres de Boileau au génie poétique; et il n'a guère tenu à Fontenelle, à d'Alembert, à Helvétius, à Condillac, à Marmontel, et par instants à Voltaire lui-même, que cette grande renommée classique ne fût entamée. On sait le

[1] Cet article fut le premier du premier numéro de la *Revue de Paris* qui naissait (avril 1829); il parut sous la rubrique assez légère de *Littérature ancienne*, que le spirituel directeur (M. Véron) avait pris sur lui d'ajouter. Grand scandale dans un certain camp! Quoi? ces modèles toujours présents, venir les ranger parmi les *anciens*! Quinze ans après, M. Cousin, à propos de Pascal, posait en principe, au sein de l'Académie, qu'il était temps de traiter les auteurs du siècle de Louis XIV comme des *anciens*; et l'Académie applaudissait. — Il est vrai que dans ce second temps et depuis qu'on est entré méthodiquement dans cette voie, on s'est mis à appliquer aux œuvres du xviie siècle tous les procédés de la critique comme l'entendaient les anciens grammairiens. On s'est attaché à fixer le texte de chaque auteur; on en a dressé des lexiques. Je ne blâme pas ces soins; bien loin de là, je les honore, et j'en profite; le moment en était venu sans doute; mais l'opiniâtreté du labeur, chez ceux qui s'y livrent, remplace trop souvent la vivacité de l'impression littéraire, et tient lieu du goût. On creuse, on pioche à fond chaque coin et recoin du xviie siècle. Est-on arrivé, pour cela, à le sentir, à le goûter avec plus de justesse ou de délicatesse qu'auparavant?

motif de presque toutes les hostilités et les antipathies d'alors : c'est que Boileau n'était pas *sensible*; on invoquait là-dessus certaine anecdote, plus que suspecte, insérée à *l'Année littéraire*, et reproduite par Helvétius; et comme au dix-huitième siècle le *sentiment* se mêlait à tout, à une description de Saint-Lambert, à un conte de Crébillon fils, ou à l'histoire philosophique des Deux-Indes, les belles dames, les philosophes et les géomètres avaient pris Boileau en grande aversion (1). Pourtant, malgré leurs épigrammes et leurs demi-sourires, sa renommée littéraire résista et se consolida de jour en jour. Le *Poëte du bon sens*, le *législateur de notre Parnasse* garda son rang suprême. Le mot de Voltaire, *Ne disons pas de mal de Nicolas, cela porte malheur*, fit fortune et passa en proverbe; les idées positives du xviiie siècle et la philosophie condillacienne, en triomphant, semblèrent marquer d'un sceau plus durable la renommée du plus sensé, du plus logique et du plus correct des poëtes. Mais ce fut surtout lorsqu'une école nouvelle s'éleva en littérature, lorsque certains esprits, bien peu nombreux d'abord, commencèrent de mettre en avant des théories inusitées et les appliquèrent dans des œuvres, ce fut alors qu'en haine des innovations on revint de toutes parts à Boileau comme à un ancêtre illustre.

---

(1) Rien ne saurait mieux donner idée du degré de défaveur que la réputation de Boileau encourait à un certain moment, que de voir dans l'excellent recueil intitulé *l'Esprit des Journaux* (mars 1785, page 243) le passage suivant d'un article sur *l'Épître en vers*, adressé de Montpellier aux rédacteurs du journal; ce passage, à mon sens, par son incidence même et son hasard tout naturel, exprime mieux l'état de l'opinion courante que ne le ferait un jugement formel : « Boileau, « est-il dit, qui vint ensuite (après Regnier), mit dans ce qu'il écrivit « en ce genre *la raison en vers harmonieux et pleins d'images* : c'est « du plus célèbre poëte de ce siècle que nous avons emprunté ce juge- « ment sur les Épîtres de Boileau, parce qu'une infinité de personnes « dont l'autorité n'est point à mépriser, affectant aujourd'hui d'en « juger plus défavorablement, nous avons craint, en nous élevant « contre leur opinion, de mettre nos erreurs à la place des leurs. » Que de précautions pour oser louer !

et qu'on se rallia à son nom dans chaque mêlée. Les académies proposèrent à l'envi son éloge : les éditions de ses œuvres se multiplièrent ; des commentateurs distingués, MM. Viollet-le-Duc, Amar, de Saint-Surin, l'environnèrent des assortiments de leur goût et de leur érudition ; M. Daunou en particulier, ce vénérable représentant de la littérature et de la philosophie du xviiie siècle, rangea autour de Boileau, avec une sorte de piété, tous les faits, tous les jugements, toutes les apologies qui se rattachent à cette grande cause littéraire et philosophique. Mais, cette fois, le concert de si dignes efforts n'a pas suffisamment protégé Boileau contre ces idées nouvelles, d'abord obscures et décriées, mais croissant et grandissant sous les clameurs. Ce ne sont plus en effet, comme au xviiie siècle, de piquantes épigrammes et des personnalités moqueuses ; c'est une forte et sérieuse attaque contre les principes et le fond même de la poétique de Boileau ; c'est un examen tout littéraire de ses inventions et de son style, un interrogatoire sévère sur les qualités de poëte qui étaient ou n'étaient pas en lui. Les épigrammes même ne sont plus ici de saison ; on en a tant fait contre lui en ces derniers temps, qu'il devient presque de mauvais goût de les répéter. Nous n'aurons pas de peine à nous les interdire dans le petit nombre de pages que nous allons lui consacrer. Nous ne chercherons pas non plus à instruire un procès régulier et à prononcer des conclusions définitives. Ce sera assez pour nous de causer librement de Boileau avec nos lecteurs, de l'étudier dans son intimité, de l'envisager en détail selon notre point de vue et les idées de notre siècle, passant tour à tour de l'homme à l'auteur, du bourgeois d'Auteuil au poëte de Louis le Grand, n'éludant pas à la rencontre les graves questions d'art et de style, les éclaircissant peut-être quelquefois sans prétendre jamais les résoudre. Il est bon, à chaque époque littéraire nouvelle, de repasser en son esprit et de revivifier les idées qui sont représentées par certains noms devenus sacramentels, dût-on n'y rien changer, à peu près comme à chaque nouveau règne on refrappe monnaie et on rajeunit l'effigie sans altérer le poids.

De nos jours, une haute et philosophique méthode s'est introduite dans toutes les branches de l'histoire. Quand il s'agit de juger la vie, les actions, les écrits d'un homme célèbre, on commence par bien examiner et décrire l'époque qui précéda sa venue, la société qui le reçut dans son sein, le mouvement général imprimé aux esprits; on reconnaît et l'on dispose, par avance, la grande scène où le personnage doit jouer son rôle; du moment qu'il intervient, tous les développements de sa force, tous les obstacles, tous les contre-coups sont prévus, expliqués, justifiés; et de ce spectacle harmonieux il résulte par degrés, dans l'âme du lecteur, une satisfaction pacifique où se repose l'intelligence. Cette méthode ne triomphe jamais avec une évidence plus entière et plus éclatante que lorsqu'elle ressuscite les hommes d'état, les conquérants, les théologiens, les philosophes; mais quand elle s'applique aux poëtes et aux artistes, qui sont souvent des gens de retraite et de solitude, les exceptions deviennent plus fréquentes et il est besoin de prendre garde. Tandis que dans les ordres d'idées différents, en politique, en religion, en philosophie, chaque homme, chaque œuvre tient son rang, et que tout fait bruit et nombre, le médiocre à côté du passable, et le passable à côté de l'excellent, dans l'art il n'y a que l'excellent qui compte; et notez que l'excellent ici peut toujours être une exception, un jeu de la nature, un caprice du ciel, un don de Dieu. Vous aurez fait de beaux et légitimes raisonnements sur les races ou les époques prosaïques; mais il plaira à Dieu que Pindare sorte un jour de Béotie, ou qu'un autre jour André Chénier naisse et meure au xviiie siècle. Sans doute ces aptitudes singulières, ces facultés merveilleuses reçues en naissant se coordonnent toujours tôt ou tard avec le siècle dans lequel elles sont jetées et en subissent des inflexions durables. Mais pourtant ici l'initiative humaine est en première ligne et moins sujette aux causes générales ; l'énergie individuelle modifie, et, pour ainsi dire, s'assimile les choses ; et d'ailleurs, ne suffit-il pas à l'artiste, pour accomplir sa destinée, de se créer un asile obscur dans ce grand mouvement d'alentour, de trouver quelque part un coin oublié, où il puisse en paix tisser sa toile ou faire son miel? Il me semble donc que lorsqu'on parle d'un artiste et d'un poëte, surtout d'un poëte qui ne représente pas toute une époque, il est mieux de ne pas compliquer dès l'abord son histoire d'un trop vaste appareil philosophique, de s'en tenir, en commençant, au caractère privé, aux liaisons domestiques, et de suivre l'individu de près dans sa destinée intérieure, sauf ensuite, quand on le connaîtra bien, à le traduire au grand jour, et à le confronter avec son siècle. C'est ce que nous ferons simplement pour Boileau.

Fils d'un père greffier, né d'aïeux avocats (1636), comme il le dit lui-même dans sa dixième épître, Boileau passa son enfance et sa première jeunesse rue de Harlay (ou peut-être rue de Jérusalem), dans une maison du temps d'Henri IV, et eut à loisir sous les yeux le spectacle de la vie bourgeoise et de la vie de palais. Il perdit sa mère en bas âge ; la famille était nombreuse et son père très-occupé ; le jeune enfant se trouva livré à lui-même, logé dans une guérite au grenier. Sa santé en souffrit, son talent d'observation dut y gagner ; il remarquait tout, maladif et taciturne ; et comme il n'avait pas la tournure d'esprit rêveuse et que son jeune âge n'était pas environné de tendresse, il s'accoutuma de bonne heure à voir les choses avec sens, sévérité et brusquerie mordante. On le mit bientôt au collége, où il achevait sa quatrième, lorsqu'il fut attaqué de la pierre ; il fallut le tailler, et l'opération faite en apparence avec succès lui laissa cependant pour le reste de sa vie une très-grande incommodité. Au collége, Boileau lisait, outre les auteurs classiques, beaucoup de poëmes modernes, de romans, et, bien qu'il composât lui-même, selon l'usage des rhétoriciens, d'assez mauvaises tragédies, son goût et son talent pour les vers étaient déjà reconnus de ses maîtres. En sortant de philosophie, il fut mis au droit ; son père mort, il continua de demeurer chez son frère Jérôme qui avait hérité de la charge de greffier, se fit recevoir avocat, et bientôt, las de la chicane, il s'essaya à la théologie sans plus de goût ni de succès. Il n'y obtint qu'un bénéfice de 800 livres qu'il résigna après quelques années de jouissance, au profit, dit-on, de la demoiselle Marie Poncher de Bretouville qu'il avait aimée et qui se faisait religieuse. A part cet attachement, qu'on a même révoqué en doute, il ne semble pas que la jeunesse de Despréaux ait été fort passionnée, et lui-même convient qu'il est *très-peu voluptueux*. Ce petit nombre de faits connus sur les vingt-quatre premières années de sa vie nous mènent jusqu'en 1660, époque où il débute dans le monde littéraire par la publication de ses premières satires.

Les circonstances extérieures étant données, l'état politique et social étant connu, on conçoit quelle dut être sur une nature comme celle de Boileau l'influence de cette première éducation, de ces habitudes domestiques et de tout cet intérieur. Rien de tendre, rien de maternel autour de cette enfance infirme et stérile ; rien pour elle de bien inspirant ni de bien sympathique dans toutes ces conversations de chicane auprès du fauteuil du vieux greffier, rien qui touche, qui enlève et fasse qu'on s'écrie avec Ducis : « Oh ! que toutes « ces pauvres maisons bourgeoises rient à mon cœur ! » Sans doute à une époque d'analyse et de retour sur soi-même, une âme d'enfant rêveur eût tiré parti de cette gêne et de ce refoulement ; mais il n'y fallait pas songer alors, et d'ailleurs l'âme de Boileau n'y eût jamais été propre. Il y avait bien, il est vrai, la ressource de la moquerie et du grotesque ; déjà Villon et Regnier avaient fait jaillir une abondante poésie de ces mœurs bourgeoises, de cette vie de cité et de basoche ; mais Boileau avait une retenue dans sa moquerie, une sobriété dans son sourire, qui lui interdisait les débauches d'esprit de ses devanciers. Et puis les mœurs avaient perdu en saillie depuis que la régularité d'Henri IV avait passé dessus : Louis XIV allait imposer le décorum. Quant à l'effet hautement poétique et religieux des monuments d'alentour sur une jeune vie commencée entre Notre-Dame et la Sainte-Chapelle, comment y penser en ce temps-là? Le sens du moyen-âge était complétement perdu ; l'âme seule d'un Milton pouvait en retrouver quelque chose, et Boileau ne voyait guère dans une cathédrale que de gras chanoines et un lutrin. Aussi que sort-il tout à coup, et pour premier essai, de cette verve de vingt-quatre ans, de cette existence de poëte si longtemps misérable et comprimée ? Ce n'est ni la pieuse et sublime mélancolie du *Penseroso* s'égarant de nuit, tout en larmes, sous les cloîtres gothiques et les arceaux solitaires ; ni une charge vigoureuse dans le ton de Regnier sur les orgies nocturnes, les allées obscures et les escaliers en limaçon de la Cité ; ni une douce et onctueuse poésie de famille et de coin du feu, comme en ont su faire La Fontaine et Ducis; c'est *Damon, ce grand auteur*, qui fait ses adieux à la ville, d'après Juvénal ; c'est une autre satire sur les embarras des rues de Paris ; c'est encore une raillerie fine et saine des mauvais rimeurs qui fourmillaient alors et avaient usurpé une grande réputation à la ville et à la cour. Le frère de Gilles Boileau débutait, comme son caustique aîné, par prendre à partie les Cotin et les Ménage. Pour verve unique, il avait *la haine des sots livres.*

Nous venons de dire que le sens du moyen-âge était déjà perdu depuis longtemps; il n'avait pas survécu en France au XVIe siècle; l'invasion grecque et romaine de la Renaissance l'avait étouffé. Toutefois, en attendant que cette grande et longue décadence du moyen-âge fût menée à terme, ce qui n'arriva qu'à la fin du XVIIIe siècle, en attendant que l'ère véritablement moderne commençât pour la société et pour l'art en particulier, la France, à peine reposée des agitations de la Ligue et de la Fronde, se créait lentement une littérature, une poésie, tardive sans doute et quelque peu artificielle, mais d'un mélange habilement fondu, originale dans son imitation, et belle encore au déclin de la société dont elle décorait la ruine. Le drame mis à part, on peut considérer Malherbe et Boileau comme les auteurs officiels et en titre du mouvement poétique qui se produisit durant les deux derniers siècles, aux sommités et à la surface de la société française. Ils se distinguent tous les deux par une forte dose d'esprit critique et par une opposition sans pitié contre leurs devanciers immédiats. Malherbe est inexorable pour Ronsard, Des Portes et leurs disciples, comme Boileau le fut pour Colletet, Ménage, Chapelain, Benserade, Scudery. Cette rigueur, surtout celle de Boileau, peut souvent s'appeler du nom d'équité; pourtant, même quand ils ont raison, Malherbe et Boileau ne l'ont jamais qu'à la manière un peu vulgaire du bon sens, c'est-à-dire sans portée, sans principes, avec des vues incomplètes, insuffisantes. Ce sont des médecins empiriques; ils s'attaquent à des vices réels, mais extérieurs, à des symptômes d'une poésie déjà corrompue au fond; et, pour la régénérer, ils ne remontent pas au cœur du mal. Parce que Ronsard et Des Portes, Scudery et Chapelain leur paraissent détestables, ils en concluent qu'il n'y a de vrai goût, de poésie véritable, que chez les anciens; ils négligent, ils ignorent, ils suppriment tout net les grands rénovateurs de l'art au moyen-âge; ils en jugent à l'aveugle par quelques pointes de Pétrarque, par quelques concetti du Tasse auxquels s'étaient attachés les beaux esprits du temps d'Henri III et de Louis XIII. Et lorsque dans leurs idées de réforme, ils ont décidé de revenir à l'antiquité grecque et romaine, toujours fidèles à cette logique incomplète du bon sens qui n'ose pousser au bout des choses, ils se tiennent aux Romains de préférence aux Grecs; et le siècle d'Auguste leur présente au premier aspect le type absolu du beau. Au reste, ces incertitudes et ces inconséquences étaient inévitables en un siècle épisodique, sous un règne en quelque sorte accidentel, et qui ne plongeait profondément ni dans le passé ni dans l'avenir. Alors les arts, au lieu de vivre et de cohabiter au sein de la même sphère et d'être ramenés sans cesse au centre commun de leurs rayons, se tenaient isolés chacun à son extrémité et n'agissaient qu'à la surface. Perrault, Mansart, Lulli, Le Brun, Boileau, Vauban, bien qu'ils eussent entre eux, dans la manière et le procédé, des traits généraux de ressemblance, ne s'entendaient nullement et ne sympathisaient pas, emprisonnés qu'ils étaient dans le technique et le métier. Aux époques vraiment *palingénésiques*, c'est tout le contraire; Phidias qu'Homère inspire suppléerait Sophocle avec son ciseau; Orcagna commente Pétrarque ou Dante avec son crayon; Chateaubriand comprend Bonaparte. Revenons à Boileau. Il eût été trop dur d'appliquer à lui seul des observations qui tombent sur tout son siècle, mais auxquelles il a nécessairement grande part en qualité de poëte critique et de législateur littéraire.

C'est là en effet le rôle et la position que prend Boileau par ses premiers essais. Dès 1664, c'est-à-dire à l'âge de vingt-huit ans, nous le voyons intimement lié avec tout ce que la littérature du temps a de plus illustre, avec La Fontaine et Molière déjà célèbres, avec Racine dont il devient le guide et le conseiller. Les dîners de la rue du Vieux-Colombier s'arrangent pour chaque semaine, et Boileau y tient le dé de la critique. Il fréquente les meilleures compagnies, celles de M. de La Rochefoucauld, de mesdames de La Fayette et de Sévigné, connaît les Lamoignon, les Vivonne, les Pomponne, et partout ses décisions en matière de goût font loi. Présenté à la cour en 1669, il est nommé historiographe en 1677; à cette époque, par la publication de presque toutes ses satires et ses épîtres, de son *Art poétique* et des quatre premiers chants du *Lutrin*, il avait atteint le plus haut degré de sa réputation.

Boileau avait quarante-un ans, lorsqu'il fut nommé historiographe; on peut dire que sa carrière littéraire se termine à cet âge. En effet, durant les quinze années qui suivent, jusqu'en 1693, il ne publia que les deux derniers chants du *Lu-*

trin; et jusqu'à la fin de sa vie (1711), c'est-à-dire pendant dix-huit autres années, il ne fit plus que la satire *sur les Femmes*, *l'Ode à Namur*, les épîtres *à ses Vers*, *à Antoine*, et *sur l'Amour de Dieu*, les satires *sur l'Homme* et *sur l'Équivoque*. Cherchons dans la vie privée de Boileau l'explication de ces irrégularités, et tirons-en quelques conséquences sur la qualité de son talent.

Pendant le temps de sa renommée croissante, Boileau avait continué de loger chez son frère le greffier Jérôme. Cet intérieur devait être assez peu agréable au poëte, car la femme de Jérôme était, à ce qu'il paraît, grondeuse et revêche. Mais les distractions du monde ne permettaient guère alors à Boileau de se ressentir des chicanes domestiques qui troublaient le ménage de son frère. En 1679, à la mort de Jérôme, il logea quelques années chez son neveu Dongois, aussi greffier ; mais bientôt, après avoir fait en carrosse les campagnes de Flandre et d'Alsace, il put acheter avec les libéralités du roi une petite maison à Auteuil, et on l'y trouve installé dès 1687. Sa santé d'ailleurs, toujours si délicate, s'était dérangée de nouveau ; il éprouvait une extinction de voix et une surdité qui lui interdisaient le monde et la cour. C'est en suivant Boileau dans sa solitude d'Auteuil qu'on apprend à le mieux connaître ; c'est en remarquant ce qu'il fit ou ne fit pas alors, durant près de trente ans, livré à lui-même, faible de corps, mais sain d'esprit, au milieu d'une campagne riante, qu'on peut juger avec plus de vérité et de certitude ses productions antérieures et assigner les limites de ses facultés. Eh bien ! le dirons-nous ? chose étrange, inouïe ! pendant ce long séjour aux champs, en proie aux infirmités du corps qui, laissant l'âme entière, la disposent à la tristesse et à la rêverie, pas un mot de conversation, pas une ligne de correspondance, pas un vers qui trahisse chez Boileau une émotion tendre, un sentiment naïf et vrai de la nature et de la campagne (1).

(1) Afin d'être juste, il ne faut pourtant pas oublier que quelques

Non, il n'est pas indispensable, pour provoquer en nous cette vive et profonde intelligence des choses naturelles, de s'en aller bien loin, au delà des mers, parcourant les contrées aimées du soleil et la patrie des citronniers, se balançant tout le soir dans une gondole, à Venise ou à Baïa, aux pieds d'une Elvire ou d'une Guiccioli. Non, bien moins suffit : voyez Horace, comme il s'accommode, pour rêver, d'un petit champ, d'une petite source d'eau vive, et d'un peu de bois au-dessus, *et paulùm sylvæ super his foret;* voyez La Fontaine, comme il aime s'asseoir et s'oublier de longues heures sous un chêne ; comme il entend à merveille les bois, les eaux, les prés, les garennes et les lapins broutant le thym et la rosée, les fermes avec leurs fumées, leurs colombiers et leurs basses-cours. Et le bon Ducis, qui demeura lui-même à Auteuil, comme il aime aussi et comme il peint les petits fonds riants et les revers de coteaux ! « J'ai fait une lieue ce matin, écrit-il à l'un de ses amis, dans les plaines de bruyères, et quelquefois entre des buissons qui sont couverts de fleurs et qui chantent. » Rien de tout cela chez Boileau. Que fait-il donc à Auteuil ? Il y soigne sa santé, il y traite ses amis

années auparavant (1677), dans l'Épître à M. de Lamoignon, le poëte avait fait une description charmante de la campagne d'Hautile près La Roche-Guyon, où il était allé passer l'été chez son neveu Dongois. Il y peignait, en homme qui en sait jouir, les fraîches délices des champs, les divers détails du paysage ; c'est là qu'il est question de saules *non plantés,*

    Et de noyers souvent du passant insultés.

Mais ces accidents champêtres, et toujours et avant tout ingénieux, sont rares chez Boileau, et ils le devinrent de plus en plus avec l'âge. — Puisque nous en sommes à ce détail, ne laissons pas de remarquer encore que la fontaine *Polycrène*, dont il est question dans la même épître et qui arrose la vallée de Saint-Chéron, près de Bàville, fontaine chantée en latin par tous les doctes et les beaux-esprits du temps, Rapin, Huet, etc., est restée connue dans le pays sous le nom de *fontaine de Boileau*. Le beau bouquet d'arbres qui en couronnait le bassin a été abattu il y a peu d'années. Était-ce un présage ? (Voir ci-après l'épître en vers sur ce sujet.)

Rapin, Bourdaloue, Bouhours; il y joue aux quilles; il y cause, après boire, nouvelles de cour, Académie, abbé Cotin, Charpentier ou Perrault, comme Nicole causait théologie sous les admirables ombrages de Port-Royal; il écrit à Racine de vouloir bien le rappeler au souvenir du roi et de madame de Maintenon; il lui annonce qu'il compose une ode, qu'il *y hasarde des choses fort neuves, jusqu'à parler de la plume blanche que le roi a sur son chapeau*; les jours de verve, il rêve et récite aux échos de ses bois cette terrible Ode sur la prise de Namur. Ce qu'il fait de mieux, c'est assurément une ingénieuse épître *à Antoine*: encore ce bon jardinier y est-il transformé en *gouverneur* du jardin; il ne *plante* pas, mais *dirige* l'if et le *chèvrefeuil*, et *exerce* sur les espaliers *l'art de la Quintinie*; il y avait même à Auteuil du Versailles. Cependant Boileau vieillit, ses infirmités augmentent, ses amis meurent : La Fontaine et Racine lui sont enlevés. Disons, à la louange de l'homme bon, dont en ce moment nous jugeons le talent avec une attention sévère, disons qu'il fut sensible à l'amitié plus qu'à toute autre affection. Dans une lettre, datée de 1695 et adressée à M. de Maucroix au sujet de la mort de La Fontaine, on lit ce passage, le seul touchant peut-être que présente la correspondance de Boileau : « Il me semble, monsieur, que voilà une
« longue lettre. Mais quoi? le loisir que je me suis trouvé au-
« jourd'hui à Auteuil m'a comme transporté à Reims, où je
« me suis imaginé que je vous entretenois dans votre jardin,
« et que je vous revoyois encore comme autrefois, avec tous
« ces chers amis que nous avons perdus, et qui ont disparu
« *velut somnium surgentis*. » Aux infirmités de l'âge se joignirent encore un procès désagréable à soutenir, et le sentiment des malheurs publics. Boileau, depuis la mort de Racine, ne remit pas les pieds à Versailles; il jugeait tristement les choses et les hommes; et même, en matière de goût, la décadence lui paraissait si rapide, qu'il allait jusqu'à regretter le temps des Bonnecorse et des Pradon. Ce qu'on a peine à concevoir, c'est qu'il vendit sur ses derniers jours sa maison

d'Auteuil et qu'il vint mourir, en 1711, au cloître Notre-Dame, chez le chanoine Lenoir, son confesseur. Le principal motif fut la piété sans doute, comme le dit le Nécrologe de Port-Royal; mais l'économie y entra aussi pour quelque chose, car il ne haïssait pas l'argent (1). La vieillesse du poëte historiographe ne fut pas moins triste et morose que celle du monarque.

On doit maintenant, ce nous semble, comprendre notre opinion sur Boileau. Ce n'est pas du tout un poëte, si l'on réserve ce titre aux êtres fortement doués d'imagination et d'âme : son *Lutrin* toutefois nous révèle un talent capable d'invention, et surtout des beautés pittoresques de détail. Boileau, selon nous, est un esprit sensé et fin, poli et mordant, peu fécond; d'une agréable brusquerie; religieux observateur du vrai goût; bon écrivain en vers; d'une correction savante, d'un enjouement ingénieux; l'oracle de la cour et des lettrés d'alors; tel qu'il fallait pour plaire à la fois à Patru et à M. de Bussy, à M. Daguesseau et à madame de Sévigné, à M. Arnauld et à madame de Maintenon, pour imposer aux jeunes courtisans, pour agréer aux vieux, pour être estimé de tous honnête homme et d'un mérite solide. C'est le *poëte-auteur*, sachant converser et vivre (2), mais véridique, irascible à l'idée du faux, prenant feu pour le juste, et arrivant quelquefois par sentiment d'équité littéraire à une sorte d'attendrissement

(1) Cizeron-Rival, d'après Brossette, *Récréations littéraires*.
(2) Voir l'agréable conversation entre Despréaux, Racine, M. Daguesseau, l'abbé Renaudot, etc., etc., écrite par Valincour et publiée par Adry, à la fin de son édition de *la Princesse de Clèves* (1807). — Le fait est que Boileau, de bonne heure en possession du sceptre, passa la très-grande moitié de sa vie à converser et à tenir tête à tout venant : « Il est heureux comme un roi (écrivait Racine, 1698), dans sa « solitude ou plutôt son hôtellerie d'Auteuil. Je l'appelle ainsi, parce « qu'il n'y a point de jour où il n'y ait quelque nouvel écot, et sou-« vent deux ou trois qui ne se connoissent pas trop les uns les autres. « Il est heureux de s'accommoder ainsi de tout le monde; pour moi, « j'aurois cent fois vendu la maison. » Ce qui pourtant explique qu'à la fin Boileau, devenu morose, l'ait vendue.

moral et de rayonnement lumineux, comme dans son Épître à Racine (1). Celui-ci représente très-bien le côté tendre et passionné de Louis XIV et de sa cour ; Boileau en représente non moins parfaitement la gravité soutenue, le bon sens probe relevé de noblesse, l'ordre décent. La littérature et la poétique de Boileau sont merveilleusement d'accord avec la religion, la philosophie, l'économie politique, la stratégie et tous les arts du temps : c'est le même mélange de sens droit et d'insuffisance, de vues provisoirement justes, mais peu décisives.

Il réforma les vers, mais comme Colbert les finances, comme Pussort le code, avec des idées de détail. Brossette le comparait à M. Domat qui restaura la raison dans la jurisprudence. Racine lui écrivait du camp près de Namur : « La vé« rité est que notre tranchée est quelque chose de prodigieux, « embrassant à la fois plusieurs montagnes et plusieurs val« lées avec une infinité de tours et de retours, autant « presque qu'il y a de rues à Paris. » Boileau répondait d'Auteuil, en parlant de la Satire des Femmes qui l'occupait alors : « C'est un ouvrage qui me tue par la multitude des transitions, « qui sont, à mon sens, le plus difficile chef-d'œuvre de la « poésie. » Boileau faisait le vers à la Vauban ; les transitions valent les circonvallations ; la grande guerre n'était pas encore inventée. Son Épître sur le passage du Rhin est tout à fait un tableau de Van der Meulen. On a appelé Boileau le janséniste de notre poésie ; *janséniste* est un peu fort, *gallican* serait plus vrai. En effet, la théorie poétique de Boileau res-

(1) « La raison, dit Vauvenargues, n'était pas en Boileau distincte « du sentiment. » Mademoiselle de Meulan (depuis madame Guizot) ajoute : « C'était, en effet, jusqu'au fond du cœur que Boileau se sen« tait saisi de la raison et de la vérité. La raison fut son génie ; c'é« tait en lui un organe délicat, prompt, irritable, blessé d'un mauvais « sens comme une oreille sensible l'est d'un mauvais son, et se sou« levant comme une partie offensée sitôt que quelque chose venait à « la choquer. » Cette même raison si sensible, qui lui inspirait, nous dit-il, dès quinze ans, *la haine* d'un sot livre, lui faisait *bénir* son siècle après *Phèdre*.

semble souvent à la théorie religieuse des évêques de 1682 ; sage en application, peu conséquente aux principes. C'est surtout dans la querelle des anciens et des modernes et dans la polémique avec Perrault, que se trahit cette infirmité propre à la logique du sens commun. Perrault avait reproché à Homère une multitude de mots bas, et *les mots bas*, selon Longin et Boileau, *sont autant de marques honteuses qui flétrissent l'expression*. Jaloux de défendre Homère, Boileau, au lieu d'accueillir bravement la critique de Perrault et d'en décorer son poëte à titre d'éloge, au lieu d'oser admettre que la cour d'Agamemnon n'était pas tenue à la même étiquette de langage que celle de Louis le Grand, Boileau se rejette sur ce que Longin, qui reproche des termes bas à plusieurs auteurs et à Hérodote en particulier, ne parle pas d'Homère : preuve évidente que les œuvres de ce poëte ne renferment point un seul terme bas, et que toutes ses expressions sont nobles. Mais voilà que, dans un petit traité, Denis d'Halicarnasse, pour montrer que la beauté du style consiste principalement dans l'arrangement des mots, a cité l'endroit de l'Odyssée où, à l'arrivée de Télémaque, les chiens d'Eumée n'aboient pas et remuent la queue ; sur quoi le rhéteur ajoute que c'est bien ici l'arrangement et non le choix des mots qui fait l'agrément ; car, dit-il, la plupart des mots employés sont *très-vils* et *très-bas*. Racine lit, un jour, cette observation de Denis d'Halicarnasse, et vite il la communique à Boileau qui niait les termes prétendus vils et bas, reprochés par Perrault à Homère : « J'ai
« fait réflexion, lui écrit Racine, qu'au lieu de dire que le mot
« d'*âne* est en grec un mot très-noble, vous pourriez vous
« contenter de dire que c'est un mot qui n'a rien de bas, et
« qui est comme celui de cerf, de cheval, de brebis, etc. Ce
« *très-noble* me paraît un peu trop fort. » C'est là qu'en étaient ces grands hommes en fait de théorie et de critique littéraire. Un autre jour, il y eut devant Louis XIV une vive discussion à propos de l'expression *rebrousser chemin*, que le roi désapprouvait comme basse, et que condamnaient à l'envi

tous les courtisans, et Racine le premier. Boileau seul, conseillé de son bon sens, osa défendre l'expression; mais il la défendit bien moins comme nette et franche en elle-même que comme reçue dans le style noble et poli, depuis que Vaugelas et d'Ablancourt l'avaient employée.

Si de la théorie poétique de Boileau nous passons à l'application qu'il en fait en écrivant, il ne nous faudra, pour le juger, que pousser sur ce point l'idée générale tant de fois énoncée dans cet article. Le style de Boileau, en effet, est sensé, soutenu, élégant et grave; mais cette gravité va quelquefois jusqu'à la pesanteur, cette élégance jusqu'à la fatigue, ce bon sens jusqu'à la vulgarité. Boileau, l'un des premiers et plus instamment que tout autre, introduisit dans les vers la manie des périphrases, dont nous avons vu sous Delille le grotesque triomphe; car quel misérable progrès de versification, comme dit M. Émile Deschamps, qu'un logogriphe en huit alexandrins, dont le mot est *chiendent* ou *carotte*? « Je « me souviens, écrit Boileau à M. de Maucroix, que M. de La « Fontaine m'a dit plus d'une fois que les deux vers de mes « ouvrages qu'il estimait davantage, c'étoient ceux où je « loue le roi d'avoir établi la manufacture des points de « France à la place des points de Venise. Les voici : c'est dans « la première épître à Sa Majesté :

« Et nos voisins frustrés de ces tributs serviles
« Que payoit à leur art le luxe de nos villes. »

Assurément, La Fontaine était bien humble de préférer ces vers laborieusement élégants de Boileau à tous les autres; à ce prix, les siens propres, si francs et si naïfs d'expression, n'eussent guère rien valu. « Croiriez-vous, dit encore Boileau « dans la même lettre en parlant de sa dixième Épître, croi- « riez-vous qu'un des endroits où tous ceux à qui je l'ai « récitée se récrient le plus, c'est un endroit qui ne dit autre « chose sinon qu'aujourd'hui que j'ai cinquante-sept ans, je « ne dois plus prétendre à l'approbation publique? cela est

« dit en quatre vers, que je veux bien vous écrire ici, afin
« que vous me mandiez si vous les approuvez :

> « Mais aujourd'hui qu'enfin la vieillesse venue,
> « Sous mes faux cheveux blonds déjà toute chenue,
> « A jeté sur ma tête avec ses doigts pesants
> « Onze lustres complets surchargés de deux ans.

« Il me semble que la perruque est assez heureusement fron-
« dée dans ces vers. » Cela rappelle cette autre hardiesse avec
laquelle dans l'Ode à Namur, Boileau parle de *la plume blanche que le roi a sur son chapeau* (1). En général, Boileau, en
écrivant, attachait trop de prix aux petites choses : sa théorie
du style, celle de Racine lui-même, n'était guère supérieure
aux idées que professait le bon Rollin. « On ne m'a pas fort
« accablé d'éloges sur le sonnet de ma parente, écrit Boileau
« à Brossette; cependant, monsieur, oserai-je vous dire que
« c'est une des choses de ma façon dont je m'applaudis le
« plus, et que je ne crois pas avoir rien dit de plus gracieux
« que :

> « A ses jeux innocents enfant associé,

« et

> « Rompit de ses beaux jours le fil trop délié,

« et

> « Fut le premier démon qui m'inspira des vers.

« C'est à vous à en juger. » Nous estimons ces vers fort bons
sans doute, mais non pas si merveilleux que Boileau semble
le croire. Dans une lettre à Brossette, on lit encore ce curieux

---

(1) « Il ne s'est jamais vanté, comme il est dit dans le *Bolœana*,
« d'avoir le premier parlé en vers de notre artillerie, et son dernier
« commentateur prend une peine fort inutile en rappelant plusieurs
« vers d'anciens poëtes pour prouver le contraire. La gloire d'avoir
« parlé le premier du fusil et du canon n'est pas grande. Il se vantoit
« d'en avoir le premier parlé poétiquement, et par de nobles péri-
« phrases. » (RACINE fils, *Mémoires* sur la vie de son père.)

passage : « L'autre objection que vous me faites est sur ce
« vers de ma Poétique :

« De Styx et d'Achéron peindre les noirs torrents.

« Vous croyez que

« Du Styx, de l'Achéron peindre les noirs torrents,

« seroit mieux. Permettez-moi de vous dire que vous avez en
« cela l'oreille un peu prosaïque, et qu'un homme vraiment
« poëte ne me fera jamais cette difficulté, parce que *de Styx*
« *et d'Achéron* est beaucoup plus soutenu que *du Styx, de*
« *l'Achéron*. *Sur les bords fameux de Seine et de Loire* seroit
« bien plus noble dans un vers, que *sur les bords fameux de la*
« *Seine et de la Loire*. Mais ces agréments sont des mystères
« qu'Apollon n'enseigne qu'à ceux qui sont véritablement
« initiés dans son art. » La remarque est juste, mais l'expression est bien forte. Où en serions-nous, bon Dieu! si en ces sortes de choses gisait la poésie avec tous ses *mystères?* Chez Boileau, cette timidité du bon sens, déjà signalée, fait que la métaphore est bien souvent douteuse, incohérente, trop tôt arrêtée et tarie, non pas hardiment logique, tout d'une venue et comme à pleins bords.

> Le François, né malin, forma le vaudeville,
> Agréable indiscret, qui, conduit par le chant,
> Passe de bouche en bouche et s'accroît en marchant.

Qu'est-ce, je le demande, qu'un *indiscret* qui *passe de bouche en bouche* et *s'accroît en marchant?* Ailleurs Boileau dira :

> Inventez des ressorts qui puissent m'attacher,

comme si l'on *attachait* avec des *ressorts;* des ressorts poussent, mettent en jeu, mais *n'attachent* pas. Il appellera Alexandre *ce fougueux l'Angeli*, comme si l'Angeli, fou de roi, était réellement un fou privé de raison ; il fera *monter la trop courte beauté sur des patins*, comme si une *beauté* pouvait être *longue* ou *courte*. Encore un coup, chez Boileau la métaphore évidemment ne surgit presque jamais une, entière, indivisible et tout armée : il la compose, il l'achève à plusieurs reprises; il la fabrique avec labeur, et l'on aperçoit la trace des soudures (1). A cela près, et nos réserves une fois posées, personne plus que nous ne rend hommage à cette multitude de traits fins et solides, de descriptions artistement faites, à cette moquerie tempérée, à ce mordant sans fiel, à cette causerie mêlée d'agrément et de sérieux, qu'on trouve dans les bonnes pages de Boileau (2). Il nous est impossible pourtant de ne pas préférer le style de Regnier ou de Molière.

Que si maintenant on nous oppose qu'il n'était pas besoin de tant de détours pour énoncer sur Boileau une opinion si

(1) Plus d'une fois, dans la suite de ces volumes, on trouvera des modifications apportées à cette théorie trop absolue que je donnais ici de la métaphore. La métaphore, je suis venu à le reconnaître, n'a pas besoin, pour être légitime et belle, d'être si complétement armée de pied en cap ; elle n'a pas besoin d'une rigueur matérielle si soutenue jusque dans le moindre détail. S'adressant à l'esprit et faite avant tout pour lui figurer l'idée, elle peut sur quelques points laisser l'idée elle-même apparaître dans les intervalles de l'image. Ce défaut de cuirasse, en fait de métaphore, n'est pas d'un grand inconvénient ; il suffit qu'il n'y ait pas contradiction ni disparate. Quelle que soit la beauté de l'image employée, l'esprit sait bien que ce n'est qu'une image, et que c'est à l'idée surtout qu'il a affaire. Il en est de la perfection métaphorique un peu comme de l'illusion scénique à laquelle il ne faut pas trop sacrifier dans le sens matériel, puisque l'esprit n'en est jamais dupe. Il y a même de l'élégance vraie et du gallicisme dans l'incomplet de certaines métaphores.

(2) Dans son éloge de Despréaux (*Hist. de l'Acad. des Inscript.*), M. de Boze a dit très-judicieusement : « Nous croyons qu'il est inutile
« de vouloir donner au public une idée plus particulière des Satires
« de M. Despréaux. Qu'ajouterions-nous à l'idée qu'il en a déjà?
« Devenues l'appui ou la ressource de la plupart des conversations,
« combien de maximes, de proverbes ou de bons mots ont-elles fait
« naître dans notre langue! et de la nôtre, combien en ont-elles fait
« passer dans celle des étrangers! Il y a peu de livres qui aient plus
« agréablement exercé la mémoire des hommes, et il n'y en a certai-
« nement point qu'il fût aujourd'hui plus aisé de restituer, si toutes
« les copies et toutes les éditions en étoient perdues. »

peu neuve et que bien des gens partagent au fond, nous rappellerons qu'en tout ceci nous n'avons prétendu rien inventer; que nous avons seulement voulu rafraîchir en notre esprit les idées que le nom de Boileau réveille, remettre ce célèbre personnage en place, dans son siècle, avec ses mérites et ses imperfections, et revoir sans préjugés, de près à la fois et à distance, le correct, l'élégant, l'ingénieux rédacteur d'un code poétique abrogé.

Avril 1829.

Comme correctif à cet article critique, on demande la permission d'insérer ici la pièce de vers suivante, qui est postérieure de près de quinze ans. A ceux qui l'accuseraient encore d'avoir jeté la pierre aux statues de Racine et de Boileau, l'auteur, pour toute réponse, a droit maintenant de faire remarquer qu'en écrivant *les Larmes de Racine* et *la Fontaine de Boileau*, il a témoigné, très-incomplétement sans doute, de son admiration sincère pour ces deux poëtes, mais qu'en cela même il a donné bien autant de gages peut-être que ne l'ont fait certains de ses accusateurs.

LA FONTAINE DE BOILEAU [1]

ÉPÎTRE

A MADAME LA COMTESSE MOLÉ.

Dans les jours d'autrefois qui n'a chanté Bâville ?
Quand septembre apparu délivrait de la ville
Le grave Parlement assis depuis dix mois,
Bâville se peuplait des hôtes de son choix,
Et, pour mieux animer son illustre retraite,
Lamoignon conviait et savant et poëte.
Guy Patin accourait, et d'un éclat soudain
Faisait rire l'écho jusqu'au bout du jardin,
Soit que, du vieux Sénat l'âme tout occupée,
Il poignardât César en proclamant Pompée,
Soit que de l'antimoine il contât quelque tour.
Huet, d'un ton discret et plus fait à la cour,
Sans zèle et passion causait de toute chose,
Des enfants de Japhet, ou même d'une rose.
Déjà plein du sujet qu'il allait méditant,
Rapin (2) vantait le parc et célébrait l'étang.
Mais voici Despréaux, amenant sur ses traces
L'agrément sérieux, l'à-propos et les grâces.

O toi dont, un seul jour, j'osai nier la loi,
Veux-tu bien, Despréaux, que je parle de toi,
Que j'en parle avec goût, avec respect suprême,

---

(1) Il est indispensable, en lisant la pièce qui suit, d'avoir présente à la mémoire l'Épître VI de Boileau à M. de Lamoignon, dans laquelle il parle de Bâville et de la vie qu'on y mène.

(2) Auteur du poëme latin des *Jardins* : voir au livre III un morceau sur Bâville, et deux odes latines du même. Voir aussi Huet, *Poésies* latines et *Mémoires*.

Et comme t'ayant vu dans ce cadre qui t'aime!

Fier de suivre à mon tour des hôtes dont le nom
N'a rien qui cède en gloire au nom de Lamoignon,
J'ai visité les lieux, et la tour, et l'allée
Où des fâcheux ta muse épiait la volée;
Le berceau plus couvert qui recueillait tes pas;
La fontaine surtout, chère au vallon d'en bas,
La fontaine en tes vers *Polycrène* épanchée,
Que le vieux villageois nomme aussi *la Rachée* (1),
Mais que plus volontiers, pour ennoblir son eau,
Chacun salue encor *Fontaine de Boileau*.
Par un des beaux matins des premiers jours d'automne,
Le long de ces coteaux qu'un bois léger couronne,
Nous allions, repassant par ton même chemin
Et le reconnaissant, ton Épître à la main.
Moi, comme un converti, plus dévot à ta gloire,
Épris du flot sacré, je me disais d'y boire :
Mais, hélas! ce jour-là, les simples gens du lieu
Avaient fait un lavoir de la source du dieu,
Et de femmes, d'enfants, tout un cercle à la ronde
Occupaient la naïade et m'en altéraient l'onde.
Mes guides cependant, d'une commune voix,
Regrettaient le bouquet des ormes d'autrefois,
Hautes cimes longtemps à l'entour respectées,
Qu'un dernier possesseur à terre avait jetées.
Malheur à qui, docile au cupide intérêt,
Déshonore le front d'une antique forêt,
Ou dépouille à plaisir la colline prochaine!
Trois fois malheur, si c'est au bord d'une fontaine!

Était-ce donc présage, ô noble Despréaux,

---

(1) Une *rachée* : on appelle ainsi les rejetons nés de la racine après qu'on a coupé le tronc. Les ormes qui ombrageaient autrefois la fontaine avaient probablement été coupés pour repousser en *rachée* : de là le nom.

Que la hache tombant sur ces arbres si beaux
Et ravageant l'ombrage où s'égaya ta muse?
Est-ce que des talents aussi la gloire s'use,
Et que, reverdissant en plus d'une saison,
On finit, à son tour, par joncher le gazon,
Par tomber de vieillesse, ou de chute plus rude,
Sous les coups des neveux dans leur ingratitude?
Ceux surtout dont le lot, moins fait pour l'avenir,
Fut d'enseigner leur siècle et de le maintenir,
De lui marquer du doigt la limite tracée,
De lui dire où le goût modérait la pensée,
Où s'arrêtait à point l'art dans le naturel,
Et la dose de sens, d'agrément et de sel,
Ces talents-là, si vrais, pourtant plus que les autres
Sont sujets aux rebuts des temps comme les nôtres,
Bruyants, émancipés, prompts aux neuves douceurs,
Grands écoliers riant de leurs vieux professeurs.
Si le même conseil préside aux beaux ouvrages,
La forme du talent varie avec les âges,
Et c'est un nouvel art que dans le goût présent
D'offrir l'éternel fond antique et renaissant.
Tu l'aurais su, Boileau! Toi dont la ferme idée
Fut toujours de justesse et d'à-propos guidée,
Qui d'abord épuras le beau règne où tu vins,
Comment aurais-tu fait dans nos jours incertains?
J'aime ces questions, cette vue inquiète,
Audace du critique et presque du poëte.
Prudent roi des rimeurs, il t'aurait bien fallu
Sortir chez nous du cercle où ta raison s'est plu.
Tout poëte aujourd'hui vise au parlementaire;
Après qu'il a chanté, nul ne saura se taire :
Il parlera sur tout, sur vingt sujets au choix;
Son gosier le chatouille et veut lancer sa voix.
Il faudrait bien les suivre, ô Boileau, pour leur dire
Qu'ils égarent le souffle où leur doux chant s'inspire,

Et qui diffère tant, même en plein carrefour,
Du son rauque et menteur des trompettes du jour.

Dans l'époque, à la fois magnifique et décente,
Qui comprit et qu'aida ta parole puissante,
Le vrai goût dominant, sur quelques points borné,
Chassait du moins le faux autre part confiné ;
Celui-ci hors du centre usait ses représailles ;
Il n'aurait affronté Chantilly ni Versailles,
Et, s'il l'avait osé, son impudent essor
Se fût brisé du coup sur le balustre d'or.
Pour nous, c'est autrement : par un confus mélange
Le bien s'allie au faux, et le tribun à l'ange.
Les Pradons seuls d'alors visaient au Scudery :
Lequel de nos meilleurs peut s'en croire à l'abri ?
Tous cadres sont rompus ; plus d'obstacle qui compte ;
L'esprit descend, dit-on : — la sottise remonte ;
Tel même qu'on admire en a sa goutte au front,
Tel autre en a sa douche, et l'autre nage au fond.
Comment tout démêler, tout dénoncer, tout suivre,
Aller droit à l'auteur sous le masque du livre,
Dire la clef secrète, et, sans rien diffamer,
Piquer pourtant le vice et bien haut le nommer ?
Voilà, cher Despréaux, voilà sur toute chose
Ce qu'en songeant à toi souvent je me propose,
Et j'en espère un peu mes doutes éclaircis
En m'asseyant moi-même aux bords où tu t'assis.
Sous ces noms de Cotins que ta malice fronde,
J'aime à te voir d'ici parlant de notre monde
A quelque Lamoignon qui garde encor ta loi :
Qu'auriez-vous dit de nous, Royer-Collard et toi ?

Mais aujourd'hui laissons tout sujet de satire ;
A Bâville aussi bien on t'en eût vu sourire,
Et tu tâchais plutôt d'en détourner le cours,

Avide d'ennoblir tes tranquilles discours,
De chercher, tu l'as dit, sous quelque frais ombrage,
Comme en un Tusculum, les entretiens du sage,
Un concert de vertu, d'éloquence et d'honneur,
Et quel vrai but conduit l'honnête homme au bonheur.

 Ainsi donc, ce jour-là, venant de ta fontaine,
Nous suivions au retour les coteaux et la plaine,
Nous foulions lentement ces doux prés arrosés,
Nous perdions le sentier dans les endroits boisés,
Puis sa trace fuyait sous l'herbe épaisse et vive :
Est-ce bien ce côté? n'est-ce pas l'autre rive?
A trop presser son doute, on se trompe souvent ;
Le plus simple est d'aller. Ce moulin par devant
Nous barre le chemin ; un vieux pont nous invite,
Et sa planche en ployant nous dit de passer vite :
On s'effraie et l'on passe, on rit de ses terreurs ;
Ce ruisseau sinueux a d'aimables erreurs.
Et riant, conversant de rien, de toute chose,
Retenant la pensée au calme qui repose,
On voyait le soleil vers le couchant rougir,
Des saules *non plantés* les ombres s'élargir,
Et sous les longs rayons de cette heure plus sûre
S'éclairer les vergers en salles de verdure, —
Jusqu'à ce que, tournant par un dernier coteau,
Nous eûmes retrouvé la route du château,
Où d'abord, en entrant, la pelouse apparue
Nous offrit du plus loin une enfant accourue (1),
Jeune fille demain en sa tendre saison,
Orgueil et cher appui de l'antique maison,
Fleur de tout un passé majestueux et grave,
Rejeton précieux où plus d'un nom se grave,
Qui refait l'espérance et les fraîches couleurs,

(1) Mademoiselle de Champlâtreux, depuis duchesse d'Ayen.

Qui sait les souvenirs et non pas les douleurs,
Et dont, chaque matin, l'heureuse et blonde tête,
Après les jours chargés de gloire et de tempête,
Porte légèrement tout ce poids des aïeux,
Et court sur le gazon, le vent dans ses cheveux.

Au château du Marais, ce 22 août 1843.

Pour compléter enfin la série de mes *rétractations* ou *retouches* sur Despréaux, je me permettrai d'indiquer ce que j'en ai dit au tome VI des *Causeries du Lundi* et qui a été reproduit en tête d'une édition même de Boileau; et puis encore le chapitre à lui consacré au tome V de *Port-Royal*. Êtes-vous content? et pour le coup en est-ce assez?

PIERRE CORNEILLE

En fait de critique et d'histoire littéraire, il n'est point, ce me semble, de lecture plus récréante, plus délectable, et à la fois plus féconde en enseignements de toute espèce, que les biographies bien faites des grands hommes : non pas ces biographies minces et sèches, ces notices exiguës et précieuses, où l'écrivain a la pensée de briller, et dont chaque paragraphe est effilé en épigramme ; mais de larges, copieuses, et parfois même diffuses histoires de l'homme et de ses œuvres : entrer en son auteur, s'y installer, le produire sous ses aspects divers ; le faire vivre, se mouvoir et parler, comme il a dû faire ; le suivre en son intérieur et dans ses mœurs domestiques aussi avant que l'on peut ; le rattacher par tous les côtés à cette terre, à cette existence réelle, à ces habitudes de chaque jour, dont les grands hommes ne dépendent pas moins que nous autres, fond véritable sur lequel ils ont pied, d'où ils partent pour s'élever quelque temps, et où ils retombent sans cesse. Les Allemands et les Anglais, avec leur caractère complexe d'analyse et de poésie, s'entendent et se plaisent fort à ces excellents livres. Walter Scott déclare, pour son compte, qu'il ne sait point de plus intéressant ouvrage en toute la littérature anglaise que l'histoire du docteur Johnson par Boswell. En France, nous commençons aussi à estimer et à réclamer ces sortes d'études. De nos jours, les grands hommes dans les lettres, quand bien même, par leurs mémoires ou leurs confessions poétiques, ils seraient moins empressés d'aller au-devant des révélations personnelles, pourraient encore mourir, fort certains de ne point manquer après eux de démonstrateurs, d'analystes et de biographes. Il n'en a pas été toujours ainsi; et lorsque nous venons à nous enquérir de la vie, surtout de l'enfance et des débuts de nos grands écrivains et poëtes du dix-septième siècle, c'est à grand'peine que nous découvrons quelques traditions peu authentiques, quelques anecdotes douteuses, dispersées dans les *Ana*. La littérature et la poésie d'alors étaient peu personnelles; les auteurs n'entretenaient guère le public de leurs propres sentiments ni de leurs propres affaires; les biographes s'étaient imaginé, je ne sais pourquoi, que l'histoire d'un écrivain était tout entière dans ses écrits, et leur critique superficielle ne poussait pas jusqu'à l'homme au fond du poëte. D'ailleurs, comme en ce temps les réputations étaient lentes à se faire, et qu'on n'arrivait que tard à la célébrité, ce n'était que bien plus tard encore, et dans la vieillesse du grand homme, que quelque admirateur empressé de son génie, un Brossette, un Monchesnay, s'avisait de penser à sa biographie; ou encore cet historien était quelque parent pieux et dévoué, mais trop jeune pour avoir bien connu la jeunesse de son auteur, comme Fontenelle pour Corneille, et Louis Racine pour son père. De là, dans l'histoire de Corneille par son neveu, dans celle de Racine par son fils, mille ignorances, mille inexactitudes qui sautent aux yeux, et en particulier une légèreté courante sur les premières années littéraires, qui sont pourtant les plus décisives.

Lorsqu'on ne commence à connaître un grand homme que dans le fort de sa gloire, on ne s'imagine pas qu'il ait jamais pu s'en passer, et la chose nous paraît si simple, que souvent on ne s'inquiète pas le moins du monde de s'expliquer comment cela est advenu; de même que, lorsqu'on le connaît dès l'abord et avant son éclat, on ne soupçonne pas d'ordinaire ce qu'il devra être un jour : on vit auprès de lui sans songer à le regarder, et l'on néglige sur son compte ce qu'il importerait le plus d'en savoir. Les grands hommes eux-mêmes contribuent souvent à fortifier cette double illusion par leur façon d'agir : jeunes, inconnus, obscurs, ils s'effacent, se taisent, éludent l'attention et n'affectent aucun rang, parce qu'ils n'en veulent qu'un, et que, pour y mettre la main, le temps n'est pas mûr encore ; plus tard, salués de tous et glorieux, ils rejettent dans l'ombre leurs commencements, d'ordinaire rudes et amers ; ils ne racontent pas volontiers leur propre formation, pas plus que le Nil n'étale ses sources. Or, cependant, le point essentiel dans une vie de grand écrivain, de grand poëte, est celui-ci : saisir, embrasser et analyser tout l'homme au moment où, par un concours plus ou moins lent ou facile, son génie, son éducation et les circonstances se sont accordés de telle sorte, qu'il ait enfanté son premier chef-d'œuvre. Si vous comprenez le poëte à ce moment critique, si vous dénouez ce nœud auquel tout en lui se liera désormais, si vous trouvez, pour ainsi dire, la clef de cet anneau mystérieux, moitié de fer, moitié de diamant, qui rattache sa seconde existence, radieuse, éblouissante et solennelle, à son existence première, obscure, refoulée, solitaire, et dont plus d'une fois il voudrait dévorer la mémoire, alors on peut dire de vous que vous possédez à fond et que vous savez votre poëte ; vous avez franchi avec lui les régions ténébreuses, comme Dante avec Virgile ; vous êtes dignes de l'accompagner sans fatigue et comme de plain-pied à travers ses autres merveilles. De *René* au dernier ouvrage de M. de Chateaubriand, des premières *Méditations* à tout ce que pourra créer jamais M. de Lamartine, d'*Andromaque* à *Athalie*, du *Cid* à *Nicomède*, l'initiation est facile : on tient à la main le fil conducteur, il ne s'agit plus que de le dérouler. C'est un beau moment pour le critique comme pour le poëte que celui où l'un et l'autre peuvent, chacun dans un juste sens, s'écrier avec cet ancien : *Je l'ai trouvé!* Le poëte trouve la région où son génie peut vivre et se déployer désormais ; le critique trouve l'instinct et la loi de ce génie. Si le statuaire, qui est aussi à sa façon un magnifique biographe, et qui fixe en marbre aux yeux l'idée du poëte, pouvait toujours choisir l'instant où le poëte se ressemble le plus à lui-même, nul doute qu'il ne le saisît au jour et à l'heure où le premier rayon de gloire vient illuminer ce front puissant et sombre. A cette époque unique dans la vie, le génie, qui, depuis quelque temps adulte et viril, habitait avec inquiétude, avec tristesse, en sa conscience, et qui avait peine à s'empêcher d'éclater, est tout d'un coup tiré de lui-même au bruit des acclamations, et s'épanouit à l'aurore d'un triomphe. Avec les années, il deviendra peut-être plus calme, plus reposé, plus mûr; mais aussi il perdra en naïveté d'expression, et se fera un voile qu'on devra percer pour arriver à lui : la fraîcheur du sentiment intime se sera effacée de son front; l'âme prendra garde de s'y trahir : une contenance plus étudiée ou du moins plus machinale aura remplacé la première attitude si libre et si vive. Or, ce que le statuaire ferait s'il le pouvait, le critique biographe, qui a sous la main toute la vie et tous les instants de son auteur, doit à plus forte raison le faire; il doit réaliser par son analyse sagace et pénétrante ce que l'artiste figurerait divinement sous forme de symbole. La statue une fois debout, le type une fois découvert et exprimé, il n'aura plus qu'à le reproduire avec de légères modifications dans les développements successifs de la vie du poëte, comme en une série de bas-reliefs. Je ne sais si toute cette théorie, mi-partie poétique et mi-partie critique, est fort claire; mais je la crois fort vraie, et tant que les biographes des grands poëtes ne l'auront pas présente à l'esprit, ils feront des livres utiles, exacts, estimables sans doute, mais non des œuvres de haute critique et d'art; ils rassembleront des anecdotes, détermineront des dates, exposeront des querelles littéraires : ce sera l'affaire du lecteur d'en faire jaillir le sens et d'y souffler la vie; ils seront des chroniqueurs, non des statuaires; ils tiendront les registres du temple, et ne seront pas les prêtres du dieu.

Cela posé, nous nous garderons d'en faire une sévère application à l'ouvrage plein de recherches et de faits que vient de publier M. Taschereau sur Pierre Corneille (1). Dans cette histoire, aussi bien que dans celle de Molière, M. Taschereau a eu pour but de recueillir et de lier tout ce qui nous est resté de traditions sur la vie de ces illustres auteurs, de fixer la chronologie de leurs pièces, et de raconter les débats dont elles furent l'occasion et le sujet. Il renonce assez volontiers à la prétention littéraire de juger les œuvres, de caractériser le talent, et s'en tient d'ordinaire là-dessus aux conclusions que le temps et le goût ont consacrées. Quand les faits sont clair-semés ou manquent, ce qui arrive quelquefois, il ne s'efforce point d'y suppléer par les suppositions circonspectes et les inductions légitimes d'une critique sagement conjecturale ; mais il passe outre, et s'empresse d'arriver à des faits nouveaux : de là chez lui des intervalles et des lacunes que l'esprit du lecteur est involontairement provoqué à combler. Les vies complètes, poétiques, pittoresques, *vivantes* en un mot, de Corneille et de Molière, restent à faire ; mais à M. Taschereau appartient l'honneur solide d'en avoir, avec une scrupuleuse érudition, amassé, préparé, numéroté en quelque sorte, les matériaux longtemps épars. Pour nous, dans le petit nombre d'idées que nous essaierons d'avancer sur Corneille, nous confessons devoir beaucoup au travail de son biographe ; c'est bien souvent la lecture de son livre qui nous les a suggérées.

L'état général de la littérature au moment où un nouvel auteur y débute, l'éducation particulière qu'a reçue cet auteur, et le génie propre que lui a départi la nature, voilà trois influences qu'il importe de démêler dans son premier chef-d'œuvre pour faire à chacune sa part, et déterminer nettement ce qui revient de droit au pur génie. Or, quand Corneille, né

(1) Ce morceau a été écrit à l'occasion de l'*Histoire de la Vie et des Ouvrages de Pierre Corneille*, par M. Jules Taschereau.

en 1606, parvint à l'âge où la poésie et le théâtre durent commencer à l'occuper, vers 1624, à voir les choses en gros, d'un peu loin, et comme il les vit d'abord du fond de sa province, trois grands noms de poëtes, aujourd'hui fort inégalement célèbres, lui apparurent avant tous les autres, savoir : Ronsard, Malherbe et Théophile. Ronsard, mort depuis longtemps, mais encore en possession d'une renommée immense, et représentant la poésie du siècle expiré ; Malherbe vivant, mais déjà vieux, ouvrant la poésie du nouveau siècle, et placé à côté de Ronsard par ceux qui ne regardaient pas de si près aux détails des querelles littéraires ; Théophile enfin, jeune, aventureux, ardent, et par l'éclat de ses débuts semblant promettre d'égaler ses devanciers dans un prochain avenir. Quant au théâtre, il était occupé depuis vingt ans par un seul homme, Alexandre Hardy, auteur de troupe, qui ne signait même pas ses pièces sur l'affiche, tant il était notoirement le *poëte dramatique* par excellence. Sa dictature allait cesser, il est vrai ; Théophile, par sa tragédie de *Pyrame et Thisbé*, y avait déjà porté coup ; Mairet, Rotrou, Scudery, étaient près d'arriver à la scène. Mais toutes ces réputations à peine naissantes, qui faisaient l'entretien précieux des ruelles à la mode, cette foule de beaux esprits de second et de troisième ordre, qui fourmillaient autour de Malherbe, au-dessous de Maynard et de Racan, étaient perdus pour le jeune Corneille, qui vivait à Rouen, et de là n'entendait que les grands éclats de la rumeur publique. Ronsard, Malherbe, Théophile et Hardy, composaient donc à peu près sa littérature moderne. Élevé d'ailleurs au collége des jésuites, il y avait puisé une connaissance suffisante de l'antiquité ; mais les études du barreau, auquel on le destinait, et qui le menèrent jusqu'à sa vingt et unième année, en 1627, durent retarder le développement de ses goûts poétiques. Pourtant il devint amoureux ; et, sans admettre ici l'anecdote invraisemblable racontée par Fontenelle, et surtout sa conclusion spirituellement ridicule, que c'est à cet amour qu'on doit le grand Corneille, il est certain, de l'aveu même de notre auteur, que cette première passion lui donna l'éveil et lui apprit à rimer. Il ne nous semble même pas impossible que quelque circonstance particulière de son aventure l'ait excité à composer *Mélite*, quoiqu'on ait peine à voir quel rôle il y pourrait jouer. L'objet de sa passion était, à ce qu'on rapporte, une demoiselle de Rouen, qui devint madame Du Pont en épousant un maître des comptes de cette ville. Parfaitement belle et spirituelle, connue de Corneille depuis l'enfance, il ne paraît pas qu'elle ait jamais répondu à son amour respectueux autrement que par une indulgente amitié. Elle recevait ses vers, lui en demandait quelquefois; mais le génie croissant du poëte se contenait mal dans les madrigaux, les sonnets et les pièces galantes par lesquels il avait commencé. Il s'y trouvait *en prison*, et sentait que *pour produire il avait besoin de la clef des champs. Cent vers lui coûtaient moins*, disait-il, *que deux mots de chanson*. Le théâtre le tentait; les conseils de sa dame contribuèrent sans doute à l'y encourager. Il fit *Mélite*, qu'il envoya au vieux dramaturge Hardy. Celui-ci la trouva *une assez jolie farce*, et le jeune avocat de vingt-trois ans partit de Rouen pour Paris, en 1629, pour assister au succès de sa pièce.

Le fait principal de ces premières années de la vie de Corneille est sans contredit sa passion, et le caractère original de l'homme s'y révèle déjà. Simple, candide, embarrassé et timide en paroles; assez gauche, mais fort sincère et respectueux en amour, Corneille adore une femme auprès de laquelle il échoue, et qui, après lui avoir donné quelque espoir, en épouse un autre. Il nous parle lui-même d'un *malheur qui a rompu le cours de leurs affections*; mais le mauvais succès ne l'aigrit pas contre *sa belle inhumaine*, comme il l'appelle :

> Je me trouve toujours en état de l'aimer ;
> Je me sens tout ému quand je l'entends nommer ;
> . . . .
> . . . .

Et, toute mon amour en elle consommée,
Je ne vois rien d'aimable après l'avoir aimée.
Aussi n'aimé-je rien ; et nul objet vainqueur
N'a possédé depuis ma veine ni mon cœur.

Ce n'est que quinze ans après, que ce triste et doux souvenir, gardien de sa jeunesse, s'affaiblit assez chez lui pour lui permettre d'épouser une autre femme ; et alors il commence une vie bourgeoise et de ménage, dont nul écart ne le distraira au milieu des licences du monde comique auquel il se trouve forcément mêlé. Je ne sais si je m'abuse, mais je crois déjà voir en cette nature sensible, résignée et sobre, une naïveté attendrissante qui me rappelle le bon Ducis et ses amours, une vertueuse gaucherie pleine de droiture et de candeur comme je l'aime dans le vicaire de Wakefield ; et je me plais d'autant plus à y voir ou, si l'on veut, à y rêver tout cela, que j'aperçois le génie là-dessous, et qu'il s'agit du grand Corneille (1).

(1) On ne s'avise guère d'aller chercher dans les poésies diverses de Corneille les stances suivantes que M. Lebrun, l'auteur de *Marie Stuart*, sait réciter et faire valoir à merveille. On y surprend le vieux Corneille, un peu amoureux, mais encore plus glorieux et grondeur :

STANCES.

Marquise, si mon visage
A quelques traits un peu vieux,
Souvenez-vous qu'à mon âge
Vous ne vaudrez guère mieux.

Le temps aux plus belles choses
Se plaît à faire un affront,
Et saura faner vos roses
Comme il a ridé mon front.

Le même cours des planètes
Règle nos jours et nos nuits :
On m'a vu ce que vous êtes,
Vous serez ce que je suis.

Cependant j'ai quelques charmes
Qui sont assez éclatants
Pour n'avoir pas trop d'alarmes
De ces ravages du temps.

Depuis 1629, époque où Corneille vint pour la première fois à Paris, jusqu'en 1636, où il fit représenter *le Cid*, il acheva réellement son éducation littéraire, qui n'avait été qu'ébauchée en province. Il se mit en relation avec les beaux esprits et les poëtes du temps, surtout avec ceux de son âge, Mairet, Scudery, Rotrou : il apprit ce qu'il avait ignoré jusque-là, que Ronsard était un peu passé de mode, et que Malherbe, mort depuis un an, l'avait détrôné dans l'opinion ; que Théophile, mort aussi, ne laissait qu'une mémoire équivoque et avait déçu les espérances, que le théâtre s'ennoblissait et s'épurait par les soins du cardinal-duc ; que Hardy n'en était plus à beaucoup près l'unique soutien, et qu'à son grand déplaisir une troupe de jeunes rivaux le jugeaient assez lestement et se disputaient son héritage. Corneille apprit surtout qu'il y avait des règles dont il ne s'était pas douté à Rouen, et qui agitaient vivement les cervelles à Paris : de rester durant les cinq actes au même lieu ou d'en sortir, d'être ou de n'être pas dans les vingt-quatre heures, etc. Les savants et les réguliers faisaient à ce sujet la guerre aux déréglés et aux igno-

> Vous en avez qu'on adore ;
> Mais ceux que vous méprisez
> Pourroient bien durer encore
> Quand ceux-là seront usés.
>
> Ils pourroient sauver la gloire
> Des yeux qui me semblent doux,
> Et dans mille ans faire croire
> Ce qu'il me plaira de vous.
>
> Chez cette race nouvelle
> Où j'aurai quelque crédit
> Vous ne passerez pour belle
> Qu'autant que je l'aurai dit.
>
> Pensez-y, belle marquise,
> Quoiqu'un grison fasse effroi,
> Il vaut bien qu'on le courtise,
> Quand il est fait comme moi.

Que dites-vous de ce ton ? comme il est héroïque encore ! Malherbe seul et Corneille peuvent s'en permettre un pareil. Don Diègue, s'il avait affaire à une coquette, ne parlerait pas autrement.

rants. Mairet tenait pour; Claveret se déclarait contre : Rotrou s'en souciait peu; Scudery en discourait emphatiquement. Dans les diverses pièces qu'il composa en cet espace de cinq années, Corneille s'attacha à connaître à fond les habitudes du théâtre et à consulter le goût du public; nous n'essaierons pas de le suivre dans ces tâtonnements. Il fut vite agréé de la ville et de la cour; le cardinal le remarqua et se l'attacha comme un des cinq auteurs; ses camarades le chérissaient et l'exaltaient à l'envi. Mais il contracta en particulier avec Rotrou une de ces amitiés si rares dans les lettres, et que nul esprit de rivalité ne put jamais refroidir. Moins âgé que Corneille, Rotrou l'avait pourtant précédé au théâtre, et, au début, l'avait aidé de quelques conseils. Corneille s'en montra reconnaissant au point de donner à son jeune ami le nom touchant de *père*; et certes s'il nous fallait indiquer, dans cette période de sa vie, le trait le plus caractéristique de son génie et de son âme, nous dirions que ce fut cette amitié tendrement filiale pour l'honnête Rotrou, comme, dans la période précédente, ç'avait été son pur et respectueux amour pour la femme dont nous avons parlé. Il y avait là-dedans, selon nous, plus de présage de grandeur sublime que dans *Mélite, Clitandre, la Veuve, la Galerie du Palais, la Suivante, la Place Royale, l'Illusion*, et pour le moins autant que dans *Médée*.

Cependant Corneille faisait de fréquentes excursions à Rouen. Dans l'un de ces voyages, il visita un M. de Châlons, ancien secrétaire des commandements de la reine-mère, qui s'y était retiré dans sa vieillesse : « Monsieur, lui dit le vieil-
« lard après les premières félicitations, le genre de comique
« que vous embrassez ne peut vous procurer qu'une gloire
« passagère. Vous trouverez dans les Espagnols des sujets qui,
« traités dans notre goût par des mains comme les vôtres,
« produiraient de grands effets. Apprenez leur langue, elle est
« aisée; je m'offre de vous montrer ce que j'en sais, et, jus-
« qu'à ce que vous soyez en état de lire par vous-même, de
« vous traduire quelques endroits de Guillen de Castro. » Ce

fut une bonne fortune pour Corneille que cette rencontre; et dès qu'il eut mis le pied sur cette noble poésie d'Espagne, il s'y sentit à l'aise comme en une patrie. Génie loyal, plein d'honneur et de moralité, marchant la tête haute, il devait se prendre d'une affection soudaine et profonde pour les héros chevaleresques de cette brave nation. Son impétueuse chaleur de cœur, sa sincérité d'enfant, son dévouement inviolable en amitié, sa mélancolique résignation en amour, sa religion du devoir, son caractère tout en dehors, naïvement grave et sentencieux, beau de fierté et de prud'homie, tout le disposait fortement au genre espagnol; il l'embrassa avec ferveur, l'accommoda, sans trop s'en rendre compte, au goût de sa nation et de son siècle, et s'y créa une originalité unique au milieu de toutes les imitations banales qu'on en faisait autour de lui. Ici, plus de tâtonnements ni de marche lentement progressive, comme dans ses précédentes comédies. Aveugle et rapide en son instinct, il porte du premier coup la main au sublime, au glorieux, au pathétique, comme à des choses familières, et les produit en un langage superbe et simple que tout le monde comprend, et qui n'appartient qu'à lui (1). Au sortir de la première représentation du *Cid*, notre théâtre est véritablement fondé; la France possède tout entier le grand Corneille; et le poëte triomphant, qui, à l'exemple de ses héros, parle hautement de lui-même comme il en pense, a droit de s'écrier, sans peur de démenti, aux applaudissements de ses admirateurs et au désespoir de ses envieux :

> Je sais ce que je vaux, et crois ce qu'on m'en dit.
> Pour me faire admirer je ne fais point de ligue;

---

(1) J'insiste sur le style; le fond du *Cid* est tout pris à l'espagnol. M. Fauriel, dans une leçon, comparant les deux *Cids*, remarquait, comme différence, l'abrégé fréquent, rapide, que Corneille avait fait des scènes plus développées de l'original : « Chez Corneille, ajoutait-il, on dirait que tous les personnages *travaillent à l'heure,* tant ils sont pressés de faire le plus de choses dans le moins de temps! » Corneille sentait son public français.

> J'ai peu de voix pour moi, mais je les ai sans brigue ;
> Et mon ambition, pour faire un peu de bruit,
> Ne les va point quêter de réduit en réduit.
> Mon travail, sans appui, monte sur le théâtre ;
> Chacun en liberté l'y blâme ou l'idolâtre.
> Là, sans que mes amis prêchent leurs sentiments,
> J'arrache quelquefois des applaudissements ;
> Là, content du succès que le mérite donne,
> Par d'illustres avis je n'éblouis personne.
> Je satisfais ensemble et peuple et courtisans,
> Et mes vers en tous lieux sont mes seuls partisans ;
> Par leur seule beauté ma plume est estimée ;
> Je ne dois qu'à moi seul toute ma renommée,
> Et pense toutefois n'avoir point de rival
> A qui je fasse tort en le traitant d'égal (1).

L'éclatant succès du *Cid* et l'orgueil bien légitime qu'en ressentit et qu'en témoigna Corneille soulevèrent contre lui tous ses rivaux de la veille et tous les auteurs de tragédies, depuis Claveret jusqu'à Richelieu. Nous n'insisterons pas ici sur les détails de cette querelle, qui est un des endroits les mieux éclaircis de notre histoire littéraire. L'effet que produisit sur le poëte ce déchaînement de la critique fut tel qu'on peut le conclure d'après le caractère de son talent et de son esprit. Corneille, avons-nous dit, était un génie pur, instinctif, aveugle, de propre et libre mouvement, et presque dénué des qualités moyennes qui accompagnent et secondent si efficacement dans le poëte le don supérieur et divin. Il n'était ni adroit, ni habile aux détails, avait le jugement peu délicat, le goût peu sûr, le tact assez obtus, et se rendait mal compte de ses procédés d'artiste ; il se piquait pourtant d'y entendre finesse, et de ne pas tout dire. Entre son génie et

(1) Il sent bien qu'il va un peu loin et s'en excuse :

> Nous nous aimons un peu, c'est notre faible à tous.
> Le prix que nous valons, qui le sait mieux que nous ?

Ceci devient malin ; on croirait que c'est du La Fontaine.

son bon sens, il n'y avait rien ou à peu près, et ce bon sens, qui ne manquait ni de subtilité ni de dialectique, devait faire mille efforts, surtout s'il y était provoqué, pour se guinder jusqu'à ce génie, pour l'embrasser, le comprendre et le régenter. Si Corneille était venu plus tôt, avant l'Académie et Richelieu, à la place d'Alexandre Hardy par exemple, sans doute il n'eût été exempt ni de chutes, ni d'écarts, ni de méprises ; peut-être même trouverait-on chez lui bien d'autres énormités que celles dont notre goût se révolte en quelques-uns de ses plus mauvais passages ; mais du moins ses chutes alors eussent été uniquement selon la nature et la pente de son génie ; et quand il se serait relevé, quand il aurait entrevu le beau, le grand, le sublime, et s'y serait précipité comme en sa région propre, il n'y eût pas traîné après lui le bagage des règles, mille scrupules lourds et puérils, mille petits empêchements à un plus large et vaste essor. La querelle du *Cid*, en l'arrêtant dès son premier pas, en le forçant de revenir sur lui-même et de confronter son œuvre avec les règles, lui dérangea pour l'avenir cette croissance prolongée et pleine de hasards, cette sorte de végétation sourde et puissante à laquelle la nature semblait l'avoir destiné. Il s'effaroucha, il s'indigna d'abord des chicanes de la critique ; mais il réfléchit beaucoup intérieurement aux règles et préceptes qu'on lui imposait, et il finit par s'y accommoder et par y croire. Les dégoûts qui suivirent pour lui le triomphe du *Cid* le ramenèrent à Rouen dans sa famille, d'où il ne sortit de nouveau qu'en 1639, *Horace* et *Cinna* en main. Quitter l'Espagne dès l'instant qu'il y avait mis pied, ne pas pousser plus loin cette glorieuse victoire du *Cid*, et renoncer de gaieté de cœur à tant de héros magnanimes qui lui tendaient les bras, mais tourner à côté et s'attaquer à une *Rome castillane*, sur la foi de Lucain et de Sénèque, ces Espagnols, bourgeois sous Néron, c'était pour Corneille ne pas profiter de tous ses avantages et mal interpréter la voix de son génie au moment où elle venait de parler si clairement. Mais alors la mode ne portait pas moins les esprits vers Rome antique que vers l'Espagne. Outre les galanteries amoureuses et les beaux sentiments de rigueur qu'on prêtait à ces vieux républicains, on avait une occasion, en les produisant sur la scène, d'appliquer les maximes d'état et tout ce jargon politique et diplomatique qu'on retrouve dans Balzac, Gabriel Naudé, et auquel Richelieu avait donné cours. Corneille se laissa probablement séduire à ces raisons du moment; l'essentiel, c'est que de son erreur même il sortit des chefs-d'œuvre. Nous ne le suivrons pas dans les divers succès qui marquèrent sa carrière durant ses quinze plus belles années. *Polyeucte, Pompée, le Menteur, Rodogune, Héraclius, Don Sanche* et *Nicomède* en sont les signes durables. Il rentra dans l'imitation espagnole par *le Menteur*, comédie dont il faut admirer bien moins le comique (Corneille n'y entendait rien) que l'*imbroglio*, le mouvement et la fantaisie; il rentra encore dans le génie castillan par *Héraclius*, surtout par *Nicomède* et *Don Sanche*, ces deux admirables créations, uniques sur notre théâtre, et qui, venues en pleine Fronde, et par leur singulier mélange d'héroïsme romanesque et d'ironie familière, soulevaient mille allusions malignes ou généreuses, et arrachaient d'universels applaudissements. Ce fut pourtant peu après ces triomphes, qu'en 1653, affligé du mauvais succès de *Pertharite*, et touché peut-être de sentiments et de remords chrétiens, Corneille résolut de renoncer au théâtre. Il avait quarante-sept ans; il venait de traduire en vers les premiers chapitres de l'*Imitation de Jésus-Christ*, et voulait consacrer désormais son reste de verve à des sujets pieux.

Corneille s'était marié dès 1640; et, malgré ses fréquents voyages à Paris, il vivait habituellement à Rouen en famille. Son frère Thomas et lui avaient épousé les deux sœurs, et logeaient dans deux maisons contiguës. Tous deux soignaient leur mère veuve. Pierre avait six enfants; et comme alors les pièces de théâtre rapportaient plus aux comédiens qu'aux auteurs, et que d'ailleurs il n'était pas sur les lieux pour surveiller ses intérêts, il gagnait à peine de quoi soutenir sa nombreuse famille. Sa nomination à l'Académie française n'est que de 1647. Il avait promis, avant d'être nommé, de s'arranger de manière à passer à Paris la plus grande partie de l'année ; mais il ne paraît pas qu'il l'ait fait. Il ne vint s'établir dans la capitale qu'en 1662, et jusque-là il ne retira guère les avantages que procure aux académiciens l'assiduité aux séances. Les mœurs littéraires du temps ne ressemblaient pas aux nôtres : les auteurs ne se faisaient aucun scrupule d'implorer et de recevoir les libéralités des princes et seigneurs. Corneille, en tête d'*Horace*, dit qu'*il a l'honneur d'être à Son Éminence*; c'est ainsi que M. de Ballesdens de l'Académie avait *l'honneur d'être à M. le Chancelier*; c'est ainsi qu'Attale dit à la reine Laodice, en parlant de Nicomède qu'il ne connaît pas : *Cet homme est-il à vous?* Les gentilshommes alors se vantaient d'être les *domestiques* d'un prince ou d'un seigneur. Tout ceci nous mène à expliquer et à excuser dans notre illustre poëte ces singulières dédicaces à Richelieu, à Montauron, à Mazarin, à Fouquet, qui ont si mal à propos scandalisé Voltaire, et que M. Taschereau a réduites fort judicieusement à leur véritable valeur. Vers la même époque, en Angleterre, les auteurs n'étaient pas en condition meilleure et on trouve là-dessus de curieux détails dans les *Vies des poëtes* par Johnson et les *Mémoires* de Samuel Pepys. Dans la correspondance de Malherbe avec Peiresc, il n'est presque pas une seule lettre où le célèbre lyrique ne se plaigne de recevoir du roi Henri plus de compliments que d'écus. Ces mœurs subsistaient encore du temps de Corneille ; et quand même elles auraient commencé à passer d'usage, sa pauvreté et ses charges de famille l'eussent empêché de s'en affranchir. Sans doute il en souffrait par moments, et il déplore lui-même quelque part *ce je ne sais quoi d'abaissement secret*, auquel un noble cœur a peine à descendre ; mais, chez lui, la nécessité était plus forte que les délicatesses. Disons-le encore : Corneille, hors de son sublime et de son pathétique, avait peu d'adresse et de tact. Il portait dans les relations de la vie quelque chose de gauche et de provincial; son discours de réception à l'Académie, par exemple, est un chef-d'œuvre de mauvais goût, de plate louange et d'emphase commune. Eh bien! il faut juger de la sorte sa dédicace à Montauron, la plus attaquée de toutes, et ridicule même lorsqu'elle parut. Le bon Corneille y manqua de mesure et de convenance; il insista lourdement là où il devait glisser; lui, pareil au fond à ses héros, entier par l'âme, mais brisé par le sort, il se baissa trop cette fois pour saluer, et frappa la terre de son noble front. Qu'y faire ? Il y avait en lui, mêlée à l'inflexible nature du vieil *Horace*, quelque partie de la nature débonnaire de *Pertharite* et de *Prusias*; lui aussi, il se fût écrié en certains moments, et sans songer à la plaisanterie :

> Ah! ne me brouillez pas avec *le Cardinal!*

On peut en sourire, on doit l'en plaindre; ce serait injure que de l'en blâmer.

Corneille s'était imaginé, en 1653, qu'il renonçait à la scène. Pure illusion! Cette retraite, si elle avait été possible, aurait sans doute mieux valu pour son repos, et peut-être aussi pour sa gloire; mais il n'avait pas un de ces tempéraments poétiques qui s'imposent à volonté une continence de quinze ans, comme fit plus tard Racine. Il suffit donc d'un encouragement et d'une libéralité de Fouquet, pour le rentraîner sur la scène où il demeura vingt années encore, jusqu'en 1674, déclinant de jour en jour au milieu de mécomptes sans nombre et de cruelles amertumes. Avant de dire un mot de sa vieillesse et de sa fin, nous nous arrêterons pour résumer les principaux traits de son génie et de son œuvre.

La forme dramatique de Corneille n'a point la liberté de fantaisie que se sont donnée Lope de Vega et Shakspeare, ni la sévérité exactement régulière à laquelle Racine s'est assujetti. S'il avait osé, s'il était venu avant d'Aubignac, Mairet,

Chapelain, il se serait, je pense, fort peu soucié de graduer et d'étager ses actes, de lier ses scènes, de concentrer ses effets sur un même point de l'espace et de la durée ; il aurait procédé au hasard, brouillant et débrouillant les fils de son intrigue, changeant de lieu selon sa commodité, s'attardant en chemin, et poussant devant lui ses personnages pêle-mêle jusqu'au mariage ou à la mort. Au milieu de cette confusion se seraient détachées çà et là de belles scènes, d'admirables groupes; car Corneille entend fort bien le groupe, et, aux moments essentiels, pose fort dramatiquement ses personnages. Il les balance l'un par l'autre, les dessine vigoureusement par une parole mâle et brève, les contraste par des reparties tranchées, et présente à l'œil du spectateur des masses d'une savante structure. Mais il n'avait pas le génie assez artiste pour étendre au drame entier cette configuration concentrique qu'il a réalisée par places ; et, d'autre part, sa fantaisie n'était pas assez libre et alerte pour se créer une forme mouvante, diffuse, ondoyante et multiple, mais non moins réelle, non moins belle que l'autre, et comme nous l'admirons dans quelques pièces de Shakspeare, comme les Schlegel l'admirent dans Calderon. Ajoutez à ces imperfections naturelles l'influence d'une poétique superficielle et méticuleuse, dont Corneille s'inquiétait outre mesure, et vous aurez le secret de tout ce qu'il y a de louche, d'indécis et d'incomplètement calculé dans l'ordonnance de ses tragédies. Ses *Discours* et ses *Examens* nous donnent sur ce sujet mille détails, où se révèlent les coins les plus cachés de l'esprit du grand Corneille. On y voit combien l'impitoyable unité de lieu le tracasse, combien il lui dirait de grand cœur : *Oh! que vous me gênez!* et avec quel soin il cherche à la réconcilier avec la *bienséance*. Il n'y parvient pas toujours. *Pauline vient jusque dans une antichambre pour trouver Sévère dont elle devrait attendre la visite dans son cabinet.* Pompée semble s'écarter un peu de la prudence d'un général d'armée, lorsque, sur la foi de Sertorius, il vient conférer avec lui jusqu'au sein

d'une ville où celui-ci est le maître ; *mais il était impossible de garder l'unité de lieu sans lui faire faire cette échappée.* Quand il y avait pourtant nécessité absolue que l'action se passât en deux lieux différents, voici l'expédient qu'imaginait Corneille pour éluder la règle : « C'étoit que ces deux lieux
« n'eussent point besoin de diverses décorations, et qu'aucun
« des deux ne fût jamais nommé, mais seulement le lieu gé-
« néral où tous les deux sont compris, comme Paris, Rome,
« Lyon, Constantinople, etc. Cela aideroit à tromper l'audi-
« teur qui, ne voyant rien qui lui marquât la diversité des
« lieux, ne s'en apercevroit pas, à moins d'une réflexion ma-
« licieuse et critique, dont il y a peu qui soient capables,
« la plupart s'attachant avec chaleur à l'action qu'ils voient
« représenter. » Il se félicite presque comme un enfant de la complexité d'*Héraclius*, et que *ce poëme soit si embarrassé qu'il demande une merveilleuse attention.* Ce qu'il nous fait surtout remarquer dans *Othon, c'est qu'on n'a point encore vu de pièce où il se propose tant de mariages pour n'en conclure aucun.*

Les personnages de Corneille sont grands, généreux, vaillants, tout en dehors, hauts de tête et nobles de cœur. Nourris la plupart dans une discipline austère, ils ont sans cesse à la bouche des maximes auxquelles ils rangent leur vie ; et comme ils ne s'en écartent jamais, on n'a pas de peine à les saisir ; un coup d'œil suffit : ce qui est presque le contraire des personnages de Shakspeare et des caractères humains en cette vie. La moralité de ses héros est sans tache : comme pères, comme amants, comme amis ou ennemis, on les admire et on les honore ; aux endroits pathétiques, ils ont des accents sublimes qui enlèvent et font pleurer ; mais ses rivaux et ses maris ont quelquefois une teinte de ridicule : ainsi don Sanche dans *le Cid,* ainsi Prusias et Pertharite. Ses tyrans et ses marâtres sont tout d'une pièce comme ses héros, méchants d'un bout à l'autre ; et encore, à l'aspect d'une belle action, il leur arrive quelquefois de faire volte-face, de se retourner subitement à la vertu : tels Grimoald et Arsinoé. Les hommes de Corneille ont l'esprit formaliste et pointilleux : ils se querellent sur l'étiquette; ils raisonnent longuement et ergotent à haute voix avec eux-mêmes jusque dans leur passion. Il y a du Normand. Auguste, Pompée et autres ont dû étudier la dialectique à Salamanque, et lire Aristote d'après les Arabes. Ses héroïnes, ses *adorables furies*, se ressemblent presque toutes : leur amour est subtil, combiné, alambiqué, et sort plus de la tête que du cœur. On sent que Corneille connaissait peu les femmes. Il a pourtant réussi à exprimer dans Chimène et dans Pauline cette vertueuse puissance de sacrifice, que lui-même avait pratiquée en sa jeunesse. Chose singulière! depuis sa rentrée au théâtre en 1659, et dans les pièces nombreuses de sa décadence, *Attila*, *Bérénice*, *Pulchérie*, *Suréna*, Corneille eut la manie de mêler l'amour à tout, comme La Fontaine Platon. Il semblait que les succès de Quinault et de Racine l'entraînassent sur ce terrain, et qu'il voulût en remontrer à ces *doucereux*, comme il les appelait. Il avait fini par se figurer qu'il avait été en son temps bien autrement galant et amoureux que ces jeunes perruques blondes, et il ne parlait d'autrefois qu'en hochant la tête comme un vieux berger.

Le style de Corneille est le mérite par où il excelle à mon gré. Voltaire, dans son commentaire, a montré sur ce point comme sur d'autres une souveraine injustice et une assez grande ignorance des vraies origines de notre langue. Il reproche à tout moment à son auteur de n'avoir ni grâce, ni élégance, ni clarté : il mesure, plume en main, la hauteur des métaphores, et quand elles dépassent, il les trouve gigantesques. Il retourne et déguise en prose ces phrases altières et sonores qui vont si bien à l'allure des héros, et il se demande si c'est là écrire et parler *français*. Il appelle grossièrement *solécisme* ce qu'il devrait qualifier d'*idiotisme*, et qui manque si complétement à la langue étroite, symétrique, écourtée, et *à la française*, du XVIIIe siècle. On se souvient des magnifiques vers de l'*Épître à Ariste,* dans lesquels Corneille se glorifie lui-même après le triomphe du *Cid* :

> Je sais ce que je vaux, et crois ce qu'on m'en dit.

Voltaire a osé dire de cette belle épître : « Elle paraît écrite « entièrement dans le style de Regnier, sans grâce, sans « finesse, sans élégance, sans imagination ; mais on y voit de « la facilité et de la naïveté. » Prusias, en parlant de son fils Nicomède que les victoires ont exalté, s'écrie :

> Il ne veut plus dépendre, et croit que ses conquêtes
> Au-dessus de son bras ne laissent point de têtes.

Voltaire met en note : « *Des têtes au-dessus des bras,* il n'était plus permis d'écrire ainsi en 1657. » Il serait certes piquant de lire quelques pages de Saint-Simon qu'aurait commentées Voltaire. Pour nous, le style de Corneille nous semble avec ses négligences une des plus grandes manières du siècle qui eut Molière et Bossuet. La touche du poëte est rude, sévère et vigoureuse. Je le comparerais volontiers à un statuaire qui, travaillant sur l'argile pour y exprimer d'héroïques portraits, n'emploie d'autre instrument que le pouce, et qui, pétrissant ainsi son œuvre, lui donne un suprême caractère de vie avec mille accidents heurtés qui l'accompagnent et l'achèvent ; mais cela est incorrect, cela n'est pas lisse ni *propre,* comme on dit. Il y a peu de peinture et de couleur dans le style de Corneille ; il est chaud plutôt qu'éclatant ; il tourne volontiers à l'abstrait, et l'imagination y cède à la pensée et au raisonnement. Il doit plaire surtout aux hommes d'état, aux géomètres, aux militaires, à ceux qui goûtent les styles de Démosthène, de Pascal et de César.

En somme, Corneille, génie pur, incomplet, avec ses hautes parties et ses défauts, me fait l'effet de ces grands arbres, nus, rugueux, tristes et monotones par le tronc, et garnis de rameaux et de sombre verdure seulement à leur sommet. Ils sont forts, puissants, gigantesques, peu touffus ; une séve abondante y monte : mais n'en attendez ni abri, ni ombrage, ni fleurs. Ils feuillissent tard, se dépouillent tôt, et vivent longtemps à demi dépouillés. Même après que leur front chauve a livré ses feuilles au vent d'automne, leur nature vivace jette encore par endroits des rameaux perdus et de vertes poussées. Quand ils vont mourir, ils ressemblent par leurs craquements et leurs gémissements à ce tronc chargé d'armures, auquel Lucain a comparé le grand Pompée.

Telle fut la vieillesse du grand Corneille, une de ces vieillesses ruineuses, sillonnées et chenues, qui tombent pièce à pièce et dont le cœur est long à mourir. Il avait mis toute sa vie et toute son âme au théâtre. Hors de là il valait peu : brusque, lourd, taciturne et mélancolique, son grand front ridé ne s'illuminait, son œil terne et voilé n'étincelait, sa voix sèche et sans grâce ne prenait de l'accent, que lorsqu'il parlait du théâtre, et surtout du sien. Il ne savait pas causer, tenait mal son rang dans le monde, et ne voyait guère MM. de La Rochefoucauld et de Retz, et madame de Sévigné que pour leur lire ses pièces. Il devint de plus en plus chagrin et morose avec les ans. Les succès de ses jeunes rivaux l'importunaient ; il s'en montrait affligé et noblement jaloux, comme un taureau vaincu ou un vieil athlète. Quand Racine eut parodié par la bouche de *l'Intimé* ce vers du *Cid* :

Ses rides sur son front ont gravé ses exploits,

Corneille, qui n'entendait pas raillerie, s'écria naïvement : « Ne tient-il donc qu'à un jeune homme de venir ainsi tour- « ner en ridicule les vers des gens ? » Une fois il s'adresse à Louis XIV qui a fait représenter à Versailles *Sertorius*, *Œdipe* et *Rodogune* ; il implore la même faveur pour *Othon*, *Pulchérie*, *Suréna*, et croit qu'un seul regard du maître les tirerait du tombeau ; il se compare au vieux Sophocle accusé de démence et lisant *Œdipe* pour réponse ; puis il ajoute :

Je n'irai pas si loin, et si mes quinze lustres
Font encor quelque peine aux modernes illustres,

S'il en est de fâcheux jusqu'à s'en chagriner,
Je n'aurai pas longtemps à les importuner.
Quoi que je m'en promette, ils n'en ont rien à craindre :
C'est le dernier éclat d'un feu prêt à s'éteindre ;
Sur le point d'expirer, il tâche d'éblouir,
Et ne frappe les yeux que pour s'évanouir.

Une autre fois, il disait à Chevreau : « J'ai pris congé du « théâtre, et ma poésie s'en est allée avec mes dents. » Corneille avait perdu deux de ses enfants, deux fils, et sa pauvreté avait peine à produire les autres. Un retard dans le payement de sa pension le laissa presque en détresse à son lit de mort : on sait la noble conduite de Boileau. Le grand vieillard expira dans la nuit du 30 septembre au 1er octobre 1684, rue d'Argenteuil, où il logeait. Charlotte Corday était arrière-petite-fille d'une des filles de Pierre Corneille (1).

1828.

(1) D'autres font d'elle seulement une arrière-petite-nièce du grand tragique ; il y a des doutes et même il y a eu des procès sur cette généalogie. J'ai suivi M. Taschereau. — Voir, comme développement particulier sur Corneille et sur *Polyeucte*, mon *Port-Royal*, tome I, liv. I, chap. VI.

LA FONTAINE

Dans ces rapides essais, par lesquels nous tâchons de ramener l'attention de nos lecteurs et la nôtre à des souvenirs pacifiques de littérature et de poésie, nous ne nous sommes nullement imposé la loi, comme certaines gens peu charitables ou mal instruits voudraient le faire croire, de mettre en avant à toute force des idées soi-disant nouvelles, de contrarier sans relâche les opinions reçues, de réformer, de casser les jugements consacrés, d'exhumer coup sur coup des réputations et d'en démolir. En supposant qu'un tel rôle convînt jamais à quelqu'un, qui serions-nous, bon Dieu ! pour l'entreprendre ? Le nôtre est plus simple : nous avons quelques principes d'art et de critique littéraire, que nous essayons d'appliquer, sans violence toutefois et à l'amiable, aux auteurs illustres des deux siècles précédents. D'ailleurs, l'impression qu'une dernière et plus fraîche lecture a laissée en nous, impression pure, franche, aussi prompte et naïve que possible, voilà surtout ce qui décide du ton et de la couleur de notre causerie ; voilà ce qui nous a poussé à la sévérité contre Jean-Baptiste, à l'estime pour Boileau, à l'admiration pour madame de Sévigné, Mathurin Regnier et d'autres encore ; aujourd'hui, c'est le tour de La Fontaine (1). En revenant sur lui après

(1) Dans l'ordre premier où parurent successivement plusieurs de ces articles en 1829, ceux de *J.-B. Rousseau* et de *Regnier* avaient pré-

tant de panégyristes et de biographes, après les travaux de M. Walckenaer en particulier, nous nous condamnons à n'en rien dire de bien nouveau pour le fond, et à ne faire au plus que retraduire à notre guise et motiver un peu différemment parfois les mêmes conclusions de louanges, les mêmes hommages d'une critique désarmée et pleine d'amour. Mais ces redites pourtant, dût la forme seule les rajeunir, ne nous ont pas semblé inutiles, ne serait-ce que pour montrer que nous aussi, le dernier venu et le plus obscur, nous savons au besoin et par conviction nous ranger à la suite de nos devanciers dans la carrière.

Et puis, si La Harpe et Chamfort ont loué La Fontaine avec une ingénieuse sagacité, ils l'ont beaucoup trop détaché de son siècle, qui était bien moins connu d'eux que de nous. Le xviiie siècle, en effet, n'a su naturellement de l'époque de Louis XIV que la partie qui s'est continuée et qui a prévalu sous Louis XV. Il en a ignoré ou dédaigné tout un autre côté, par lequel le dernier règne regardait les précédents, côté qui certes n'est pas le moins original, et que Saint-Simon nous dévoile aujourd'hui. Aussi ces admirables Mémoires, qui jusqu'ici ont été envisagés surtout comme ruinant le prestige glorieux et la grandeur factice de Louis XIV, nous semblent-ils bien plutôt restituer à cette mémorable époque un caractère de grandeur et de puissance qu'on ne soupçonnait pas, et devoir la réhabiliter hautement dans l'opinion, par les endroits mêmes qui détruisent les préjugés d'une admiration superficielle. Il en sera, selon nous, des variations de nos jugements sur le siècle de Louis XIV, comme il en a été de nos diverses façons de voir touchant les choses de la Grèce et du moyen âge. D'abord, par exemple, on étudiait peu ou du moins on entendait mal le théâtre grec; on l'admirait pour

cédé en date celui de *La Fontaine.* Quant à l'article sur *madame de Sévigné*, il appartient de droit à celui de nos volumes qui, dans la présente collection, est particulièrement consacré aux femmes; il en fait le début.

des qualités qu'il n'avait pas ; puis, quand, y jetant un coup d'œil rapide, on s'est aperçu que ces qualités qu'on estimait indispensables manquaient souvent, on l'a traité assez à la légère : témoin Voltaire et La Harpe. Enfin, en l'étudiant mieux, comme a fait M. Villemain, on est revenu à l'admirer précisément pour n'avoir pas ces qualités de fausse noblesse et de continuelle dignité qu'on avait cru y voir d'abord, et que plus tard on avait été désappointé de n'y pas trouver. C'est aussi la marche qu'ont suivie les opinions sur le moyen âge, la chevalerie et le gothique. A l'âge d'or de fantaisie et d'*opéra* rêvé par La Curne de Sainte-Palaye et Tressan (1), ont succédé des études plus sévères, qui ont jeté quelque trouble dans le premier arrangement romanesque ; puis ces études, de plus en plus fortes et intelligentes, ont rencontré au fond un âge non plus d'or, mais de fer, et pourtant merveilleux encore : de simples prêtres et des moines plus hauts et plus puissants que les rois, des barons gigantesques dont les grands ossements et les armures énormes nous effraient ; un art de granit et de pierre, savant, délicat, aérien, majestueux et mystique. Ainsi la monarchie de Louis XIV, d'abord admirée pour l'apparente et fastueuse régularité qu'y afficha le monarque et que célébra Voltaire, puis trahie dans son infirmité réelle par les Mémoires de Dangeau, de la princesse Palatine, et rapetissée à dessein par Lemontey, nous reparait chez Saint-Simon vaste, encombrée et flottante, dans une confusion qui n'est pas sans grandeur et sans beauté, avec tous les rouages de plus en plus inutiles de l'antique constitution abolie, avec tout ce que l'habitude conserve de formes et de mouvements, même après que l'esprit et le sens des choses ont disparu ; déjà sujette au bon plaisir despotique, mais mal disciplinée encore à l'étiquette suprême qui finira par triompher. Or, ceci bien posé, il est aisé de rétablir en leur vraie place et de voir en leur vrai

---

(1) Il ne faudrait pourtant pas mettre sur la même ligne, pour l'ensemble des travaux, La Curne de Sainte-Palaye, qui en a fait d'immenses, et Tressan qui n'en a fait que de fort légers.

jour les hommes originaux du temps, qui, dans leur conduite ou dans leurs œuvres, ont fait autre chose que remplir le programme du maître. Sans cette connaissance générale, on court risque de les considérer trop à part, et comme des êtres étranges et accidentels. C'est ce que les critiques du dernier siècle n'ont pas évité en parlant de La Fontaine : ils l'ont trop isolé et chargé dans leurs portraits ; ils lui ont supposé une personnalité beaucoup plus entière qu'il n'était besoin, eu égard à ses œuvres, et l'ont imaginé *bonhomme* et *fablier* outre mesure. Il leur était bien plus facile de s'expliquer Racine et Boileau, qui appartiennent à la partie régulière et apparente de l'époque, et en sont la plus pure expression littéraire.

Il y a des hommes qui, tout en suivant le mouvement général de leur siècle, n'en conservent pas moins une individualité profonde et indélébile : Molière en est le plus éclatant exemple. Il en est d'autres qui, sans aller dans le sens de ce mouvement général, et en montrant par conséquent une certaine originalité propre, en ont moins pourtant qu'ils ne paraissent, bien qu'il puisse leur en rester beaucoup. Il entre dans la manière qui les distingue de leurs contemporains une grande part d'imitation de l'âge précédent; et, dans ce frappant contraste qu'ils nous offrent avec ce qui les entoure, il faut savoir reconnaître et rabattre ce qui revient de droit à leurs devanciers. C'est parmi les hommes de cet ordre que nous rangeons La Fontaine : nous l'avons déjà dit ailleurs (1), il a été, sous Louis XIV, le dernier et le plus grand des poëtes du XVIe siècle.

Né, en 1621, à Château-Thierry en Champagne, il reçut une éducation fort négligée, et donna de bonne heure des preuves de son extrême facilité à se laisser aller dans la vie et à obéir aux impressions du moment. Un chanoine de Soissons lui

(1) Voir à la fin de ce volume un article du *Globe*, 15 septembre 1827, où cette idée sur La Fontaine est développée. J'en ai aussi parlé en ce sens dans le *Tableau de la Poésie française au* XVIe *siècle*.

ayant prêté un jour quelques livres de piété, le jeune La Fontaine se crut du penchant pour l'état ecclésiastique, et entra au séminaire. Il ne tarda pas à en sortir; et son père, en le mariant, lui transmit sa charge de maître des eaux et forêts. Mais La Fontaine, avec son caractère naturel d'oubliance et de paresse, s'accoutuma insensiblement à vivre comme s'il n'avait eu ni charge ni femme. Il n'était pourtant pas encore poëte, ou du moins il ignorait qu'il le fût. Le hasard le mit sur la voie. Un officier qui se trouvait en quartier d'hiver à Château-Thierry lut un jour devant lui l'ode de Malherbe dont le sujet est un des attentats sur la personne de Henri IV :

Que direz-vous, races futures, etc.,

et La Fontaine, dès ce moment, se crut appelé à composer des odes : il en fit, dit-on, plusieurs, et de mauvaises ; mais un de ses parents, nommé Pintrel, et son camarade de collége, Maucroix, le détournèrent de ce genre et l'engagèrent à étudier les anciens. C'est aussi vers ce temps qu'il dut se mettre à la lecture de Rabelais, de Marot, et des poëtes du XVIe siècle, véritable fonds d'une bibliothèque de province à cette époque. Il publia, en 1654, une traduction en vers de *l'Eunuque* de Térence; et l'un des parents de sa femme, Jannart, ami et substitut de Fouquet, emmena le poëte à Paris pour le présenter au surintendant.

Ce voyage et cette présentation décidèrent du sort de La Fontaine. Fouquet le prit en amitié, se l'attacha, et lui fit une pension de mille francs, à condition qu'il en acquitterait chaque quartier par une pièce de vers, ballade ou madrigal, dizain ou sixain. Ces petites pièces, avec *le Songe de Vaux*, sont les premières productions originales que nous ayons de La Fontaine : elles se rapportent tout à fait au goût d'alors, à celui de Saint-Évremond et de Benserade, au marotisme de Sarasin et de Voiture, et le *je ne sais quoi* de mollesse et de rêverie voluptueuse qui n'appartient qu'à notre délicieux auteur, y perce bien déjà, mais y est encore trop chargé de fadeurs et de bel esprit. Le poëte de Fouquet fut accueilli, dès son début, comme un des ornements les plus délicats de cette société polie et galante de Saint-Mandé et de Vaux. Il était fort aimable dans le monde, quoi qu'on en ait dit, et particulièrement dans un monde privé; sa conversation, abandonnée et naïve, s'assaisonnait au besoin de finesse malicieuse, et ses distractions savaient fort bien s'arrêter à temps pour n'être qu'un charme de plus : il était certainement moins *bonhomme* en société que le grand Corneille. Les femmes, le rien-faire et le sommeil se partageaient tour à tour ses hommages et ses vœux. Il en convenait agréablement; il s'en vantait même parfois, et causait volontiers de lui-même et de ses goûts avec les autres sans jamais les lasser, et en les faisant seulement sourire. L'intimité surtout avait mille grâces avec lui : il y portait un tour affectueux et de bon ton familier; il s'y livrait en homme qui oublie tout le reste, et en prenait au sérieux ou en déroulait avec badinage les moindres caprices. Son goût déclaré pour le beau sexe ne rendait son commerce dangereux aux femmes que lorsqu'elles le voulaient bien. La Fontaine, en effet, comme Regnier son prédécesseur, aimait avant tout *les amours faciles et de peu de défense*. Tandis qu'il adressait à genoux, aux *Iris*, aux *Climènes* et aux déesses, de respectueux soupirs, et qu'il pratiquait de son mieux ce qu'il avait cru lire dans Platon, il cherchait ailleurs et plus bas des plaisirs moins mystiques qui l'aidaient à prendre son martyre en patience. Parmi ses bonnes fortunes à son arrivée dans la capitale, on cite la célèbre Claudine, troisième femme de Guillaume Colletet, et d'abord sa servante; Colletet épousait toujours ses servantes. Notre poëte visitait souvent le bon vieux rimeur en sa maison du faubourg Saint-Marceau, et courtisait Claudine tout en devisant, à souper, des auteurs du xvie siècle avec le mari, qui put lui donner là-dessus d'utiles conseils et lui révéler des richesses dont il profita. Pendant les six premières années de son séjour à Paris, et jusqu'à la chute de Fouquet, La Fontaine produisit peu; il s'abandonna tout entier au bonheur de cette vie d'enchantement et de fête, aux délices d'une société choisie qui goûtait son commerce ingénieux et appréciait ses galantes bagatelles; mais ce songe s'évanouit par la captivité de l'enchanteur. Sur ces entrefaites, la duchesse de Bouillon, nièce de Mazarin, ayant demandé au poëte des contes en vers, il s'empressa de la satisfaire, et le premier recueil des Contes parut en 1664 : La Fontaine avait quarante-trois ans. On a cherché à expliquer un début si tardif dans un génie si facile, et certains critiques sont allés jusqu'à attribuer ce long silence à des études *secrètes*, à une éducation laborieuse et prolongée. En vérité, bien que La Fontaine n'ait pas cessé d'essayer et de cultiver à ses moments de loisir son talent, depuis le jour où l'ode de Malherbe le lui révéla, j'aime beaucoup mieux croire à sa paresse, à son sommeil, à ses distractions, à tout ce qu'on voudra de naïf et d'oublieux en lui, qu'admettre cet ennuyeux noviciat auquel il se serait condamné. Génie instinctif, insouciant, volage et toujours livré au courant des circonstances, on n'a qu'à rapprocher quelques traits de sa vie pour le connaître et le comprendre. Au sortir du collége, un chanoine de Soissons lui prête des livres pieux, et le voilà au séminaire; un officier lui lit une ode de Malherbe, et le voilà poëte; Pintrel et Maucroix lui conseillent l'antiquité, et le voilà qui rêve Quintilien et raffole de Platon en attendant Baruch. Fouquet lui commande dizains et ballades, il en fait; madame de Bouillon, des contes, et il est conteur; un autre jour ce seront des fables pour monseigneur le Dauphin, un poëme du *Quinquina* pour madame de Bouillon encore, un opéra de *Daphné* pour Lulli, *la Captivité de saint Malc* à la requête de MM. de Port-Royal; ou bien ce seront des lettres, de longues lettres négligées et fleuries, mêlées de vers et de prose, à sa femme, à M. de Maucroix, à Saint-Évremond, aux Conti, aux Vendôme, à tous ceux enfin qui lui en demanderont. La Fontaine dépensait son génie, comme son temps, comme sa fortune, sans savoir comment, et au service de tous. Si jusqu'à l'âge de quarante ans il en parut moins prodigue que plus tard, c'est que les occasions lui manquaient en province, et que sa paresse avait besoin d'être surmontée par une douce violence. Une fois d'ailleurs qu'il eut rencontré le genre qui lui convenait le mieux, celui du *conte* et de la *fable*, il était tout simple qu'il s'y adonnât avec une sorte d'effusion, et qu'il y revînt de lui-même à plusieurs reprises, par penchant comme par habitude. La Fontaine, il est vrai, se méprenait un peu sur lui-même ; il se piquait de beaucoup de correction et de labeur, et sa poétique qu'il tenait en gros de Maucroix, et que Boileau et Racine lui achevèrent, s'accordait assez mal avec la tournure de ses œuvres. Mais cette légère inconséquence, qui lui est commune avec d'autres grands esprits naïfs de son temps, n'a pas lieu d'étonner chez lui, et elle confirme bien plus qu'elle ne contrarie notre opinion sur la nature facile et accommodante de son génie. Un célèbre poëte de nos jours, qu'on a souvent comparé à La Fontaine pour sa bonhomie aiguisée de malice, et qui a, comme lui, la gloire d'être créateur inimitable dans un genre qu'on croyait usé, le même poëte populaire qui, dans ce moment d'émotion politique, est rendu, après une trop longue captivité, à ses amis et à la France, Béranger, n'a commencé aussi que vers quarante ans à concevoir et à composer ses immortelles chansons. Mais, pour lui, les causes du retard nous semblent différentes, et les jours du silence ont été tout autrement employés. Jeté jeune et sans éducation régulière au milieu d'une littérature compassée et d'une poésie sans âme, il a dû hésiter longtemps, s'essayer en secret, se décourager maintes fois et se reprendre, tenter du nouveau dans bien des voies, et, en un mot, brûler bien des vers avant d'entrer en plein dans le genre unique que les circonstances ouvrirent à son cœur de citoyen. Béranger, comme tous les grands poëtes de ce temps, même les plus instinctifs, a su parfaitement ce qu'il faisait et pourquoi il le faisait : un art délicat et savant se cache sous ses rêveries les plus épicuriennes, sous ses inspirations les plus ferventes ; honneur en soit à lui ! mais cela n'était ni du temps ni du génie de La Fontaine.

Ce qu'est La Fontaine dans le *conte*, tout le monde le sait ; ce qu'il est dans la *fable*, on le sait aussi, on le sent ; mais il est moins aisé de s'en rendre compte. Des auteurs d'esprit s'y sont trompés ; ils ont mis en action, selon le précepte, des animaux, des arbres, des hommes, ont caché un sens fin, une morale saine sous ces petits drames, et se sont étonnés ensuite d'être jugés si inférieurs à leur illustre devancier : c'est que La Fontaine entendait autrement la fable. J'excepte les premiers livres, dans lesquels il montre plus de timidité, se tient davantage à son petit récit, et n'est pas encore tout à fait à l'aise dans cette forme qui s'adaptait moins immédiatement à son esprit que l'élégie ou le conte. Lorsque le second recueil parut, contenant cinq livres, depuis le sixième jusqu'au onzième inclusivement, les contemporains se récrièrent comme ils font toujours, et le mirent fort au-dessous du premier. C'est pourtant dans ce recueil que se trouve au complet la fable, telle que l'a inventée La Fontaine. Il avait fini évidemment par y voir surtout un cadre commode à pensées, à sentiments, à causerie ; le petit drame qui en fait le fond n'y est plus toujours l'essentiel comme auparavant ; la moralité de quatrain y vient au bout par un reste d'habitude ; mais la fable, plus libre en son cours, tourne et dérive, tantôt à l'élégie et à l'idylle, tantôt à l'épître et au conte : c'est une anecdote, une conversation, une lecture, élevées à la poésie, un mélange d'aveux charmants, de douce philosophie et de plainte rêveuse. La Fontaine est notre seul grand poëte personnel et rêveur avant André Chénier. Il se met volontiers dans ses vers, et nous entretient de lui, de son âme, de ses caprices et de ses faiblesses. Son accent respire d'ordinaire la malice, la gaieté, et le conteur grivois nous rit du coin de l'œil, en branlant la tête. Mais souvent aussi il a des tons qui viennent du cœur et une tendresse mélancolique qui le rapproche des poëtes de notre âge. Ceux du xvie siècle avaient bien eu déjà quelque avant-goût de rêverie ; mais elle manquait chez eux d'inspiration individuelle, et ressemblait trop à un lieu-commun uniforme, d'après Pétrarque et Bembe. La Fontaine lui rendit un caractère primitif d'expression vive et discrète ; il la débarrassa de tout ce qu'elle pouvait avoir contracté de banal ou de sensuel ; Platon, par ce côté, lui fut bon à quelque chose comme il l'avait été à Pétrarque ; et quand le poëte s'écrie dans une de ses fables délicieuses :

> Ne sentirai-je plus de charme qui m'arrête ?
> Ai-je passé le temps d'aimer ?

ce mot *charme*, ainsi employé en un sens indéfini et tout métaphysique, marque en poésie française un progrès nouveau qu'ont relevé et poursuivi plus tard André Chénier et ses successeurs. Ami de la retraite, de la solitude, et peintre des champs, La Fontaine a encore sur ses devanciers du XVIe siècle l'avantage d'avoir donné à ses tableaux des couleurs fidèles qui sentent, pour ainsi dire, le pays et le terroir. Ces plaines immenses de blés où se promène de grand matin le maître, et où l'allouette cache son nid ; ces bruyères et ces buissons où fourmille tout un petit monde ; ces jolies garennes, dont les hôtes étourdis font la cour à l'aurore dans la rosée et parfument de thym leur banquet, c'est la Beauce, la Sologne, la Champagne, la Picardie ; j'en reconnais les fermes avec leurs mares, avec les basses-cours et les colombiers ; La Fontaine avait bien observé ces pays, sinon en maître des eaux-et-forêts, du moins en poëte ; il y était né, il y avait vécu longtemps, et, même après qu'il se fut fixé dans la capitale, il retournait chaque année vers l'automne à Château-Thierry, pour y visiter son bien et le vendre en détail ; car *Jean*, comme on sait, *mangeait le fonds avec le revenu.*

Lorsque tout le bien de La Fontaine fut dissipé et que la mort soudaine de Madame l'eut privé de la charge de gentilhomme qu'il remplissait auprès d'elle, madame de La Sablière le recueillit dans sa maison et l'y soigna pendant plus de vingt ans. Abandonné dans ses mœurs, perdu de fortune, n'ayant plus ni feu, ni lieu, ce fut pour lui et pour son talent une inestimable ressource que de se trouver maintenu, sous les auspices d'une femme aimable, au sein d'une société spirituelle et de bon goût, avec toutes les douceurs de l'aisance. Il sentit vivement le prix de ce bienfait; et cette inviolable amitié, familière à la fois et respectueuse, que la mort seule put rompre, est un des sentiments naturels qu'il réussit le mieux à exprimer. Aux pieds de madame de La Sablière et des autres femmes distinguées qu'il célébrait en les respectant, sa muse, parfois souillée, reprenait une sorte de pureté et de fraîcheur, que ses goûts un peu vulgaires, et de moins en moins scrupuleux avec l'âge, ne tendaient que trop à affaiblir. Sa vie, ainsi ordonnée dans son désordre, devint double, et il en fit deux parts : l'une, élégante, animée, spirituelle, au grand jour, bercée entre les jeux de la poésie et les illusions du cœur; l'autre, obscure et honteuse, il faut le dire, et livrée à ces égarements prolongés des sens que la jeunesse embellit du nom de volupté, mais qui sont comme un vice au front du vieillard. Madame de La Sablière elle-même, qui reprenait La Fontaine, n'avait pas été toujours exempte de passions humaines et de faiblesses selon le monde; mais lorsque l'infidélité du marquis de La Fare lui eut laissé le cœur libre et vide, elle sentit que nul autre que Dieu ne pouvait désormais le remplir, et elle consacra ses dernières années aux pratiques les plus actives de la charité chrétienne. Cette conversion, aussi sincère qu'éclatante, eut lieu en 1683. La Fontaine en fut touché comme d'un exemple à suivre ; sa fragilité et d'autres liaisons qu'il contracta vers cette époque le détournèrent, et ce ne fut que dix ans après, quand la mort de madame de La Sablière lui eut donné un second et solennel avertissement, que cette bonne pensée germa en lui pour n'en plus sortir. Mais, dès 1684, nous avons de lui un admirable *Discours en vers*, qu'il lut le jour de sa réception à l'Académie française, et dans lequel, s'adressant à sa bienfaitrice, il lui expose avec candeur l'état de son âme :

> Des solides plaisirs je n'ai suivi que l'ombre,
> J'ai toujours abusé du plus cher de nos biens :
> Les pensers amusants, les vagues entretiens,
> Vains enfants du loisir, délices chimériques,
> Les romans et le jeu, peste des républiques,
> Par qui sont dévoyés les esprits les plus droits,
> Ridicule fureur qui se moque des lois,
> Cent autres passions des sages condamnées,
> Ont pris comme à l'envi la fleur de mes années.
> L'usage des vrais biens réparerait ces maux ;
> Je le sais, et je cours encore à des biens faux.
> . . . .
> Si faut-il qu'à la fin de tels pensers nous quittent ;
> Je ne vois plus d'instants qui ne m'en sollicitent :
> Je recule, et peut-être attendrai-je trop tard ;
> Car qui sait les moments prescrits à son départ ?
> Quels qu'ils soient, ils sont courts...

C'est, on le voit, une confession grave, ingénue, où l'onction religieuse et une haute moralité n'empêchent pas un reste de coup d'œil amoureux vers ces *chimériques délices* dont on est mal détaché. Et puis une simplicité d'exagération s'y mêle : les romans et le jeu qui ont égaré le pécheur sont la *peste des républiques, une fureur qui se moque des lois*. Et plus loin :

> Que me servent ces vers avec soin composés ?
> N'en attends-je autre fruit que de les voir prisés ?
> C'est peu que leurs conseils, si je ne sais les suivre,
> Et qu'au moins vers ma fin je ne commence à vivre ;
> Car je n'ai pas vécu, j'ai servi deux tyrans :
> Un vain bruit et l'amour ont partagé mes ans.
> Qu'est-ce que vivre, Iris ? vous pouvez nous l'apprendre ;
> Votre réponse est prête, il me semble l'entendre :
> C'est jouir des vrais biens avec tranquillité,
> Faire usage du temps et de l'oisiveté,

> S'acquitter des honneurs dus à l'Être suprême,
> Renoncer aux Phyllis en faveur de soi-même,
> Bannir le fol amour et les vœux impuissants,
> Comme Hydres dans nos cœurs sans cesse renaissants.

Sincère, éloquente, sublime poésie, d'un tour singulier, où la vertu trouve moyen de s'accommoder avec l'oisiveté, où *les Phyllis* se placent à côté de l'Être suprême, et qui fait naître un sourire dans une larme? Que La Fontaine n'a-t-il connu *le Dieu des bonnes gens?* il lui en aurait moins coûté pour se convertir.

Au premier abord, et à ne juger que par les œuvres, l'art et le travail paraissent tenir peu de place chez La Fontaine, et si l'attention de la critique n'avait été éveillée sur ce point par quelques mots de ses préfaces et par quelques témoignages contemporains, on n'eût jamais songé probablement à en faire l'objet d'une question. Mais le poëte *confesse*, en tête de *Psyché*, que *la prose lui coûte autant que les vers*. Dans une de ses dernières fables au duc de Bourgogne, il se plaint de *fabriquer à force de temps* des vers moins sensés que la prose du jeune prince. Ses manuscrits présentent beaucoup de ratures et de changements; les mêmes morceaux y sont recopiés plusieurs fois, et souvent avec des corrections heureuses. Par exemple, on a retrouvé, tout entière de sa main, une première ébauche de la fable intitulée *le Renard, les Mouches et le Hérisson*; et, en la comparant à celle qu'il a fait imprimer, on voit que les deux versions n'ont de commun que deux vers. Il est même plaisant de voir quel soin religieux il apporte aux errata : « Il s'est glissé, dit-il en tête de son se-
« cond recueil, quelques fautes dans l'impression. J'en ai fait
« faire un errata; mais ce sont de légers remèdes pour un
« défaut considérable. Si on veut avoir quelque plaisir de la
« lecture de cet ouvrage, il faut que chacun fasse corriger
« ces fautes à la main dans son exemplaire, ainsi qu'elles
« sont marquées par chaque errata, aussi bien pour les deux

« premières parties que pour les dernières. » Que conclure de toutes ces preuves ? Que La Fontaine était de l'école de Boileau et de Racine en poésie ; qu'il suivait les mêmes procédés de composition studieuse, et qu'il faisait difficilement ses vers faciles ? pas le moins du monde : La Fontaine me l'affirmerait en face, que je le renverrais à Baruch, et que je ne le croirais pas. Mais il avait, comme tout poëte, ses secrets, ses finesses, sa correction relative ; il s'en souciait peu ou point dans ses lettres en vers ; peu encore, mais davantage, dans ses contes ; il y visait tout à fait dans ses fables. Sa paresse lui grossissait la peine, et il aimait à s'en plaindre par manie. La Fontaine lisait beaucoup, non-seulement les modernes Italiens et Gaulois, mais les anciens, dans les textes ou en traduction : il s'en glorifie à tout propos :

> Térence est dans mes mains, je m'instruis dans Horace ;
> Homère et son rival sont mes dieux du Parnasse ;
> Je le dis aux rochers, etc...
> Je chéris l'Arioste et j'estime le Tasse ;
> Plein de Machiavel, entêté de Bocace,
> J'en parle si souvent qu'on en est étourdi ;
> J'en lis qui sont du nord et qui sont du midi.

Fera-t-on de lui un savant ? Son érudition a pour cela de trop singulières méprises, et se permet des confusions trop charmantes. Il a écrit dans sa Vie d'Ésope : « Comme Planudes « vivoit dans un siècle où la mémoire des choses arrivées à « Ésope ne devoit pas être encore éteinte, j'ai cru qu'il savoit « par tradition ce qu'il a laissé. » En écrivant ceci, il oubliait que dix-neuf siècles s'étaient écoulés entre le Phrygien et celui qu'on lui donne pour biographe, et que le moine grec ne vivait guère plus de deux siècles avant le règne de Louis-le-Grand. Dans une épître à Huet en faveur des anciens contre les modernes, et à l'honneur de Quintilien en particulier, il en revient à Platon, son thème favori, et déclare qu'on ne pourrait trouver entre les sages modernes un seul approchant de ce grand philosophe, tandis que

> La Grèce en fourmillait dans son moindre canton.

Il attribue la décadence de l'ode en France à une cause qu'on n'imaginerait jamais :

> . . . . l'ode, qui baisse un peu,
> Veut de la patience, et nos gens ont du feu.

D'ailleurs, en cette remarquable épître, il proteste contre l'imitation servile des anciens, et cherche à exposer de quelle nature est la sienne. Nous conseillons aux curieux de comparer ce passage avec la fin de la deuxième épître d'André Chénier; l'idée au fond est la même, mais on verra, en comparant l'une et l'autre expression, toute la différence profonde qui sépare un poëte artiste comme Chénier, d'avec un poëte d'instinct comme La Fontaine.

Ce qui est vrai jusqu'ici de presque tous nos poëtes, excepté Molière et peut-être Corneille, ce qui est vrai de Marot, de Ronsard, de Regnier, de Malherbe, de Boileau, de Racine et d'André Chénier, l'est aussi de La Fontaine : lorsqu'on a parcouru ses divers mérites, il faut ajouter que c'est encore par le style qu'il vaut le mieux. Chez Molière au contraire, chez Dante, Shakspeare et Milton, le style égale l'invention sans doute, mais ne la dépasse pas; la manière de dire y réfléchit le fond, sans l'éclipser. Quant à la façon de La Fontaine, elle est trop connue et trop bien analysée ailleurs pour que j'essaye d'y revenir. Qu'il me suffise de faire remarquer qu'il y entre une proportion assez grande de fadeurs galantes et de faux goût pastoral, que nous blâmerions dans Saint-Évremond et Voiture, mais que nous aimons ici. C'est qu'en effet ces fadeurs et ce faux goût n'en sont plus, du moment qu'ils ont passé sous cette plume enchanteresse, et qu'ils se sont rajeunis de tout le charme d'alentour. La Fontaine manque un peu de souffle et de suite dans ses compositions; il a, chemin faisant, des distractions fréquentes qui font fuir son style et dévier sa pensée; ses vers délicieux, en découlant comme un ruisseau, sommeillent parfois, ou s'égarent et ne se tiennent plus; mais cela même constitue une manière, et il en est de cette manière comme de toutes celles des hommes de génie : ce qui autre part serait indifférent ou mauvais, y devient un trait de caractère ou une grâce piquante.

La conversion de madame de La Sablière, que La Fontaine n'eut pas le courage d'imiter, avait laissé notre poëte assez désœuvré et solitaire. Il continuait de loger chez cette dame; mais elle ne réunissait plus la même compagnie qu'autrefois, et elle s'absentait fréquemment pour visiter des pauvres ou des malades. C'est alors surtout qu'il se livra, pour se désennuyer, à la société du prince de Conti et de MM. de Vendôme dont on sait les mœurs, et que, sans rien perdre au fond du côté de l'esprit, il exposa aux regards de tous une vieillesse cynique et dissolue, mal déguisée sous les roses d'Anacréon. Maucroix, Racine et ses vrais amis s'affligeaient de ces dérèglements sans excuse; l'austère Boileau avait cessé de le voir. Saint-Évremond, qui cherchait à l'attirer en Angleterre auprès de la duchesse de Mazarin, reçut de la courtisane Ninon une lettre où elle lui disait : « J'ai su que vous souhaitiez La Fontaine en Angleterre; « on n'en jouit guère à Paris; sa tête est bien affoiblie. C'est « le destin des poëtes : le Tasse et Lucrèce l'ont éprouvé. Je « doute qu'il y ait du philtre amoureux pour La Fontaine, il « n'a guère aimé de femmes qui en eussent pu faire la « dépense. » La tête de La Fontaine ne baissait pas comme le croyait Ninon; mais ce qu'elle dit du philtre amoureux et des sales amours n'est que trop vrai : il touchait souvent de l'abbé de Chaulieu des gratifications dont il faisait un singulier et triste usage. Par bonheur, une jeune femme riche et belle, madame d'Hervart, s'attacha au poëte, lui offrit l'attrait de sa maison, et devint pour lui, à force de soins et de prévenances, une autre La Sablière. A la mort de cette dame, elle recueillit le vieillard, et l'environna d'amitié jusqu'au dernier moment. C'est chez elle que l'auteur de *Joconde*, touché enfin de repentir, revêtit le cilice qui ne le quitta plus. Les détails de cette pénitence sont touchants ; La Fontaine la consacra publiquement par une traduction du *Dies iræ*, qu'il lut à l'Académie, et il avait formé le dessein de paraphraser les Psaumes avant de mourir. Mais, à part le refroidissement de la maladie et de l'âge, on peut douter que cette tâche, tant de fois essayée par des poëtes repentants, eût été possible à La Fontaine ou même à tout autre d'alors. A cette époque de croyances régnantes et traditionnelles, c'étaient les sens d'ordinaire, et non la raison, qui égaraient ; on avait été libertin, on se faisait dévot ; on n'avait point passé par l'orgueil philosophique ni par l'impiété sèche ; on ne s'était pas attardé longuement dans les régions du doute ; on ne s'était pas senti maintes fois défaillir à la poursuite de la vérité. Les sens charmaient l'âme pour eux-mêmes, et non comme une distraction étourdissante et fougueuse, non par ennui et désespoir. Puis, quand on avait épuisé les désordres, les erreurs, et qu'on revenait à la vérité suprême, on trouvait un asile tout préparé, un confessionnal, un oratoire, un cilice qui matait la chair ; et l'on n'était pas, comme de nos jours, poursuivi encore, jusqu'au sein d'une foi vaguement renaissante, par des doutes effrayants, d'éternelles obscurités et un abîme sans cesse ouvert : — je me trompe ; il y eut un homme alors qui éprouva tout cela, et il manqua en devenir fou : cet homme, c'était Pascal.

Septembre 1829.

J'écrivais ceci la même année, la même saison où je composais le recueil de Poésies, *les Consolations*, c'est-à-dire dans une veine prononcée de sensibilité religieuse. Depuis j'ai encore écrit sur La Fontaine quelques pages qui se trouvent au tome VII des *Causeries du Lundi*, et j'ai essayé d'y répondre aux dédains que M. de Lamartine avait prodigués à ce charmant poëte. Au reste, si La Fontaine, dans ces dernières années, a été bien légèrement traité par un grand poëte qui s'est lui-même jugé par là, il a été étudié, approfondi par de savants critiques, et si approfondi même qu'il est sorti d'entre leurs mains comme transformé. J'en reviens volontiers et je m'en tiens sur lui à ce jugement de La Bruyère dans son Discours de réception à l'Académie : « Un autre, plus égal que Marot et plus poëte que Voiture, a le jeu, « le tour et la naïveté de tous les deux ; il instruit en badinant, per- « suade aux hommes la vertu par l'organe des bêtes, élève les petits « sujets jusqu'au sublime : homme unique dans son genre d'écrire, « toujours original, soit qu'il invente, soit qu'il traduise ; qui a été au « delà de ses modèles, modèle lui-même difficile à imiter. » — Voir aussi le joli thème latin de Fénelon à l'usage du duc de Bourgogne sur la mort de La Fontaine, *in Fontani mortem*. Tout y est indiqué, même le *molle atque facetum*, qui n'est autre que notre chère rêverie.

RACINE

I

Les grands poëtes, les poëtes de génie, indépendamment des genres, et sans faire acception de leur nature lyrique, épique ou dramatique, peuvent se rapporter à deux familles glorieuses qui, depuis bien des siècles, s'entremêlent et se détrônent tour à tour, se disputent la prééminence en renommée, et entre lesquelles, selon les temps, l'admiration des hommes s'est inégalement répartie. Les poëtes primitifs, fondateurs, originaux sans mélange, nés d'eux-mêmes et fils de leurs œuvres, Homère, Pindare, Eschyle, Dante et Shakspeare, sont quelquefois sacrifiés, préférés le plus souvent, toujours opposés aux génies studieux, polis, dociles, essentiellement éducables et perfectibles, des époques moyennes. Horace, Virgile, le Tasse, sont les chefs les plus brillants de cette famille secondaire, réputée, et avec raison, inférieure à son aînée, mais d'ordinaire mieux comprise de tous, plus accessible et plus chérie. Parmi nous, Corneille et Molière s'en détachent par plus d'un côté ; Boileau et Racine y appartiennent tout à fait et la décorent, surtout Racine, le plus merveilleux, le plus accompli en ce genre, le plus vénéré de nos poëtes. C'est le propre des écrivains de cet ordre d'avoir pour eux la presque unanimité des suffrages, tandis que leurs illustres adversaires qui, plus hauts qu'eux en mérite, les dominent même en gloire, sont à chaque siècle remis en question par une certaine classe de critiques. Cette différence de renommée est une conséquence nécessaire de celle des talents. Les uns véritablement prédestinés et divins, naissent avec leur lot, ne s'occupent guère à le grossir grain à grain en cette vie, mais le dispensent avec profusion et comme à pleines mains en leurs œuvres ; car leur trésor est inépuisable au dedans. Ils font, sans trop s'inquiéter ni se rendre compte de leurs moyens de faire ; ils ne se replient pas à chaque heure de veille sur eux-mêmes ; ils ne retournent pas la tête en arrière à chaque instant pour mesurer la route qu'ils ont parcourue et calculer celle qui leur reste ; mais ils marchent à grandes journées sans se lasser ni se contenter jamais. Des changement secrets s'accomplissent en eux, au sein de leur génie, et quelquefois le transforment ; ils subissent ces changements comme des lois, sans s'y mêler, sans y aider artificiellement, pas plus que l'homme ne hâte le temps où ses cheveux blanchissent, l'oiseau la mue de son plumage, ou l'arbre les changements de couleur de ses feuilles aux diverses saisons ; et, procédant ainsi d'après de grandes lois intérieures et une puissante donnée originelle, ils arrivent à laisser trace de leur force en des œuvres sublimes, monumentales, d'un ordre réel et stable sous une irrégularité apparente comme dans la nature, d'ailleurs entrecoupées d'accidents, hérissées de cimes, creusées de profondeurs : voilà pour les uns. Les autres ont besoin de naître en des circonstances propices, d'être cultivés par l'éducation et de mûrir au soleil ; ils se développent lentement, sciemment, se fécondent par l'étude et s'accouchent eux-mêmes avec art. Ils montent par degrés, parcourent les intervalles et ne s'élancent pas au but du premier bond ; leur génie grandit avec le temps et s'édifie comme un palais auquel on ajouterait chaque année une assise ; ils ont de longues heures de réflexion et de silence durant lesquelles ils s'arrêtent pour réviser leur plan et délibérer : aussi l'édifice, si jamais il se termine, est-il d'une conception savante, noble, lucide, admirable, d'une harmonie qui d'abord saisit l'œil, et d'une exécution achevée. Pour le comprendre, l'esprit du spectateur découvre sans peine et monte avec une sorte d'orgueil paisible l'échelle d'idées par laquelle a passé le génie de l'artiste. Or, suivant une remarque très-fine et très-juste du Père Tournemine, on n'admire jamais dans un auteur que les qualités dont on a le germe et la racine en soi. D'où il suit que, dans les ouvrages des esprits supérieurs, il est un degré relatif où chaque esprit inférieur s'élève, mais qu'il ne franchit pas, et d'où il juge l'ensemble comme il peut. C'est presque comme pour les familles de plantes étagées sur les Cordillères, et qui ne dépassent jamais une certaine hauteur, ou plutôt c'est comme pour les familles d'oiseaux dont l'essor dans l'air est fixé à une certaine limite. Que si maintenant, à la hauteur relative où telle famille d'esprits peut s'élever dans l'intelligence d'un poëme, il ne se rencontre pas une qualité correspondante qui soit comme une pierre où mettre le pied, comme une plate-forme d'où l'on contemple tout le paysage, s'il y a là un roc à pic, un torrent, un abîme, qu'adviendra-t-il alors ? Les esprits qui n'auront trouvé où poser leur vol s'en reviendront comme la colombe de l'arche, sans même rapporter le rameau d'olivier. — Je suis à Versailles, du côté du jardin, et je monte le grand escalier ; l'haleine me manque au milieu et je m'arrête ; mais du moins je vois de là en face de moi la ligne du château, ses ailes, et j'en apprécie déjà la régularité, tandis que si je gravis sur les bords du Rhin quelque sentier tournant qui grimpe à un donjon gothique, et que je m'arrête d'épuisement à mi-côte, il pourra se faire qu'un mouvement de terrain, un arbre, un buisson, me dérobe la vue tout entière (1). C'est là l'image vraie des deux poésies. La poésie racinienne est construite de telle sorte qu'à toute hauteur il se rencontre des

---

(1) Il faut tout dire. Si les esprits supérieurs, les génies *à pic*, ne prêtent pas pied à divers degrés aux esprits inférieurs, ils en portent un peu la peine, et ne distinguent pas eux-mêmes les différences d'élévation entre ces esprits estimables, qu'ils voient d'en haut tous confondus dans la plaine au même niveau de terre.

degrés et des points d'appui avec perspective pour les infirmes : l'œuvre de Shakspeare a l'accès plus rude, et l'œil ne l'embrasse pas de tout point ; nous savons de fort honnêtes gens qui ont sué pour y aborder, et qui, après s'être heurté la vue sur quelque butte ou sur quelque bruyère, sont revenus en jurant de bonne foi qu'il n'y avait rien là-haut ; mais, à peine redescendus en plaine, la maudite tour enchantée leur apparaissait de nouveau dans son lointain, mille fois plus importune aux pauvres gens que ne l'était à Boileau celle de Montlhéry :

> Ses murs, dont le sommet se dérobe à la vue,
> Sur la cime d'un roc s'allongent dans la nue,
> Et, présentant de loin leur objet ennuyeux,
> Du passant qui les fuit semblent suivre les yeux.

Mais nous laisserons pour aujourd'hui la tour de Montlhéry et l'œuvre de Shakspeare, et nous essaierons de monter, après tant d'autres adorateurs, quelques-uns des degrés, glissants désormais à force d'être usés, qui mènent au temple en marbre de Racine.

Racine, né en 1639, à la Ferté-Milon, fut orphelin dès l'âge le plus tendre. Sa mère, fille d'un procureur du roi des eaux-et-forêts à Villers-Cotterets, et son père, contrôleur du grenier à sel de la Ferté-Milon, moururent à peu d'intervalle de temps l'un de l'autre. Agé de quatre ans, il fut confié aux soins de son grand-père maternel, qui le mit très-jeune au collége à Beauvais ; et après la mort du vieillard, il passa à Port-Royal-des-Champs, où sa grand'mère et une de ses tantes s'étaient retirées. C'est de là que datent les premiers détails intéressants qui nous aient été transmis sur l'enfance du poëte. L'illustre solitaire Antoine Le Maître l'avait pris en amitié singulière, et l'on voit par une lettre qui s'est conservée, et qu'il lui écrivait dans une des persécutions, combien il lui recommande d'être docile et de bien soigner, durant son absence, ses onze volumes de saint Chrysostome. Le *petit*

Racine en vint rapidement à lire tous les auteurs grecs dans le texte; il en faisait des extraits, les annotait de sa main, les apprenait par cœur. C'était tour à tour Plutarque, *le Banquet* de Platon, saint Basile, Pindare, ou, aux heures perdues, *Théagène et Chariclée* (1). Il décelait déjà sa nature discrète, innocente et rêveuse, par de longues promenades, un livre à la main (et qu'il ne lisait pas toujours), dans ces belles solitudes dont il ressentait les douceurs jusqu'aux larmes. Son talent naissant s'exerçait dès lors à traduire en vers français les hymnes touchantes du Bréviaire, qu'il a retravaillées depuis; mais il se complaisait surtout à célébrer Port-Royal, le paysage, l'étang, les jardins et les prairies. Ces productions de jeunesse que nous possédons attestent un sentiment vrai sous l'inexpérience extrême et la faiblesse de l'expression et de la couleur; avec un peu d'attention, on y démêle en quelques endroits comme un écho lointain, comme un prélude confus des chœurs mélodieux d'*Esther* :

> Je vois ce cloître vénérable,
> Ces beaux lieux du Ciel bien aimés,

(1) Un Grec érudit de nos amis, M. Piccolos, dans les notes d'une traduction de *Paul et Virginie* en grec moderne (Firmin Didot, 1841), a cru pouvoir signaler avec précision quelques traces, encore inaperçues, du roman de *Théagène et Chariclée*, dans l'œuvre de Racine. Ainsi, quand Racine a risqué le vers fameux,

> Brûlé de plus de feux que je n'en allumai,

il ne faisait sans doute que se souvenir de son cher roman et du passage où Hydaspe, sur le point d'immoler sa fille et de la placer sur le bûcher ou *foyer*, se sent lui-même au cœur un *foyer* de chagrin plus cuisant : je traduis à peu près; les curieux peuvent chercher le passage : Racine, enfant, avait retenu ce jeu de mots comme une beauté, et il n'a eu garde de l'omettre dans *Andromaque*. Héliodore est le premier coupable; il aurait, au reste, racheté de beaucoup son crime, s'il était vrai, comme M. Piccolos le croit (page 343), qu'il eût fourni à Racine le germe d'une des plus belles scènes, dans *Andromaque* également. M. Ampère, dans un article sur Amyot, avait déjà cru saisir des analogies de ce genre. Mais je m'en tiens au *brûlé de plus de feux* : c'est une fort jolie trouvaille.

> Qui de cent temples animés
> Cachent la richesse adorable.
> C'est dans ce chaste paradis
> Que règne, en un trône de lis,
>   La Virginité sainte ;
> C'est là que mille anges mortels
>   D'une éternelle plainte
> Gémissent au pied des autels.
>
> Sacrés palais de l'innocence,
> Astres vivants, chœurs glorieux,
> Qui faites voir de nouveaux cieux
> Dans ces demeures du silence,
> Non, ma plume n'entreprend pas
> De tracer ici vos combats,
>   Vos jeûnes et vos veilles ;
> Il faut, pour en bien révérer
>   Les augustes merveilles,
> Et les taire et les adorer.

Il quitta Port-Royal après trois ans de séjour, et vint faire sa logique au collége d'Harcourt à Paris. Les impressions pieuses et sévères qu'il avait reçues de ses premiers maîtres s'affaiblirent par degrés dans le monde nouveau où il se trouva entraîné. Ses liaisons avec des jeunes gens aimables et dissipés, avec l'abbé Le Vasseur, avec La Fontaine qu'il connut dès ce temps-là, le mirent plus que jamais en goût de poésie, de romans et de théâtre. Il faisait des sonnets galants en se cachant de Port-Royal et des jansénistes, qui lui envoyaient lettres sur lettres, avec menaces d'anathème. On le voit, dès 1660, en relation avec les comédiens du Marais au sujet d'une pièce que nous ne connaissons pas. Son ode aux *Nymphes de la Seine* pour le mariage du roi était remise à Chapelain, qui la recevait *avec la plus grande bonté du monde, et, tout malade qu'il était, la retenait trois jours, y faisant des remarques par écrit* : la plus considérable de ces remarques portait sur les *Tritons*, qui n'ont jamais logé dans les fleuves, mais seulement dans la mer. Cette pièce valut à Racine la protection de Chapelain et une gratification de Colbert. Son cousin Vitart, intendant du château de Chevreuse, l'y envoya une fois pour surveiller en sa place les ouvriers maçons, vitriers, menuisiers. Le poëte est déjà tellement habitué au tracas de Paris, qu'il se considère à Chevreuse comme en exil; il y date ses lettres de *Babylone*; il raconte qu'il va au cabaret deux ou trois fois le jour, payant à chacun son pourboire, et qu'une dame l'a pris pour un sergent; puis il ajoute : « Je lis des vers, je tâche d'en faire; je lis les aventures de « l'Arioste, et je ne suis pas moi-même sans aventures. » Tous ses amis de Port-Royal, sa tante, ses maîtres, le voyant ainsi en pleine voie de perdition, s'entendirent pour l'en tirer. On lui représenta vivement la nécessité d'un état, et on le décida à partir pour Uzès en Languedoc, chez un de ses oncles maternels, chanoine régulier de Sainte-Geneviève, avec espérance d'un bénéfice. Le voilà donc pendant tout l'hiver de 1661, le printemps et l'été de 1662, à Uzès; tout en noir de la tête aux pieds; lisant saint Thomas pour complaire au bon chanoine, et l'Arioste ou Euripide pour se consoler; fort caressé de tous les maîtres d'école et de tous les curés des environs, à cause de son oncle, et consulté par tous les poëtes et les amoureux de province sur leurs vers, à cause de sa petite renommée parisienne et de son ode célèbre *sur la Paix*; d'ailleurs sortant peu, s'ennuyant beaucoup dans une ville dont tous les habitants lui semblaient durs et intéressés comme des *baillis*; se comparant à Ovide au bord du Pont-Euxin, et ne craignant rien tant que d'altérer et de corrompre dans le patois du Midi cet excellent et vrai français, cette pure fleur de froment dont on se nourrit devers la Ferté-Milon, Château-Thierry et Reims. La nature elle-même ne le séduit que médiocrement : « Si le pays de soi avoit un peu de délica-« tesse, et que les rochers y fussent un peu moins fréquents, « on le prendroit pour un vrai pays de Cythère; » mais ces rochers l'importunent; la chaleur l'étouffe, et les cigales lui

gâtent les rossignols. Il trouve les passions du Midi violentes et portées à l'excès ; pour lui, sensible et tempéré, il vit de réflexion et de silence ; il garde la chambre et lit beaucoup, sans même éprouver le besoin de composer. Ses lettres à l'abbé Le Vasseur sont froides, fines, correctes, fleuries, mythologiques et légèrement railleuses ; le bel-esprit sentimental et tendre qui s'épanouira dans *Bérénice* y perce de toutes parts ; ce ne sont que citations italiennes et qu'allusions galantes ; pas une crudité comme il en échappe entre jeunes gens, pas un détail ignoble, et l'élégance la plus exquise jusque dans la plus étroite familiarité. Les femmes de ce pays l'avaient ébloui d'abord, et, peu de jours après son arrivée, il écrivait à La Fontaine ces phrases qui donnent à penser : « Toutes les fem-
« mes y sont éclatantes, et s'y ajustent d'une façon qui est
« la plus naturelle du monde ; et pour ce qui est de leur
« personne,

« *Color verus, corpus solidum et succi plenum;*

« mais comme c'est la première chose dont on m'a dit de me
« donner garde, je ne veux pas en parler davantage ; aussi
« bien ce seroit profaner la maison d'un bénéficier comme
« celle où je suis, que d'y faire de longs discours sur cette
« matière : *Domus mea, domus orationis.* C'est pourquoi vous
« devez vous attendre que je ne vous en parlerai plus du tout.
« On m'a dit : Soyez aveugle. Si je ne puis l'être tout-à-fait, il
« faut du moins que je sois muet ; car, voyez-vous, il faut
« être régulier avec les réguliers, comme j'ai été loup avec
« vous et avec les autres loups vos compères. » Mais ses habitudes naturellement chastes et réservées prévalurent, quand il ne fut plus entraîné par des compagnons de plaisir ; et quelques mois après, il répondait fort sérieusement à une insinuation railleuse de l'abbé Le Vasseur que, Dieu merci, sa liberté était sauve encore, et que, s'il quittait le pays, il remporterait son cœur aussi sain et aussi entier qu'il l'avait apporté ; et là-dessus il raconte un danger récent auquel sa

faiblesse a heureusement échappé. Ce passage est assez peu connu, et jette assez de jour dans l'âme de Racine, pour devoir être cité tout au long : « Il y a ici une demoiselle fort bien faite
« et d'une taille fort avantageuse. Je ne l'avois jamais vue
« qu'à cinq ou six pas, et je l'avois toujours trouvée fort
« belle; son teint me paroissoit vif et éclatant; les yeux,
« grands et d'un beau noir, la gorge et le reste de ce qui se
« découvre assez librement dans ce pays, fort blanc. J'en
« avois toujours quelque idée assez tendre et assez appro-
« chante d'une inclination; mais je ne la voyois qu'à l'église :
« car, comme je vous ai mandé, je suis assez solitaire, et
« plus que mon cousin ne me l'avoit recommandé. Enfin
« je voulus voir si je n'étois point trompé dans l'idée que
« j'avois d'elle, et j'en trouvai une occasion fort honnête. Je
« m'approchai d'elle, et lui parlai. Ce que je vous dis là m'est
« arrivé il n'y a pas un mois, et je n'avois d'autre dessein
« que de voir quelle réponse elle me feroit. Je lui parlai donc
« indifféremment; mais sitôt que j'ouvris la bouche et que
« je l'envisageai, je pensai demeurer interdit. Je trouvai sur
« son visage de certaines bigarrures, comme si elle eût relevé
« de maladie; et cela me fit bien changer mes idées. Néan-
« moins je ne demeurai pas, et elle me répondit d'un air fort
« doux et fort obligeant; et, pour vous dire la vérité, il faut
« que je l'aie prise dans quelque mauvais jour, car elle passe
« pour fort belle dans la ville, et je connois beaucoup de
« jeunes gens qui soupirent pour elle du fond de leur cœur.
« Elle passe même pour une des plus sages et des plus en-
« jouées. Enfin je fus bien aise de cette rencontre, qui servit
« du moins à me délivrer de quelque commencement d'in-
« quiétude; car je m'étudie maintenant à vivre un peu plus
« raisonnablement, et à ne me pas laisser emporter à toutes
« sortes d'objets. Je commence mon noviciat.... » Racine avait alors vingt-trois ans. La naïveté d'impressions et l'enfance de cœur qui éclatent dans son récit marquent le point de départ d'où il s'avança graduellement, à force d'expérience et d'é-

tude, jusqu'aux dernières profondeurs de la même passion dans *Phèdre*. Cependant son noviciat ne s'acheva pas : il s'ennuya d'attendre un bénéfice qu'on lui promettait toujours; et, laissant là les chanoines et la province, il revint à Paris, où son ode de *la Renommée aux Muses* lui valut une nouvelle gratification, son entrée à la cour, et d'être connu de Despréaux et de Molière. *La Thébaïde* suivit de près. Jusque-là, Racine n'avait trouvé sur sa route que des protecteurs et des amis; son premier succès dramatique éveilla l'envie, et, dès ce moment, sa carrière fut semée d'embarras et de dégoûts, dont sa sensibilité irritable faillit plus d'une fois s'aigrir ou se décourager. La tragédie d'*Alexandre* le brouilla avec Molière et avec Corneille; avec Molière, parce qu'il lui retira l'ouvrage pour le donner à l'Hôtel de Bourgogne; avec Corneille, parce que l'illustre vieillard déclara au jeune homme, après avoir entendu sa pièce, qu'elle annonçait un grand talent pour la poésie en général, mais non pour le théâtre. Aux représentations les partisans de Corneille tâchèrent d'entraver le succès. Les uns disaient que Taxile n'était point assez honnête homme; les autres, qu'il ne méritait point sa perte; les uns, qu'Alexandre n'était point assez amoureux; les autres, qu'il ne venait sur la scène que pour parler d'amour. Lorsque parut *Andromaque*, on reprocha à Pyrrhus un reste de férocité; on l'aurait voulu plus poli, plus galant, plus achevé. C'était une conséquence du système de Corneille, qui faisait ses héros tout d'une pièce, bons ou mauvais de pied en cap; à quoi Racine répondait fort judicieusement : « Aristote, bien éloigné de
« nous demander des héros parfaits, veut au contraire que
« les personnages tragiques, c'est-à-dire ceux dont le mal-
« heur fait la catastrophe de la tragédie, ne soient ni tout à
« fait bons ni tout à fait méchants. Il ne veut pas qu'ils
« soient extrêmement bons, parce que la punition d'un
« homme de bien exciteroit plus l'indignation que la pitié du
« spectateur, ni qu'ils soient méchants avec excès, parce qu'on
« n'a point pitié d'un scélérat. Il faut donc qu'ils aient une

« bonté médiocre, c'est-à-dire une vertu capable de foiblesse,
« et qu'ils tombent dans le malheur par quelque faute qui les
« fasse plaindre sans les faire détester. » J'insiste sur ce point,
parce que la grande innovation de Racine et sa plus incontestable originalité dramatique consistent précisément dans cette
réduction des personnages héroïques à des proportions plus
humaines, plus naturelles, et dans cette analyse délicate des
plus secrètes nuances du sentiment et de la passion. Ce qui
distingue Racine, avant tout, dans la composition du style
comme dans celle du drame, c'est la suite logique, la liaison
ininterrompue des idées et des sentiments ; c'est que chez lui
tout est rempli sans vide et motivé sans réplique, et que
jamais il n'y a lieu d'être surpris de ces changements brusques, de ces retours sans intermédiaire, de ces *volte-faces*
subites, dont Corneille a fait souvent abus dans le jeu de ses
caractères et dans la marche de ses drames. Nous sommes
pourtant loin de reconnaître que, même en ceci, tout l'avantage au théâtre soit du côté de Racine ; mais, lorsqu'il parut,
toute la nouveauté était pour lui, et la nouveauté la mieux
accommodée au goût d'une cour où se mêlaient tant de faiblesses, où rien ne brillait qu'en nuances, et dont, pour tout
dire, la chronique amoureuse, ouverte par une La Vallière,
devait se clore par une Maintenon. Il resterait toujours à savoir si ce procédé attentif et curieux, employé à l'exclusion
de tout autre, est dramatique dans le sens absolu du mot ; et
pour notre part nous ne le croyons pas : mais il suffisait, convenons-en, à la société d'alors, qui, dans son oisiveté polie,
ne réclamait pas un drame plus agité, plus orageux, plus
transportant, pour parler comme madame de Sévigné, et qui
s'en tenait volontiers à *Bérénice*, en attendant *Phèdre*, le chef-
d'œuvre du genre. Cette pièce de *Bérénice* fut commandée à
Racine par Madame, duchesse d'Orléans, qui soutenait à la
cour les nouveaux poëtes, et qui joua cette fois à Corneille le
mauvais tour de le mettre aux prises, en champ-clos, avec
son jeune rival. D'un autre côté, Boileau, ami fidèle et sin-

cère, défendait Racine contre la cohue des auteurs, le relevait de ses découragements passagers, et l'excitait, à force de sévérité, à des progrès sans relâche. Ce contrôle journalier de Boileau eût été funeste assurément à un auteur de libre génie, de verve impétueuse ou de grâce nonchalante, à Molière, à La Fontaine, par exemple ; il ne put être que profitable à Racine, qui, avant de connaître Boileau, et sauf quelques pointes à l'italienne, suivait déjà cette voie de correction et d'élégance continue, où celui-ci le maintint et l'affermit. Je crois donc que Boileau avait raison lorsqu'il se glorifiait d'avoir appris à Racine *à faire difficilement des vers faciles*; mais il allait un peu loin, si, comme on l'assure, il lui donnait pour précepte *de faire ordinairement le second vers avant le premier.*

Depuis *Andromaque*, qui parut en 1667, jusqu'à *Phèdre*, dont le triomphe est de 1677, dix années s'écoulèrent ; on sait comment Racine les remplit. Animé par la jeunesse et l'amour de la gloire, aiguillonné à la fois par ses admirateurs et ses envieux, il se livra tout entier au développement de son génie. Il rompit directement avec Port-Royal ; et, à propos d'une attaque de Nicole contre les auteurs de théâtre, il lança une lettre piquante qui fit scandale et lui attira des représailles. A force d'attendre et de solliciter, il avait enfin obtenu un bénéfice, et le privilége de la première édition d'*Andromaque* est accordé au sieur Racine, prieur de l'Épinai. Un régulier lui disputa ce prieuré ; un procès s'ensuivit, auquel personne n'entendit rien ; et Racine ennuyé se désista, en se vengeant des juges par la comédie des *Plaideurs* qu'on dirait écrite par Molière, admirable farce dont la manière décèle un coin inaperçu du poète, et fait ressouvenir qu'il lisait Rabelais, Marot, même Scarron, et tenait sa place au cabaret entre Chapelle et La Fontaine. Cette vie si pleine, où, sur un grand fonds d'étude, s'ajoutaient les tracas littéraires, les visites à la cour, l'Académie à partir de 1673, et peut-être aussi, comme on l'en a soupçonné, quelques tendres faiblesses au théâtre, cette confusion de dégoûts, de plaisirs et de gloire, retint Racine jusqu'à l'âge de trente-huit ans, c'est-à-dire jusqu'en 1677, époque où il s'en dégagea pour se marier chrétiennement et se convertir.

Sans doute ses deux dernières pièces, *Iphigénie* et *Phèdre*, avaient excité contre l'auteur un redoublement d'orage : tous les auteurs sifflés, les jansénistes pamphlétaires, les grands seigneurs surannés et les débris des *précieuses*, Boyer, Leclerc, Coras, Perrin, Pradon, j'allais dire Fontenelle, Barbier-d'Aucourt, surtout dans le cas présent le duc de Nevers, madame Des Houlières et l'Hôtel de Bouillon, s'étaient ameutés sans pudeur, et les indignes manœuvres de cette cabale avaient pu inquiéter le poëte : mais enfin ses pièces avaient triomphé ; le public s'y portait et y applaudissait avec larmes ; Boileau, qui ne flattait jamais, même en amitié, décernait au vainqueur une magnifique épître, et *bénissait* et proclamait *fortuné* le siècle qui voyait naître, *ces pompeuses merveilles*. C'était donc moins que jamais pour Racine le moment de quitter la scène où retentissait son nom ; il y avait lieu pour lui à l'enivrement, bien plus qu'au désappointement littéraire : aussi sa résolution fut-elle tout-à-fait pure de ces bouderies mesquines auxquelles on a essayé de la rapporter. Depuis quelque temps, et le premier feu de l'âge, la première ferveur de l'esprit et des sens étant dissipée, le souvenir de son enfance, de ses maîtres, de sa tante religieuse à Port-Royal, avait ressaisi le cœur de Racine ; et la comparaison involontaire qui s'établissait en lui entre sa paisible satisfaction d'autrefois et sa gloire présente, si amère et si troublée, ne pouvait que le ramener au regret d'une vie régulière. Cette pensée secrète qui le travaillait perce déjà dans la préface de *Phèdre*, et dut le soutenir, plus qu'on ne croit, dans l'analyse profonde qu'il fit de cette *douleur vertueuse* d'une âme qui maudit le mal et s'y livre. Son propre cœur lui expliquait celui de *Phèdre* ; et si l'on suppose, comme il est assez vraisemblable, que ce qui le retenait malgré lui au théâtre était quelque attache amoureuse dont il avait peine à se dépouiller, la ressemblance devient plus intime et peut aider à faire comprendre tout ce qu'il a mis en cette circonstance de déchirant, de réellement senti et de plus particulier qu'à l'ordinaire dans les combats de cette passion. Quoi qu'il en soit, le but moral de *Phèdre* est hors de doute ; le grand Arnauld ne put s'empêcher lui-même de le reconnaître, et ainsi fut presque vérifié le mot de l'auteur « qui espéroit, au moyen de cette pièce, réconci-« lier la tragédie avec quantité de personnes célèbres par leur « piété et par leur doctrine. » Toutefois, en s'enfonçant davantage dans ses réflexions de réforme, Racine jugea qu'il était plus prudent et plus conséquent de renoncer au théâtre, et il en sortit avec courage, mais sans trop d'efforts. Il se maria, se réconcilia avec Port-Royal, se prépara, dans la vie domestique, à ses devoirs de père ; et, comme le roi le nomma à cette époque historiographe ainsi que Boileau, il ne négligea pas non plus ses devoirs d'historien : à cet effet, il commença par faire un espèce d'extrait du traité de Lucien *sur la Manière d'écrire l'histoire*, et s'appliqua à la lecture de Mézerai, de Vittorio Siri et autres.

D'après le peu qu'on vient de lire sur le caractère, les mœurs et les habitudes d'esprit de Racine, il serait déjà aisé de présumer les qualités et les défauts essentiels de son œuvre, de prévoir ce qu'il a pu atteindre, et en même temps ce qui a dû lui manquer. Un grand art de combinaison, un calcul exact d'agencement, une construction lente et successive, plutôt que cette force de conception, simple et féconde, qui agit simultanément et comme par voie de cristallisation autour de plusieurs centres dans les cerveaux naturellement dramatiques ; de la présence d'esprit dans les moindres détails ; une singulière adresse à ne dévider qu'un seul fil à la fois ; de l'habileté pour élaguer plutôt que la puissance pour étreindre ; une science ingénieuse d'introduire et d'éconduire ses personnages ; parfois la situation capitale éludée, soit par un récit pompeux, soit par l'absence motivée du témoin le plus embarrassant ; et de même dans les caractères, rien de divergent ni d'excentrique ; les parties accessoires, les antécédents peu commodes supprimés ; et pourtant rien de trop nu ni de trop monotone, mais deux ou trois nuances assorties sur un fond simple ; — puis, au milieu de tout cela, une passion qu'on n'a pas vue naître, dont le flot arrive déjà gonflé, mollement écumeux, et qui vous entraîne comme le courant blanchi d'une belle eau : voilà le drame de Racine. Et si l'on descendait à son style et à l'harmonie de sa versification, on y suivrait des beautés du même ordre restreintes aux mêmes limites, et des variations de ton mélodieuses sans doute, mais dans l'échelle d'une seule octave. Quelques remarques, à propos de *Britannicus*, préciseront notre pensée et la justifieront si, dans ces termes généraux, elle semblait un peu téméraire. Il s'agit du premier crime de Néron, de celui par lequel il échappe d'abord à l'autorité de sa mère et de ses gouverneurs. Dans Tacite, Britannicus est un jeune homme de quatorze à quinze ans, doux, spirituel et triste. Un jour, au milieu d'un festin, Néron ivre, pour le rendre ridicule, le força de chanter ; Britannicus se mit à chanter une chanson, dans laquelle il était fait allusion à sa propre destinée si précaire et à l'héritage paternel dont on l'avait dépouillé ; et, au lieu de rire et de se moquer, les convives émus, moins dissimulés qu'à l'ordinaire, parce qu'ils étaient ivres, avaient marqué hautement leur compassion. Pour Néron, tout pur de sang qu'il est encore, son naturel féroce gronde depuis longtemps en son âme et n'épie que l'occasion de se déchaîner ; il a déjà essayé d'un poison lent contre Britannicus. La débauche l'a saisi : il est soupçonné d'avoir souillé l'adolescence de sa future victime ; il néglige son épouse Octavie pour la courtisane Acté. Sénèque a prêté son ministère à cette honteuse intrigue ; Agrippine s'est révoltée d'abord, puis a fini par embrasser son fils et par lui offrir sa maison pour les rendez-vous. Agrippine, mère, petite-fille, sœur, nièce et veuve d'empereurs, homicide, incestueuse, prostituée à des

affranchis, n'a d'autre crainte que de voir son fils lui échapper avec le pouvoir. Telle est la situation d'esprit des trois personnages principaux au moment où Racine commence sa pièce. Qu'a-t-il fait? Il est allé d'abord au plus simple, il a trié ses acteurs; Burrhus l'a dispensé de Sénèque, et Narcisse de Pallas. Othon et Sénécion, *jeunes voluptueux* qui perdent le prince, sont à peine nommés dans un endroit. Il rapporte dans sa préface un mot sanglant de Tacite sur Agrippine: *Quæ, cunctis malæ dominationis cupidinibus flagrans, habebat in partibus Pallantem*, et il ajoute : « Je ne dis que ce mot d'Agrip-
« pine, car il y auroit trop de choses à en dire. C'est elle que
« je me suis surtout efforcé de bien exprimer, et ma tra-
« gédie n'est pas moins la disgrâce d'Agrippine que la mort
« de Britannicus. » Et malgré ce dessein formel de l'auteur, le caractère d'Agrippine n'est exprimé qu'imparfaitement : comme il fallait intéresser à sa disgrâce, ses plus odieux vices sont rejetés dans l'ombre; elle devient un personnage peu réel, vague, inexpliqué, une manière de mère tendre et jalouse; il n'est plus guère question de ses adultères et de ses meurtres qu'en allusion, à l'usage de ceux qui ont lu l'histoire dans Tacite. Enfin, à la place d'Acté, intervient la romanesque Junie. Néron amoureux n'est plus que le rival passionné de Britannicus, et les côtés hideux du tigre disparaissent, ou sont touchés délicatement à la rencontre. Que dire du dénouement? de Junie réfugiée aux Vestales, et placée sous la protection du peuple, comme si le peuple protégeait quelqu'un sous Néron? Mais ce qu'on a droit surtout de reprocher à Racine, c'est d'avoir soustrait aux yeux la scène du festin. Britannicus est à table, on lui verse à boire; quelqu'un de ses domestiques goûte le breuvage, comme c'est la coutume, tant on est en garde contre un crime : mais Néron a tout prévu; le breuvage s'est trouvé trop chaud, il faut y verser de l'eau froide pour le rafraîchir, et c'est cette eau froide qu'on a eu le soin d'empoisonner. L'effet est soudain; ce poison tue sur l'heure, et Locuste a été chargée de le pré-

parer tel, sous la menace du supplice. Soit dédain pour ces circonstances, soit difficulté de les exprimer en vers, Racine les a négligées dans le récit de Burrhus : il se borne à rendre l'effet moral de l'empoisonnement sur les spectateurs, et il y réussit; mais on doit avouer que même sur ce point il a rabattu de la brièveté incisive, de la concision éclatante de Tacite. Trop souvent, lorsqu'il traduit Tacite comme lorsqu'il traduit la Bible, Racine se fraie une route entre les qualités extrêmes des originaux, et garde prudemment le milieu de la chaussée, sans approcher des bords d'où l'on voit le précipice. Nous préciserons tout-à-l'heure le fait pour ce qui concerne la Bible; nous n'en citerons qu'un exemple relativement à Tacite. Agrippine, dans sa belle invective contre Néron, s'écrie que d'un côté l'on entendra *la fille de Germanicus*, et de l'autre *le fils d'Ænobarbus*.

> Appuyé de Sénèque et du tribun Burrhus,
> Qui, tous deux de l'exil rappelés par moi-même,
> Partagent à mes yeux l'autorité suprême.

Or Tacite dit : *Audiretur hinc Germanici filia, inde debilis rursus Burrhus et exsul Seneca, trunca scilicet manu et professoria lingua, generis humani regimen expostulantes.* Racine a évidemment reculé devant l'énergique insulte de *maître d'école* adressée à Sénèque et celle de *manchot* et de *mutilé* adressée à Burrhus, et son Agrippine n'accuse pas ces pédagogues de vouloir *régenter* le monde. En général, tous les défauts du style de Racine proviennent de cette pudeur de goût qu'on a trop exaltée en lui, et qui parfois le laisse en deçà du bien, en deçà du mieux.

Britannicus, *Phèdre*, *Athalie*, tragédie romaine, grecque et biblique, ce sont là les trois grands titres dramatiques de Racine et sous lesquels viennent se ranger ses autres chefs-d'œuvre. Nous nous sommes déjà expliqué sur notre admiration pour *Phèdre*; pourtant, on ne peut se le dissimuler aujourd'hui, cette pièce est encore moins dans les mœurs grecques que *Britannicus* dans les mœurs romaines. Hippolyte amoureux ressemble encore moins à l'Hippolyte chasseur, favori de Diane, que Néron amoureux au Néron de Tacite; Phèdre reine mère et régente pour son fils, à la mort supposée de son époux, compense amplement Junie protégée par le peuple et mise aux Vestales. Euripide lui-même laisse beaucoup sans doute à désirer pour la vérité; il a déjà perdu le sens supérieur des traditions mythologiques que possédaient si profondément Eschyle et Sophocle; mais du moins chez lui on embrasse tout un ordre de choses; le paysage, la religion, les rites, les souvenirs de famille, constituent un fond de réalité qui fixe et repose l'esprit. Chez Racine tout ce qui n'est pas Phèdre et sa passion échappe et fuit : la triste Aricie, les Pallantides, les aventures diverses de Thésée, laissent à peine trace dans notre mémoire. A y regarder de près, ce sont, entre les traditions contradictoires, des efforts de conciliation ingénieux, mais peu faits pour éclairer : Racine admet d'une part la version de Plutarque, qui suppose que Thésée, au lieu de descendre aux enfers, avait été simplement retenu prisonnier par un roi d'Épire dont il avait voulu ravir la femme pour son ami Pirithoüs, et d'autre part il fait dire à Phèdre, sur la foi de la rumeur fabuleuse :

> Je l'aime, non point tel que l'ont vu les Enfers. .

Dans Euripide, Vénus apparaît en personne et se venge; dans Racine, *Vénus tout entière à sa proie attachée* n'est qu'une admirable métaphore. Racine a quelquefois laissé à Euripide des détails de couleur qui eussent été aussi des traits de passion :

> Dieux! que ne suis-je assise à l'ombre des forêts!
> Quand pourrai-je, au travers d'une noble poussière,
> Suivre de l'œil un char fuyant dans la carrière?

dit la Phèdre de Racine. Dans Euripide, ce mouvement est beaucoup plus prolongé : Phèdre voudrait d'abord se désaltérer à l'eau pure des fontaines et s'étendre à l'ombre des peupliers ; puis elle s'écrie qu'on la conduise sur la montagne, dans les forêts de pins, où les chiens chassent le cerf, et qu'elle veut lancer le dard thessalien ; enfin elle désire l'arène sacrée de Limna, où s'exercent les coursiers rapides : et la nourrice qui, à chaque souhait, l'a interrompue, lui dit enfin : « Quelle « est donc cette nouvelle fantaisie ? Vous étiez tout-à-l'heure « sur la montagne, à la poursuite des cerfs, et maintenant « vous voilà éprise du gymnase et des exercices des che- « vaux ! Il faut envoyer consulter l'oracle... » Au troisième acte, au moment où Thésée, qu'on croyait mort, arrive, et quand Phèdre, Œnone et Hippolyte sont en présence, Phèdre ne trouve rien de mieux que de s'enfuir en s'écriant :

Je ne dois désormais songer qu'à me cacher ;

c'est imiter l'art ingénieux de Timanthe, qui, à l'instant solennel, voila la tête d'Agamemnon.

Tout ceci nous conduirait, si nous l'osions, à conclure avec Corneille que Racine avait un bien plus grand talent pour la poésie en général que pour le théâtre en particulier, et à soupçonner que, s'il fut dramatique en son temps, c'est que son temps n'était qu'à cette mesure de dramatique ; mais que probablement, s'il avait vécu de nos jours, son génie se serait de préférence ouvert une autre voie. La vie de retraite, de ménage et d'étude, qu'il mena pendant les douze années de sa maturité la plus entière, semblerait confirmer notre conjecture. Corneille aussi essaya pendant quelques années de renoncer au théâtre ; mais, quoique déjà sur le déclin, il n'y put tenir, et rentra bientôt dans l'arène. Rien de cette impatience ni de cette difficulté à se contenir ne paraît avoir troublé le long silence de Racine. Il écrivait l'histoire de Port-Royal, celle des campagnes du roi, prononçait deux ou trois discours d'académie, et s'exerçait à traduire quelques hymnes d'église. Madame de Maintenon le tira de son inaction vers 1688, en lui demandant une pièce pour Saint-Cyr : de là le réveil en sursaut de Racine, à l'âge de quarante-huit ans ; une nouvelle et immense carrière parcourue en deux pas : *Esther* pour son coup d'essai, *Athalie* pour son coup de maître. Ces deux ouvrages si soudains, si imprévus, si différents des autres, ne démentent-ils pas notre opinion sur Racine ? n'échappent-ils pas aux critiques générales que nous avons hasardées sur son œuvre ?

Racine, dans les sujets hébreux, est bien autrement à son aise que dans les sujets grecs et romains. Nourri des livres sacrés, partageant les croyances du peuple de Dieu, il se tient strictement au récit de l'Écriture, ne se croit pas obligé de mêler l'autorité d'Aristote à l'action, ni surtout de placer au cœur de son drame une intrigue amoureuse (et l'amour est de toutes les choses humaines celle qui, s'appuyant sur une base éternelle, varie le plus dans ses formes selon les temps, et par conséquent induit le plus en erreur le poëte). Toutefois, malgré la parenté des religions et la communauté de certaines croyances, il y a dans le judaïsme un élément à part, intime, primitif, oriental, qu'il importe de saisir et de mettre en saillie, sous peine d'être pâle et infidèle, même avec un air d'exactitude : et cet élément radical, si bien compris de Bossuet dans sa *Politique sacrée*, de M. de Maistre en tous ses écrits, et du peintre anglais Martin dans son art, n'était guère accessible au poëte doux et tendre qui ne voyait l'ancien Testament qu'à travers le nouveau, et n'avait pour guide vers Samuel que saint Paul. Commençons par l'architecture du temple dans *Athalie* : chez les Hébreux, tout était figure, symbole, et l'importance des formes se rattachait à l'esprit de la loi. Mais d'abord je cherche vainement dans Racine ce temple merveilleux bâti par Salomon, tout en marbre, en cèdre, revêtu de lames d'or, reluisant de chérubins et de palmes ; je suis dans le vestibule, et je ne vois pas les deux fameuses colonnes de bronze de dix-huit coudées de haut, qui se nomment, l'une *Jachin*, l'autre *Booz* ; je ne vois ni la mer d'airain, ni les douze bœufs d'airain, ni les lions ; je ne devine pas dans le tabernacle ces chérubins de bois d'olivier, hauts de dix coudées, qui enveloppent l'arche de leurs ailes. La scène se passe sous un péristyle grec un peu nu, et je me sens déjà moins disposé à admettre le *sacrifice de sang* et l'immolation par le couteau sacré, que si le poëte m'avait transporté dans ce temple colossal où Salomon, le premier jour, égorgea pour hosties pacifiques vingt-deux mille bœufs et cent vingt mille brebis. Des reproches analogues peuvent s'adresser aux caractères et aux discours des personnages. L'idolâtrie monstrueuse de Tyr et de Sidon devait être opposée au culte de Jéhovah dans la personne de Mathan, qui, sans cela, n'est qu'un mauvais prêtre, débitant d'abstraites maximes ; j'aurais voulu entrevoir, grâce à lui, ces temples impurs de Baal,

. . . . . Où siégeaient, sur de riches carreaux.
Cent idoles de jaspe aux têtes de taureaux ;
. . . .
Où, sans lever jamais leurs têtes colossales,
Veillaient, assis en cercle et se regardant tous,
Des dieux d'airain posant leurs mains sur leurs genoux.

Le grand prêtre est beau, noble et terrible ; mais on le conçoit plus terrible encore et plus inexorable, pour être le ministre d'un Dieu de colère. Quand il arme les lévites, et qu'il leur rappelle que leurs ancêtres, à la voix de Moïse, ont autrefois massacré leurs frères (« Voici ce que dit le Seigneur, Dieu d'Israël : « Que chaque homme place son glaive sur sa cuisse, « et que chacun tue son frère, son ami, et celui qui lui « est le plus proche. » Les enfants de Lévi firent ce que Moïse avait ordonné. »), il délaie ce verset en périphrases évasives :

Ne descendez-vous pas de ces fameux lévites
Qui, lorsqu'au dieu du Nil le volage Israël
Rendit dans le désert un culte criminel,

> De leurs plus chers parents saintement homicides,
> Consacrèrent leurs mains dans le sang des perfides,
> Et par ce noble exploit vous acquirent l'honneur
> D'être seuls employés aux autels du Seigneur?

En somme, *Athalie* est une œuvre imposante d'ensemble, et par beaucoup d'endroits magnifique, mais non pas si complète ni si désespérante qu'on a bien voulu croire. Racine n'y a pas pénétré l'essence même de la poésie hébraïque orientale (1); il y marche sans cesse avec précaution entre le naïf du sublime et le naïf du gracieux, et s'interdit soigneusement l'un et l'autre. Il ne dit pas comme Lamartine :

> Osias n'était plus; Dieu m'apparut : je vis
> Adonaï vêtu de gloire et d'épouvante;
> Les bords éblouissants de sa robe flottante
>   Remplissaient le sacré parvis.
>
> Des séraphins debout sur des marches d'ivoire
> Se voilaient devant lui de six ailes de feux;
> Volant de l'un à l'autre, ils se disaient entre eux :
> Saint, Saint, Saint, le Seigneur, le Dieu, le roi des dieux!
>   Toute la terre est pleine de sa gloire !

---

(1) De la *poésie*, c'est possible; mais de la *religion*, certes, il en avait pénétré l'essence. J'aurais plus d'un point à modifier aujourd'hui dans mon premier jugement; il a commencé à me paraître moins juste, quand des continuateurs exagérés me l'ont rendu comme dans un miroir grossissant. Je reprendrai le Racine chrétien au complet dans mon ouvrage sur Port-Royal; en attendant, je me borne à en tirer les remarques que voici : « Quelle erreur nous avons soutenue autre-
« fois! Il nous paraissait qu'*Athalie* aurait été plus belle, s'il y avait
« eu les grandes statues dans le vestibule, le bassin d'airain, etc.
« Cela, au contraire, présenté disproportionnément, nous eût caché le
« vrai sujet, le Dieu un et spirituel, invisible et qui remplit tout. —
« Peu de décors dans Racine; et il a raison au fond : l'unité du Dieu
« invisible en ressort mieux. Lorsque Pompée, usant du droit de con-
« quête, entra dans le Saint des Saints, il observa avec étonnement,
« dit Tacite, qu'il n'y avait aucune image et que le sanctuaire était
« vide. C'était un dicton populaire, en parlant des Juifs, que

« *Nil præter nubes et cœli numen adorant.* »

Il ne dirait pas dans ses chœurs, quand il fait parler l'impie voluptueux :

> Ainsi qu'on choisit une rose
> Dans les guirlandes de Sarons,
> Choisissez une vierge éclose
> Parmi les lis de vos vallons :
> Enivrez-vous de son haleine,
> Écartez ses tresses d'ébène,
> Goûtez les fruits de sa beauté.
> Vivez, aimez, c'est la sagesse :
> Hors le plaisir et la tendresse,
> Tout est mensonge et vanité.

Il ne dirait pas davantage :

> O tombeau ! vous êtes mon père ;
> Et je dis aux vers de la terre :
> Vous êtes ma mère et mes sœurs.

L'avouerai-je ? *Esther*, avec ses douceurs charmantes et ses aimables peintures, *Esther*, moins dramatique qu'*Athalie*, et qui vise moins haut, me semble plus complète en soi, et ne laisser rien à désirer. Il est vrai que ce gracieux épisode de la Bible s'encadre entre deux événements étranges, dont Racine se garde de dire un seul mot, à savoir le somptueux festin d'Assuérus, qui dura cent quatre-vingts jours, et le massacre que firent les Juifs de leurs ennemis, et qui dura deux jours entiers, sur la prière formelle de la Juive Esther. A cela près, ou plutôt même à cause de l'omission, ce délicieux poëme, si parfait d'ensemble, si rempli de pudeur, de soupirs et d'onction pieuse, me semble le fruit le plus naturel qu'ait porté le génie de Racine. C'est l'épanchement le plus pur, la plainte la plus enchanteresse de cette âme tendre qui ne savait assister à la prise d'habit d'une novice sans se noyer dans les larmes, et dont madame de Maintenon écrivait : « Racine, qui veut pleurer, viendra à la profession de la sœur Lalie. » Vers ce même temps, il composa pour Saint-Cyr quatre cantiques spirituels qui sont au nombre de ses plus beaux ouvrages. Il y en a deux d'après saint Paul que Racine traite comme il a déjà fait Tacite et la Bible, c'est-à-dire en l'enveloppant de suavité et de nombre, mais en l'affaiblissant quelquefois. Il est à regretter qu'il n'ait pas poussé plus loin cette espèce de composition religieuse, et que, dans les huit dernières années qui suivirent *Athalie*, il n'ait pas fini par jeter avec originalité quelques-uns des sentiments personnels, tendres, passionnés, fervents, que recélait son cœur. Certains passages des lettres à son fils aîné, alors attaché à l'ambassade de Hollande, font rêver une poésie intérieure et pénétrante qu'il n'a épanchée nulle part, dont il a contenu en lui, durant des années, les délices incessamment prêtes à déborder, ou qu'il a seulement répandue dans la prière, aux pieds de Dieu, avec les larmes dont il était plein. La poésie alors, qui faisait partie de la *littérature*, se distinguait tellement de la *vie* que rien ne ramenait de l'une à l'autre, que l'idée même ne venait pas de les joindre, et qu'une fois consacré aux soins domestiques, aux sentiments de père, aux devoirs de paroissien, on avait élevé une muraille infranchissable entre les *Muses* et soi. Au reste, comme nul sentiment profond n'est stérile en nous, il arrivait que cette poésie *rentrée* et sans issue était dans la vie comme un parfum secret qui se mêlait aux moindres actions, aux moindres paroles, y transpirait par une voie insensible, et leur communiquait une bonne odeur de mérite et de vertu : c'est le cas de Racine, c'est l'effet que nous cause aujourd'hui la lecture de ses lettres à son fils, déjà homme et lancé dans le monde, lettres simples et paternelles, écrites au coin du feu, à côté de la mère, au milieu des six autres enfants, empreintes à chaque ligne d'une tendresse grave et d'une douceur austère, et où les réprimandes sur le style, les conseils d'éviter les *répétitions de mots* et les *locutions de la Gazette de Hollande*, se mêlent naïvement aux préceptes de conduite et aux avertissements chrétiens : « Vous avez eu « quelque raison d'attribuer l'heureux succès de votre voyage,

« par un si mauvais temps, aux prières qu'on a faites pour
« vous. Je compte les miennes pour rien ; mais votre mère et
« vos petites sœurs prioient tous les jours Dieu qu'il vous pré-
« servât de tout accident, et on faisoit la même chose à Port-
« Royal. » Et plus bas : « M. de Torcy m'a appris que vous
« étiez dans la *Gazette de Hollande* : si je l'avois su, je l'aurois
« fait acheter pour la lire à vos petites sœurs, qui vous croi-
« roient devenu un homme de conséquence. » On voit que
madame Racine songeait toujours à son fils absent, et que,
chaque fois qu'on servait quelque chose d'*un peu bon* sur la
table, elle ne pouvait s'empêcher de dire : « Racine en auroit
« volontiers mangé. » Un ami qui revenait de Hollande, M. de
Bonnac, apporta à la famille des nouvelles du fils chéri ; on
l'accabla de questions, et ses réponses furent toutes satisfai-
santes : « Mais je n'ai osé, écrit l'excellent père, lui demander
« si vous pensiez un peu au bon Dieu, et j'ai eu peur que la
« réponse ne fût pas telle que je l'aurois souhaitée. » L'événement domestique le plus important des dernières années
de Racine est la profession que fit à Melun sa fille cadette,
âgée de dix-huit ans ; il parle à son fils de la cérémonie, et
en raconte les détails à sa vieille tante, qui vivait toujours à
Port-Royal dont elle était abbesse (1) ; il n'avait cessé de *sangloter* pendant tout l'office : ainsi, de ce cœur brisé, des trésors d'amour, des effusions inexprimables s'échappaient par
ces sanglots ; c'était comme l'huile versée du vase de Marie.
Fénelon lui écrivit exprès pour le consoler. Avec cette facilité
excessive aux émotions, et cette sensibilité plus vive, plus inquiète de jour en jour, on explique l'effet mortel que causa
à Racine le mot de Louis XIV, et ce dernier coup qui le tua ;

(1) Si ce ne fut pas à Port-Royal même que la fille de Racine fit
profession, c'est que ce monastère persécuté ne pouvait plus depuis
longtemps recevoir pensionnaires, novices, ni religieuses. Fontaine,
vieil ami de Port-Royal, sur lequel il a laissé de bien touchants Mémoires, et réfugié alors à Melun, assista à toutes les cérémonies de
vêture.

mais il était auparavant, et depuis longtemps, malade du mal de poésie : seulement, vers la fin, cette prédisposition inconnue avait dégénéré en une sorte d'hydropisie lente qui dissolvait ses humeurs et le livrait sans ressort au moindre choc. Il mourut en 1699 dans sa soixantième année, vénéré et pleuré de tous, comblé de gloire, mais laissant, il faut le dire, une postérité littéraire peu virile, et bien intentionnée plutôt que capable : ce furent les Rollin, les d'Olivet en critique, les Duché et les Campistron au théâtre, les Jean-Baptiste et les Racine fils dans l'ode et dans le poëme. Depuis ce temps jusqu'au nôtre, et à travers toutes les variations de goût, la renommée de Racine a subsisté sans atteinte et a constamment reçu des hommages unanimes, justes au fond et mérités en tant qu'hommages, bien que parfois très-peu intelligents dans les motifs. Des critiques sans portée ont abusé du droit de le citer pour modèle, et l'ont trop souvent proposé à l'imitation par ses qualités les plus inférieures ; mais, pour qui sait le comprendre, il a suffisamment, dans son œuvre et dans sa vie, de quoi se faire à jamais admirer comme grand poëte et chérir comme ami de cœur.

Décembre 1829.

II

Racine fut dramatique sans doute, mais il le fut dans un genre qui l'était peu. En d'autres temps, en des temps comme les nôtres, où les proportions du drame doivent être si différentes de ce qu'elles étaient alors, qu'aurait-il fait ? Eût-il également tenté le théâtre ? Son génie, naturellement recueilli et paisible, eût-il suffi à cette intensité d'action que réclame notre curiosité blasée, à cette vérité réelle dans les mœurs et dans les caractères qui devient indispensable après une époque de grande révolution, à cette philosophie supérieure qui donne à tout cela un sens, et fait de l'action autre chose qu'un *imbroglio*, de la couleur historique autre chose qu'un *badigeonnage*? Eût-il été de force et d'humeur à mener toutes ces parties de front, à les maintenir en présence et en harmonie, à les unir, à les enchaîner sous une forme indissoluble et vivante ; à les fondre l'une dans l'autre au feu des passions? N'eût-il pas trouvé plus simple et plus conforme à sa nature de retirer tout d'abord la passion du milieu de ces embarras étrangers dans lesquels elle aurait pu se perdre comme dans le sable, en s'y versant; de la faire rentrer en son lit pour n'en plus sortir, et de suivre solitaire le cours harmonieux de cette grande et belle élégie, dont *Esther* et *Bérénice* sont les plus limpides, les plus transparents réservoirs? C'est là une délicate question, sur laquelle on ne peut exprimer que des conjectures : j'ai hasardé la mienne ; elle n'a rien d'irrévérent pour le génie de Racine. M. Étienne, dans son discours de réception à l'Académie, déclare qu'il admire Molière bien plus comme philosophe que comme poëte. Je ne suis pas sur ce point de l'avis de M. Étienne, et dans Molière la qualité de poëte ne me paraît inférieure à aucune autre ; mais je me garderai bien d'accuser le spirituel auteur des *Deux Gendres* de vouloir renverser l'autel du plus grand maître de notre scène. Or, est-ce davantage vouloir renverser Racine que de déclarer qu'on préfère chez lui la poésie pure au drame, et qu'on est tenté de le rapporter à la famille des génies lyriques, des chantres élégiaques et pieux, dont la mission ici-bas est de célébrer l'*amour* (en prenant *amour* dans le même sens que Dante et Platon)?

Indépendamment de l'examen direct des œuvres, ce qui nous a surtout confirmé dans notre opinion, c'est le silence de Racine et la disposition d'esprit qu'il marqua durant les longues années de sa retraite. Les facultés innées qu'on a exercées beaucoup et qu'on arrête brusquement au milieu de la carrière, après les premiers instants donnés au délassement et au repos, se réveillent et recommencent à désirer le genre de mouvement qui leur est propre. D'abord il n'en vient à l'âme qu'une plainte sourde, lointaine, étouffée, qui n'indique pas son objet et nous livre à tout le vague de l'*ennui*. Bientôt l'inquiétude se décide ; la faculté sans aliment s'*affame*, pour ainsi dire ; elle crie au dedans de nous : c'est comme un coursier généreux qui hennit dans l'étable et demande l'arène ; on n'y peut tenir, et tous les projets de retraite sont oubliés. Qu'on se figure, par exemple, à la place de Racine, au sein du même loisir, quelqu'un de ces génies incontestablement dramatiques, Shakspeare, Molière, Beaumarchais, Scott. Oh ! les premiers mois d'inaction passés, comme le cerveau du poëte va fermenter et se remplir ! comme chaque idée, chaque sentiment va revêtir à ses yeux un masque, un personnage, et marcher à ses côtés ! que de générations spontanées vont éclore de toutes parts et lever la tête sur cette eau dormante ! que d'êtres inachevés, flottants, passeront dans ses rêves et lui feront signe de venir ! que de voix plaintives lui parleront comme à Tancrède dans la forêt enchantée ! La reine Mab descendra en char et se posera sur ce front endormi. Soudain Ariel ou Puck, Scapin ou Dorine, Chérubin ou Fenella, merveilleux lutins, messagers malicieux et empressés, s'agiteront autour du maître, le tirailleront de mille côtés pour qu'il prenne garde à leurs êtres chéris, à leurs amants séparés, à leurs princesses malheureuses ; ils les évoqueront devant lui, comme dans l'Élysée antique le devin Tirésias, ou plutôt le vieil Anchise, évoquait les âmes des héros qui n'avaient pas vécu ; ils les feront passer par groupes, ombres fugitives, rieuses ou éplorées, demandant la vie, et, dans les limbes inexplicables de la pensée, attendant la lumière du jour. Diana Vernon à cheval, franchissant les barrières et se perdant dans le taillis ; Juliette au balcon tendant les bras à Roméo ; l'ingénue Agnès à son balcon aussi, et rendant à son amant salut pour salut du matin au soir ; la moqueuse Suzanne et la belle comtesse habillant le page ; que sais-je? toutes ces ravissantes figures, toutes ces apparitions enchantées souriront au poëte et l'appelleront à elles du sein de leur nuage. Il n'y résistera pas longtemps, et se relancera, tête baissée, dans ce monde qui tourbillonne autour de lui. Chacun reviendra à ses goûts et à sa nature. Beaumarchais, comme un joueur excité par l'abstinence, tentera de nouveau avec fureur les chances et la folie des intrigues. Scott, plus insouciant peut-être, et comme un voyageur simplement curieux qui a déjà vu beaucoup de siècles et de pays, mais qui n'est pas las encore, se remettra en marche au risque de repasser, chemin faisant, par les mêmes aventures. Molière, penseur profond, triste au dedans, ayant hâte de sortir de lui-même et d'échapper à ses peines secrètes, sera cette fois d'un comique plus grave ou plus fou qu'à l'ordinaire. Shakspeare redoublera de grâce, de fantaisie ou d'effroi. Le grand Corneille enfin (car il est de cette famille), Corneille couvert de cicatrices, épuisé, mais infatigable et sans relâche comme ses héros, pareil à ce valeureux comte de Fuentès dont parle Bossuet, et qui combattit à Rocroi jusqu'au dernier soupir, Corneille ramènera obstinément au combat ses vieilles bandes espagnoles et ses drapeaux déchirés.

Voilà les poëtes dramatiques. Dirai-je que Racine ne leur ressembla jamais dans sa retraite; qu'il ne vit plus rien de ce qu'il avait quitté; qu'il n'eut point, à ses heures de rêverie, des apparitions charmantes qui remuaient, comme autrefois, son cœur? Ce serait faire injure à son génie. Mais ces créations mêmes vers lesquelles un doux penchant dut le rentraîner d'abord, ces Monime, ces Phèdre, ces Bérénice au long voile, ces nobles amantes solitaires qu'il revoyait, à la nuit tombante, sous les traits de la Champmeslé, et qui s'enfuyaient, comme Didon, dans les bocages, qu'étaient-elles, je le demande? Où voulaient-elles le ramener? Différaient-elles beaucoup de l'*Élégie à la voix gémissante,*

> Au ris mêlé de pleurs, aux longs cheveux épars,
> Belle, levant au ciel ses humides regards?

Et quand il se fut tout à fait réfugié dans l'amour divin, ces formes attrayantes d'un amour profane continuèrent-elles longtemps à repasser dans ses songes? Pour moi, je ne le crois point. Il fut prompt à les dissiper et à les oublier : ses affections bientôt allèrent toutes ailleurs; il ne pensait qu'à Port-Royal, alors persécuté, et se complaisait délicieusement dans ses souvenirs d'enfance : « En effet, dit-il, il n'y avoit point
« de maison religieuse qui fût en meilleure odeur que Port-
« Royal. Tout ce qu'on en voyoit au dehors inspiroit de la
« piété; on admiroit la manière grave et touchante dont les
« louanges de Dieu y étoient chantées, la simplicité et en
« même temps la propreté de leur église, la modestie des do-
« mestiques, la solitude des parloirs, le peu d'empressement
« des religieuses à y soutenir la conversation, leur peu de
« curiosité pour savoir les choses du monde et même les
« affaires de leurs proches; en un mot, une entière indiffé-
« rence pour tout ce qui ne regardoit point Dieu. Mais com-
« bien les personnes qui connoissoient l'intérieur de ce mo-
« nastère y trouvoient-elles de nouveaux sujets d'édification !
« Quelle paix! quel silence! quelle charité! quel amour pour
« la pauvreté et pour la mortification! Un travail sans relâche,
« une prière continuelle, point d'ambition que pour les em-
« plois les plus vils et les plus humiliants, aucune impatience
« dans les sœurs, nulle bizarrerie dans les mères, l'obéissance
« toujours prompte et le commandement toujours raisonna-
« ble. » Et vers le même temps il écrivait à son fils : « M. de
« Rost m'a appris que la Champmeslé étoit à l'extrémité, de
« quoi il me paroît très-affligé; mais ce qui est le plus affli-
« geant, c'est de quoi il ne se soucie guère apparemment, je
« veux dire l'obstination avec laquelle cette pauvre malheu-
« reuse refuse de renoncer à la comédie, ayant déclaré, à ce
« qu'on m'a dit, qu'elle trouvoit très-glorieux pour elle de
« mourir comédienne. Il faut espérer que, quand elle verra
« la mort de plus près, elle changera de langage comme font
« d'ordinaire la plupart de ces gens qui font tant les fiers

« quand ils se portent bien. Ce fut madame de Caylus qui
« m'apprit hier cette particularité dont elle étoit effrayée, et
« qu'elle a sue, comme je crois, de M. le curé de Saint-Sul-
« pice. » Et dans une autre lettre : « Le pauvre M. Boyer est
« mort fort chrétiennement ; sur quoi je vous dirai, en pas-
« sant, que je dois réparation à la mémoire de la Champmeslé,
« qui mourut avec d'assez bons sentiments, après avoir re-
« noncé à la comédie, très-repentante de sa vie passée, mais
« surtout fort affligée de mourir : du moins M. Despréaux
« me l'a dit ainsi, l'ayant appris du curé d'Auteuil, qui l'as-
« sista à la mort; car elle est morte à Auteuil, dans la maison
« d'un maître à danser, où elle étoit venue prendre l'air. »
On a besoin de croire, pour excuser ce ton de sécheresse, que
Racine voulait faire indirectement la leçon à son fils, et con-
damner ses propres erreurs dans la personne de celle qui en
avait été l'objet. Mais, même en tenant compte de l'intention,
on peut conclure hardiment, après avoir lu et comparé ces
passages, que les sentiments du poëte ne prenaient plus la
forme dramatique, et que la figure de la Champmeslé lui
était depuis longtemps sortie de la mémoire. Port-Royal avait
toute son âme ; il y puisait le calme, il y rapportait ses
prières ; il était plein des gémissements de cette maison
affligée, quand il fit entendre, pour l'heureuse maison de
Saint-Cyr, la mélodie touchante des chœurs d'*Esther* (1). En un
mot, c'était la disposition lyrique qui prévalait évidemment

(1) Racine se trouvait précisément dans l'église du monastère des
Champs, quand l'archevêque Harlay de Champvallon y vint, le 17 mai
1679, à neuf heures du matin, pour renouveler la persécution qui avait
été interrompue durant dix années, mais qui, à partir de ce jour-là,
ne cessa plus jusqu'à l'entière ruine. Il causa quelque temps avec le
prélat qui, l'ayant aperçu, l'avait fait appeler par politesse. Plus tard,
surtout quand sa tante fut abbesse, il devint à Versailles le chargé
d'affaires en titre des pauvres persécutées. Toutes les demandes d'a-
doucissement près de l'archevêque, les suppliques pour obtenir tel ou
tel confesseur, roulaient sur lui. Il usait son temps et son crédit à ces
démarches, avec un zèle où il entrait quelque pensée d'expiation.

dans le poëte, et qui le plus souvent, au défaut d'épanchement convenable, débordait dans ces larmes dont nous avons parlé. Un de nos amis les plus chers, qui, pour être romantique, à ce qu'on dit, n'en garde pas moins à Racine un respect profond et un sincère amour, a essayé de retracer l'état intérieur de cette belle âme dans une pièce de vers qu'il ne nous est pas permis de louer, mais que nous insérons ici comme achevant de mettre en lumière notre point de vue critique.

LES LARMES DE RACINE.

> Racine, qui veut pleurer, viendra à la profession de la sœur Lalie.
>
> (MADAME DE MAINTENON.)

Jean Racine, le grand poëte,
Le poëte aimant et pieux,
Après que sa lyre muette
Se fut voilée à tous les yeux,
Renonçant à la gloire humaine,
S'il sentait en son âme pleine
Le flot contenu murmurer,
Ne savait que fondre en prière,
Pencher l'urne dans la poussière
Aux pieds du Seigneur, et pleurer.

Comme un cœur pur de jeune fille
Qui coule et déborde en secret,
A chaque peine de famille,
Au moindre bonheur, il pleurait ;
A voir pleurer sa fille aînée ;
A voir sa table couronnée
D'enfants, et lui-même au déclin ;
A sentir les inquiétudes
De père, tout causant d'études,
Les soirs d'hiver, avec Rollin ;

Ou si dans la sainte patrie,
Berceau de ses rêves touchants.
Il s'égarait par la prairie
Au fond de Port-Royal-des-Champs ;
S'il revoyait du cloître austère
Les longs murs, l'étang solitaire,
Il pleurait comme un exilé ;
Pour lui, pleurer avait des charmes.
Le jour que mourait dans les larmes
Ou La Fontaine ou Champmeslé (1).

Surtout ces pleurs avec délices
En ruisseaux d'amour s'écoulaient,
Chaque fois que sous des cilices
Des fronts de seize ans se voilaient ;
Chaque fois que des jeunes filles,
Le jour de leurs vœux, sous les grilles
S'en allaient aux yeux des parents,
Et foulant leurs bouquets de fête,
Livrant les cheveux de leur tête,
Épanchaient leur âme à torrents.

Lui-même il dut payer sa dette ;
Au temple il porta son agneau ;
Dieu marquant sa fille cadette,
La dota du mystique anneau.
Au pied de l'autel avancée,
La douce et blanche fiancée
Attendait le divin Époux ;
Mais, sans voir la cérémonie,
Parmi l'encens et l'harmonie
Sanglotait le père à genoux (2).

(1) Il est permis de supposer, malgré ce qu'on a vu plus haut, que le poëte donna secrètement à la Champmeslé quelques larmes et quelques prières.

(2) Lope de Vega eut aussi une fille, et la plus chérie, qui se fit religieuse ; il composa sur cette prise de voile une pièce de vers fort touchante, où il décrit avec beaucoup d'exaltation les alternatives de

6.

Sanglots, soupirs, pleurs de tendresse,
Pareils à ceux qu'en sa ferveur
Madeleine la pécheresse
Répandit aux pieds du Sauveur ;
Pareils aux flots de parfum rare
Qu'en pleurant la sœur de Lazare
De ses longs cheveux essuya ;
Pleurs abondants comme les vôtres,
O le plus tendre des apôtres,
Avant le jour d'Alleluia !

Prière confuse et muette,
Effusion de saints désirs,
Quel luth se fera l'interprète
De ces sanglots, de ces soupirs ?
Qui démêlera le mystère
De ce cœur qui ne peut se taire,
Et qui pourtant n'a point de voix ?
Qui dira le sens des murmures
Qu'éveille à travers les ramures
Le vent d'automne dans les bois ?

C'était une offrande avec plainte,
Comme Abraham en sut offrir ;
C'était une dernière étreinte
Pour l'enfant qu'on a vu nourrir ;
C'était un retour sur lui-même,
Pécheur relevé d'anathème,
Et sur les erreurs du passé ;
Un cri vers le Juge sublime,
Pour qu'en faveur de la victime
Tout le reste fût effacé.

C'était un rêve d'innocence,
Et qui le faisait sangloter,
De penser que, dès son enfance,
Il aurait pu ne pas quitter

ses émotions de père et de ses joies comme chrétien (Fauriel, *Vie de Lope de Vega*). Mais Racine ne put que pleurer.

Port-Royal et son doux rivage,
Son vallon calme dans l'orage,
Refuge propice aux devoirs;
Ses châtaigniers aux larges ombres,
Au dedans les corridors sombres,
La solitude des parloirs.

Oh! si, les yeux mouillés encore,
Ressaisissant son luth dormant,
Il n'a pas dit, à voix sonore,
Ce qu'il sentait en ce moment;
S'il n'a pas raconté, poëte,
Son âme pudique et discrète,
Son holocauste et ses combats,
Le Maître qui tient la balance
N'a compris que mieux son silence :
O mortels, ne le blâmez pas!

Celui qu'invoquent nos prières
Ne fait pas descendre les pleurs
Pour étinceler aux paupières,
Ainsi que la rosée aux fleurs;
Il ne fait pas sous son haleine
Palpiter la poitrine humaine,
Pour en tirer d'aimables sons;
Mais sa rosée est fécondante;
Mais son haleine, immense, ardente,
Travaille à fondre nos glaçons.

Qu'importent ces chants qu'on exhale,
Ces harpes autour du saint lieu;
Que notre voix soit la cymbale
Marchant devant l'arche de Dieu;
Si l'âme, trop tôt consolée,
Comme une veuve non voilée
Dissipe ce qu'il faut sentir;
Si le coupable prend le change,
Et tout ce qu'il paye en louange,
S'il le retranche au repentir?

Les derniers sentiments exprimés dans cette pièce ne furent point étrangers à l'âme de Racine. Dans un très-beau cantique *sur la Charité*, imité de saint Paul, il dit lui-même, en des termes assez semblables, et dont notre ami paraît s'être souvenu :

> En vain je parlerois le langage des Anges,
> En vain, mon Dieu, de tes louanges
> Je remplirois tout l'univers :
> Sans amour ma gloire n'égale
> Que la gloire de la cymbale,
> Qui d'un vain bruit frappe les airs.

Si maintenant l'on m'objecte que cette théorie conjecturale serait admissible peut-être si Racine n'avait pas fait *Athalie*, mais qu'*Athalie* seule répond victorieusement à tout et révèle dans le poëte un génie essentiellement dramatique, je répliquerai à mon tour qu'en admirant beaucoup *Athalie*, je ne lui reconnais point tant de portée ; que la quantité d'élévation, d'énergie et de sublime qui s'y trouve ne me paraît pas du tout dépasser ce qu'il en faut pour réussir dans le haut lyrique, dans la grande poésie religieuse, dans l'hymne, et qu'à mon gré cette magnifique tragédie atteste seulement chez Racine des qualités fortes et puissantes qui couronnaient dignement sa tendresse habituelle.

L'examen un peu approfondi du style de Racine nous ramènera involontairement aux mêmes conclusions sur la nature et la vocation de son talent. Qu'est-ce, en effet, qu'un style dramatique ? C'est quelque chose de simple, de familier, de vif, d'entrecoupé, qui se déploie et se brise, qui monte et redescend, qui change sans effort en passant d'un personnage à l'autre, et varie dans le même personnage selon les moments de la passion. On se rencontre, on cause, on plaisante ; puis l'ironie s'aiguise, puis la colère se gonfle, et voilà que le dialogue ressemble à la lutte étincelante de deux serpents entrelacés. Les gestes, les inflexions de voix et les sinuosités du discours sont en parfaite harmonie ; les hasards naturels, les particularités journalières d'une conversation qui s'anime, se reproduisent en leur lieu. Auguste est assis avec Cinna dans son cabinet et lui parle longuement ; chaque fois que Cinna veut l'interrompre, l'empereur l'apaise d'autorité, étend la main, ralentit sa parole, le fait rasseoir et continue. Le jeu de Talma, c'était tout le style dramatique mis en dehors et traduit aux yeux. — Les personnages du drame, vivant de la vie réelle comme tout le monde, doivent en rappeler à chaque instant les détails et les habitudes. *Hier, aujourd'hui, demain*, sont des mots très-significatifs pour eux. Les plus chers souvenirs dont se nourrit leur passion favorite leur apparaissent au complet avec une singulière vivacité dans les moindres circonstances. Il leur échappe souvent de dire : *Tel jour, à telle heure, en tel endroit*. L'amour dont une âme est pleine, et qui cherche un langage, s'empare de tout ce qui l'entoure, en tire des images, des comparaisons sans nombre, en fait jaillir des sources imprévues de tendresse. Juliette, au balcon, croit entendre le chant de l'alouette, et presse son jeune époux de partir; mais Roméo veut que ce soit le rossignol qu'on entend, afin de rester encore.

La douleur est superstitieuse ; l'âme, en ses moments extrêmes, a de singuliers retours ; elle semble, avant de quitter cette vie, s'y rattacher à plaisir par les fils les plus déliés et les plus fragiles. Desdemona, émue du vague pressentiment de sa fin, revient toujours, sans savoir pourquoi, à *une chanson de Saule* que lui chantait dans son enfance une vieille esclave qu'avait sa mère. C'est ainsi que le lyrique même, grâce aux détails naïfs qui le retiennent et le fixent dans la réalité, ne fait pas hors-d'œuvre, et concourt directement à l'effet dramatique.

Le pittoresque épique, le descriptif pompeux sied mal au style du drame ; mais sans se mettre exprès à décrire, sans étaler sa toile pour peindre, il est tel mot de pure causerie qui, jeté comme au hasard, va nous donner la couleur des lieux et préciser d'avance le théâtre où se déploiera la passion. Duncan arrive avec sa suite au château de Macbeth ; il en trouve le site agréable, et Banco lui fait remarquer qu'il y a des nids de martinets à chaque frise et à chaque créneau : preuve, dit-il, que l'air est salubre en cet endroit. Shakspeare abonde en traits pareils ; les tragiques grecs en offriraient également. Racine n'en a jamais.

Le style de Racine se présente, dès l'abord, sous une teinte assez uniforme d'élégance et de poésie ; rien ne s'y détache particulièrement. Le procédé en est d'ordinaire analytique et abstrait ; chaque personnage principal, au lieu de répandre sa passion au dehors en ne faisant qu'un avec elle, regarde le plus souvent cette passion au dedans de lui-même, et la raconte par ses paroles telle qu'il la voit au sein de ce monde intérieur, au sein de ce *moi*, comme disent les philosophes : de là une manière générale d'exposition et de récit qui suppose toujours dans chaque héros ou chaque héroïne un certain loisir pour s'examiner préalablement ; de là encore tout un ordre d'images délicates, et un tendre coloris de demi-jour, emprunté à une savante métaphysique du cœur ; mais peu ou point de réalité, et aucun de ces détails qui nous ramènent à l'aspect humain de cette vie. La poésie de Racine élude les détails, les dédaigne, et quand elle voudrait y atteindre, elle semble impuissante à les saisir. Il y a dans *Bajazet* un passage, entre autres, fort admiré de Voltaire : Acomat explique à Osmin comment, malgré les défenses rigoureuses du sérail, Roxane et Bajazet ont pu se voir et s'aimer :

> Peut-être il te souvient qu'un récit peu fidèle
> De la mort d'Amurat fit courir la nouvelle.
> La sultane, à ce bruit feignant de s'effrayer,
> Par des cris douloureux eut soin de l'appuyer.
> Sur la foi de ses pleurs ses esclaves tremblèrent ;
> De l'heureux Bajazet les gardes se troublèrent :
> Et les dons achevant d'ébranler leur devoir,
> Leurs captifs dans ce trouble osèrent s'entrevoir.

Au lieu d'une explication nette et circonstanciée de la rencontre, comme tout cela est touché avec précaution! comme le mot propre est habilement évincé! *les esclaves tremblèrent! les gardes se troublèrent!* Que d'efforts en pure perte! que d'élégances déplacées dans la bouche sévère du grand-vizir! — Monime a voulu s'étrangler avec son bandeau, ou, comme dit Racine, *faire un affreux lien d'un sacré diadème*; elle apostrophe ce diadème en vers enchanteurs que je me garderai bien de blâmer. Je noterai seulement que, dans la colère et le mépris dont elle accable ce *fatal tissu*, elle ne l'ose nommer qu'en termes généraux et avec d'exquises injures. Il résulte de cette perpétuelle nécessité de noblesse et d'élégance que s'impose le poëte, que lorsqu'il en vient à quelques-unes de ces parties de transition qu'il est impossible de relever et d'ennoblir, son vers inévitablement déroge, et peut alors sembler prosaïque par comparaison avec le ton de l'ensemble. Chamfort s'est amusé à noter dans *Esther* le petit nombre de vers qu'il croit entachés de prosaïsme. Au reste, Racine a tellement pris garde à ce genre de reproche, qu'au risque de violer les convenances dramatiques, il a su prêter des paroles pompeuses ou fleuries à ses personnages les plus subalternes comme à ses héros les plus achevés. Il traite ses confidentes sur le même pied que ses reines; Arcas s'exprime tout aussi majestueusement qu'Agamemnon. M. Villemain a déjà remarqué que, dans Euripide, le vieillard qui tient la place d'Arcas n'a qu'un langage simple, non figuré, conforme à sa condition d'esclave : « Pourquoi donc sortir de votre tente, ô « roi Agamemnon, lorsque autour de nous tout est assoupi « dans un calme profond, lorsqu'on n'a point encore relevé « la sentinelle qui veille sur les retranchements? » Et c'est Agamemnon qui dit : « Hélas! on n'entend ni le chant des « oiseaux, ni le bruit de la mer; le silence règne sur l'Euripe. » Dans Racine au contraire, Arcas prend les devants en poésie, et il est le premier à s'écrier :

> Mais tout dort, et l'armée, et les vents, et Neptune.

Chez Euripide, le vieillard a vu Agamemnon dans tout le désordre d'une nuit de douleur; il l'a vu allumer un flambeau, écrire une lettre et l'effacer, y imprimer le cachet et le rompre, jeter à terre ses tablettes et verser un torrent de larmes. Racine fils avoue avec candeur qu'on peut regretter dans l'Iphigénie française cette vive peinture de l'Agamemnon grec; mais Euripide n'avait pas craint d'entrer dans l'intérieur de la tente du héros, et de nommer certaines choses de la vie par leur nom (1).

Le procédé continu d'analyse dont Racine fait usage, l'élégance merveilleuse dont il revêt ses pensées, l'allure un peu solennelle et arrondie de sa phrase, la mélodie cadencée de ses vers, tout contribue à rendre son style tout à fait distinct de la plupart des styles franchement et purement dramatiques. Talma, qui, dans ses dernières années, en était venu à donner à ses rôles, surtout à ceux que lui fournissait Corneille, une simplicité d'action, une familiarité saisissante et sublime, l'aurait vainement essayé pour les héros de Racine; il eût même été coupable de briser la déclamation soutenue de leur discours, et de ramener à la causerie ce beau vers un peu chanté. Est-ce à dire pourtant que le caractère dramatique manque entièrement à cette manière de faire parler des personnages? Loin de notre pensée un tel blasphème! Le style de Racine convient à ravir au genre de drame qu'il exprime, et nous offre un composé parfait des mêmes qualités heureuses. Tout s'y tient avec art, rien n'y jure et ne sort du ton; dans cet idéal complet de délicatesse et de grâce, Monime, en vérité, aurait bien tort de parler autrement. C'est une conversation douce et choisie, d'un charme croissant, une confidence pénétrante et pleine d'émotion, comme on se figure

---

(1) Euripide d'ailleurs ne s'était pas fait faute, on le voit, de quelques anachronismes de mœurs et de moyens. On n'écrivait pas de lettres au siége de Troie; il n'est jamais question d'écriture dans Homère; mais les Grecs songeaient plus aux convenances dramatiques qu'à l'exactitude historique.

qu'en pouvait suggérer au poëte le commerce paisible de cette société où une femme écrivait *la Princesse de Clèves*; c'est un sentiment intime, unique, expansif, qui se mêle à tout, s'insinue partout, qu'on retrouve dans chaque soupir, dans chaque larme, et qu'on respire avec l'air. Si l'on passe brusquement des tableaux de Rubens à ceux de M. Ingres, comme on a l'œil rempli de l'éclatante variété pittoresque du grand maître flamand, on ne voit d'abord dans l'artiste français qu'un ton assez uniforme, une teinte diffuse de pâle et douce lumière. Mais qu'on approche de plus près et qu'on observe avec soin : mille nuances fines vont éclore sous le regard; mille intentions savantes vont sortir de ce tissu profond et serré; on ne peut plus en détacher ses yeux. C'est le cas de Racine lorsqu'on vient à lui en quittant Molière ou Shakspeare : il demande alors plus que jamais à être regardé de très-près et longtemps; ainsi seulement on surprendra les secrets de sa manière : ainsi, dans l'atmosphère du sentiment principal qui fait le fond de chaque tragédie, on verra se dessiner et se mouvoir les divers caractères avec leurs traits personnels; ainsi, les différences d'accentuation, fugitives et ténues, deviendront saisissables, et prêteront une sorte de vérité relative au langage de chacun; on saura avec précision jusqu'à quel point Racine est dramatique, et dans quel sens il ne l'est pas.

Racine a fait *les Plaideurs*; et, dans cette admirable farce, il a tellement atteint du premier coup le vrai style de la comédie, qu'on peut s'étonner qu'il s'en soit tenu à cet essai. Comment n'a-t-il pas deviné, se dit involontairement la critique questionneuse de nos jours, que l'emploi de ce style sincèrement dramatique, qu'il venait de dérober à Molière, n'était pas limité à la comédie; que la passion la plus sérieuse pouvait s'en servir et l'élever jusqu'à elle? Comment ne s'est-il pas rappelé que le style de Corneille, en bien des endroits pathétiques, ne diffère pas essentiellement de celui de Molière? il ne s'agissait que d'achever la fusion; l'œuvre de réforme

dramatique qui se poursuit maintenant sous nos yeux eût été dès lors accomplie. — C'est que, sans doute, dans la tragédie telle qu'il la concevait, Racine n'avait nullement besoin de ce franc et libre langage; c'est que *les Plaideurs* ne furent jamais qu'une débauche de table, un accident de cabaret dans sa vie littéraire; c'est que d'invincibles préjugés s'opposent toujours à ces fusions si simples que combine à son aise la critique après deux siècles. Du temps de Racine, Fénelon, son ami, son admirateur, et qui semble un de ses parents les plus proches par le génie, écrivait de Molière : « En pensant bien,
« il parle souvent mal. Il se sert des phrases les plus forcées
« et les moins naturelles. Térence dit en quatre mots, avec la
« plus élégante simplicité, ce que celui-ci ne dit qu'avec une
« multitude de métaphores qui approchent du galimatias.
« J'aime bien mieux sa prose que ses vers. Par exemple,
« l'*Avare* est moins mal écrit que les pièces qui sont en vers ;
« il est vrai que la versification françoise l'a gêné ; il est vrai
« même qu'il a mieux réussi pour les vers dans l'*Amphitryon*,
« où il a pris la liberté de faire des vers irréguliers. Mais en
« général il me paroît, jusque dans sa prose, ne parler point
« assez simplement pour exprimer toutes les passions. » Il faut se souvenir que l'auteur de cet étrange jugement avait la manière d'écrire la plus antipathique à Molière qui se puisse imaginer. Il était doux, fleuri, agréablement subtil, épris des antiques chimères, doué des signes gracieux de l'avenir; et sa prose, *encor qu'un peu traînante,* ne ressemblait pas mal à ces beaux vieillards divins dont il nous parle souvent, à longue barbe plus blanche que la neige, et qui, soutenus d'un bâton d'ivoire, s'acheminaient lentement au milieu des bocages vers un temple du plus pur marbre de Paros. Quoi qu'il en soit, il énonçait à coup sûr, dans cette lettre à l'Académie, l'opinion de plus d'un esprit délicat, de plus d'un académicien de son temps, et Racine lui-même se serait probablement entendu avec lui pour critiquer sur beaucoup de points la diction de Molière.

La sienne est scrupuleuse, irréprochable, et tout l'éloge qu'on a coutume de faire du style de Racine en général doit s'appliquer sans réserve à sa diction. Nul n'a su mieux que lui la valeur des mots, le pouvoir de leur position et de leurs alliances, l'art des transitions, *ce chef-d'œuvre le plus difficile de la poésie*, comme lui disait Boileau ; on peut voir là-dessus leur correspondance. En se tenant à un vocabulaire un peu restreint, Racine a multiplié les combinaisons et les ressources. On remarquera que dans ses tours il conserve par moments des traces légères d'une langue antérieure à la sienne, et je trouve pour mon compte un charme infini à ces idiotismes trop peu nombreux qui lui ont valu d'être souligné quelquefois par les critiques du dernier siècle.

En somme, et ceci soit dit pour dernier mot, il y aurait injustice, ce me semble, à traiter Racine autrement que tous les vrais poëtes de génie, à lui demander ce qu'il n'a pas, à ne pas le prendre pour ce qu'il est, à ne pas accepter, en le jugeant, les conditions de sa nature. Son style est complet en soi, aussi complet que son drame lui-même ; ce style est le produit d'une organisation rare et flexible, modifiée par une éducation continuelle et par une multitude de circonstances sociales qui ont pour jamais disparu ; il est, autant qu'aucun autre, et à force de finesse, sinon avec beaucoup de saillie, marqué au coin d'une individualité distincte, et nous retrace presque partout le profil noble, tendre et mélancolique de l'homme avec la date du temps. D'où il résulte aussi que vouloir ériger ce style en *style-modèle*, le professer à tout propos et en toute occurrence, y rapporter toutes les autres manières comme à un type invariable, c'est bien peu le comprendre et l'admirer bien superficiellement, c'est le renfermer tout entier dans ses qualités de grammaire et de diction. Nous croyons faire preuve d'un respect mieux entendu en déclarant le style de Racine, comme celui de La Fontaine et de Bossuet, digne sans doute d'une éternelle étude, mais impossible, mais inutile à imiter, et surtout d'une forme peu applicable au drame nouveau, précisément parce qu'il nous paraît si bien approprié à un genre de tragédie qui n'est plus.

Janvier 1830.

SUR LA REPRISE DE BÉRÉNICE

AU THÉATRE-FRANÇAIS.

(Janvier 1844.)

Il y avait quelque hardiesse à revenir de nos jours à *Bérénice*, et cette hardiesse pourtant, à la bien prendre, était de celles qui doivent réussir. On peut considérer même que le moment présent et propice était tout trouvé. Le goût a des flux et des reflux bizarres ; ce sont des courants qu'il faut suivre et qu'il ne faut pas craindre d'épuiser. Après Moscow et la retraite de Russie, disait le spirituel M. de Stendhal, *Iphigénie en Aulide* devait sembler une bien moins bonne tragédie et un peu tiède ; il voulait dire qu'après les grandes scènes et les émotions terribles de nos révolutions et de nos guerres, il y avait urgence d'introduire sur le théâtre un peu plus de mouvement et d'intérêt présent. Mais aujourd'hui, après tant de bouleversements qui ont eu lieu sur la scène, et de telles tentatives aventureuses dont on paraît un peu lassé, *Iphigénie* redevient de mise, elle reprend à son tour toute sa vivacité et son coloris charmant. On en a tant vu, qu'un peu de langueur même repose, rafraîchit et fait l'effet plutôt de ranimer. Après les drames compliqués qui ont mis en œuvre tant de machines, l'extrême simplicité retrouve des chances de plaire ; après *la Tour de Nesle* et *les Mystères de Paris* (je les range parmi les drames à machines), c'est bien le moins qu'on essaie d'*Ariane* et de *Bérénice*.

Au milieu de l'ensemble si magnifique et si harmonieux

de l'œuvre de Racine, *Bérénice* a droit de compter pour beaucoup. Certes, nous n'irons pas l'élever au nombre de ses chefs-d'œuvre : on sait l'ordre et la suite où ceux-ci viennent se ranger. Un homme de talent qui a particulièrement étudié Racine, et qui s'y connaît à fond en matière dramatique, classait ainsi, l'autre jour, devant moi, les tragédies du grand poëte : *Athalie, Iphigénie, Andromaque, Phèdre* et *Britannicus*. Je crois même qu'à titre de pièce achevée et accomplie, de tragédie parfaite offrant le groupe dans toute sa beauté, il mettait *Iphigénie* au-dessus des autres, et la qualifiait le chef-d'œuvre de l'art sur notre théâtre. Mais, quoi qu'il en soit, la hauteur d'*Athalie* compense et emporte tout. *Bérénice* ne saurait se citer auprès de ces cinq productions hors de pair; elle ne soutiendrait même pas le parallèle avec les autres pièces relativement secondaires, telles que *Mithridate* et *Bajazet*, et pourtant elle a sa grâce bien particulière, son cachet racinien. Je distinguerai dans les ouvrages de tout grand auteur ceux qu'il a faits selon son goût propre et son faible, et ceux dans lesquels le travail et l'effort l'ont porté à un idéal supérieur. *Bérénice*, bien que commandée par Madame, me semble tout à fait dans le goût secret et selon la pente naturelle de Racine; c'est du Racine pur, un peu faible si l'on veut, du Racine qui s'abandonne, qui oublie Boileau, qui pense surtout à la Champmeslé, et compose une musique pour cette douce voix. On raconte que Boileau, apprenant que Racine s'était engagé à traiter ce sujet sur la demande de la duchesse d'Orléans, s'écria : « Si je m'y étais trouvé, je l'aurais bien empêché de donner sa parole. » Mais on assure aussi que Racine aimait mieux cette pièce que ses autres tragédies, qu'il avait pour elle cette prédilection que Corneille portait à son *Attila*. Je n'admets qu'à demi la similitude, mais je crois volontiers à la prédilection. Cela devait être. *Bérénice*, chez lui, c'est la veine secrète, la veine du milieu.

On a quelquefois regretté que Racine n'eût pas fait d'élégies ; mais qu'est-ce donc dans ses pièces que ces rôles délicats, parfois un peu pâles comme Aricie, bien souvent passionnés et enchanteurs, Atalide, Monime, et surtout Bérénice ?

Bérénice peut être dite une charmante et mélodieuse faiblesse dans l'œuvre de Racine, comme la Champmeslé le fut dans sa vie.

Il ne faudrait pas que de telles faiblesses, si gracieuses qu'elles semblent par exception, revinssent trop souvent ; elles affecteraient l'œuvre entière d'une teinte trop particulière et qui aurait sa monotonie, sa fadeur. Le talent a ses inclinations qu'il doit consulter, qu'il doit suivre, qu'il doit diriger et aussi réprimer mainte fois. Dans l'ordre poétique comme dans l'ordre moral, la grandeur est au prix de l'effort, de la lutte et de la constance ; l'idéal habite les hauts sommets. On oublie trop de nos jours ce devoir imposé au talent ; sous prétexte de *lyrisme*, chacun s'abandonne à sa pente, et l'on n'atteint pas à l'œuvre dernière dont on eût été capable. Aux époques tout à fait saines et excellentes, les choses ne se pratiquent pas ainsi. Ce n'est pas contrarier son talent et aller contre Minerve que de se resserrer, de se restreindre sur quelques points, de viser à s'élever et à s'agrandir sur certains autres. Dans le beau siècle dont nous parlons, ce devoir rigoureux, cet avertissement attentif et salutaire se personnifiait dans une figure vivante, et s'appelait Boileau. Il est bon que la conscience intérieure que chaque talent porte naturellement en soi prenne ainsi forme au dehors et se représente à temps dans la personne d'un ami, d'un juge assidu qu'on respecte ; il n'y a plus moyen de l'oublier ni de l'éluder. Molière, le grand comique, était sujet à se répandre et à se distraire dans les délicieuses mais surabondantes bouffonneries des Dandin, des Scapin, des Sganarelle ; il aurait pu s'y attarder trop longtemps et ne pas tenter son plus admirable effort. Despréaux, c'est-à-dire la conscience littéraire, éleva la voix, et l'on eut à son moment *le Misanthrope*. Ainsi de La Fontaine, qu'il fallut tirer de ses dizains et de ses contes où il se complaisait si aisément, pour l'appliquer à ses fables et lui faire porter ses plus beaux fruits. Ainsi de Racine lui-même qui, au sortir des douceurs premières, s'élevait à Burrhus et aspirait à *Phèdre*. Il retomba cette fois, il fit *Bérénice* sans Boileau, comme il s'était caché, enfant, de ses maîtres pour lire le roman d'Héliodore.

Mais ce n'est là qu'une raison de plus pour nous de surprendre la fibre à nu et de pénétrer en ce point le plus reculé du cœur. Une personne, un talent, ne sont pas bien connus à fond, tant qu'on n'a pas touché ce point-là. De même qu'on dit qu'il faut passer tout un été à Naples et un hiver à Saint-Pétersbourg, de même, quand on aborde Racine, il faut aller franchement jusqu'à *Bérénice*.

La pièce se donna pour la première fois sur le théâtre de l'hôtel de Bourgogne, le 21 novembre 1670 ; elle eut d'abord plus de trente représentations, un succès de larmes, des brochures critiques pour et contre, des parodies bouffonnes au Théâtre-Italien, enfin tout ce qui constitue les honneurs de la vogue. On lit partout l'anecdote de son origine, l'ordre de Madame, ce duel poétique et galant de Racine et de Corneille, la défaite de ce dernier. Mais indépendamment des circonstances particulières qui favorisèrent le premier succès, et sur lesquelles nous reviendrons, il faut reconnaître que Racine a su tirer d'un sujet si simple une pièce d'un intérêt durable, puisque toutes les fois, dit Voltaire, qu'il s'est rencontré un acteur et une actrice dignes de ces rôles de Titus et de Bérénice, le public a retrouvé les applaudissements et les larmes. Du moins cela se passa ainsi jusqu'aux années de Voltaire. En août 1724, la reprise de *Bérénice* à la Comédie-Française fut extrêmement goûtée. Mademoiselle Le Couvreur, Quinault l'aîné et Quinault Du Fresne, jouaient les trois rôles qu'avaient autrefois remplis mademoiselle de Champmeslé, Floridor, et le mari de la Champmeslé. Les mêmes acteurs redonnèrent moins heureusement la pièce en 1728. Mais surtout la tradition a conservé un vif souvenir du triomphe de mademoiselle Gaussin en novembre 1752 : telle fut sa magie d'expression dans le personnage de cette reine attendrissante, que le factionnaire même, placé sur la scène, laissa, dit-on, tomber son arme et pleura (1). *Bérénice* reparut encore trois fois en décembre 1782 et janvier 1783 ; ce fut son dernier soupir au xviiie siècle (2). Avant la reprise actuelle, elle avait été représentée en dernier lieu le 7 et le 13 février 1807, c'est-à-dire il y a trente-sept ans. Mademoiselle George jouait Bérénice, Damas jouait Titus, et Talma Antiochus. La pièce ne fut donnée alors que deux fois. Le prestige dont parle Voltaire avait cessé, et Geoffroy, qui a le langage un peu cru, nous dit : « Il est constant que *Bérénice* n'a point fait pleurer à cette représentation, mais qu'elle a fait bâiller ; toutes les dissertations littéraires ne sauraient détruire un fait aussi notoire. » Talma pourtant goûtait ce rôle d'Antiochus ou celui de Titus, tel qu'il le concevait, et il en disait, ainsi que de Nicomède, que c'étaient de ces rôles à jouer deux fois par an, donnant à entendre par là que ce ton modéré, et assez loin du haut tragique, détend et repose (3). La reprise d'aujourd'hui a réussi ; on n'est pas tout à fait revenu aux larmes,

(1) Il y eut cinq représentations coup sur coup dans la seconde quinzaine de novembre, en tout sept. Les chiffres conservés des recettes ne répondent pas tout à fait à cette haute renommée de succès. Il faut croire à ce succès pourtant, d'après l'impression qui en est restée ; La Harpe, dans le chapitre de son *Cours de Littérature* où il juge l'œuvre, se plaît à rappeler le nom de Gaussin comme inséparable de celui de Bérénice.

(2) *L'Année littéraire* (1783, tome I, page 137) constate un certain succès et en parle comme nous le ferions nous-même, en l'opposant aux succès plus bruyants du jour. Il put encore y avoir, quelques années après, un retour de *Bérénice* par mademoiselle Desgarcins. J'en entends parler, mais sans pouvoir saisir l'instant.

(3) Il fut question encore d'une reprise en 1812 ; les rôles étaient même déjà distribués entre mademoiselle Duchesnois, Talma et Lafon. Talma aurait joué Titus ; mais les choses en restèrent là. On ne conçoit pas, en effet, que la représentation eût été possible sous l'Empire après le *divorce* ; on y aurait vu trop d'allusions.

mais on accorde de vrais applaudissements. Jean-Jacques a raconté qu'il assista un jour à une représentation de *Bérénice* avec d'Alembert, et que la pièce leur fit à tous deux un plaisir *auquel ils s'attendaient peu.* Il y a eu de cette agréable surprise pour plus d'un spectateur d'aujourd'hui ; à la lecture, on n'y voit guère qu'une ravissante élégie ; à la représentation, quelques-unes des qualités dramatiques se retrouvent, et l'intérêt, sans aller jamais au comble, ne languit pas.

Érudits comme nous le sommes devenus et occupés de la couleur historique, il y a pour nous, dans la représentation actuelle de *Bérénice*, un intérêt d'étude et de souvenir. Voilà donc une de ces pièces qui charmaient et enlevaient la jeune cour de Louis XIV à son heure la plus brillante, et l'on s'en demande les raisons, et, tout en jouissant du charme quelque peu amolli des vers, on se reporte aux allusions d'autrefois. Elles étaient nombreuses dans *Bérénice*, elles s'y croisaient en mille reflets, et il y a plaisir à croire les deviner encore. Voltaire, avec son tact rapide, a très-bien indiqué la plus essentielle et la plus voisine de l'inspiration première. « Henriette d'Angleterre, belle-sœur de Louis XIV, dit-il, voulut que Racine et Corneille fissent chacun une tragédie des adieux de Titus et de Bérénice. Elle crut qu'une victoire obtenue sur l'amour le plus vrai et le plus tendre ennoblissait le sujet ; et en cela elle ne se trompait pas ; mais elle avait encore un intérêt secret à voir cette victoire représentée sur le théâtre : elle se ressouvenait des sentiments qu'elle avait eus longtemps pour Louis XIV et du goût vif de ce prince pour elle. Le danger de cette passion, la crainte de mettre le trouble dans la famille royale, les noms de beau-frère et de belle-sœur, mirent un frein à leurs désirs ; mais il resta toujours dans leurs cœurs une inclination secrète, toujours chère à l'un et à l'autre. Ce sont ces sentiments qu'elle voulut voir développés sur la scène autant pour sa consolation que pour son amusement. » On sait en effet, par l'intéressante histoire qu'a tracée d'elle madame de La Fayette, combien Madame et son royal beau-frère s'étaient aimés dans cette nuance aimable qui laisse la limite confuse et qui prête surtout au rêve, à la poésie. L'adorable princesse qui put dire à son lit de mort à Monsieur : *Je ne vous ai jamais manqué,* aimait pourtant à se jouer dans les mille trames gracieuses qui se compliquaient autour d'elle, et à s'enchanter du récit de ce qu'elle inspirait. Racine, un peu plus que Corneille sans doute, dut pénétrer dans ses arrière-pensées; il est permis pourtant de croire que ce que nous savons aujourd'hui assez au net par les révélations posthumes était beaucoup plus recouvert dans le moment même, et qu'en acceptant le sujet d'une si belle main, le poëte ne sut pas au juste combien l'intention tenait au cœur. Ses allusions, à lui, paraissent s'être plutôt reportées au souvenir déjà éloigné de Marie de Mancini, laquelle, dix années auparavant, avait pu dire au jeune roi à la veille de la rupture : *Ah! Sire, vous êtes roi; vous pleurez! et je pars!*

> Vous êtes empereur, Seigneur, et vous pleurez !
> . . . .
> . . . . Vous m'aimez, vous me le soutenez :
> Et cependant je pars! et vous me l'ordonnez !

Il y avait dans le rapport général des situations, dans une rupture également motivée sur les devoirs souverains et sur l'inviolable majesté du rang, assez de points de ressemblance pour captiver à l'antique histoire une cour si spirituelle, si empressée, et avant tout idolâtre de son roi. Mais d'autres lueurs, d'autres reflets rapides et non pas les moins touchants, venaient en quelque sorte se jouer à la traverse. Lorsqu'en effet on représenta, en novembre 1670, la pièce désirée et inspirée par Madame, cette princesse si chère à tous n'existait plus depuis quelques mois; *Madame était morte!* Or qu'on veuille songer à tout ce qu'ajoutait son souvenir à l'œuvre où sa pensée était entrée pour une si grande part. Les sentiments discrets qu'elle avait nourris circulaient déjà plus librement, trahis par la mort; ils s'échappaient comme en vagues éclairs sur cette trame si fine; son âme aimable y respirait; les allusions devenaient, pour ainsi dire, à double fond. Tendresse, délicatesse et sacrifice, on n'en perdait rien, on saisissait tout, on pressentait vite, en ce monde et sous ce règne de La Vallière.

C'est ainsi qu'il convient de revoir les œuvres en leur lieu pour les apprécier. Je relisais l'autre jour la brochure de M. Guillaume de Schlegel, dans laquelle il compare la *Phèdre* de Racine et celle d'Euripide; il y exprime admirablement le genre de beauté de celle-ci, ce caractère chaste et sacré de l'Hippolyte, qu'il assimile avec grandeur au Méléagre et à l'Apollon antiques. Mais cette intelligence attentive, cette élévation pénétrante qui s'applique si bien à démontrer, à reconstituer à nos yeux les chefs-d'œuvre de la Grèce, l'éloquent critique ne daigne pas en faire usage à notre égard, et il nous en laisse le soin sous prétexte d'incompétence, mais en réalité comme l'estimant un peu au-dessous de sa sphère. D'autres que lui, d'éminents et ingénieux critiques que chacun sait, ont à leur tour repris la tâche et réparé la brèche avec honneur. Sans doute la tragédie française, si l'on excepte *Polyeucte* et *Athalie*, n'est pas exactement du même ordre que l'antique; celle-ci égale la beauté et l'austérité de la statuaire; elle nous apparaît debout après des siècles, et à travers toutes les mutilations, dans une attitude unique, immortelle. Notre tragédie, à nous, est, si j'ose ainsi dire, d'un *cran* plus bas; elle s'attaque particulièrement au cœur et à ses sentiments délicats et déliés jusqu'au sein de la passion; elle s'encadre avec la société, non plus avec le temple; elle vit à l'infini sur des luttes, sur des scrupules intérieurs nés du christianisme ou de la chevalerie, et dès longtemps élaborés par une élite polie et galante. Mais là aussi se retrouvent la vérité, l'élévation, un genre de beauté; seulement il s'agit presque d'un art différent. Ce n'est plus au groupe de la statuaire antique et à cette première grandeur qu'on a affaire; ce sont plutôt des tableaux finis qu'il s'agit, même à distance, de voir dans leur cadre et dans leur jour. Un homme qui sent l'antiquité non moins que M. de Schlegel, et par les parties également augustes, M. Quatremère de Quincy, a fait comprendre à merveille que les statues, les objets d'art de la Grèce, rangés et classés dans nos musées, n'avaient ni tout leur prix ni leur vrai sens; que, voués avant tout à une destination publique et le plus souvent sacrée, c'était dans cet encadrement primitif qu'il fallait les replacer en idée et les concevoir. Pourquoi l'intelligence critique ne consentirait-elle pas au même effort équitable pour apprécier convenablement des œuvres moins hautes sans doute, plus délicates souvent, sociales au plus haut degré, et qu'il suffit de reculer légèrement dans un passé encore peu lointain, pour y ressaisir toutes les justesses et toutes les grâces? Si jamais pièce réclama à bon droit chez le spectateur ce jeu quelque peu complaisant de l'imagination et du souvenir, c'est à coup sûr *Bérénice;* mais cette complaisance n'exige pas un effort bien pénible, et l'on n'a pas trop à se plaindre, après tout, d'être simplement obligé, pour subir le charme, de se ressouvenir de Madame, de ces belles années d'un grand règne, des *nuits enflammées* et des *festons* où les chiffres mystérieux s'entrelaçaient. Quel moment en effet dans une société que celui où des sentiments si nobles, si délicats, disons même si subtils, et qui courraient presque risque de nous échapper aujourd'hui, étaient saisis unanimement par un cercle avide qu'ils occupaient aussitôt et passionnaient! *Bérénice* est de ces œuvres qui honorent bien moins un poëte qu'une époque.

Mme de La Fayette, qui était de ce cercle, et au premier rang, a écrit d'*Esther*, cette autre tragédie commandée bien plus tard, cette autre Juive aimable et qui correspond dans l'ordre religieux à sa première sœur, que c'était une *comédie de couvent.* J'accepte le mot sans défaveur, et je dirai à mon tour de *Bérénice* que c'est moins une tragédie qu'une comédie de cœur, une comédie-roman, contemporaine de *Zayde*, et qui allait donner le ton à *la Princesse de Clèves*.

Dans l'exquise préface qu'il a mise à sa pièce, Racine rapproche son héroïne de Didon et voit de la ressemblance entre elles, sauf le poignard et le bûcher. Mais Bérénice ne me fait pas tout à fait l'impression de Didon; la nuance est plus douce, on sent dès l'abord, et malgré toutes les menaces, qu'elle ne se tuera pas; elle languira, elle pâlira dans l'absence, elle s'en ira lentement mourir de son ennui. L'Ariane de Thomas Corneille me rend bien plus le désespoir de Didon. Bérénice, qui est si peu Juive, est déjà chrétienne; c'est-à-dire résignée : elle retournera en sa Palestine, et y rencontrera peut-être quelque disciple des apôtres qui lui indiquera le chemin de la Croix.

Bérénice entre en scène comme aurait fait La Vallière, si elle eût osé ; elle entre le cœur tout plein de son amour, empressée de se dérober à la foule des courtisans, ne pensant qu'à l'objet aimé, n'aimant en lui que lui-même. Elle a besoin d'en parler à quelqu'un ; d'épancher sa reconnaissance, de répéter en cent façons dans ses discours ce nom adoré de Titus en y mariant le sien. Pourtant, dès qu'Antiochus s'est enhardi à parler pour son propre compte, elle sait l'arrêter d'une parole vibrante et fière : on sort du ton de l'élégie ; la note tragique se fait sentir.

Je ne sais à quel ton au juste appartiennent, dans l'ordre des genres, tant de vers faciles, tendres, naturels et amoureux, mais qui sont le soupir et la plainte de tous les cœurs bien touchés :

> Voyez-moi plus souvent, et ne me donnez rien !

Antiochus est parfait, il l'est trop avec sa faculté de soumission et de silence; on serait tenté de sourire à l'entendre tout d'abord s'exhaler :

> . . . . . Je me suis tu cinq ans,
> Madame, et vais encor me taire plus longtemps.

Pourtant il échappe aux inconvénients de sa position par sa noblesse et sa délicatesse constante ; tout *roi de Comagène* qu'il est, il ne tombe jamais dans le ridicule de ce *roi de Naxe*, le pis-aller d'Ariane. J'entends remarquer qu'il remplit exactement le même rôle que Ralph dans *Indiana*: Après tout, en cette pièce qu'on a appelée une élégie à trois personnages, Antiochus tient son rang. Un seul vers, infini de rêverie et de tristesse, suffirait à sa gloire :

Dans l'Orient désert quel devint mon ennui !

Mais les allusions perpétuelles, au temps de la représentation première, et tous les genres d'intérêt venaient aboutir à ce personnage impérial de Titus et converger à son front comme les rayons du diadème. C'est par lui et par sa lutte sérieuse que le poëte remettait son œuvre sur le pied tragique, et prétendait corriger ce que le reste de la pièce pouvait avoir de trop amollissant : «Ce n'est point une nécessité, disait-il en répondant aux chicanes des critiques d'alors, qu'il y ait du sang et des morts dans une tragédie : il suffit que l'action en soit grande, que les acteurs en soient héroïques, que les passions y soient excitées, et que tout s'y ressente de cette tristesse majestueuse qui fait tout le plaisir de la tragédie.» Geoffroy, qui cite ce passage dans son feuilleton sur *Bérénice*, s'en fait une arme contre ceux qu'il appelle les *voltairiens* en tragédie, et qu'il représente comme altérés de sang et de carnage dramatique. Hélas ! ce sont les voltairiens aujourd'hui (s'il en était encore dans ce sens-là) qui se rangeraient du côté de Geoffroy et que nous aurions peine à en distinguer.— Titus donc exprime en lui le caractère tragique, en ce sens qu'il soutient une lutte généreuse, qu'il sort du penchant tout naturel et vulgaire, qu'il a le haut sentiment de la dignité souveraine et de ce qu'on doit à ce rang de maître des humains. Au fond il n'a jamais hésité, pas plus qu'un héros n'hésite en toute question de délicatesse suprême et d'honneur. On est déchiré, on se détourne, on pleure, mais on marche toujours. Il est vrai qu'on peut, au premier abord, opposer que ce Titus, non plus qu'Énée de qui il tient, n'est assez passionnément amoureux; que, s'il l'était davantage, il céderait peut-être. Mais non : Racine, revenant ici, dans le dernier acte, à l'inspiration supérieure et majestueuse de la tragédie, a rendu énergiquement cette stabilité héroïque de l'âme à travers tous les orages, et n'a voulu laisser aucun doute sur ce qui demeure impossible :

> En quelque extrémité que vous m'ayez réduit,
> Ma gloire inexorable à toute heure me suit;
> Sans cesse elle présente à mon âme étonnée
> L'empire incompatible avec notre hyménée,
> Me dit qu'après l'éclat et les pas que j'ai faits,
> Je dois vous épouser encor moins que jamais.
> Oui, madame, et je dois moins encore vous dire
> Que je suis prêt pour vous d'abandonner l'empire,
> De vous suivre et d'aller, trop content de mes fers,
> Soupirer avec vous au bout de l'univers.
> Vous-même rougiriez de ma lâche conduite...

Voilà le langage d'une grande âme à celle qui peut l'entendre. Ainsi c'est l'amour même, dans sa religieuse délicatesse, qui s'oppose au bonheur de l'amour. Jean-Jacques n'a pas craint de soutenir que Titus serait plus intéressant s'il sacrifiait l'empire à l'amour, et s'il allait vivre avec Bérénice dans quelque coin du monde, après avoir pris congé des Romains : *une chaumière et son cœur!* Geoffroy remarque avec raison que Titus serait sifflé, s'il agissait ainsi au théâtre, « et Rousseau, ajoute-t-il, mérite de l'être pour avoir consigné cette opinion dans un livre de philosophie. » Tout se tient en morale : c'est pour n'avoir pas senti cette délicatesse particulière, cette religion de dignité et d'honneur qui enchaîne Titus, que Jean-Jacques a gâté certaines de ses plus belles pages par je ne sais quoi de choquant et de vulgaire qui se retrouve dans sa vie, et que l'amant de madame de Warens, le mari de Thérèse, n'a pas résisté à nous retracer complaisamment des situations dignes d'oubli.

Il faut qu'il y ait beaucoup de science dans la contexture de *Bérénice* pour qu'une action aussi simple puisse suffire à cinq actes, et qu'on ne s'aperçoive du peu d'incidents qu'à la réflexion. Chaque acte est, à peu de chose près, le même qui recommence ; un des amoureux, dès qu'il est trop en peine, fait chercher l'autre :

A-t-on vu de ma part le roi de Comagène ?

Quand un plus long discours hâterait trop l'action, on s'arrête, on sort sans s'expliquer, dans un trouble involontaire :

Quoi ? me quitter sitôt ! et ne me dire rien !
. . . .
Qu'ai-je fait ? que veut-il ? et que dit ce silence ?

Ce qui est d'un art infini, c'est que ces petits ressorts qui font aller la pièce et en établissent l'économie concordent parfaitement et se confondent avec les plus secrets ressorts de l'âme dans de pareilles situations. L'utilité ne se distingue pas de la vérité même. De loin il est difficile d'apercevoir dans *Bérénice* cette sorte d'architecture tragique qui fait que telle scène se dessine hautement et se détache au regard. La grande scène voulue au troisième acte ne produit point ici de péripétie proprement dite, car nous savons tout dès le second acte, et il n'eût tenu qu'à Bérénice de le comprendre comme nous. J'ai vu deux fois la pièce, et, à ne consulter que mon souvenir, sans recourir au volume, il m'est presque impossible de distinguer nettement un acte de l'autre par quelque scène bien tranchée. S'il fallait exprimer l'ordre de structure employé ici, je dirais que c'est simplement une longue galerie en cinq appartements ou compartiments, et le tout revêtu de peintures et de tapisseries si attrayantes au regard, qu'on passe insensiblement de l'une à l'autre sans trop se rendre compte du chemin. Cette nature d'intérêt, ce me semble, doit suffire ;

on ne sent jamais d'intervalle ni de pause. Racine a eu droit de rappeler en sa préface que la véritable invention consiste à faire quelque chose de rien ; ici ce *rien*, c'est tout simplement le cœur humain, dont il a traduit les moindres mouvements et développé les alternatives inépuisables. La lutte du cœur plutôt que celle des faits, tel est en général le champ de la tragédie française en son beau moment, et voilà pourquoi elle fait surtout l'éloge, à mon sens, du goût de la société qui savait s'y plaire.

L'idée de reprendre *Bérénice* devait venir du moment que mademoiselle Rachel était là ; et qu'à défaut de rôles modernes, elle continuait à nous rendre tant de ces douces émotions d'une scène qui élève et ennoblit. Si redonner de la nouveauté à Racine était une conquête, il ne fallait pas craindre d'aller jusqu'au bout, et, après avoir fait son entrée dans ces grands rôles qui sont comme les capitales de l'empire, il y avait à se loger encore plus au cœur : *Bérénice*, quand il s'agit de Racine, c'est comme la maison de plaisance favorite du maître. Mademoiselle Rachel a complétement réussi. Les difficultés du rôle étaient réelles : Bérénice est un personnage tendre, le plus racinien possible, le plus opposé aux héroïnes et aux *adorables furies* de Corneille ; c'est une élégie. Mademoiselle Gaussin y avait surtout triomphé à l'aide d'une mélodie perpétuelle et de cette musique, de ces *larmes dans la voix*, dont l'expression a d'abord été trouvée pour elle par La Harpe lui-même. Après *Ariane*, après *Phèdre*, mademoiselle Rachel nous avait accoutumés à tout attendre, et à ne pas élever d'avance les objections. Ce qui me frappe en elle, si j'osais me permettre de la juger d'un mot, ce n'est pas seulement qu'elle soit une grande actrice, c'est combien elle est une personne distinguée. Le monde tout d'abord ne s'y est pas mépris, et il l'a surtout adoptée à ce titre de distinction d'esprit et d'intelligence. Elle est née telle. Ce caractère se retrouve à chaque instant dans ses rôles ; elle les choisit, elle les compose, elle les proportionne à son usage, à ses moyens

physiques. Avec tous les dons qu'elle a reçus, si sur quelque
point il pouvait y avoir défaut, l'intelligence supérieure intervient à temps et achève. Ainsi a-t-elle fait pour Bérénice.
Un organe pur, encore vibrant et à la fois attendri, un naturel, une beauté continue de diction, une décence tout antique de pose, de gestes, de draperies, ce goût suprême et
discret qui ne cesse d'accompagner certains fronts vraiment
nés pour le diadème, ce sont là les traits charmants sous lesquels Bérénice nous est apparue; et lorsqu'au dernier acte,
pendant le grand discours de Titus, elle reste appuyée sur le
bras du fauteuil, la tête comme abîmée de douleur, puis lorsqu'à la fin elle se relève lentement, au débat des deux princes,
et prend, elle aussi, sa résolution magnanime, la majesté
tragique se retrouve alors, se déclare autant qu'il sied et
comme l'a entendu le poëte; l'idéal de la situation est devant
nous. — Beauvallet, on lui doit cette justice, a fort bien rendu
le rôle de Titus; de son organe accentué, trop accentué, on
le sait, il a du moins marqué le coin essentiel du rôle, et
maintenu le côté toujours présent de la dignité impériale.
Quant à l'Antiochus, il est suffisant: — Ainsi, pour conclure,
nous devons à mademoiselle Rachel non-seulement le plaisir,
mais aussi l'honneur d'avoir goûté *Bérénice*, et il ne tient qu'à
nous, grâce à elle, de nous donner pour plus amateurs de la
belle et classique poésie en 1844 qu'on ne l'était en 1807.
Nous en demandons bien pardon aux voltairiens de ce
temps-là.

15 janvier 1844.

Pour compléter ces jugements sur Racine, on peut chercher ce que
j'en ai dit plus tard dans une étude reprise à fond et développée, au
tome V de *Port-Royal* (liv. VI, chap. x et xi). Il y a moins de désaccord qu'on ne le supposerait, entre les vues de la jeunesse et celles de
la maturité.

JEAN-BAPTISTE ROUSSEAU

Louis XIV vieillissait au milieu de toutes sortes de disgrâces et survivait à ce qu'on a bien voulu appeler *son siècle*. Les grands écrivains comme les grands généraux avaient presque tous disparu. On perdait des batailles en Flandre; on donnait droit de préséance aux bâtards légitimés sur les ducs; on applaudissait Campistron. C'est précisément alors, si l'on en croit un bruit assez généralement répandu depuis une centaine d'années, que commença de briller un poëte illustre, *notre grand lyrique*, comme disent encore quelques-uns. Né en 1669 ou 70 à Paris, d'un père cordonnier, qu'il renia plus tard, ou qu'au moins il aurait certainement troqué très-volontiers contre un autre, Jean-Baptiste Rousseau se sentit de bonne heure l'envie de sortir d'une si basse condition. On ne sait trop comment se passèrent ses premières années; il s'est bien gardé d'en parler jamais, et il paraît s'être expressément interdit, comme une honte, tout souvenir d'enfance; c'était mal imiter Horace pour le début. Rousseau se destinait pourtant à la poésie lyrique. Il connut Boileau, alors vieux et chagrin, et reçut de lui des conseils et des traditions. Il s'insinua auprès de grands seigneurs qui le protégèrent, le baron de Breteuil, Bonrepeaux, Chamillart, Tallard, et fut même attaché à ce dernier dans l'ambassade d'Angleterre. Il avait vu à Londres Saint-Évremond; à Paris, il était des familiers du *Temple*, des habitués du café *Laurens*; il s'essayait au théâtre par de froides comédies ; il paraphrasait les psaumes que le maréchal de Noailles lui commandait pour la cour, et composait pour la ville d'obscènes épigrammes, qu'il appelait les *Gloria Patri* de ses psaumes. Son existence littéraire, comme on voit, ne laissait pas de devenir considérable : il était membre de l'Académie des Inscriptions ; l'opinion le désignait pour l'Académie française, comme héritier présomptif de Boileau. En un mot, tout annonçait à J.-B. Rousseau qu'il allait, durant quelques années, tenir un des premiers rangs, le premier rang peut-être !... dans les cercles littéraires, entre La Motte, Crébillon, La Fosse, Duché, La Grange-Chancel, Saurin, de l'Académie des Sciences, et autres. Tout cela se passait vers 1710.

Mais, comme nous l'avons déjà indiqué, et comme il le dit lui-même avec une élégance parfaite, il s'était *accoquiné à la hantise* du café Laurens ; c'était rue Dauphine, non loin du Théâtre-Français, qui de la rue Guénégaud avait passé dans celle des Fossés-Saint-Germain-des-Prés. Les établissements de l'espèce des *cafés* ne dataient guère que de ces années-là, et remplaçaient avantageusement pour les auteurs et gens de lettres le cabaret, où s'étaient encore enivrés sans vergogne Chapelle et Boileau. Le café n'avait pas passé de mode, malgré la prédiction de madame de Sévigné ; bien au contraire, il devait exercer une assez grande influence sur le XVIIIe siècle, sur cette époque si vive et si hardie, nerveuse, irritable, toute de saillies, de conversations, de verve artificielle, d'enthousiasme après quatre heures du soir ; j'en prends à témoin Voltaire et son amour du Moka. Ce café de la veuve *Laurens* était donc une espèce de café *Procope* du temps ; on y politiquait ; on y jugeait la pièce nouvelle ; on s'y récitait à l'oreille l'épigramme de Gacon sur l'*Athénaïs* de La Grange-Chancel, le huitain de La Grange en réponse aux critiques de M. Le Noble ; on y comparait la musique de Lulli et celle de Campra. Or, Rousseau, après quelques essais lyriques peu goûtés, avait donné en 1696, au Théâtre-Français, la comédie du

Flatteur, qui n'avait eu qu'un demi-succès, et en 1700, *le Capricieux*, qui réussit encore moins. Il s'en prit de sa disgrâce aux habitués du café et les chansonna dans de grossiers couplets à rimes riches, ce qui le fit aussitôt reconnaître. On peut juger du scandale. Rousseau se *désaccoquina* du café et désavoua les couplets dans le monde; mais on en parlait toujours; de temps à autre de nouveaux couplets clandestins se retrouvaient sur les tables, sous les portes; cette petite guerre dura dix ans et ouvrit le siècle. Enfin, en 1710, quelques derniers couplets, si infâmes qu'on doit les croire fabriqués à dessein par les ennemis de Rousseau, mirent le comble à l'indignation. Rousseau, non content de s'en laver, les imputa à Saurin; de là procès en diffamation et en calomnie, arrêt du Parlement en 1712, et bannissement de Rousseau à perpétuité hors du royaume.

Jean-Baptiste avait quarante-deux ans; quelque long que fût alors le noviciat des poëtes, son éducation lyrique devait être achevée. Il avait déjà composé quelques odes, et sa haine contre La Motte, qui en composait aussi, n'avait pas peu contribué, sans doute, à déterminer sa vocation laborieuse et tardive. Qu'est-ce donc qu'un poëte lyrique? Avec sa nature d'esprit et ses habitudes, Rousseau pouvait-il prétendre à l'être? pouvait-il s'en rencontrer un, vers 1710?

Un poëte lyrique, c'est une âme à nu qui passe et chante au milieu du monde; et selon les temps, et les souffles divers, et les divers tons où elle est montée, cette âme peut rendre bien des espèces de sons. Tantôt, flottant entre un passé gigantesque et un éblouissant avenir, égarée comme une harpe sous la main de Dieu, l'âme du prophète exhalera les gémissements d'une époque qui finit, d'une loi qui s'éteint, et saluera avec amour la venue triomphale d'une loi meilleure et le char vivant d'Emmanuel; tantôt, à des époques moins hautes, mais belles encore et plus purement humaines, quand les rois sont héros ou fils de héros, quand les demi-dieux ne sont morts que d'hier, quand la force et la vertu ne sont toujours qu'une même chose, et que le plus adroit à la lutte, le plus rapide à la course, est aussi le plus pieux, le plus sage et le plus vaillant, le chantre lyrique, véritable prêtre comme le statuaire, décernera au milieu d'une solennelle harmonie les louanges des vainqueurs; il dira les noms des coursiers et s'ils sont de race généreuse; il parlera des aïeux et des fondateurs de villes, et réclamera les couronnes, les coupes ciselées et les trépieds d'or. Il sera lyrique aussi, bien qu'avec moins de grandeur et de gloire, celui qui, vivant dans les loisirs de l'abondance et à la cour des tyrans, chantera les délices gracieuses de la vie et les pensées tristes qui viendront parfois l'effleurer dans les plaisirs. Et à toutes les époques de trouble et de renouvellement, quiconque, témoin des orages politiques, en saisira par quelque côté le sens profond, la loi sublime, et répondra à chaque accident aveugle par un écho intelligent et sonore; ou quiconque, en ces jours de révolution et d'ébranlement, se recueillera en lui-même et s'y fera un monde à part, un monde poétique de sentiments et d'idées, d'ailleurs anarchique ou harmonieux, funeste ou serein, de consolation ou de désespoir, ciel, chaos ou enfer; ceux-là encore seront lyriques, et prendront place entre le petit nombre dont se souvient l'humanité et dont elle adore les noms. Nous voilà bien loin de Jean-Baptiste; il n'a rien été de tout cela. Fils honteux de son père, sans enfance, vain, malicieux, clandestin, obscène en propos, de vie équivoque, ballotté des cafés aux antichambres, il eût été bon peut-être à donner quelques jolies chansons au *Temple*, s'il avait eu plus de sensibilité, de naturel et de mollesse. On lui a fait honneur, et Chaulieu l'a félicité agréablement, d'avoir refusé une place dans les Fermes, que lui offrait le ministre Chamillart; mais ce refus nous semble moins tenir à des principes d'honorable indépendance, qu'au goût qu'avait Rousseau pour la vie de Paris et les tripots littéraires. Sans dire positivement qu'il fût un malhonnête homme, sans trancher ici la question restée indécise des derniers couplets, on peut affirmer que ce fut un cœur bas, un caractère louche, tracassier, né pour la domesticité des grands seigneurs ; avec cela, nul génie, peu d'esprit, tout en métier. Quand il eut quitté la France en 1712, et durant les trente années *dignes de pitié* qui succédèrent aux trente années *dignes d'envie*, Rousseau, successivement protégé du comte du Luc, du prince Eugène, du duc d'Aremberg, dut travailler sur lui-même pour mériter ces faveurs dont il vivait et rétablir sa réputation compromise. Dans l'insignifiante correspondance qu'il entretenait avec d'Olivet, Brossette, Des Fontaines et M. Boutet, on remarque un grand étalage de principes religieux, moraux, et un caractère anti-philosophique très-prononcé. En supposant cette conversion sincère, on s'étonne que Rousseau n'ait pas plus tiré parti pour sa poésie de cette nature de sentiments ; c'était peut-être en effet la seule corde lyrique qui fût capable de vibrer en ces temps-là. Les événements extérieurs dégoûtaient par leur petitesse et leur pauvreté ; la guerre se faisait misérablement et même sans l'éclat des désastres ; les querelles religieuses étaient sottes, criardes, sans éloquence, quoique persécutrices ; les mœurs, infâmes et platement hideuses : c'était une société et un trône sourdement en proie aux vers et à la pourriture. Ce qu'il y avait de plus clair, c'est que l'ordre ancien dépérissait, que la religion était en péril, et qu'on se précipitait dans un avenir mauvais et fatal. Voilà ce que sentaient et disaient du moins les partisans et les débris du dernier règne, M. Daguesseau et Racine fils par exemple. Or, sans faire d'hypothèse gratuite, sans demander aux hommes plus que leur siècle ne comporte, on conçoit, ce me semble, dans cette atmosphère de souvenirs et d'affections, une âme tendre, chaste, austère, effrayée de la contagion croissante et du débordement philosophique, fidèle au culte de la monarchie de Louis XIV, assez éclairée pour dégager la religion du jansénisme, et cette âme, alarmée, avant l'orage, de pressentiments douloureux, et gémissant avec une douceur triste ; quelque chose en un mot comme Louis Racine, d'aussi honnête, et de plus fort en talent et en lumières. Rousseau manqua à cette mission, dont il n'était pas digne. Il avait reçu comme une lettre morte les traditions du règne qui finissait ; il s'y attacha obstinément ; ses antipathies littéraires et sa jalousie contre les talents rivaux l'y repoussèrent chaque jour de plus en plus ; il tint pour le dernier siècle, parce que le *petit Arouet* était du nouveau. Dans les poésies à la mode, il était bien plus choqué des mauvaises rimes que du mauvais goût et des mauvais principes. De la sorte, chez lui, nul sentiment vrai du passé non plus que du présent ; son esprit était le plus terne des miroirs ; rien ne s'y peignait, il ne réfléchit rien ; sans originalité, sans vue intime ou même finement superficielle, sans vivacité de souvenirs, aussi loin des chœurs d'*Esther* que des vers datés de Philisbourg, tenant tout juste au siècle de Louis XIV par l'*Ode sur Namur*, ce fut le moins lyrique de tous les hommes à la moins lyrique de toutes les époques.

Avec un auteur aussi peu naïf que Jean-Baptiste, chez qui tout vient de labeur et rien d'inspiration, il n'est pas inutile de rechercher, avant l'examen des œuvres, quelles furent les idées d'après lequelles il se dirigea, et de constater sa critique et sa poétique. Deux mots suffiront. Le bon Brossette, ce personnage excellent mais banal, un des dévots empressés de feu Despréaux, espèce de courtier littéraire, qui caressait les illustres pour recevoir des exemplaires de leur part et faire collection de leurs lettres, s'était lourdement avisé, en écrivant à Rousseau, de lui signaler, comme une découverte, dans l'*Ode à la Fortune*, un passage qui semblait imité de Lucrèce. Là-dessus Rousseau lui répondit : « Il est vrai, mon« sieur, et vous l'avez bien remarqué, que j'ai eu en vue le
« passage de Lucrèce, *quò magis in dubiis*, etc., dans la stro« phe que vous me citez de mon *Ode à la Fortune*; et je
« vous avoue, puisque vous approuvez la manière dont je me
« suis approprié la pensée de cet ancien, que je m'en sais
« meilleur gré que si j'en étois l'auteur, par la raison que

« c'est l'expression seule qui fait le poëte, et non la pensée,
« qui appartient au philosophe et à l'orateur, comme à lui. »
L'aveu est formel; on conçoit maintenant que Saurin ait dit
qu'il ne regardait Rousseau que comme *le premier entre les
plagiaires*. Les jugements et les lectures de Rousseau répondaient à une aussi forte poétique; c'est de finesse surtout qu'il
manque. Il aime et admire Regnier, mais il le range après
Malherbe, et trouve qu'*il ne lui a manqué que le bonheur de
naître sous le règne de Louis le Grand*. Il appelle Gresset un *génie
supérieur*, et ne le chicane que sur ses rimes : Des Fontaines
se croit obligé de l'avertir que c'est aller un peu trop loin. Il
ne voit rien *de plus élevé ni de plus rempli de fureur et de sublime* que les vers de Duché, ce qui ne l'empêche pas d'écrire à
propos de M. de Monchesnay : « Je ne connois que lui (M. de
« *Monchesnay!*) présentement (1716), qui sache faire des vers
« marqués au bon coin. » Au même moment, il traite l'auteur
du *Diable boiteux* comme un faquin du plus bas étage : « L'au-
« teur, écrit-il, ne pouvoit mieux faire que s'associer avec
« des danseurs de corde : son génie est dans sa véritable
« sphère. » Réfugié à Bruxelles en 1724, il prie son ami
l'abbé d'Olivet de lui envoyer un paquet de tragédies; en
voici la liste : elle serait plus complète et plus piquante, si
Rotrou ne s'y trouvait pas :

Venceslas, de Rotrou;
Cléopâtre, de La Chapelle;
Géta, de Péchantré;
Andronic, Tiridate, de Campistron;
Polyxène, Manlius, Thésée, de La Fosse;
Absalon, de Duché.

Je me suis trompé en disant que Rousseau ne s'inquiétait
jamais de l'idée; il a fait une ode *sur les Divinités poétiques*,
dans laquelle est exposé en style barbare un système d'allégorisation qui ne va à rien moins qu'à mettre Bellone pour
la guerre, Tisiphone pour la peur. Le plus plaisant, c'est

que pour cette démonstration *esthétique*, comme on dirait aujourd'hui, il s'est imaginé de recourir à l'ombre d'Alcée :

> Je la vois ; c'est l'Ombre d'Alcée
> Qui me la découvre à l'instant,
> Et qui déjà, d'un œil content,
> Dévoile à ma vue empressée
> Ces déités d'adoption ;
> Synonymes de la pensée,
> Symboles de l'abstraction.

Alcée se met donc à chanter en ces termes :

> Des sociétés temporelles
> Le premier lien est la voix,
> Qu'en divers sons l'homme, à son choix,
> Modifie et fléchit pour elles ;
> Signes communs et naturels,
> Où les âmes incorporelles
> Se tracent aux sens corporels.

Rousseau avait probablement attrapé ces lambeaux de métaphysique, sinon dans le commerce d'Alcée, du moins dans les livres ou les conversations de son ami M. de Crousaz. Il y tenait au reste beaucoup plus qu'on ne croirait. Ses odes en sont chamarrées ; et ses *allégories*, qu'il estimait autant et plus que ses odes, nous offrent comme la mise en œuvre et le résultat direct du système.

Attaquons-nous maintenant, sans plus tarder, aux œuvres de Jean-Baptiste : nous laisserons de côté son théâtre, et puisque nous avons nommé ses *allégories*, nous les frapperons tout d'abord. Le fantastique au XVIIIe siècle, en France, avait dégénéré dans tous les arts. De brillant, de gracieux, de grotesque ou de terrible qu'il était au Moyen-Age et à la Renaissance, il était devenu froid, lourd et superficiel ; on le tourmentait comme une énigme, parce qu'on ne l'entendait plus à demi-mot. Le fantastique en effet n'est autre chose qu'une folle réminiscence, une charmante étourderie, un caprice étincelant, quelquefois un effroyable éclair sur un front serein ; c'est un jeu à la surface dont l'invisible ressort gît au plus profond de l'âme de la Muse. Que les faciles et soudains mouvements de cette âme se ralentissent et se perdent ; que ce jeu de physionomie devienne calculé et de pure convenance ; qu'on sourie, qu'on éclate, qu'on grimace, qu'on fasse la folle à tout propos, et voilà la Muse devenue une femme à la mode, sotte, minaudière, insupportable ; c'est à peu près ce qui arriva de l'art au xviiie siècle. Le fantastique surtout, cette portion la plus délicate et la plus insaisissable, y fut méconnu et défiguré. On eut les Amours de Boucher ; on eut des *oves* et des *volutes*, au lieu d'acanthes et d'arabesques de toutes formes : on eut *les Bijoux indiscrets*, les métamorphoses de *la Pucelle*, *l'Écumoir*, *le Sopha*, et ces contes de Voisenon où des hommes et des femmes sont changés en anneaux ou en baignoires. Cazotte seul, par son esprit, rappela un peu la grâce frivole d'Hamilton ; mais on n'était pas moins éloigné alors de l'Arioste, de Rabelais et de Jean Goujon, que de Michel-Ange. On peut rendre encore cette justice à J.-B. Rousseau, qu'à la moins fantastique de toutes les époques, il a été le moins fantastique de tous les hommes. Ses allégories sont jugées tout d'une voix : baroques, métaphysiques, sophistiquées, sèches, inextricables, nul défaut n'y manque. Nous renvoyons à *Torticolis*, à *la Grotte de Merlin*, au *Masque de Laverne*, à *Morosophie* ; lise et comprenne qui pourra ! Le style est d'un langage marotique hérissé de grec, et qu'on croirait forgé à l'enclume de Chapelain ; on ne sait pas où les prendre, et j'en dirais volontiers, comme Saint-Simon de M. Pussort, que c'est un *fagot d'épines*.

Mais les odes, mais les cantates, voilà les vrais titres, les titres immortels de Rousseau à la gloire ! Patience, nous y arrivons. — Les odes sont, ou sacrées, ou politiques, ou personnelles. Quand on a lu la Bible, quand on a comparé au texte des prophètes les paraphrases de Jean-Baptiste, on s'étonne peu qu'en taillant dans ce sublime éternel, il en ait quelquefois détaché en lambeaux du grave et du noble ; et l'on admire bien plutôt qu'il ait si souvent affaibli, méconnu, remplacé les beautés suprêmes qu'il avait sous la main. A prendre en effet la plus renommée de ses imitations, celle du Cantique d'Ézéchias, qu'y voit-on ? Ici, la critique de détail est indispensable, et j'en demande pardon au lecteur. Rousseau dit :

> J'ai vu mes tristes journées
> Décliner vers leur penchant ;
> Au midi de mes années
> Je touchois à mon couchant.
> La Mort déployant ses ailes
> Couvroit d'ombres éternelles
> La clarté dont je jouis,
> Et dans cette nuit funeste
> Je cherchois en vain le reste
> De mes jours évanouis.
>
> Grand Dieu, votre main réclame
> Les dons que j'en ai reçus ;
> Elle vient couper la trame
> Des jours qu'elle m'a tissus :
> Mon dernier soleil se lève,
> Et votre souffle m'enlève
> De la terre des vivants,
> Comme la feuille séchée,
> Qui, de sa tige arrachée,
> Devient le jouet des vents.

Les quatre premiers vers de la première strophe sont bien, et les six derniers passables grâce à l'harmonie, quoiqu'un peu vides et chargés de mots ; mais il fallait tenir compte du verset si touchant d'Isaïe : « Hélas ! ai-je dit, je ne verrai « donc plus le Seigneur, le Seigneur dans le séjour des « vivants ! Je ne verrai plus les mortels qui habitent avec moi « la terre ! » Ne plus voir les autres hommes, ses frères en douleurs, voilà ce qui afflige surtout le mourant. La seconde

8.

strophe est faible et commune, excepté les trois vers du milieu ; à la place de cette *trame* usée qu'on voit partout, il y a dans le texte : « Le tissu de ma vie a été tranché comme la « trame du tisserand. » Qu'est devenu ce tisserand auquel est comparé le Seigneur? Au lieu de la *feuille séchée*, le texte donne : « Mon pèlerinage est fini ; il a été emporté comme la « tente du pasteur. » Qu'est devenue cette tente du désert, disparue du soir au matin, et si pareille à la vie? Et plus loin :

>   Comme un lion plein de rage
>   Le mal a brisé mes os ;
>   Le tombeau m'ouvre un passage
>   Dans ses lugubres cachots.
>   Victime foible et tremblante,
>   A cette image sanglante
>   Je soupire nuit et jour,
>   Et, dans ma crainte mortelle,
>   Je suis comme l'hirondelle
>   Sous la griffe du vautour.

Les deux derniers vers ne seraient pas mauvais, si on ne lisait dans le texte : « Je criais vers vous comme les petits de « l'hirondelle, et je gémissais comme la colombe. » On voit que Rousseau a précisément laissé de côté ce qu'il y a de plus neuf et de plus marqué dans l'original. Et pourtant il aurait dû, ce semble, comprendre la force de ce cantique si rempli d'une pieuse tristesse, l'homme malheureux, et peut-être coupable, que Dieu avait frappé à son midi, et qui avait besoin de retrouver le reste de ses jours pour se repentir et pleurer. De notre temps, auprès de nous, un grand poëte s'est inspiré aussi du Cantique d'Ézéchias ; lui aussi il a demandé grâce sous la verge de Dieu, et s'est écrié en gémissant :

>   Tous les jours sont à toi : que t'importe leur nombre?
>   Tu dis : le temps se hâte, ou revient sur ses pas.
>   Eh ! n'es-tu pas Celui qui fis reculer l'ombre
>   Sur le cadran rempli d'un roi que tu sauvas?

Voilà comment on égale les prophètes sans les paraphraser ;
qu'on relise la quatorzième des *secondes Méditations*; qu'on
relise en même temps dans les *premières* le dithyrambe intitulé *Poésie sacrée*, et qu'on le compare avec l'*Épode* du premier livre de Jean-Baptiste.

L'ode politique n'a aucun caractère dans Rousseau : il en
partage la faute avec les événements et les hommes qu'il célèbre. La naissance du duc de Bretagne, la mort du prince de
Conti, la guerre civile des Suisses en 1712, l'armement des
Turcs contre Venise en 1715 (1), la bataille même de Péterwaradin, tout cela eut dans le temps plus ou moins d'importance, mais n'en a presque aucune aux yeux de la postérité.
Le poëte a beau se démener, se commander l'enthousiasme,
se provoquer au délire, il en est pour ses frais, et l'on rit de
l'entendre, à la mort du prince de Conti, s'écrier dans le pindarisme de ses regrets :

> Peuples, dont la douleur aux larmes obstinée,
> De ce prince chéri déplore le trépas,
> Approchez, et voyez quelle est la destinée
>   Des grandeurs d'ici-bas.

De nos jours, si féconds en grands événements et en grands
hommes, il en est advenu tout autrement. De simples naissances, de simples morts de princes et de rois ont été d'éclatantes leçons, de merveilleux compléments de fortune, des
chutes ou des résurrections d'antiques dynasties, de magnifiques symboles des destinées sociales. De telles choses ont
suscité le poëte qui les devait célébrer ; l'ode politique a été

---

(1) Il est juste pourtant de noter, dans l'ode aux princes chrétiens
au sujet de cet armement, un écho retentissant et harmonieux des
Croisades :

> . . . .
> Et des vents du midi la dévorante haleine
>   N'a consumé qu'à peine
> Leurs ossements blanchis dans les champs d'Ascalon.

véritablement fondée en France ; *les Funérailles de Louis XVIII* en sont le chef-d'œuvre.

Rousseau ne s'est pas contenté de mettre du pindarisme extérieur et de l'enthousiasme à froid dans ses odes politiques, pour tâcher d'en réchauffer les sujets : il a porté ces habitudes d'écolier jusque dans les pièces les plus personnelles et, pour ainsi dire, les plus domestiques. Le comte du Luc, son patron, tombe malade ; Rousseau en est touché ; il veut le lui dire et lui souhaiter une prompte convalescence, rien de mieux ; c'était matière à des vers sentis et touchants ; mais Rousseau aime bien mieux déterrer dans Pindare une ode à Hiéron, roi de Syracuse, qui, vainqueur aux jeux Pythiques par son coursier Phérénicus, n'a pu recevoir le prix en personne pour cause de maladie. Là les digressions mythologiques sur Chiron, Esculape, sont longues, naturelles et à leur place. Rousseau calque le dessein de la pièce et tâche d'en reproduire le mouvement. Dès le début, il voudrait nous faire croire qu'il est en lutte avec le génie comme avec Protée ; mais tout cet attirail convenu de *regard furieux*, de *ministre terrible*, de *souffle invincible*, de *tête échevelée*, de *sainte manie*, d'*assaut victorieux*, de *joug impérieux*, ne trompe pas le lecteur, et le soi-disant inspiré ressemble trop à ces faux braves qui, après s'être frotté le visage et ébouriffé la perruque, se prétendent échappés avec honneur d'une rencontre périlleuse. Puis vient la comparaison avec Orphée et la prière aux trois sœurs filandières pour le comte du Luc ; on y trouve quelques strophes assez touchantes, que La Harpe, d'ordinaire peu favorable à Jean-Baptiste, mais attendri cette fois comme Pluton, a jugées tout à fait *dignes d'Orphée*. Par malheur, ce qui glace aussitôt, c'est que le moderne Orphée nous raconte que

. . . jamais sous les yeux de l'auguste Cybèle
La terre ne fit naître un plus parfait modèle
   Entre les dieux mortels

que le comte du Luc. Une jolie comparaison du poëte avec l'abeille, vers la fin de la pièce, est empruntée et affaiblie d'Horace. Quant à l'harmonie tant vantée de ce simulacre d'ode, elle n'est que celle du mètre que Rousseau emploie, qu'il n'a pas inventé, et dont il ne tire jamais tout le parti possible. Rousseau n'invente rien : il s'en tient aux strophes de Malherbe; il n'a pas le génie de construction rhythmique. S'il rime avec soin, c'est presque toujours aux dépens du sens et de la précision; la rime ne lui donne jamais l'image, comme il arrive aux vrais poëtes; mais elle l'induit en dépense d'épithètes et de périphrases. Félicitons-le pourtant d'avoir, avec Piron, La Faye, et quelques autres, protesté contre les déplorables violations de forme prêchées par La Motte et autorisées par Voltaire (1).

Les cantates de Rousseau jouissent encore d'une certaine réputation; celle de *Circé*, en particulier, passe pour un beau morceau de poésie musicale. Elle nous paraît, à nous, exactement comparable pour l'harmonie à un chœur médiocre de *libretto*. Nul rhythme, nulle science même dans ces petits vers si célèbres, et où fourmillent les banalités de *redoutable*, *formidable*, *effroyable*, de *terreur*, *fureur* et *horreur*. Le caractère de la magicienne est aussi celui d'une *Circé* ou d'une *Médée* d'opéra; elle ne ressemble pas même à Calypso, et ne sort pas des fadaises et des frénésies dont Quinault a donné recette. Jean-Baptiste avait probablement oublié de relire le dixième livre de l'*Odyssée*, ou même, s'il l'avait relu, il y aurait saisi peu de chose; car il manquait du sentiment des époques et des poésies, et s'il mêlait sans scrupule Orphée et Protée avec le comte de Luc, Flore et Cérès avec le comte de Zinzindorf, il n'hésitait pas non plus à madrigaliser l'antiquité, et à marier Danchet et Homère. Depuis qu'on a *le Men-*

---

(1) La plus belle ode que l'on doive à J.-B. Rousseau est peut-être encore celle de Le Franc sur sa mort; la meilleure pièce lyrique du genre en est l'épitaphe. Nul mieux que lui ne semble propre à vérifier ce propos du malin : *Faute d'idée, il allait faire une ode!*

diant et *l'Aveugle* d'André Chénier, on comprend ce que pourrait être une *Circé*, et il n'est plus permis de citer celle de Jean-Baptiste que comme un essai sans valeur.

Pour écrire avec génie, il faut penser avec génie ; pour bien écrire, il suffit d'une certaine dose de sens, d'imagination et de goût. Boileau en est la preuve : il imite, il traduit, il arrange à chaque instant les idées et les expressions des anciens ; mais tous ces larcins divers sont artistement reçus et disposés sur un fond commun qui lui est propre : son style a une couleur, une texture ; Boileau est bon écrivain en vers. Le style de Rousseau, au contraire, ne se tient nullement et ne forme pas une seule et même trame. Cette strophe commence avec éclat, puis finit en détonnant ; cette métaphore qui promettait avorte ; cette image est brillante, mais jure au milieu de son entourage terne, comme de l'argent plaqué sur de l'étain. C'est que ce brillant et ce beau appartiennent tantôt à Platon, tantôt à Pindare, tantôt même à Boileau et à Racine : Rousseau s'en est emparé comme un rhétoricien fait d'une bonne expression qu'il place à toute force dans le prochain discours. Ce qui est bien de lui, c'est le prosaïque, le commun, la déclamation à vide, ou encore le mauvais goût, comme les *livrées de Vertumne* et les *haleines qui fondent l'écorce des eaux*. A vrai dire, le style de Rousseau n'existe pas.

Notre opinion sur Jean-Baptiste est dure, mais sincère ; nous la préciserons davantage encore. Si, en juin 1829, un jeune homme de vingt ans, inconnu, nous arrivait un matin d'Auxerre ou de Rouen avec un manuscrit contenant le *Cantique d'Ézéchias*, l'*Ode au comte du Luc* et la *Cantate de Circé*, ou l'équivalent, après avoir jeté un coup d'œil sur les trois chefs-d'œuvre, on lui dirait, ce me semble, ou du moins on penserait à part soi : « Ce jeune homme n'est pas dénué
« d'habitude pour les vers ; il a déjà dû en brûler beaucoup ;
« il sent assez bien l'harmonie de détail, mais sa strophe est
« pesante et son vers symétrique. Son style a de la gravité,

« quelque noblesse, mais peu d'images, peu de consistance,
« nulle originalité; il y a de beaux traits, mais ils sont pris.
« Le pire, c'est que l'auteur manque d'idées et qu'il se traîne
« pour en ramasser de toutes parts. Il a besoin de travailler
« beaucoup, car, le génie n'y étant pas, il ne fera passable-
« ment qu'à force d'étude. » Et là-dessus, tout haut on l'en-
couragerait fort, et tout bas on n'en espérerait rien.

Que restera-t-il donc de J.-B. Rousseau ? Il a aiguisé une trentaine d'épigrammes en style marotique, assez obscènes et laborieusement naïves; c'est à peu près ce qui reste aussi de Mellin de Saint-Gelais (1).

Mêlé toute sa vie aux querelles littéraires, salué, comme Crébillon, du nom de *grand* par Des Fontaines, Le Franc et la faction anti-voltairienne, Rousseau avait perdu sa réputation à mesure que la gloire de son rival s'était affermie et que les principes philosophiques avaient triomphé; il avait été même assez sévèrement apprécié par la Harpe et Le Brun. Mais, depuis qu'au commencement de ce siècle d'ardents et généreux athlètes ont rouvert l'arène lyrique et l'ont remplie de luttes encore inouïes, cet instinct bas et envieux, qui est de toutes les époques, a ramené Rousseau en avant sur la scène littéraire, comme adversaire de nos jeunes contemporains : on a redoré sa vieille gloire et recousu son drapeau. Gacon, de nos jours, se fût réconcilié avec lui, et l'eût appelé *notre grand lyrique*. C'est cette tactique peu digne, quoique éternelle, qui a provoqué dans cet article notre sévérité fran-

(1) « ..... Mellin de Saint-Gelais dont les poésies sont fastidieuses
« à la mort, à dix ou douze épigrammes près, qui sont véritablement
« excellentes. » (Lettre de Rousseau à Brossette, du 25 janvier 1718).
Mais Rousseau fait le bon apôtre quand il dit (29 janvier 1716) : « Il
« y a des choses dont les libertins même un peu raisonnables ne sau-
« roient rire, et la liberté de l'épigramme doit avoir des bornes.
« Marot et Saint-Gelais ne les ont point passées... S'ils ont badiné
« aux dépens des religieux, ils n'ont point ri aux dépens de la reli-
« gion. » (Voir, si l'on veut s'édifier là-dessus, mon *Tableau de la Poésie française au* XVI° *siècle*, 1843, page 37.)

che et sans réserve. Si nous avions trouvé le nom de Jean-Baptiste sommeillant dans un demi-jour paisible, nous nous serions gardé d'y porter si rudement la main ; ses malheurs seuls nous eussent désarmé tout d'abord, et nous l'eussions laissé sans trouble à son rang, non loin de Piron, de Gresset et de tant d'autres, qui certes le valaient bien.

Juin 1829.

Cet article, dont le ton n'est pas celui des précédents ni des suivants, et dont l'auteur aujourd'hui désavoue entièrement l'amertume blessante, a été reproduit ici comme pamphlet propre à donner idée du paroxysme littéraire de 1829. Ajoutons seulement que, sans trop modifier le fond de notre jugement sur les odes, qui n'est guère après tout que celui qu'a porté Vauvenargues (*Je ne sais si Rousseau a surpassé Horace et Pindare dans ses odes : s'il les a surpassés, j'en conclus que l'ode est un mauvais genre, etc., etc.*), il nous semble injuste et dur, en y réfléchissant, de ne pas prendre en considération ces trente dernières années de sa vie, où Rousseau montra jusqu'au bout de la constance et une honorable fermeté à ne pas vouloir rentrer dans sa patrie par grâce, sans jugement et réhabilitation. Quels qu'aient été sa conduite secrète, ses nouveaux tracas à l'étranger, sa brouille avec le prince Eugène, etc., etc., il demeura digne à l'article du bannissement. Sa correspondance durant ce temps d'exil avec Rollin, Racine fils, Brossette, M. de Chauvelin et le baron de Breteuil, a des parties qui recommandent son goût et qui tendent à relever son caractère. Quelques-uns de ses vers religieux (en les supposant écrits depuis cette date fatale) semblent même s'inspirer du sentiment énergique qu'il a de sa propre innocence : « *Mais de ces langues diffamantes Dieu saura venger l'innocent*, etc., » et plusieurs semblables endroits. Il est fâcheux que, non content de protester pour lui, il ait persisté à incriminer les autres, comme Rollin le lui fit sentir un jour (voir l'*Éloge de Rollin* par de Boze). A le juger impartialement, on conçoit que l'abbé d'Olivet et d'autres contemporains de mérite, sous l'influence et l'illusion de l'amitié, aient pu dire, en parlant de lui, *l'illustre malheureux*. On doit désirer (sans toutefois en être bien certain) qu'ils aient plus raison que Lenglet-Dufresnoy dans ses *Pièces curieuses sur Rousseau*. — Contradiction des jugements humains, même chez les plus compétents ! la première fois que j'eus l'honneur d'être présenté à M. de Chateaubriand, il me reprit tout d'abord sur cet article; la première fois que j'eus l'honneur de voir M. Royer-Collard, tout d'abord il m'en félicita.

LE BRUN

Vers l'époque où J.-B. Rousseau banni adressait à ses protecteurs des odes composées au jour le jour, sans unité d'inspiration, et que n'animait ni l'esprit du siècle nouveau ni celui du siècle passé, en 1729, à l'hôtel de Conti, naissait d'un des serviteurs du prince un poëte qui devait bientôt consacrer aux idées d'avenir, à la philosophie, à la liberté, à la nature, une lyre incomplète, mais neuve et sonore, et que le temps ne brisera pas. C'est une remarque à faire qu'aux approches des grandes crises politiques et au milieu des sociétés en dissolution, sont souvent jetées d'avance, et comme par une ébauche anticipée, quelques âmes douées vivement des trois ou quatre idées qui ne tarderont pas à se dégager et qui prévaudront dans l'ordre nouveau. Mais en même temps, chez ces individus de nature fortement originale, ces idées précoces restent fixes, abstraites, isolées, déclamatoires. Si c'est dans l'art qu'elles se produisent et s'expriment, la forme en sera nue, sèche et aride, comme tout ce qui vient avant la saison. Ces hommes auront grand mépris de leur siècle, de sa mesquinerie, de sa corruption, de son mauvais goût. Ils aspireront à quelque chose de mieux, au simple, au grand, au vrai, et se dessécheront et s'aigriront à l'attendre; ils voudront le tirer d'eux-mêmes; ils le demanderont à l'avenir, au passé, et se feront antiques pour se rajeunir; puis les choses iront toujours, les temps s'accompliront, la société mûrira, et lorsque éclatera la crise, elle les trouvera déjà vieux, usés, presque en cendres; elle en tirera des étincelles, et achèvera de les dévorer. Ils auront été malheureux, âcres, moroses, peut-être violents et coupables. Il faudra les plaindre, et tenir compte, en les jugeant, de la nature des temps et de la leur. Ce sont des espèces de victimes publiques, des Prométhées dont le foie est rongé par une fatalité intestine; tout l'enfantement de la société retentit en eux, et les déchire; ils souffrent et meurent du mal dont l'humanité, qui ne meurt pas, guérit, et dont elle sort régénérée. Tels furent, ce me semble, au dernier siècle, Alfieri en Italie, et Le Brun en France.

Né dans un rang inférieur, sans fortune et à la charge d'un grand seigneur, Le Brun dut se plier jeune aux nécessités de sa condition. Il mérita vite la faveur du prince de Conti par des éloges entremêlés de conseils et de maximes philosophiques. A la fois secrétaire des commandements et poëte lyrique, il releva le mieux qu'il put la dépendance de sa vie par l'audace de sa pensée, et il s'habitua de bonne heure à garder pour l'ode, ou même pour l'épigramme, cette verdeur franche et souvent acerbe qui ne pouvait se faire jour ailleurs. Aussi, plus tard, bien qu'il conservât au fond l'indépendance intérieure qu'il avait annoncée dès ses premières années, on le voit toujours au service de quelqu'un. Ses habitudes de domesticité trouvent moyen de se concilier avec sa nature énergique. Au prince de Conti succèdent le comte de Vaudreuil et M. de Calonne, puis Robespierre, puis Bonaparte; et pourtant, au milieu de ces servitudes diverses, Le Brun demeure ce qu'il a été tout d'abord, méprisant les bassesses du temps, vivant d'avenir, *effréné de gloire*, plein de sa mission de poëte, croyant en son génie, rachetant une action plate par une belle ode, ou se vengeant d'une ode contre son cœur par une épigramme sanglante. Sa vie littéraire présente aussi la même continuité de principes, avec beaucoup de taches et de mauvais endroits. Élève de Louis Racine, qui lui avait légué le culte du grand siècle et celui de l'antiquité, nourri dans l'admiration de Pindare et, pour ainsi dire, dans la religion lyrique, il était simple que Le Brun s'accommodât peu des mœurs et des goûts frivoles qui l'environnaient ; qu'il se séparât de la cohue moqueuse et raisonneuse des beaux-esprits à la mode ; qu'il enveloppât dans une égale aversion Saint-Lambert et d'Alembert, Linguet et La Harpe, Rulhière et Dorat, Lemierre et Colardeau, et que, forcé de vivre des bienfaits d'un prince, il se passât du moins d'un patron littéraire. Certes il y avait, pour un poëte comme Le Brun, un beau rôle à remplir au xviiie siècle. Lui-même en a compris toute la noblesse ; il y a constamment visé, et en a plus d'une fois dessiné les principaux traits. C'eût été d'abord de vivre à part, loin des coteries et des salons patentés, dans le silence du cabinet ou des champs ; de travailler là, peu soucieux des succès du jour, pour soi, pour quelques amis de cœur et pour une postérité indéfinie ; c'eût été d'ignorer les tracasseries et les petites guerres jalouses qui fourmillaient aux pieds de trois ou quatre grands hommes, d'admirer sincèrement, et à leur prix, Montesquieu, Buffon, Jean-Jacques et Voltaire, sans épouser leurs arrière-pensées ni les antipathies de leurs sectateurs ; et puis, d'accepter le bien, de quelque part qu'il vînt, de garder ses amis, dans quelques rangs qu'ils fussent, et s'appelassent-ils Clément, Marmontel ou Palissot. Voilà ce que concevait Le Brun, et ce qu'il se proposait en certains moments ; mais il fut loin d'y atteindre. Caustique et irascible, il se montra souvent injuste par vengeance ou mauvaise humeur. Au lieu de négliger simplement les salons littéraires et philosophiques, pour vaquer avec plus de liberté à son génie et à sa gloire, il les attaqua en toute occasion, sans mesure et en masse. Il se délectait à la satire, et décochait ses traits à Gilbert ou à Beaumarchais aussi volontiers qu'à La Harpe lui-même. Une fois, par sa *Wasprie*, il compromit étrangement sa chasteté lyrique, en se prenant au collet avec Fréron. Reconnaissons pourtant que sa conduite ne fut souvent ni sans dignité ni sans courage. La noble façon dont il adressa mademoiselle Corneille à Voltaire, la respectueuse indépendance qu'il maintint en face de ce monarque du siècle, le soin qu'il mit toujours à se distinguer de ses plats courtisans, l'amitié pour Buffon, qu'il professait devant lui, ce sont là des traits qui honorent une vie d'homme de lettres. Le Brun aimait les grandes existences à part : celle de Buffon dut le séduire, et c'était encore un idéal qu'il eût probablement aimé à réaliser pour lui-même. Peut-être, si la fortune lui eût permis d'y arriver, s'il eût pu se fonder ainsi, loin d'un monde où il se sentait déplacé, une vie grande, simple, auguste ; s'il avait eu sa tour solitaire au milieu de son parc, ses vastes et majestueuses allées, pour y déclamer en paix et y raturer à loisir son poëme de *la Nature*; si rien autour de lui n'avait froissé son âme hautaine et irritable, peut-être toutes ces boutades de conduite, toutes ces sorties colériques d'amour-propre eussent-elles complétement disparu : l'on n'eût pu lui reprocher, comme à Buffon, que beaucoup de morgue et une excessive plénitude de lui-même. Mais Le Brun fut longtemps aux prises avec la gêne et les chagrins domestiques. Son procès avec sa femme que le prince de Conti lui avait séduite (1), la banqueroute du prince de Guémené, puis la Révolution, tout s'opposa à ce qu'il consolidât jamais son existence. Je me trompe : vieux, presque aveugle, au-dessus du besoin grâce aux bienfaits du Gouvernement (2), il s'était logé dans les combles du Palais-Royal, pour y trouver le calme nécessaire à la correction de ses odes ; c'était là sa tour de

---

(1) On alla jusqu'à dire qu'il l'avait vendue au prince, et, chose fâcheuse pour le caractère de Le Brun, plusieurs ont pu le croire. — Voir son élégie infamante à *Némésis*, où il trouve moyen de flétrir d'un seul coup sa *mère*, sa *sœur* et sa *femme!* Une telle élégie est unique dans son genre.

(2) Le Brun dut ses bienfaits à son talent sans doute, à sa renommée lyrique, mais par malheur aussi à sa méchanceté satirique que le pouvoir achetait de sa servilité. On cite une épigramme contre Carnot, lors du vote de Carnot contre l'Empire ; elle fut commandée à Le Brun et payée d'une pension.

Montbar. Une servante mégère, qu'il avait épousée, lui en faisait souvent une prison. A une telle âme, dans une pareille vie, on doit pardonner un peu d'injustice et d'aigreur.

Le talent lyrique de Le Brun est grand, quelquefois immense, presque partout incomplet. Quelques hautes pensées, qui n'ont jamais quitté le poëte depuis son enfance jusqu'à sa mort, dominent toutes ses belles odes, s'y reproduisent sans cesse, et, à travers la diversité des circonstances où il les composa, leur impriment un caractère marquant d'unité. Patriotisme, adoration de la nature, liberté républicaine, royauté du génie, telles sont les sources fécondes et retentissantes auxquelles Le Brun d'ordinaire s'abreuve. De bonne heure, et comme par un instinct de sa mission future, il s'est pénétré du rôle de Tyrtée, et il gourmande déjà nos défaites sous Contades, Soubise et Clermont, comme plus tard il célébrera le *naufrage victorieux* du *Vengeur* et Marengo. Au sortir des boudoirs, des toilettes et de tous ces bosquets de Cythère et d'Amathonte, dont il s'est tant moqué, mais dont il aurait dû se garder davantage, il se réfugie au sein de la nature, comme en un temple majestueux où il respire et se déploie plus à l'aise; il la voit peu et sait peu la retracer sous les couleurs aimables et fraîches dont elle se peint autour de lui; il préfère la contempler face à face dans ses soleils, ses volcans, ses tremblements de terre, ses comètes échevelées, et plonge avec Buffon à travers les déserts des temps. Quant à la liberté, elle eut toujours ses vœux, soit que dans les salons de l'hôtel de Conti, sous Louis XV, il s'écrie avec une douleur de citoyen :

> Les Anténors vendent l'empire,
> Thaïs l'achète d'un sourire;
> L'or paie, absout les attentats.
> Partout, à la cour, à l'armée,
> Règne un dédain de renommée
> Qui fait la chute des États;

soit qu'il prélude à ses hymnes républicains dans les soirées du ministère Calonne ; soit même qu'en des temps horribles, auxquels ses chants furent trop mêlés (1), et dont il n'eut pas le courage de se séparer hautement, il exhale dans le silence cette ode touchante, dont le début, imité, d'un psaume, ressemble à quelque chanson de Béranger :

> Prends les ailes de la colombe,
> Prends, disais-je à mon âme, et fuis dans les déserts (2).

---

(1) Il y a de vilains vers de lui sur Marie-Antoinette ; on ne les a pas compris dans ses œuvres. Ils parurent en brochure vers l'an III ; on y lit :

> Oh ! que Vienne aux Français fit un présent funeste !
> Toi qui de la Discorde allumas le flambeau,
> Reine que nous donna la colère céleste,
> Que la foudre n'a-t-elle embrasé ton berceau !

Les suivants, pires encore, sont trop atroces pour que je les transcrive. Le jour où le roi lui avait accordé une pension, il avait pourtant fait un quatrain de remercîment qui finissait ainsi :

> Larmes, que n'avait pu m'arracher le malheur,
> Coulez pour la reconnaissance !

Une strophe de lui préluda à la violation des tombes de Saint-Denis et sembla directement la provoquer.

> Purgeons le sol des patriotes,
> Par les rois encore infecté :
> La terre de la liberté
> Rejette les os des despotes.
> De ces monstres divinisés
> *Que tous les cercueils soient brisés !*
> Que leur mémoire soit flétrie !
> *Et qu'avec leurs mânes errants*
> Sortent du sein de la patrie
> *Les cadavres de ces tyrans !*

Tandis que Le Brun écrivait ces horreurs en 93, David ne craignait pas de peindre Marat. Ces *Rois de la lyre et du savant pinceau*, qu'avait chantés André Chénier, étaient tous deux apostats de cette amitié sainte.

(2) De religion à proprement parler, et de rien qui y ressemble, Le Brun en avait même moins qu'il ne convenait à son temps. Il était là-dessus aussi sec et net que Volney. On lit en marge d'une édition de La Fontaine annotée par lui, à propos du poëme de *la Captivité de saint Malc* : « Ce petit poëme, *quoique le sujet en soit pieux*, est rempli « d'intérêt, de vers heureux et de beautés neuves. »

Enfin, toutes les fois qu'il veut décrire l'enthousiasme lyrique et marquer les traits du vrai génie, Le Brun abonde en images éblouissantes et sublimes. Si Corneille en personne se fût adressé à Voltaire, il n'eût pas, certes, plus dignement parlé que Le Brun ne l'a fait en son nom. Il faut voir encore comme en toute occasion le poëte a conscience de lui-même, comme il a foi en sa gloire, et avec quelle sécurité sincère, du milieu de la tourbe qui l'importune, il se fonde sur la justice des âges :

> Ceux dont le présent est l'idole
> Ne laissent point de souvenir;
> Dans un succès vain et frivole
> Ils ont usé leur avenir.
> Amants des roses passagères,
> Ils ont les grâces mensongères
> Et le sort des rapides fleurs.
> Leur plus long règne est d'une aurore;
> Mais le temps rajeunit encore
> L'antique laurier des neuf Sœurs.

Après cet hommage rendu au talent de Le Brun, il nous sera permis d'insister sur ses défauts. Le principal, le plus grave selon nous, celui qui gâte jusqu'à ses plus belles pages, est un défaut tout systématique et calculé. Il avait beaucoup médité sur la langue poétique, et pensait qu'elle devait être radicalement distincte de la prose. En cela, il avait fort raison, et le procédé si vanté de Voltaire, d'écrire les vers sous forme de prose pour juger s'ils sont bons, ne mène qu'à faire des vers prosaïques, comme le sont, au reste, trop souvent ceux de Voltaire. Mais, à force de méditer sur les prérogatives de la poésie, Le Brun en était venu à envisager les *hardiesses* comme une qualité à part, indépendante du mouvement des idées et de la marche du style, une sorte de beauté mystique touchant à l'essence même de l'ode; de là, chez lui, un souci perpétuel des *hardiesses*, un accouplement forcé des termes les plus disparates, un placage extérieur de métaphores ; de là, surtout vers la fin, un abus intolérable de la Majuscule, une minutieuse personnification de tous les substantifs, qui reporte involontairement le lecteur au culte de la déesse Raison et à ces temps d'apothéose pour toutes les vertus et pour tous les vices. C'est ce qui a fait dire à un poëte de nos jours singulièrement spirituel, que Le Brun était

> Fougueux comme Pindare... et plus mythologique (1).

A part ce défaut, qui chez Le Brun avait dégénéré en une espèce de tic, son style, son procédé et sa manière le rapprochent beaucoup d'Alfieri et du peintre David, auxquels il ne nous paraît nullement inférieur. C'est également quelque chose de fort, de noble, de nu, de roide, de sec et de décharné, de grec et d'académique, un retour laborieux vers le simple et le vrai. D'un côté comme de l'autre, c'est avant tout une protestation contre le mauvais goût régnant, une gageure d'échapper aux fades pastorales et aux opéras langou-

(1) En fait de mythologie, rien n'égale chez Le Brun la strophe suivante, tirée de l'ode sur *le triomphe de nos Paysages*, et que Charles Nodier aime à citer avec sourire :

> La colline qui vers le pôle
> Borne nos fertiles marais,
> Occupe les enfants d'Éole
> A broyer les dons de Cérès.
> Vanvres que chérit Galatée
> Sait du lait d'Io, d'Amalthée
> Épaissir les flots écumeux ;
> Et Sèvres, d'une pure argile,
> Compose l'albâtre fragile
> Où Moka nous verse ses feux.

Tout cela pour dire : Au nord de Paris, Montmartre et ses *moulins à vent* ; de l'autre côté, Vanvres, son *beurre* et *ses fromages* ; et la *porcelaine* de Sèvres! « Je ne crois pas, écrivait Ginguené au rédacteur « du journal *le Modérateur* (22 janvier 1790), que nous ayons beau- « coup de vers à mettre au-dessus de cette strophe. » Et Andrieux, l'Aristarque, n'en disconvenait pas ; il avouait que si tout avait été aussi beau, il aurait fallu rendre les armes. Aujourd'hui il n'est pas un écolier qui n'en rie. On rencontre dans le goût, aux diverses époques, de ces veines bizarres.

reux, aux Amours de Boucher et aux abbés de Watteau, aux descriptions de Saint-Lambert et aux vers musqués de Bernis. L'accent déclamatoire perce à tout moment dans le talent de Le Brun, lors même que ce talent s'abandonne le plus à sa pente. Ses odes républicaines, excepté celle du *Vengeur*, semblent à bon droit communes, sèches et glapissantes; elles ne lui furent peut-être pas pour cela moins énergiquement inspirées par les circonstances. C'est qu'avec beaucoup d'imagination il est naturellement peu coloriste, et qu'il a besoin, pour arriver à une expression vivante, d'évoquer, comme par un soubresaut galvanique, les êtres de l'ancienne mythologie. Son pinceau maigre, quoique étincelant, joue d'ordinaire sur un fond abstrait; il ne prend guère de splendeur large que lorsque le poëte songe à Buffon et retrace d'après lui la nature. Mais un mauvais exemple que Buffon donna à Le Brun, ce fut cette habitude de retoucher et de corriger à satiété, que l'illustre auteur des *Époques* possédait à un haut degré, en vertu de cette patience qu'il appelait génie. On rapporte qu'il recopia ses *Époques* jusqu'à dix-huit fois. Le Brun faisait ainsi de ses odes. Il passa une moitié de sa vie à les remanier la plume en main, à en trier les brouillons, à les remettre au net et à en préparer une édition qui ne vint pas. Une note, placée en tête de la première publication du *Vengeur*, nous avertit, comme motif d'excuse ou cas singulier, que le poëte a composé cette ode, de soixante-dix vers environ, en très-peu de jours et *presque d'un seul jet*. Si Le Brun avait eu plus de temps, il aurait peut-être trouvé moyen de la gâter.

En se déclarant contre le mauvais goût du temps par ses épigrammes et par ses œuvres, Le Brun ne sut pas assez en rester pur lui-même. Sans aucune sensibilité, sans aucune disposition rêveuse et tendre, il aimait ardemment les femmes, probablement à la manière de Buffon, quoiqu'en seigneur moins suzerain et avec plus de galanterie. De là mille billets en vers à propos de rien, et, pêle-mêle avec ses odes, une prodigieuse quantité d'*Eglés*, de *Zirphés*, de *Delphires*, de

Céphises, de *Zélis*, et de *Zelmis*. Tantôt c'est un *persiflage doux et honnête à une jeune coquette très-aimable et très-vaine qui m'appelait son berger dans ses lettres, et qui prétendait à tous les talents et à tous les cœurs*; tantôt ce sont des *vers fugitifs sur ce que M. de Voltaire, bienfaiteur de mesdemoiselles Corneille et de Varicour, les a mariées toutes deux, après les avoir célébrées dans ses vers.* Enfin, vers le temps d'Arcole et de Rivoli, il soutint, comme personne ne l'ignore, sa fameuse querelle avec Legouvé, sur la question de savoir *si l'encre sied ou ne sied pas aux doigts de rose*.

Nous dirons un mot des élégies de Le Brun, parce que c'est pour nous une occasion de parler d'André Chénier, dont le nom est sur nos lèvres depuis le commencement de cet article, et auquel nous aspirons, comme à une source vive et fraîche dans la brûlante aridité du désert. En 1763, Le Brun, âgé de trente-quatre ans, adressait à l'Académie de La Rochelle un discours sur Tibulle, où on lit ce passage : « Peut-« être qu'au moment où j'écris, tel auteur, vraiment animé « du désir de la gloire et dédaignant de se prêter à des suc-« cès frivoles, compose dans le silence de son cabinet un de « ces ouvrages qui deviennent immortels, parce qu'ils ne sont « pas assez ridiculement jolis pour faire le charme des toi-« lettes et des alcôves, et dont tout l'avenir parlera, parce « que les grands du jour n'en diront rien à leurs petits sou-« pers. » André Chénier fut cet homme ; il était né en 1762, un an précisément avant la prédiction de Le Brun. Vingt ans plus tard, on trouve les deux poëtes unis entre eux par l'amitié et même par les goûts, malgré la différence des âges. Les détails de cette société charmante, où vivaient ensemble, vers 1782, Lebrun, Chénier, le marquis de Brazais, le chevalier de Pange, MM. de Trudaine, cette vie de campagne, aux environs de Paris, avec des excursions fréquentes d'où l'on rapportait matière aux élégies du matin et aux confidences du soir, tout cela est resté couvert d'un voile mystérieux, grâce à l'insouciance et à la discrétion des éditeurs. On devine pourtant et l'on rêve à plaisir ce petit monde heureux, d'après quelques épîtres réciproques et quelques vers épars :

> Abel, mon jeune Abel, et Trudaine et son frère,
> Ces vieilles amitiés de l'enfance première,
> Quand tous quatre muets, sous un maître inhumain,
> Jadis au châtiment nous présentions la main ;
> Et mon frère, et Le Brun, les Muses elles-même ;
> De Pange fugitif de ces neuf Sœurs qu'il aime :
> Voilà le cercle entier qui, le soir quelquefois,
> A des vers, non sans peine obtenus de ma voix,
> Prête une oreille amie et cependant sévère.

Le Brun dut aimer dès l'abord, chez le jeune André, un sentiment exquis et profond de l'antique, une âme modeste, candide, indépendante, faite pour l'étude et la retraite; il n'avait vu en Gilbert que le *corbeau du Pinde*, il en vit dans Chénier le cygne. Un goût vif des plaisirs les unissait encore. Les amours de Le Brun avec la femme qu'il a célébrée sous le nom d'Adélaïde se rapportent précisément au temps dont nous parlons. Chénier, dans une délicieuse épître, dit à sa Muse qu'il envoie au logis de son ami :

> . . . . Là, ta course fidèle
> Le trouvera peut-être aux genoux d'une belle;
> S'il est ainsi, respecte un moment précieux ;
> Sinon, tu peux entrer. . . . .

Et il ajoute sur lui-même :

> Les ruisseaux et les bois, et Vénus, et l'étude,
> Adoucissent un peu ma triste solitude.

Tous deux ont chanté leurs plaisirs et leurs peines d'amour en des élégies qui sont, à coup sûr, les plus remarquables du temps (1). Mais la victoire reste tout entière du côté d'André

---

(1) Au livre second des odes de Le Brun, la quinzième *A un jeune Ami* s'adresse évidemment à André :

> Souviens-toi des mœurs de Byzance ;
> Digne de ton berceau, maîtrise la beauté !...

Et les derniers vers de l'ode indiquent qu'elle fut composée au mo-

Chénier. L'élégie de Le Brun est sèche, nerveuse, vengeresse, déjà sur le retour, savante dans le goût de Properce et de Callimaque; l'imitation de l'antique n'en exclut pas toujours le fade et le commun moderne. L'élégie d'André Chénier est molle, fraîche, blonde, gracieusement éplorée, voluptueuse avec une teinte de tristesse, et chaste même dans sa sensualité. La nature de France, les bords de la Seine, les îles de la Marne, tout ce paysage riant et varié d'alentour se mire en sa poésie comme en un beau fleuve; on sent qu'il vient de Grèce, qu'il y est né, qu'il en est plein : mais ses souvenirs d'un autre ciel se lient harmonieusement avec son émotion présente, et ne font que l'éclairer, pour ainsi dire, d'un plus doux rayon. Cette charmante mythologie que le xviiie siècle avait défigurée en l'adoptant, et dont le jargon courait les ruelles, il la recompose, il la rajeunit avec un art admirable; il la fond merveilleusement dans la couleur de ses tableaux, dans ses analyses de cœur, et autant qu'il le faut seulement pour élever les mœurs d'alors à la poésie et à l'idéal. Mais, par malheur, cette vie de loisir et de jeunesse dura peu. La Révolution, qui brisa tant de liens, dispersa tout d'abord la petite société choisie que nous aurions voulu peindre, et Le Brun, qui partageait les opinions ardentes de Marie-Joseph, se trouva emporté bien loin du sage André. On souffre à penser quel refroidissement, sans doute même quelle aigreur, dut succéder à l'amitié fraternelle des premiers temps. Ici tout renseignement nous manque. Mais Le Brun, qui survécut treize années à son jeune ami, n'en a parlé depuis en aucun endroit; il n'a pas daigné consacrer un seul vers à sa mémoire, tandis que chaque jour, à chaque heure, il aurait dû s'écrier avec larmes : « J'ai connu un poëte, et il est mort, « et vous l'avez laissé tuer, et vous l'oubliez ! » Il est à craindre pour Le Brun que les dissentiments politiques

ment d'une rupture ou menace de rupture entre les Turcs et les Russes (1787 probablement).

n'aient aigri son cœur, et que l'échafaud d'André ne soit venu avant la réconciliation. Pour moi, j'ai peine à croire qu'il ne fût pas au nombre de ceux dont l'infortuné poëte a dit avec un reproche mêlé de tendresse :

> Que pouvaient mes amis? Oui, de leur voix chérie
>   Un mot à travers ces barreaux
> Eût versé quelque baume en mon âme flétrie;
>   De l'or peut-être à mes bourreaux...
> Mais tout est précipice. Ils ont eu droit de vivre.
>   Vivez, amis ; vivez contents.
> En dépit de Bavus soyez lents à me suivre.
>   Peut-être en de plus heureux temps
> J'ai moi-même, à l'aspect des pleurs de l'infortune,
>   Détourné mes regards distraits;
> A mon tour aujourd'hui mon malheur importune :
>   Vivez, amis, vivez en paix (1).

Quoi qu'il en soit, la gloire de Le Brun, dans l'avenir, ne sera pas séparée de celle d'André Chénier. On se souviendra qu'il l'aima longtemps, qu'il le prédit, qu'il le goûta en un siècle de peu de poésie, et qu'il sentit du premier coup que ce jeune homme faisait ce que lui-même aurait voulu faire. On lui tiendra compte de ses efforts, de ses veilles, de sa poursuite infatigable de la gloire, de la tradition lyrique qu'il soutint avec éclat, de cette flamme intérieure enfin, qui ne lui échappait que par accès, et qui minait sa vie. On verra en

---

(1) Il serait dur, mais pas trop invraisemblable, de conjecturer qu'en écrivant les vers suivants (voir l'édition d'Eugène Renduel), Chénier a pu songer au jour où il se sentit déçu et blessé dans son admiration première pour Le Brun :

> Ah! j'atteste les Cieux que j'ai voulu le croire,
> J'ai voulu démentir et mes yeux et l'histoire ;
> Mais non : il n'est pas vrai que les cœurs excellents
> Soient les seuls en effet où germent les talents.
> Un mortel peut toucher une lyre sublime,
> Et n'avoir qu'un cœur faible, étroit, pusillanime,
> Inhabile aux vertus qu'il sait si bien chanter,
> Ne les imiter point et les faire imiter, etc., etc.

lui un de ces hommes d'essai que la nature lance un peu au hasard, un des précurseurs aventureux du siècle dont a déjà resplendi l'aurore.

Juillet 1829.

(Voir encore sur Le Brun un article essentiel dans le tome V des *Causeries du Lundi.*)

MATHURIN REGNIER

ET

ANDRÉ CHÉNIER

Hâtons-nous de le dire, ce n'est pas ici un rapprochement à antithèses, un parallèle académique que nous prétendons faire. En accouplant deux hommes si éloignés par le temps où ils ont vécu, si différents par le genre et la nature de leurs œuvres, nous ne nous soucions pas de tirer quelques étincelles plus ou moins vives, de faire jouer à l'œil quelques reflets de surface plus ou moins capricieux. C'est une vue essentiellement logique qui nous mène à joindre ces noms, et parce que, des deux idées poétiques dont ils sont les types admirables, l'une, sitôt qu'on l'approfondit, appelle l'autre et en est le complément. Une voix pure, mélodieuse et savante, un front noble et triste, le génie rayonnant de jeunesse, et, parfois, l'œil voilé de pleurs ; la volupté dans toute sa fraîcheur et sa décence ; la nature dans ses fontaines et ses ombrages ; une flûte de buis, un archet d'or, une lyre d'ivoire ; le beau pur, en un mot, voilà André Chénier. Une conversation brusque, franche et à saillies ; nulle préoccupation d'art, nul *quant-à-soi* ; une bouche de satyre aimant encore mieux rire que mordre ; de la rondeur, du bon sens ; une malice exquise, par instants une amère éloquence ; des récits enfumés de cuisine, de taverne et de mauvais lieux ; aux mains, en

guise de lyre, quelque instrument bouffon, mais non criard ;
en un mot, du laid et du grotesque à foison, c'est ainsi qu'on
peut se figurer en gros Mathurin Regnier. Placé à l'entrée de
nos deux principaux siècles littéraires, il leur tourne le dos
et regarde le seizième ; il y tend la main aux aïeux gaulois,
à Montaigne, à Ronsard, à Rabelais, de même qu'André
Chénier, jeté à l'issue de ces deux mêmes siècles classiques,
tend déjà les bras au nôtre, et semble le frère aîné des poëtes
nouveaux. Depuis 1613, année où Regnier mourut, jusqu'en
1782, année ou commencèrent les premiers chants d'André
Chénier, je ne vois, en exceptant les dramatiques, de poëte
parent de ces deux grands hommes que La Fontaine, qui en
est comme un mélange agréablement tempéré. Rien donc de
plus piquant et de plus instructif que d'étudier dans leurs
rapports ces deux figures originales, à physionomie presque
contraire, qui se tiennent debout en sens inverse, chacune à
un isthme de notre littérature centrale, et, comblant l'espace
et la durée qui les séparent, de les adosser l'une à l'autre, de
les joindre ensemble par la pensée, comme le Janus de notre
poésie. Ce n'est pas d'ailleurs en différences et en contrastes
que se passera toute cette comparaison : Regnier et Chénier
ont cela de commun qu'ils sont un peu en dehors de leurs
époques chronologiques, le premier plus en arrière, le second
plus en avant, et qu'ils échappent par indépendance aux
règles artificielles qu'on subit autour d'eux. Le caractère de
leur style et l'allure de leurs vers sont les mêmes, et abondent en qualités pareilles ; Chénier a retrouvé par instinct et
étude ce que Regnier faisait de tradition et sans dessein ; ils
sont uniques en ce mérite, et notre jeune école chercherait
vainement deux maîtres plus consommés dans l'art d'écrire
en vers.

Mathurin était né à Chartres, en Beauce, André, à Byzance,
en Grèce ; tous deux se montrèrent poëtes dès l'enfance.
Tonsuré de bonne heure, élevé dans le jeu de paume et le
tripot de son père qui aimait la table et le plaisir, Regnier

dut au célèbre abbé de Tiron, son oncle, les premiers préceptes de versification, et, dès qu'il fut en âge, quelques bénéfices qui ne l'enrichirent pas. Puis il fut attaché en qualité de chapelain à l'ambassade de Rome, ne s'y amusa que médiocrement; mais, comme Rabelais avait fait, il y attaqua de préférence les choses par le côté de la raillerie. A son retour, il reprit, plus que jamais, son train de vie qu'il n'avait guère interrompu en terre papale, et mourut de débauche avant quarante ans. Né d'un savant ingénieux et d'une Grecque brillante, André quitta très-jeune Byzance, sa patrie; mais il y rêva souvent dans les délicieuses vallées du Languedoc, où il fut élevé; et lorsque plus tard, entré au collége de Navarre, il apprit la plus belle des langues, il semblait, comme a dit M. Villemain, se souvenir des jeux de son enfance et des chants de sa mère. Sous-lieutenant dans Angoumois, puis attaché à l'ambassade de Londres, il regretta amèrement sa chère indépendance, et n'eut pas de repos qu'il ne l'eût reconquise. Après plusieurs voyages, retiré aux environs de Paris, il commençait une vie heureuse dans laquelle l'étude et l'amitié empiétaient de plus en plus sur les plaisirs, quand la Révolution éclata. Il s'y lança avec candeur, s'y arrêta à propos, y fit la part équitable au peuple et au prince, et mourut sur l'échafaud en citoyen, se frappant le front, en poëte. L'excellent Regnier, né et grandi pendant les guerres civiles, s'était endormi en bon bourgeois et en joyeux compagnon au sein de l'ordre rétabli par Henri IV.

Prenant successivement les quatre ou cinq grandes idées auxquelles d'ordinaire puisent les poëtes, Dieu, la nature, le génie, l'art, l'amour, la vie proprement dite, nous verrons comme elles se sont révélées aux deux hommes que nous étudions en ce moment, et sous quelle face ils ont tenté de les reproduire. Et d'abord, à commencer par Dieu, *ab Jove principium*, nous trouvons, et avec regret, que cette magnifique et féconde idée est trop absente de leur poésie, et qu'elle la laisse déserte du côté du ciel. Chez eux, elle n'apparaît même pas pour être contestée ; ils n'y pensent jamais, et s'en passent, voilà tout. Ils n'ont assez longtemps vécu, ni l'un ni l'autre, pour arriver, au sortir des plaisirs, à cette philosophie supérieure qui relève et console. La corde de Lamartine ne vibrait pas en eux. Épicuriens et sensuels, ils me font l'effet, Regnier, d'un abbé romain, Chénier, d'un Grec d'autrefois. Chénier était un païen aimable, croyant à Palès, à Vénus, aux Muses (1); un Alcibiade candide et modeste, nourri de poésie, d'amitié et d'amour. Sa sensibilité est vive et tendre ; mais, tout en s'attristant à l'aspect de la mort, il ne s'élève pas au-dessus des croyances de Tibulle et d'Horace :

> Aujourd'hui qu'au tombeau je suis prêt à descendre,
> Mes amis, dans vos mains je dépose ma cendre.
> Je ne veux point, couvert d'un funèbre *linceuil*,
> Que les pontifes saints autour de mon cercueil,
> Appelés aux accents de l'airain lent et sombre,
> De leur chant lamentable accompagnent mon ombre,
> Et sous des murs sacrés aillent ensevelir
> Ma vie et ma dépouille, et tout mon souvenir.

Il aime la nature, il l'adore, et non-seulement dans ses variétés riantes, dans ses sentiers et ses buissons, mais dans sa majesté éternelle et sublime, aux Alpes, au Rhône, aux grèves de l'Océan. Pourtant l'émotion religieuse que ces grands spectacles excitent en son âme ne la fait jamais se fondre en prière *sous le poids de l'infini*. C'est une émotion religieuse et philosophique à la fois, comme Lucrèce et Buffon

---

(1) Je lis dans les notes d'un voyage d'Italie : « Vers le même temps
« où se retrouvaient à Pompéi toute une ville antique et tout l'art grec
« et romain qui en sortait graduellement, piquante coïncidence! An-
« dré Chénier, un poëte grec vivant, se retrouvait aussi. En parcou-
« rant cet admirable musée de statuaire antique à Naples, je songeais
« à lui ; la place de sa poésie est entre toutes ces Vénus, ces Gany-
« mèdes et ces Bacchus ; c'est là son monde. Sa jeune *Tarentine* y
« appartient exactement, et je ne cessais de l'y voir en figure. — La
« poésie d'André Chénier est l'accompagnement sur la flûte et sur la
« lyre de tout cet art de marbre retrouvé. »

pouvaient en avoir, comme son ami Le Brun était capable d'en ressentir. Ce qu'il admire le plus au ciel, c'est tout ce qu'une physique savante lui en a dévoilé ; ce sont *les mondes roulant dans les fleuves d'éther, les astres et leurs poids, leurs formes, leurs distances :*

> Je voyage avec eux dans leurs cercles immenses ;
> Comme eux, astre, soudain je m'entoure de feux.
> Dans l'éternel concert je me place avec eux ;
> En moi leurs doubles lois agissent et respirent ;
> Je sens tendre vers eux mon globe qu'ils attirent :
> Sur moi qui les attire ils pèsent à leur tour.

On dirait, chose singulière ! que l'esprit du poëte se condense et se matérialise à mesure qu'il s'agrandit et s'élève. Il ne lui arrive jamais, aux heures de rêverie, de voir, dans les étoiles, des *fleurs divines qui jonchent les parvis du saint lieu,* des âmes heureuses qui respirent un air plus pur, et qui parlent, durant les nuits, un mystérieux langage aux âmes humaines. Je lis, à ce propos, dans un ouvrage inédit, le passage suivant, qui revient à ma pensée et la complète :

« Lamartine, assure-t-on, aime peu et n'estime guère
« André Chénier : cela se conçoit. André Chénier, s'il vivait,
« devrait comprendre bien mieux Lamartine qu'il n'est com-
« pris de lui. La poésie d'André Chénier n'a point de religion
« ni de mysticisme ; c'est, en quelque sorte, le paysage dont
« Lamartine a fait le ciel, paysage d'une infinie variété et
« d'une immortelle jeunesse, avec ses forêts verdoyantes, ses
« blés, ses vignes, ses monts, ses prairies et ses fleuves ; mais
« le ciel est au-dessus, avec son azur qui change à chaque
« heure du jour, avec ses horizons indécis, ses *ondoyantes*
« *lueurs du matin et du soir,* et la nuit, avec ses fleurs d'or,
« *dont le lis est jaloux.* Il est vrai que du milieu du paysage,
« tout en s'y promenant ou couché à la renverse sur le gazon,
« on jouit du ciel et de ses merveilleuses beautés, tandis que
« l'œil humain, du haut des nuages, l'œil d'Élie sur son

« char, ne verrait en bas la terre que comme une masse un
« peu confuse. Il est vrai encore que le paysage réfléchit le
« ciel dans ses eaux, dans la goutte de rosée, aussi bien que
« dans le lac immense, tandis que le dôme du ciel ne réfléchit
« pas les images projetées de la terre. Mais, après tout, le
« ciel est toujours le ciel, et rien n'en peut abaisser la hau-
« teur. » Ajoutez, pour être juste, que le ciel qu'on voit du
milieu du paysage d'André Chénier, ou qui s'y réfléchit, est
un ciel pur, serein, étoilé, mais physique, et que la terre
aperçue par le poëte sacré, de dessus son char de feu, toute
confuse qu'elle paraît, est déjà une terre plus que terrestre
pour ainsi dire, harmonieuse, ondoyante, baignée de vapeurs,
et idéalisée par la distance.

Au premier abord, Regnier semble encore moins religieux
que Chénier. Sa profession ecclésiastique donne aux écarts de
sa conduite un caractère plus sérieux, et en apparence plus
significatif. On peut se demander si son libertinage ne s'appuyait pas d'une impiété systématique, et s'il n'avait pas
appris de quelque abbé romain l'athéisme, assez en vogue en
Italie vers ce temps-là. De plus, Regnier, qui avait vu dans
ses voyages de grands spectacles naturels, ne paraît guère
s'en être ému. La campagne, le silence, la solitude et tout ce
qui ramène plus aisément l'âme à elle-même et à Dieu, font
place, en ses vers, au fracas des rues de Paris, à l'odeur des
tavernes et des cuisines, aux allées infectes des plus misérables taudis. Pourtant Regnier, tout épicurien et débauché
qu'on le connaît, est revenu, vers la fin et par accès, à des
sentiments pieux et à des repentirs pleins de larmes. Quelques sonnets, un fragment de poëme sacré et des stances en
font témoignage. Il est vrai que c'est par ses douleurs physiques et par les aiguillons de ses maux qu'il semble surtout
amené à la contrition morale. Regnier, dans le cours de sa
vie, n'eut qu'une grande et seule affaire : ce fut d'aimer les
femmes, toutes et sans choix. Ses aveux là-dessus ne laissent
rien à désirer :

> Or moy qui suis tout flame et de nuict et de jour,
> Qui n'haleine que feu, ne respire qu'amour,
> Je me laisse emporter à mes flames communes,
> Et cours souz divers vents de diverses fortunes.
> Ravy de tous objects, j'ayme si vivement
> Que je n'ay pour l'amour ny choix ny jugement.
> De toute eslection mon ame est despourveue,
> Et nul object certain ne limite ma veue.
> Toute femme m'agrée. . . . . . .

Ennemi déclaré de ce qu'il appelle *l'honneur*, c'est-à-dire de la délicatesse, préférant comme d'Aubigné l'*estre* au *parestre*, il se contente *d'un amour facile et de peu de défense :*

> Aymer en trop haut lieu une dame hautaine,
> C'est aymer en souci le travail et la peine,
> C'est nourrir son amour de respect et de soin.

La Fontaine était du même avis quand il préférait ingénument les *Jeannetons* aux *Climènes*. Regnier pense que le même feu qui anime le grand poëte échauffe aussi l'ardeur amoureuse, et il ne serait nullement fâché que, chez lui, la poésie laissât tout à l'amour. On dirait qu'il ne fait des vers qu'à son corps défendant; sa verve l'importune, et il ne cède au génie qu'à la dernière extrémité. Si *c'était en hiver du moins, en décembre, au coin du feu,* que ce maudit génie vînt le lutiner! on n'a rien de mieux à faire alors que de lui donner audience :

> Mais aux jours les plus beaux de la saison nouvelle,
> Que Zéphire en ses rets surprend Flore la belle,
> Que dans l'air les oiseaux, les poissons en la mer,
> Se plaignent doucement du mal qui vient d'aymer,
> Ou bien lorsque Cérès de fourment se couronne,
> Ou que Bacchus soupire amoureux de Pomone,
> Ou lorsque le safran, la dernière des fleurs,
> Dore le Scorpion de ses belles couleurs;
> C'est alors que la verve insolemment m'outrage,
> Que la raison forcée obéit à la rage.

> Et que, sans nul respect des hommes ou du lieu,
> Il faut que j'obéisse aux fureurs de ce dieu.

Oh! qu'il aimerait bien mieux, en honnête compagnon qu'il est,

> S'égayer au repos que la campagne donne,
> Et, sans parler curé, doyen, chantre ou Sorbonne,
> D'un bon mot fait rire, en si belle saison,
> Vous, vos chiens et vos chats, et toute la maison !

On le voit, l'art, à le prendre isolément, tenait peu de place dans les idées de Regnier; il le pratiquait pourtant, et si quelque grammairien chicaneur le poussait sur ce terrain, il savait s'y défendre en maître, témoin sa belle satire neuvième contre Malherbe et les puristes. Il y flétrit avec une colère étincelante de poésie ces réformateurs mesquins, ces *regratteurs de mots,* qui prisent un style plutôt pour ce qui lui manque que pour ce qu'il a, et, leur opposant le portrait d'un génie véritable qui ne doit ses grâces qu'à la nature, il se peint tout entier dans ce vers d'inspiration :

> Les nonchalances sont ses plus grands artifices.

Déjà il avait dit :

> La verve quelquefois s'égaye en la licence.

Mais là où Regnier surtout excelle, c'est dans la connaissance de la vie, dans l'expression des mœurs et des personnages, dans la peinture des intérieurs ; ses satires sont une galerie d'admirables portraits flamands. Son poëte, son pédant, son fat, son docteur, ont trop de saillie pour s'oublier jamais, une fois connus. Sa fameuse *Macette,* qui est la petite-fille de *Patelin* et l'aïeule de *Tartufe,* montre jusqu'où le génie de Regnier eût pu atteindre sans sa fin prématurée. Dans ce chef-d'œuvre, une ironie amère, une vertueuse indignation, les plus hautes qualités de poésie, ressortent du cadre étroit et des circonstances les plus minutieusement décrites de la vie réelle. Et comme si l'aspect de l'hypocrisie libertine avait rendu Regnier à de plus chastes délicatesses d'amour, il nous y parle, en vers dignes de Chénier, de

> . . . . la belle en qui j'ai la pensée
> D'un doux imaginer si doucement blessée,
> Qu'aymants et bien aymés, en nos doux passe-temps,
> Nous rendons en amour jaloux les plus contents.

Regnier avait le cœur honnête et bien placé; à part ce que Chénier appelle *les douces faiblesses*, il ne composait pas avec les vices. Indépendant de caractère et de parler franc, il vécut à la cour et avec les grands seigneurs, sans ramper ni flatter.

André de Chénier aima les femmes non moins vivement que Regnier, et d'un amour non moins sensuel, mais avec des différences qui tiennent à son siècle et à sa nature. Ce sont des Phrynés sans doute, du moins pour la plupart, mais galantes et de haut ton; non plus des *Alizons* ou des *Jeannes* vulgaires en de fétides réduits. Il nous introduit au boudoir de Glycère; et la belle Amélie, et Rose à la danse nonchalante, et Julie au rire étincelant, arrivent à la fête; l'orgie est complète et durera jusqu'au matin. O Dieu! si Camille le savait! Qu'est-ce donc que cette Camille si sévère? Mais, dans l'une des nuits précédentes, son amant ne l'a-t-il pas surprise elle-même aux bras d'un rival? Telles sont les femmes d'André Chénier, des Ioniennes de Milet, de belles courtisanes grecques, et rien de plus. Il le sentait bien, et ne se livrait à elles que par instants, pour revenir ensuite avec plus d'ardeur à l'étude, à la poésie, à l'amitié. « Choqué, dit-il quelque part
« dans une prose énergique trop peu connue (1), choqué de voir
« les lettres si prosternées et le genre humain ne pas songer
« à relever sa tête, je me livrai souvent aux distractions et
« aux égarements d'une jeunesse forte et fougueuse: mais, tou-

---

(1) Premier chapitre d'un ouvrage sur les causes et les effets de la perfection et de la décadence des lettres. (*Édit.* de M. ROBERT.)

« jours dominé par l'amour de la poësie, des lettres et de
« l'étude, souvent chagrin et découragé par la fortune ou par
« moi-même, toujours soutenu par mes amis, je sentis que
« mes vers et ma prose, goûtés ou non, seraient mis au rang
« du petit nombre d'ouvrages qu'aucune bassesse n'a flétris.
« Ainsi, même dans les chaleurs de l'âge et des passions, et
« même dans les instants où la dure nécessité a interrompu
« mon indépendance, toujours occupé de ces idées favorites,
« et chez moi, en voyage, le long des rues dans les prome-
« nades, méditant toujours sur l'espoir, peut-être insensé, de
« voir renaître les bonnes disciplines, et cherchant à la fois
« dans les histoires et dans la nature des choses *les causes et*
« *les effets de la perfection et de la décadence des lettres,* j'ai cru
« qu'il serait bien de resserrer en un livre simple et per-
« suasif ce que nombre d'années m'ont fait mûrir de réflexions
« sur ces matières. » André Chénier nous a dit le secret de
son âme : sa vie ne fut pas une vie de plaisir, mais d'art, et
tendait à se purifier de plus en plus. Il avait bien pu, dans
un moment d'amoureuse ivresse et de découragement moral,
écrire à de Pange :

> Sans les dons de Vénus quelle serait la vie ?
> Dès l'instant où Vénus me doit être ravie,
> Que je meure ! Sans elle ici-bas rien n'est doux (1).

Mais bientôt il pensait sérieusement au temps prochain où
fuiraient loin de lui *les jours couronnés de rose*; il rêvait, aux
bords de la Marne, quelque retraite indépendante et pure,
quelque *saint loisir*, où les beaux-arts, la poésie, la peinture
(car il peignait volontiers), le consoleraient des voluptés perdues, et où l'entoureraient un petit nombre d'amis de son
choix. André Chénier avait beaucoup réfléchi sur l'amitié et y
portait des idées sages, des principes sûrs, applicables en tous

---

(1) Ces vers et toute la fin de l'élégie XXXIII sont une imitation et
une traduction des fragments divers qui nous restent de l'élégiaque
Mimnerme : Chénier les a enchâssés dans une sorte de trame.

les temps de dissidences littéraires : « J'ai évité, dit-il, de me
« lier avec quantité de gens de bien et de mérite, dont il est
« honorable d'être l'ami et utile d'être l'auditeur, mais que
« d'autres circonstances ou d'autres idées ont fait agir et
« penser autrement que moi. L'amitié et la conversation
« familière exigent au moins une conformité de principes :
« sans cela, les disputes interminables dégénèrent en que-
« relles, et produisent l'aigreur et l'antipathie. De plus, pré-
« voir que mes amis auraient lu avec déplaisir ce que j'ai tou-
« jours eu dessein d'écrire m'eût été amer... »

Suivant André Chénier, *l'art ne fait que des vers, le cœur seul est poëte*; mais cette pensée si vraie ne le détournait pas, aux heures de calme et de paresse, d'amasser par des études exquises *l'or et la soie* qui devaient *passer en ses vers*. Lui-même nous a dévoilé tous les ingénieux secrets de sa manière dans son poëme de *l'Invention*, et dans la seconde de ses épîtres, qui est, à la bien prendre, une admirable satire. L'analyse la plus fine, les préceptes de composition les plus intimes, s'y transforment sous ses doigts, s'y couronnent de grâce, y reluisent d'images, et s'y modulent comme un chant. Sur ce terrain critique et didactique, il laisse bien loin derrière lui Boileau et le prosaïsme ordinaire de ses axiomes. Nous n'insisterons ici que sur un point. Chénier se rattache de préférence aux Grecs; de même que Regnier aux Latins et aux satiriques italiens modernes. Or chez les Grecs, on le sait, la division des genres existait, bien qu'avec moins de rigueur qu'on ne l'a voulu établir depuis :

> La nature dicta vingt genres opposés,
> D'un fil léger entre eux, chez les Grecs, divisés.
> Nul genre, s'échappant de ses bornes prescrites,
> N'aurait osé d'un autre envahir les limites;
> Et Pindare à sa lyre, en un couplet bouffon,
> N'aurait point de Marot associé le ton.

Chénier tenait donc pour la division des genres et pour l'intégrité de leurs limites; il trouvait dans Shakspeare de belles scènes, non pas une belle pièce. Il ne croyait point, par exemple, qu'on pût, dans une même élégie, débuter dans le ton de Regnier, monter par degrés, passer par nuances à l'accent de la douleur plaintive ou de la méditation amère, pour se reprendre ensuite à la vie réelle et aux choses d'alentour. Son talent, il est vrai, ne réclamait pas d'ordinaire, dans la durée d'une même rêverie, plus d'une corde et plus d'un ton. Ses émotions rapides, qui toutes sont diverses, et toutes furent vraies un moment, rident tour à tour la surface de son âme, mais sans la bouleverser, sans lancer les vagues au ciel et montrer à nu le sable du fond. Il compare sa muse jeune et légère à l'harmonieuse cigale, *amante des buissons*, qui,

> De rameaux en rameaux tour à tour reposée,
> D'un peu de fleur nourrie et d'un peu de rosée,
> S'égaie. . . .

et s'il est triste, *si sa main imprudente a tari son trésor*, si sa maîtresse lui a fermé, ce soir-là, le *seuil inexorable*, une visite d'ami, un sourire de *blanche voisine*, un livre entr'ouvert, un rien le distrait, l'arrache à sa peine, et, comme il l'a dit avec une légèreté négligente :

> On pleure ; mais bientôt la tristesse s'envole.

Oh ! quand viendront les jours de massacre, d'ingratitude et de délaissement, qu'il n'en sera plus ainsi ! Comme la douleur alors percera avant dans son âme et en armera toutes les puissances ! Comme son ïambe vengeur nous montrera d'un vers à l'autre *les enfants, les vierges aux belles couleurs* qui venaient de parer et de baiser l'agneau, *le mangeant s'il est tendre*, et passera des fleurs et des rubans de la fête aux *crocs sanglants du charnier populaire!* Comme alors surtout il aurait besoin de lie et de fange pour y *pétrir* tous *ces bourreaux barbouilleurs de lois!* Mais, avant cette formidable époque (1),

---

(1) Pour juger André Chénier comme homme politique, il faut par-

Chénier ne sentit guère tout le parti qu'on peut tirer du laid dans l'art, ou du moins il répugnait à s'en salir. Nous citerons un remarquable exemple où évidemment ce scrupule nuisit à son génie, et où la touche de Regnier lui fit faute. Notre poëte, cédant à des considérations de fortune et de famille, s'était laissé attacher à l'ambassade de Londres, et il passa dans cette ville l'hiver de 1782. Mille ennuis, mille dégoûts l'y assaillirent; seul, à vingt ans, sans amis, perdu au milieu d'une société aristocratique, il regrettait la France et les cœurs qu'il y avait laissés, et sa pauvreté honnête et indépendante (1). C'est alors qu'un soir, après avoir assez mal dîné à *Covent-Garden*, dans *Hood's tavern*, comme il était de trop bonne heure pour se présenter en aucune société, il se mit, au milieu du fracas, à écrire, dans une prose forte et simple, tout ce qui se passait en son âme : qu'il s'ennuyait, qu'il souffrait, et d'une souffrance pleine d'amertume et d'humiliation; que la solitude, si chère aux malheureux, est pour eux un grand mal encore plus qu'un grand plaisir; car ils s'y exaspèrent, *ils y ruminent leur fiel*, ou, s'ils finissent par se résigner, c'est découragement et faiblesse, c'est impuissance d'en appeler *des injustes institutions humaines à la sainte nature primitive*; c'est, en un mot, à la façon *des morts qui s'accoutument à porter la pierre de leur tombe, parce qu'ils ne peuvent la soulever*; — que cette fatale résignation rend dur, farouche, sourd aux consolations des amis, et qu'il prie le Ciel de l'en préserver. Puis il en vient aux ridicules et aux *politesses hautaines* de la noble société qui daigne l'admettre, à la dureté

courir le *Journal de Paris* de 90 et 91 ; sa signature s'y retrouve fréquemment, et d'ailleurs sa marque est assez sensible. — Relire aussi comme témoignage de ses pensées intimes et combattues, vers le même temps, l'admirable ode : *O Versailles, ô bois, ô portiques!* etc., etc.

(1) La fierté délicate d'André Chénier était telle que, durant ce séjour à Londres, comme les fonctions d'*attaché* n'avaient rien de bien actif et que le premier secrétaire faisait tout, il s'abstint d'abord de toucher ses appointements, et qu'il fallut qu'un jour M. de La Luzerne trouvât cela mauvais et le dît un peu haut pour l'y décider.

de ces grands pour leurs inférieurs, à leur excessif attendrissement pour leurs pareils; il raille en eux cette *sensibilité distinctive* que Gilbert avait déjà flétrie, et il termine en ces mots cette confidence de lui-même à lui-même : « Allons, « voilà une heure et demie de tuée ; je m'en vais. Je ne sais « plus ce que j'ai écrit, mais je ne l'ai écrit que pour moi. Il « n'y a ni apprêt ni élégance. Cela ne sera vu que de moi, et « je suis sûr que j'aurai un jour quelque plaisir à relire ce « morceau de ma triste et pensive jeunesse. » Oui, certes, Chénier relut plus d'une fois ces pages touchantes, et lui *qui refeuilletait sans cesse et son âme et sa vie,* il dut, à des heures plus heureuses, se reporter avec larmes aux ennuis passés de son exil. Or j'ai soigneusement recherché dans ses œuvres les traces de ces premières et profondes souffrances ; je n'y ai trouvé d'abord que dix vers datés également de Londres, et du même temps que le morceau de prose; puis, en regardant de plus près, l'idylle intitulée *Liberté* m'est revenue à la pensée, et j'ai compris que ce berger aux noirs cheveux épars, à l'œil farouche sous d'épais sourcils, qui traîne après lui, dans les âpres sentiers et aux bords des torrents pierreux, ses brebis maigres et affamées; qui brise sa flûte, abhorre les chants, les danses et les sacrifices; qui repousse la plainte du blond chevrier et maudit toute consolation, parce qu'il est esclave ; j'ai compris que ce berger-là n'était autre que la poétique et idéale personnification du souvenir de Londres, et de l'espèce de servitude qu'y avait subie André; et je me suis demandé alors, tout en admirant du profond de mon cœur cette idylle énergique et sublime, s'il n'eût pas encore mieux valu que le poëte se fût mis franchement en scène ; qu'il eût osé en vers ce qui ne l'avait pas effrayé dans sa prose naïve; qu'il se fût montré à nous dans cette taverne enfumée, entouré de mangeurs et d'indifférents, accoudé sur sa table, et rêvant, — rêvant à la patrie absente, aux parents, aux amis, aux amantes, à ce qu'il y a de plus jeune et de plus frais dans les sentiments humains; rêvant aux maux de la solitude, à l'aigreur qu'elle engendre, à l'abattement où elle nous prosterne, à toute cette haute métaphysique de la souffrance; — pourquoi non ? — puis, revenu à terre et rentré dans la vie réelle, qu'il eût buriné en traits d'une empreinte ineffaçable ces grands qui l'écrasaient et croyaient l'honorer de leurs insolentes faveurs; et, cela fait, l'heure de sortir arrivée, qu'il eût fini par son coup d'œil d'espoir vers l'avenir, et son *forsan et hæc olim?* Ou, s'il lui déplaisait de remanier en vers ce qui était jeté en prose, il avait en son souvenir dix autres journées plus ou moins pareilles à celle-là, dix autres scènes du même genre qu'il pouvait choisir et retracer (1).

Les styles d'André Chénier et de Regnier, avons-nous déjà dit, sont un parfait modèle de ce que notre langue permet au génie s'exprimant en vers, et ici nous n'avons plus besoin de séparer nos éloges. Chez l'un comme chez l'autre, même procédé chaud, vigoureux et libre; même luxe et même aisance de pensée, qui pousse en tous sens et se développe en pleine végétation, avec tous ses embranchements de relatifs et d'incidences entre-croisées ou pendantes; même profusion d'irrégularités heureuses et familières, d'idiotismes qui sentent leur fruit, grâces et ornements inexplicables qu'ont sottement émondés les grammairiens, les rhéteurs et les analystes; même promptitude et sagacité de coup d'œil à suivre l'idée courante sous la transparence des images, et à ne pas la laisser fuir, dans son court trajet de telle figure à telle autre; même art prodigieux enfin à mener à extrémité une métaphore, à la pousser de tranchée en tranchée,

---

(1) Dans tout ce qui précède, j'avais supposé, d'après la Notice et l'Édition de M. de Latouche, qu'André Chénier devait être à Londres en décembre 1782, et que les vers et la prose où il en maudissait le séjour étaient du même temps et de sa première jeunesse. J'avais supposé aussi (page 161) qu'il n'était plus attaché à l'ambassade d'Angleterre aux approches de la Révolution et dès 1788. Mais les indications données par M. de Latouche, à cet égard, paraissent peu exactes : une Biographie d'André Chénier reste à faire (1852).

et à la forcer de rendre, sans capitulation, tout ce qu'elle contient ; à la prendre à l'état de filet d'eau, à l'épandre, à la chasser devant soi, à la grossir de toutes les affluences d'alentour, jusqu'à ce qu'elle s'enfle et roule comme un grand fleuve. Quant à la forme, à l'allure du vers dans Regnier et dans Chénier, elle nous semble, à peu de chose près, la meilleure possible, à savoir, curieuse sans recherche et facile sans relâchement, tour à tour oublieuse et attentive, et tempérant les agréments sévères par les grâces négligeantes. Sur ce point, ils sont l'un et l'autre bien supérieurs à La Fontaine, chez qui la forme rhythmique manque presque entièrement et qui n'a pour charme, de ce côté-là, que sa négligence.

Que si l'on nous demande maintenant ce que nous prétendons conclure de ce long parallèle que nous aurions pu prolonger encore ; lequel d'André Chénier ou de Regnier nous préférons, lequel mérite la palme, à notre gré ; nous laisserons au lecteur le soin de décider ces questions et autres pareilles, si bon lui semble. Voici seulement une réflexion pratique qui découle naturellement de ce qui précède, et que nous lui soumettons : Regnier clôt une époque ; Chénier en ouvre une autre. Regnier résume en lui bon nombre de nos trouvères, Villon, Marot, Rabelais ; il y a dans son génie toute une partie d'épaisse gaieté et de bouffonnerie joviale, qui tient aux mœurs de ces temps, et qui ne saurait être reproduite de nos jours. Chénier est le révélateur d'une poésie d'avenir, et il apporte au monde une lyre nouvelle ; mais il y a chez lui des cordes qui manquent encore, et que ses successeurs ont ajoutées ou ajouteront. Tous deux, complets en eux-mêmes et en leur lieu, nous laissent aujourd'hui quelque chose à désirer. Or il arrive que chacun d'eux possède précisément une des principales qualités qu'on regrette chez l'autre : celui-ci, la tournure d'esprit rêveuse et les *extases choisies* ; celui-là, le sentiment profond et l'expression vivante de la réalité : comparés avec intelligence, rapprochés avec art, ils tendent ainsi à se compléter réciproquement. Sans doute, s'il fallait se décider entre leurs deux points de vue pris à part, et opter pour l'un à l'exclusion de l'autre, le type d'André Chénier pur se concevrait encore mieux maintenant que le type pur de Regnier; il est même tel esprit noble et délicat auquel tout accommodement, fût-il le mieux ménagé, entre les deux genres, répugnerait comme une mésalliance, et qui aurait difficilement bonne grâce à le tenter. Pourtant, et sans vouloir ériger notre opinion en précepte, il nous semble que comme en ce bas monde, même pour les rêveries les plus idéales, les plus fraîches et les plus dorées, toujours le point de départ est sur terre, comme, quoi qu'on fasse et où qu'on aille, la vie réelle est toujours là, avec ses entraves et ses misères, qui nous enveloppe, nous importune, nous excite à mieux, nous ramène à elle, ou nous refoule ailleurs, il est bon de ne pas l'omettre tout à fait, et de lui donner quelque trace en nos œuvres comme elle a trace en nos âmes. Il nous semble, en un mot, et pour revenir à l'objet de cet article, que la touche de Regnier, par exemple, ne serait point, en beaucoup de cas, inutile pour accompagner, encadrer et faire saillir certaines analyses de cœurs ou certains poëmes de sentiment, à la manière d'André Chénier.

Août 1829.

Dans le morceau suivant et en mainte autre occasion j'ai été ramené à m'occuper de Chénier : j'avais déjà parlé de Regnier dans le *Tableau de la Poésie française au* XVI*e siècle*; j'en ai reparlé, non sans complaisance et après une nouvelle lecture, dans l'*Introduction* au recueil des *Poëtes français* (Gide, 1861), tome I, page XXXI.

QUELQUES DOCUMENTS

INÉDITS

SUR ANDRÉ CHÉNIER [1]

Voilà tout à l'heure vingt ans que la première édition d'André Chénier a paru ; depuis ce temps, il semble que tout a été dit sur lui ; sa réputation est faite ; ses œuvres, lues et relues, n'ont pas seulement charmé, elles ont servi de base à des théories plus ou moins ingénieuses ou subtiles, qui elles-mêmes ont déjà subi leur épreuve, qui ont triomphé par un côté vrai et ont été rabattues aux endroits contestables. En fait de raisonnement et d'*esthétique*, nous ne recommencerions donc pas à parler de lui, à ajouter à ce que nous avons dit ailleurs, à ce que d'autres ont dit mieux que nous. Mais il se trouve qu'une circonstance favorable nous met à même d'introduire sur son compte la seule nouveauté possible, c'est-à-dire quelque chose de positif.

L'obligeante complaisance et la confiance de son neveu, M. Gabriel de Chénier, nous ont permis de rechercher et de transcrire ce qui nous a paru convenable dans le précieux résidu de manuscrits qu'il possède ; c'est à lui donc que nous

[1] Cet article, postérieur de dix années au précédent, achève et complète notre vue sur le poëte ; l'étude approfondie n'a fait que vérifier notre premier idéal.

devons d'avoir pénétré à fond dans le cabinet de travail d'André, d'être entré dans cet *atelier du fondeur* dont il nous parle, d'avoir exploré les ébauches du peintre, et d'en pouvoir sauver quelques pages de plus, moins inachevées qu'il n'avait semblé jusqu'ici ; heureux d'apporter à notre tour aujourd'hui un nouveau petit affluent à cette pure gloire !

Et d'abord rendons, réservons au premier éditeur l'honneur et la reconnaissance qui lui sont dus. M. de Latouche, dans son édition de 1819, a fait des manuscrits tout l'usage qui était possible et désirable alors ; en choisissant, en élaguant avec goût, en étant sobre surtout de fragments et d'ébauches, il a agi dans l'intérêt du poëte et comme dans son intention, il a servi sa gloire. Depuis lors, dans l'édition de 1833, il a été jugé possible d'introduire de nouvelles petites pièces, de simples restes qui avaient été négligés d'abord : c'est ce genre de travail que nous venons poursuivre, sans croire encore l'épuiser. Il en est un peu avec les manuscrits d'André Chénier comme avec le panier de cerises de madame de Sévigné : on prend d'abord les plus belles, puis les meilleures restantes, puis les meilleures encore, puis toutes.

La partie la plus riche et la plus originale des manuscrits porte sur les poëmes inachevés : *Suzanne, Hermès, l'Amérique.* On a publié dans l'édition de 1833 les morceaux en vers et les canevas en prose du poëme de *Suzanne.* Je m'attacherai ici particulièrement au poëme d'*Hermès*, le plus philosophique de ceux que méditait André, et celui par lequel il se rattache le plus directement à l'idée de son siècle.

André, par l'ensemble de ses poésies connues, nous apparaît, avant 89, comme le poëte surtout de l'art pur et des plaisirs, comme l'homme de la Grèce antique et de l'élégie. Il semblerait qu'avant ce moment d'explosion publique et de danger où il se jeta si généreusement à la lutte, il vécût un peu en dehors des idées, des prédications favorites de son temps, et que, tout en les partageant peut-être pour les résultats et les habitudes, il ne s'en occupât point avec ardeur et préméditation. Ce serait pourtant se tromper beaucoup que de le juger un artiste si désintéressé ; et l'*Hermés* nous le montre aussi pleinement et aussi chaudement de son siècle, à sa manière, que pouvaient l'être Raynal ou Diderot.

La doctrine du xviiie siècle était, au fond, le matérialisme, ou le panthéisme, ou encore le naturalisme, comme on voudra l'appeler ; elle a eu ses philosophes, et même ses poëtes en prose, Boulanger, Buffon ; elle devait provoquer son Lucrèce. Cela est si vrai, et c'était tellement le mouvement et la pente d'alors de solliciter un tel poëte, que, vers 1780 et dans les années qui suivent, nous trouvons trois talents occupés du même sujet et visant chacun à la gloire difficile d'un poëme sur la nature des choses. Le Brun tentait l'œuvre d'après Buffon ; Fontanes, dans sa première jeunesse, s'y essayait sérieusement, comme l'attestent deux fragments, dont l'un surtout (tome I de ses Œuvres, p. 381) est d'une réelle beauté. André Chénier s'y poussa plus avant qu'aucun, et, par la vigueur des idées comme par celle du pinceau, il était bien digne de produire un vrai poëme didactique dans le grand sens.

Mais la Révolution vint ; dix années, fin de l'époque, s'écoulèrent brusquement avec ce qu'elles promettaient, et abimèrent les projets ou les hommes ; les trois *Hermés* manquèrent : la poésie du xviiie siècle n'eut pas son Buffon. Delille ne fit que rimer gentiment les *trois Règnes*.

Toutes les notes et tous les papiers d'André Chénier, relatifs à son *Hermés*, sont marqués en marge d'un delta ; un chiffre, ou l'une des trois premières lettres de l'alphabet grec, indique celui des trois chants auquel se rapporte la note ou le fragment. Le poëme devait avoir trois chants, à ce qu'il semble : le premier sur l'origine de la terre, la formation des animaux, de l'homme ; le second sur l'homme en particulier, le mécanisme de ses sens et de son intelligence, ses erreurs depuis l'état sauvage jusqu'à la naissance des sociétés, l'origine des religions ; le troisième sur la société politique, la constitution de la morale et l'invention des sciences. Le tout devait se clore par un exposé du système du monde selon la science la plus avancée.

Voici quelques notes qui se rapportent au projet du premier chant et le caractérisent :

« Il faut magnifiquement représenter la terre sous l'emblème métaphorique d'un grand animal qui vit, se meut et est sujet à des changements, des révolutions, des fièvres, des dérangements dans la circulation de son sang. »

« Il faut finir le chant 1er par une magnifique description de toutes les espèces animales et végétales naissant ; et, au printemps, la terre *prœgnans*; et, dans les chaleurs de l'été, toutes les espèces animales et végétales se livrant aux feux de l'amour et transmettant à leur postérité les semences de vie confiées à leurs entrailles. »

Ce magnifique et fécond printemps, alors, dit-il,

> Que la terre est nubile et brûle d'être mère,

devait être imité de celui de Virgile au livre II des *Géorgiques*: *Tum Pater omnipotens*, etc., etc., quand Jupiter

> De sa puissante épouse emplit les vastes flancs.

Ces notes d'André sont toutes semées ainsi de beaux vers tout faits, qui attendent leur place.

C'est là, sans doute, qu'il se proposait de peindre « toutes les espèces à qui la nature ou les plaisirs (*per Veneris res*) ont ouvert les portes de la vie. »

« Traduire quelque part, se dit-il, le *magnum crescendi immissis certamen habenis*. »

Il revient, en plus d'un endroit, sur ce système naturel des atomes, ou, comme il les appelle, des *organes secrets vivants*, dont l'infinité constitue

> L'Océan éternel où bouillonne la vie.

« Ces atomes de vie, ces semences premières, sont toujours

en égale quantité sur la terre et toujours en mouvement. Ils passent de corps en corps, s'alambiquent, s'élaborent, se travaillent, fermentent, se subtilisent dans leur rapport avec le vase où ils sont actuellement contenus. Ils entrent dans un végétal : ils en sont la séve, la force, les sucs nourriciers. Ce végétal est mangé par quelque animal; alors ils se transforment en sang et en cette substance qui produira un autre animal et qui fait vivre les espèces... Ou, dans un chêne, ce qu'il y a de plus subtil se rassemble dans le gland.

« Quand la terre forma les espèces animales, plusieurs périrent par plusieurs causes à développer. Alors d'autres corps organisés (car les *organes vivants secrets* meuvent les végétaux, *minéraux* (1) et tout) héritèrent de la quantité d'atomes de vie qui étaient entrés dans la composition de celles qui s'étaient détruites, et se formèrent de leurs débris. »

Qu'une élégie à Camille ou l'ode *à la Jeune Captive* soient plus flatteuses que ces plans de poésie physique, je le crois bien; mais il ne faut pas moins en reconnaître et en constater la profondeur, la portée poétique aussi. En retournant à Empédocle, André est de plus ici le contemporain et comme le disciple de Lamarck et de Cabanis (2).

Il ne l'est pas moins de Boulanger et de tout son siècle par l'explication qu'il tente de l'origine des religions, au second chant. Il n'en distingue pas même le nom de celui de la superstition pure, et ce qui se rapporte à cette partie du poëme, dans ses papiers, est volontiers marqué en marge du mot flétrissant (δεισιδαιμονία). Ici l'on a peu à regretter qu'André n'ait pas mené plus loin ses projets; il n'aurait en rien échappé,

---

(1) C'est peut-être *animaux* qu'il a voulu dire; mais je copie.
(2) Qu'on ne s'étonne pas trop de voir le nom d'André ainsi mêlé à des idées physiologiques. Parmi les physiologistes, il en est un qui, par le brillant de son génie et la rapidité de son destin, fut comme l'André Chénier de la science; et, dans la liste des jeunes illustres diversement ravis avant l'âge, je dis volontiers : Vauvenargues, Barnave, André, Hoche et Bichat.

malgré toute sa nouveauté de style, au lieu commun d'alentour, et il aurait reproduit, sans trop de variante, le fond de d'Holbach ou de l'*Essai sur les Préjugés* :

« Tout accident naturel dont la cause était inconnue, un ouragan, une inondation, une éruption de volcan, étaient regardés comme une vengeance céleste...

« L'homme égaré de la voie, effrayé de quelques phénomènes terribles, se jeta dans toutes les superstitions, le feu, les démons... Ainsi le voyageur, dans les terreurs de la nuit, regarde et voit dans les nuages des centaures, des lions, des dragons, et mille autres formes fantastiques. Les superstitions prirent la teinture de l'esprit des peuples, c'est-à-dire des climats. Rapide multitude d'exemples. Mais l'imitation et l'autorité changent le caractère. De là souvent un peuple qui aime à rire ne voit que diable et qu'enfer. »

Il se réservait pourtant de grands et sombres tableaux à retracer : « Lorsqu'il sera question des sacrifices humains, ne pas oublier ce que partout on a appelé les jugements de Dieu, les fers rouges, l'eau bouillante, les combats particuliers. Que d'hommes dans tous les pays ont été immolés pour un éclat de tonnerre ou telle autre cause !...

> Partout sur des autels j'entends mugir Apis,
> Bêler le dieu d'Ammon, aboyer Anubis. »

Mais voici le génie d'expression qui se retrouve : « Des opinions puissantes, un vaste échafaudage politique ou religieux, ont souvent été produits par une idée sans fondement, une rêverie, un vain fantôme,

> Comme on feint qu'au printemps, d'amoureux aiguillons
> La cavale agitée erre dans les vallons,
> Et, n'ayant d'autre époux que l'air qu'elle respire,
> Devient épouse et mère au souffle du Zéphire. »

J'abrége les indications sur cette portion de son sujet qu'il aurait aimé à étendre plus qu'il ne convient à nos directions d'idées et à nos désirs d'aujourd'hui ; on a peine pourtant, du moment qu'on le peut, à ne pas vouloir pénétrer familièrement dans sa secrète pensée :

« La plupart des fables furent sans doute des emblèmes et des apologues des sages (expliquer cela comme Lucrèce au livre III). C'est ainsi que l'on fit tels et tels dogmes, tels et tels dieux... mystères... initiations. Le peuple prit au propre ce qui était dit au figuré. C'est ici qu'il faut traduire une belle comparaison du poëte Lucile, conservée par Lactance (Inst. div., liv. I, ch. XXII) :

> Ut pueri infantes credunt signa omnia ahena
> Vivere et esse homines, sic istic (*pour* isti) omnia ficta
> Vera putant (1)...

Sur quoi le bon Lactance, qui ne pensait pas se faire son procès à lui-même, ajoute avec beaucoup de sens, que les enfants sont plus excusables que les hommes faits : *Illi enim simulacra homines putant esse, hi Deos* (2). »

---

(1) Comme les enfants prennent les statues d'airain au sérieux et croient que ce sont des hommes vivants, ainsi les superstitieux prennent pour vérités toutes les chimères.

(2) « Car ils ne prennent ces images que pour des hommes, et les autres les prennent pour des Dieux. » — L'opposition entre ces pensées d'André et celles que nous ont laissées Vauvenargues ou Pascal, s'offre naturellement à l'esprit; lui-même il n'est pas sans y avoir songé, et sans s'être posé l'objection. Je trouve cette note encore : « Mais quoi? tant de grands hommes ont cru tout cela..... Avez-vous plus d'esprit, de sens, de savoir?..... Non; mais voici une source d'erreur bien ordinaire : beaucoup d'hommes, invinciblement attachés aux préjugés de leur enfance, mettent leur gloire, leur piété, à prouver aux autres un système avant de se le prouver à eux-mêmes. Ils disent : Ce système, je ne veux point l'examiner pour moi. Il est vrai, il est incontestable, et, de manière ou d'autre, il faut que je le démontre. — Alors, plus ils ont d'esprit, de pénétration, de savoir, plus ils sont habiles à se faire illusion, à inventer, à unir, à colorer les sophismes, à tordre et défigurer tous les faits pour en étayer leur échafaudage... Et pour ne citer qu'un exemple et un grand exemple, il est bien clair que, dans tout ce qui regarde la métaphysique et la religion, Pascal n'a jamais suivi une autre méthode. » Cela est beaucoup moins clair pour nous aujourd'hui que pour André, qui ne voyait Pascal que dans

Ce second chant devait renfermer, du ton lugubre d'un Pline l'Ancien, le tableau des premières misères, des égarements et des anarchies de l'humanité commençante. Les déluges, qu'il s'était d'abord proposé de mettre dans le premier chant, auraient sans doute mieux trouvé leur cadre dans celui-ci :

« Peindre les différents déluges qui détruisirent tout... La mer Caspienne, lac Aral et mer Noire réunis... l'éruption par l'Hellespont... Les hommes se sauvèrent au sommet des montagnes :

> Et vetus inventa est in montibus anchora summis.
> (*Ovide*, Mét., liv. XV.)

La ville d'*Ancyre* fut fondée sur une montagne où l'on trouva une *ancre*. » Il voulait peindre les autels de pierre, alors posés au bord de la mer, et qui se trouvent aujourd'hui au-dessus de son niveau, les membres des grands animaux primitifs errant au gré des ondes, et leurs os, déposés en amas immenses sur les côtes des continents. Il ne voyait dans les pagodes souterraines, d'après le voyageur Sonnerat, que les habitacles des Septentrionaux qui arrivaient dans le midi et fuyaient, sous terre, les fureurs du soleil. Il eût expliqué, par quelque chose d'analogue peut-être, la base impie de la religion des Éthiopiens et le vœu présumé de son fondateur :

> Il croit (aveugle erreur!) que de l'ingratitude
> Un peuple tout entier peut se faire une étude,
> L'établir pour son culte, et de Dieux bienfaisants
> Blasphémer de concert les augustes présents.

A ces époques de tâtonnements et de délires, avant la vraie civilisation trouvée, que de vies humaines en pure perte dé-

---

l'atmosphère d'alors, et, pour ainsi dire, à travers Condorcet. — Dans les fragments de mémoires manuscrits de Chênedollé, qui avait beaucoup vécu avec des amis de notre poëte, je trouve cette note isolée et sans autre explication : « André Chénier était athée avec délices. »

pensées ! « Que de générations, l'une sur l'autre entassées, dont l'amas

> Sur les temps écoulés invisible et flottant
> A tracé dans cette onde un sillon d'un instant ! »

Mais le poëte veut sortir de ces ténèbres, il en veut tirer l'humanité. Et ici se serait placée probablement son étude de l'homme, l'analyse des sens et des passions, la connaissance approfondie de notre être, tout le parti enfin qu'en pourront tirer bientôt les habiles et les sages. Dans l'explication du mécanisme de l'esprit humain, gît l'esprit des lois.

André, pour l'analyse des sens, rivalisant avec le livre IV de Lucrèce, eût été le disciple exact de Locke, de Condillac et de Bonnet : ses notes, à cet égard, ne laissent aucun doute. Il eût insisté sur les langues, sur les mots : « rapides Protées, dit-il, ils revêtent la teinture de tous nos sentiments. Ils dissèquent et étalent toutes les moindres de nos pensées, comme un prisme fait les couleurs. »

Mais les beautés d'idées ici se multiplient ; le moraliste profond se déclare et se termine souvent en poëte :

« Les mêmes passions générales forment la constitution générale des hommes. Mais les passions, modifiées par la constitution particulière des individus, et prenant le cours que leur indique une éducation vicieuse ou autre, produisent le crime ou la vertu, la lumière ou la nuit. Ce sont mêmes plantes qui nourrissent l'abeille ou la vipère ; dans l'une elles font du miel, dans l'autre du poison. Un vase corrompu aigrit la plus douce liqueur.

« L'étude du cœur de l'homme est notre plus digne étude :

> Assis au centre obscur de cette forêt sombre
> Qui fuit et se partage en des routes sans nombre,
> Chacune autour de nous s'ouvre : et de toute part
> Nous y pouvons au loin plonger un long regard. »

Belle image que celle du philosophe ainsi dans l'ombre, au

carrefour du labyrinthe, comprenant tout, immobile ! Mais le poëte n'est pas immobile longtemps :

« En poursuivant dans toutes les actions humaines les causes que j'y ai assignées, souvent je perds le fil, mais je le retrouve :

> Ainsi dans les sentiers d'une forêt naissante,
> A grands cris élancée, une meute pressante,
> Aux vestiges connus dans les zéphyrs errants,
> D'un agile chevreuil suit les pas odorants.
> L'animal, pour tromper leur course suspendue,
> Bondit, s'écarte, fuit, et la trace est perdue.
> Furieux, de ses pas cachés dans ces déserts
> Leur narine inquiète interroge les airs,
> Par qui bientôt frappés de sa trace nouvelle,
> Ils volent à grands cris sur sa route fidèle. »

La pensée suivante, pour le ton, fait songer à Pascal ; la brusquerie du début nous représente assez bien André en personne, causant :

« L'homme juge toujours les choses par les rapports qu'elles ont avec lui. C'est bête. Le jeune homme se perd dans un tas de projets comme s'il devait vivre mille ans. Le vieillard qui a usé la vie est inquiet et triste. Son importune envie ne voudrait pas que la jeunesse l'usât à son tour. Il crie : Tout est vanité ! — Oui, tout est vain sans doute, et cette manie, cette inquiétude, cette fausse philosophie, venue malgré toi lorsque tu ne peux plus remuer, est plus vaine encore que tout le reste. » —

« La terre est éternellement en mouvement. Chaque chose naît, meurt et se dissout. Cette particule de terre a été du fumier, elle devient un trône, et, qui plus est, un roi. Le monde est une branloire perpétuelle, dit Montaigne (à cette occasion, les conquérants, les bouleversements successifs des invasions, des conquêtes, d'ici, de là...). Les hommes ne font attention à ce roulis perpétuel que quand ils en sont les victimes : il est pourtant toujours. L'homme ne juge les choses que dans le rapport qu'elles ont avec lui. Affecté d'une telle manière, il appelle un accident un bien ; affecté de telle autre manière, il l'appellera un mal. La chose est pourtant la même, et rien n'a changé que lui.

Et si le bien existe, il doit seul exister ! »

Je livre ces pensées hardies à la méditation et à la sentence de chacun, sans commentaire. André Chénier rentrerait ici dans le système de l'optimisme de Pope, s'il faisait intervenir Dieu ; mais comme il s'en abstient absolument, il faut convenir que cette morale va plutôt à l'éthique de Spinosa, de même que sa physiologie corpusculaire allait à la philosophie zoologique de Lamarck.

Le poëte se proposait de clore le morceau des sens par le développement de cette idée : « Si quelques individus, quelques générations, quelques peuples, donnent dans un vice ou dans une erreur, cela n'empêche que l'âme et le jugement du genre humain tout entier ne soient portés à la vertu et à la vérité, comme le bois d'un arc, quoique courbé et plié un moment, n'en a pas moins un désir invincible d'être droit et ne s'en redresse pas moins dès qu'il le peut. Pourtant, quand une longue habitude l'a tenu courbé, il ne se redresse plus ; cela fournit un autre emblème :

. . . . Trahitur pars longa catenæ (*Perse*) (1).
. . . . Et traîne
Encore après ses pas la moitié de sa chaîne. »

Le troisième chant devait embrasser la politique et la religion utile qui en dépend, la constitution des sociétés, la civilisation enfin, sous l'influence des illustres sages, des Orphée, des Numa, auxquels le poëte assimilait Moïse. Les fragments, déjà imprimés, de l'*Hermès*, se rapportent plus particulièrement à ce chant final : aussi je n'ai que peu à en dire.

(1) Satire V : l'image, dans Perse, est celle du chien qui, après de violents efforts, arrache sa chaîne, mais en tire un long bout après lui.

« Chaque individu dans l'état sauvage, écrit Chénier, est un tout indépendant ; dans l'état de société, il est partie du tout ; il vit de la vie commune. Ainsi, dans le chaos des poëtes chaque germe, chaque élément est seul et n'obéit qu'à son poids ; mais quand tout cela est arrangé, chacun est un tout à part, et en même temps une partie du grand tout. Chaque monde roule sur lui-même et roule aussi autour du centre. Tous ont leurs lois à part, et toutes ces lois diverses tendent à une loi commune et forment l'univers...

> Mais ces soleils assis dans leur centre brûlant,
> Et chacun roi d'un monde autour de lui roulant,
> Ne gardent point eux-même une immobile place :
> Chacun avec son monde emporté dans l'espace,
> Ils cheminent eux-même : un invincible poids
> Les courbe sous le joug d'infatigables lois,
> Dont le pouvoir sacré, nécessaire, inflexible,
> Leur fait poursuivre à tous un centre irrésistible. »

C'était une bien grande idée à André que de consacrer ainsi ce troisième chant à la description de l'ordre dans la société d'abord, puis à l'exposé de l'ordre dans le système du monde, qui devenait l'idéal réfléchissant et suprême.

Il établit volontiers ses comparaisons d'un ordre à l'autre : « On peut comparer, se dit-il, les âges instruits et savants, qui éclairent ceux qui viennent après, à la queue étincelante des comètes. »

Il se promettait encore de « comparer les premiers hommes civilisés, qui vont civiliser leurs frères sauvages, aux éléphants privés qu'on envoie apprivoiser les farouches ; et par quels moyens ces derniers. » — Hasard charmant ! l'auteur du *Génie du Christianisme*, celui même à qui l'on a dû de connaître d'abord l'étoile poétique d'André et *la Jeune Captive* (1), a

(1) M. de Chateaubriand tenait cette pièce de madame de Beaumont, sœur de M. de La Luzerne, sous qui André avait été attaché à l'ambassade d'Angleterre : elle-même avait directement connu le poëte. — La pièce de *la Jeune Captive* avait été déjà publiée dans *la Décade*

rempli comme à plaisir la comparaison désirée, lorsqu'il nous a montré les missionnaires du Paraguay remontant les fleuves en pirogues, avec les nouveaux catéchumènes qui chantaient de saints cantiques : « Les néophytes répétaient les airs, dit-il, comme des oiseaux privés chantent pour attirer dans les rets de l'oiseleur les oiseaux sauvages. »

Le poëte, pour compléter ses tableaux, aurait parlé prophétiquement de la découverte du Nouveau-Monde : « O Destins, hâtez-vous d'amener ce grand jour qui... qui... ; mais non, Destins, éloignez ce jour funeste, et, s'il se peut, qu'il n'arrive jamais ! » Et il aurait flétri les horreurs qui suivirent la conquête. Il n'aurait pas moins présagé Gama et triomphé avec lui des périls amoncelés que lui opposa en vain

Des derniers Africains le Cap noir des Tempêtes!

On a l'épilogue de l'*Hermès* presque achevé : toute la pensée philosophique d'André s'y résume et s'y exhale avec ferveur :

O mon fils, mon *Hermès*, ma plus belle espérance;
O fruit des longs travaux de ma persévérance,
Toi, l'objet le plus cher des veilles de dix ans,
Qui m'as coûté des soins et si doux et si lents;
Confident de ma joie et remède à mes peines;
Sur les lointaines mers, sur les terres lointaines,
Compagnon bien-aimé de mes pas incertains,
O mon fils, aujourd'hui quels seront tes destins?
Une mère longtemps se cache ses alarmes;
Elle-même à son fils veut attacher ses armes :
Mais quand il faut partir, ses bras, ses faibles bras
Ne peuvent sans terreur l'envoyer aux combats.
Dans la France, pour toi, que faut-il que j'espère?
Jadis, enfant chéri, dans la maison d'un père
Qui te regardait naître et grandir sous ses yeux,
Tu pouvais sans péril, disciple curieux,

le 20 nivôse an III, moins de six mois après la mort du poëte; mais elle y était restée comme enfouie.

Sur tout ce qui frappait ton enfance attentive
Donner un libre essor à ta langue naïve.
Plus de père aujourd'hui ! Le mensonge est puissant,
Il règne : dans ses mains luit un fer menaçant.
De la vérité sainte il déteste l'approche;
Il craint que son regard ne lui fasse un reproche,
Que ses traits, sa candeur, sa voix, son souvenir,
Tout mensonge qu'il est, ne le fasse pâlir.
Mais la vérité seule est une, est éternelle;
Le mensonge varie, et l'homme trop fidèle
Change avec lui : pour lui les humains sont constants,
Et roulent de mensonge en mensonge flottants...

Ici, il y a lacune; le canevas en prose y supplée : « Mais quand le temps aura précipité dans l'abîme ce qui est aujourd'hui sur le faîte, et que plusieurs siècles se seront écoulés l'un sur l'autre dans l'oubli, avec tout l'attirail des préjugés qui appartiennent à chacun d'eux, pour faire place à des siècles nouveaux et à des erreurs nouvelles...

Le français ne sera dans ce monde nouveau
Qu'une écriture antique et non plus un langage;
Oh! si tu vis encore, alors peut-être un sage,
Près d'une lampe assis, dans l'étude plongé,
Te retrouvant poudreux, obscur, demi-rongé,
Voudra creuser le sens de tes lignes pensantes :
Il verra si du moins tes feuilles innocentes
Méritaient ces rumeurs, ces tempêtes, ces cris
Qui vont sur toi, sans doute, éclater dans Paris;...

alors, peut-être... on verra si... et si, en écrivant, j'ai connu d'autre passion

Que l'amour des humains et de la vérité ! »

Ce vers final, qui est toute la devise, un peu fastueuse, de la philosophie du xviiie siècle, exprime aussi l'entière inspiration de l'*Hermès*. En somme, on y découvre André sous un jour assez nouveau, ce me semble, et à un degré de passion philosophique et de prosélytisme sérieux auquel rien n'avait dû faire croire, de sa part, jusqu'ici. Mais j'ai hâte d'en revenir à de plus riantes ébauches, et de m'ébattre avec lui, avec le lecteur, comme par le passé, dans sa renommée gracieuse.

Les petits dossiers restants, qui comprennent des plans et des esquisses d'idylles ou d'élégies, pourraient fournir matière à un triage complet; j'y ai glané rapidement, mais non sans fruit. Ce qu'on y gagne surtout, c'est de ne conserver aucun doute sur la manière de travailler d'André; c'est d'assister à la suite de ses projets, de ses lectures, et de saisir les moindres fils de la riche trame qu'en tous sens il préparait. Il voulait introduire le génie antique, le génie grec, dans la poésie française, sur des idées ou des sentiments modernes : tel fut son vœu constant, son but réfléchi; tout l'atteste. *Je veux qu'on imite les anciens*, a-t-il écrit en tête d'un petit fragment du poëme d'Oppien sur *la Chasse* (1); il ne fait pas autre chose; il se reprend aux anciens de plus haut qu'on n'avait fait sous Racine et Boileau; il y revient comme un jet d'eau à sa source, et par delà le Louis XIV : sans trop s'en douter, et avec plus de goût, il tente de nouveau l'œuvre de Ronsard (2). Les *Analecta* de Brunck, qui avaient paru en 1776, et qui contiennent toute la fleur grecque en ce qu'elle a d'exquis, de simple, même de mignard ou de sauvage, devinrent la lecture la plus habituelle d'André; c'était son livre de chevet et son bréviaire. C'est de là qu'il a tiré sa jolie épigramme traduite d'Évenus de Paros :

Fille de Pandion, ô jeune Athénienne, etc. (3);

et cette autre épigramme d'Anyté :

O Sauterelle, à toi, rossignol des fougères, etc. (4),

(1) Édition de 1833, tome II, page 319.
(2) M. Patin, dans sa leçon d'ouverture publiée le 16 décembre 1838 (*Revue de Paris*), a rapproché exactement la tentative de Chénier de l'œuvre d'Horace chez les Latins.
(3) Édition de 1833, tome II, page 344.
(4) *Ibid.*, page 344.

qu'il imite en même temps d'Argentarius. La petite épitaphe qui commence par ce vers :

> Bergers, vous dont ici la chèvre vagabonde, etc. (1),

est traduite (ce qu'on n'a pas dit) de Léonidas de Tarente. En comparant et en suivant de près ce qu'il rend avec fidélité, ce qu'il élude, ce qu'il rachète, on voit combien il était pénétré de ces grâces. Ses papiers sont couverts de projets d'imitations semblables. En lisant une épigramme de Platon sur Pan qui joue de la flûte, il en remarque le dernier vers où il est question des *Nymphes hydriades*; je ne connaissais pas encore ces nymphes, se dit-il; et on sent qu'il se propose de ne pas s'en tenir là avec elles. Il copie de sa main une épigramme de Myro la Byzantine qu'il trouve charmante, adressée aux *Nymphes hamadryades* par un certain Cléonyme qui leur dédie des statues dans un lieu planté de pins. Ainsi il va quêtant partout son butin choisi. Tantôt, ce sont deux vers d'une petite idylle de Méléagre sur le printemps :

> L'alcyon sur les mers, près des toits l'hirondelle,
> Le cygne au bord du lac, sous le bois Philomèle;

tantôt, c'est un seul vers de Bion (Épithalame d'Achille et de Déidamie) :

> Et les baisers secrets et les lits clandestins;

il les traduit exactement et se promet bien de les enchâsser quelque part un jour (2). Il guettait de l'œil, comme une tendre proie, les excellents vers de Denys le géographe, où celui-ci peint les femmes de Lydie dans leurs danses en l'honneur de Bacchus, et les jeunes filles qui sautent et bondissent *comme des faons nouvellement allaités*,

> ... Lacte mero mentes perculsa novellas;

---

(1) *Ibid.*, page 327.
(2) A mesure qu'il en augmente son trésor, il n'est pas toujours sûr

et les vents, frémissant autour d'elles, agitent sur leurs poitrines leurs tuniques élégantes. Il voulait imiter l'idylle de Théocrite dans laquelle la courtisane Eunica se raille des hommages d'un pâtre; chez André, c'eût été une contre-partie probablement; on aurait vu une fille des champs raillant un *beau* de la ville, et lui disant : Allez, vous préférez

> Aux belles de nos champs vos belles citadines.

La troisième élégie du livre IV de Tibulle, dans laquelle le poëte suppose Sulpice éplorée, s'adressant à son amant Cérinthe et le rappelant de la chasse, tentait aussi André et il en devait mettre une imitation dans la bouche d'une femme. Mais voici quelques projets plus esquissés sur lesquels nous l'entendrons lui-même :

« Il ne sera pas impossible de parler quelque part de ces mendiants charlatans qui demandaient pour la Mère des Dieux, et aussi de ceux qui, à Rhodes, mendiaient pour la corneille et pour l'hirondelle; et traduire les deux jolies chansons qu'ils disaient en demandant cette aumône et qu'Athénée a conservées. »

Il était si en quête de ces gracieuses chansons, de ces *noëls* de l'antiquité, qu'il en allait chercher d'analogues jusque dans la poésie chinoise, à peine connue de son temps; il regrette qu'un missionnaire habile n'ait pas traduit en entier le *Chi-King*, le livre des vers, ou du moins ce qui en reste. Deux pièces, citées dans le treizième volume de la grande Histoire de la Chine qui venait de paraître, l'avaient surtout charmé. Dans une ode sur l'amitié fraternelle, il relève les paroles suivantes : « Un frère pleure son frère avec des larmes véritables. Son cadavre fût-il suspendu sur un abîme à la pointe d'un rocher ou enfoncé dans l'eau infecte d'un gouffre, il lui procurera un tombeau. » —

---

de ne pas les avoir employés déjà : « Je crois, dit-il en un endroit, avoir déjà mis ce vers quelque part, mais je ne puis me souvenir où. »

« Voici, ajoute-t-il, une chanson écrite sous le règne d'Yao, 2,350 ans avant Jésus-Christ. C'est une de ces petites chansons que les Grecs appellent *scholies* : Quand le soleil commence sa course, je me mets au travail ; et quand il descend sous l'horizon, je me laisse tomber dans les bras du sommeil. Je bois l'eau de mon puits, je me nourris des fruits de mon champ. Qu'ai-je à gagner ou à perdre à la puissance de l'Empereur ? »

Et il se promet bien de la traduire dans ses *Bucoliques*. Ainsi tout lui servait à ses fins ingénieuses ; il extrayait de partout la Grèce.

Est-ce un emprunt, est-ce une idée originale que ces lignes riantes que je trouve parmi les autres et sans plus d'indication ? « O ver luisant lumineux,... petite étoile terrestre,... ne te retire point encore.... prête-moi la clarté de ta lampe pour aller trouver ma mie qui m'attend dans le bois ! »

Pindare, cité par Plutarque au *Traité de l'Adresse et de l'Instinct des Animaux*, s'est comparé aux dauphins qui sont sensibles à la musique ; André voulait encadrer l'image ainsi : « On peut faire un petit *quadro* d'un jeune enfant assis sur le bord de la mer, sous un joli paysage. Il jouera sur deux flûtes :

> Deux flûtes sur sa bouche, aux antres, aux Naïades,
> Aux Faunes, aux Sylvains, aux belles Oréades,
> Répètent des amours. . . . . . .

Et les dauphins accourent vers lui. » En attendant, il avait traduit, ou plutôt développé, les vers de Pindare :

> Comme, aux jours de l'été, quand d'un ciel calme et pur
> Sur la vague aplanie étincelle l'azur,
> Le dauphin sur les flots sort et bondit et nage,
> S'empressant d'accourir vers l'aimable rivage
> Où, sous des doigts légers, une flûte aux doux sons
> Vient égayer les mers de ses vives chansons ;
> Ainsi. . . . .

André, dans ses notes, emploie, à diverses reprises, cette expression : *j'en pourrai faire un* QUADRO; cela paraît vouloir dire un petit tableau peint; car il était peintre aussi, comme il nous l'a appris dans une élégie :

> Tantôt de mon pinceau les timides essais
> Avec d'autres couleurs cherchent d'autres succès.

Et quel plus charmant motif de tableau que cet enfant nu, sous l'ombrage, au bord d'une mer étincelante, et les dauphins arrivant aux sons de sa double flûte divine ! En l'indiquant, j'y vois comme un défi que quelqu'un de nos jeunes peintres relèvera (1).

Ailleurs, ce n'est plus le gracieux enfant, c'est Andromède exposée au bord des flots, qui appelle la muse d'André : il cite et transcrit les admirables vers de Manilius à ce sujet, au ve livre des *Astronomiques*; ce supplice d'où la grâce et la pudeur n'ont pas disparu, ce charmant visage confus, allant chercher une blanche épaule qui le dérobe :

> Supplicia ipsa decent; nivea cervice reclinis
> Molliter ipsa suæ custos est sola figuræ.
> Defluxere sinus humeris, fugitque lacertos
> Vestis, et effusi scopulis lusere capilli.
> Te circum alcyones pennis planxere volantes, etc.

André remarque que c'est en racontant l'histoire d'Andromède à la troisième personne que le poëte lui adresse brusquement ces vers : *Te circum*, etc., sans la nommer en aucune façon. « C'est tout cela, ajoute-t-il, qu'il faut imiter. Le traducteur met les alcyons volants autour de *vous, infortunée Princesse*. Cela ôte de la grâce. » Je ne crois pas abuser du lecteur en l'initiant ainsi à la rhétorique secrète d'André (2).

---

(1) Peut-être aussi le poëte n'emploie-t-il, en certains cas, cette expression de *Quadro* que métaphoriquement et par allusion à son petit cadre poétique.

(2) Il disait encore dans ce même exquis sentiment de la diction poétique : « La huitième épigramme de Théocrite est belle (Épitaphe

Nina, ou la Folle par amour, ce touchant drame de Marsollier, fut représentée, pour la première fois, en 1786; André Chénier put y assister; il dut être ému aux tendres sons de la romance de Dalayrac :

> Quand le bien-aimé reviendra
> Près de sa languissante amie, etc.

Ceci n'est qu'une conjecture, mais que semble confirmer et justifier le canevas suivant qui n'est autre que le sujet de Nina, transporté en Grèce, et où se retrouve jusqu'à l'écho des rimes de la romance :

« La jeune fille qu'on appelait *la Belle de Scio*... Son amant mourut... elle devint folle... Elle courait les montagnes (la peindre d'une manière antique). — (J'en pourrai, un jour, faire un tableau, un *quadro*)... et, longtemps après elle, on chantait cette chanson faite par elle dans sa folie :

> Ne reviendra-t-il pas? Il reviendra sans doute.
> Non, il est sous la tombe : il attend, il écoute.
> Va, Belle de Scio, meurs! il te tend les bras;
> Va trouver ton amant : il ne reviendra pas! »

Et, comme *post-scriptum*, il indique en anglais la chanson du quatrième acte d'*Hamlet* que chante Ophélia dans sa folie : avide et pure abeille, il se réserve de pétrir tout cela ensemble (1) !

de Cléonice); elle finit ainsi : Malheureux Cléonice, sous le propre coucher des Pléiades, *cum Pleiadibus, occidisti.* Il faut la traduire et rendre l'opposition de paroles... la mer t'a reçu avec elles (les Pléiades). »

(1) André était comme La Fontaine, qui disait :

> J'en lis qui sont du Nord et qui sont du Midi.

Il lisait tout. M. Piscatori père, qui l'a connu avant la Révolution, m'a raconté qu'un jour, particulièrement, il l'avait entendu causer avec feu et se développer sur Rabelais. Ce qu'il en disait a laissé dans l'esprit de M. Piscatori une impression singulière de nouveauté et d'éloquence. Cette étude qu'il avait faite de Rabelais me justifierait, s'il en était besoin, de l'avoir autrefois rapproché longuement de Regnier.

Fidèle à l'antique, il ne l'était pas moins à la nature; si, en imitant les anciens, il a l'air souvent d'avoir senti avant eux, souvent, lorsqu'il n'a l'air que de les imiter, il a réellement observé lui-même. On sait le joli fragment :

> Fille du vieux pasteur, qui, d'une main agile,
> Le soir remplis de lait trente vases d'argile,
> Crains la génisse pourpre, au farouche regard...

Eh bien ! au bas de ces huit vers bucoliques, on lit sur le manuscrit : vu *et fait à Catillon près Forges le 4 août 1792 et écrit à Gournay le lendemain.* Ainsi le poëte se rafraîchissait aux images de la nature, à la veille du 10 août (1).

Deux fragments d'idylles, publiés dans l'édition de 1833, se peuvent compléter heureusement, à l'aide de quelques lignes de prose qu'on avait négligées ; je les rétablis ici dans leur ensemble.

LES COLOMBES.

Deux belles s'étaient baisées.... Le poëte berger, témoin jaloux de leurs caresses, chante ainsi :

> « Que les deux beaux oiseaux, les colombes fidèles,
> Se baisent. Pour s'aimer les Dieux les firent belles.
> Sous leur tête mobile, un cou blanc, délicat,
> Se plie, et de la neige effacerait l'éclat.
> Leur voix est pure et tendre, et leur âme innocente,
> Leurs yeux doux et sereins, leur bouche caressante.
> L'une a dit à sa sœur : — Ma sœur. . . .

(Ma sœur, en un tel lieu croissent l'orge et le millet...)

> L'autour et l'oiseleur, ennemis de nos jours,
> De ce réduit peut-être ignorent les détours;
> Viens. . .

---

(1) On se plaît à ces moindres détails sur les grands poëtes aimés. A la fin de l'idylle intitulée *la Liberté*, entre le chevrier et le berger, on lit sur le manuscrit : *Commencée le vendredi au soir 10, et finie le dimanche au soir 12 mars 1787.* La pièce a un peu plus de cent cin-

(Je le choisirai moi-même les graines que tu aimes, et mon bec s'entrelacera dans le tien.)

. . . .
L'autre a dit à sa sœur : Ma sœur, une fontaine
Coule dans ce bosquet. . . . . .

(L'oie ni le canard n'en ont jamais souillé les eaux, ni leurs cris.... Viens, nous y trouverons une boisson pure, et nous y baignerons notre tête et nos ailes, et mon bec ira polir ton plumage. — Elles vont, elles se promènent en roucoulant au bord de l'eau; elles boivent, se baignent, mangent; puis, sur un rameau, leurs becs s'entrelacent : elles se polissent leur plumage l'une à l'autre).

Le voyageur, passant en ces fraîches campagnes,
Dit (1) : O les beaux oiseaux ! ô les belles compagnes !
Il s'arrêta longtemps à contempler leurs jeux ;
Puis, reprenant sa route et les suivant des yeux,
Dit : Baisez, baisez-vous, colombes innocentes,
Vos cœurs sont doux et purs, et vos voix caressantes ;
Sous votre aimable tête, un cou blanc, délicat,
Se plie, et de la neige effacerait l'éclat. »

L'édition de 1833 (tome II, page 339) donne également cette épitaphe d'un amant ou d'un époux, que je reproduis, en y ajoutant les lignes de prose qui éclairent le dessein du poëte :

Mes mânes à Clytie. — Adieu, Clytie, adieu.
Est-ce toi dont les pas ont visité ce lieu ?
Parle, est-ce toi, Clytie, ou dois-je attendre encore ?
Ah ! si tu ne viens pas seule ici, chaque aurore,

quante vers. On a là une juste mesure de la verve d'exécution d'André : elle tient le milieu, pour la rapidité, entre la lenteur un peu avare des poëtes sous Louis XIV et le train de Mazeppa d'aujourd'hui.

(1) Ce voyageur est-il le même que le berger du commencement ? ou entre-t-il comme personnage dans la chanson du berger ? Je le croirais plutôt, mais ce n'est pas bien clair.

> Rêver au peu de jours où j'ai vécu pour toi,
> Voir cette ombre qui t'aime et parler avec moi,
> D'Élysée à mon cœur la paix devient amère,
> Et la terre à mes os ne sera plus légère.
> Chaque fois qu'en ces lieux un air frais du matin
> Vient caresser ta bouche et voler sur ton sein,
> Pleure, pleure, c'est moi; pleure, fille adorée;
> C'est mon âme qui fuit sa demeure sacrée,
> Et sur ta bouche encore aime à se reposer.
> Pleure, ouvre-lui tes bras et rends-lui son baiser.

(Entre autres manières dont cela peut être placé, écrit Chénier, en voici une : Un voyageur, en passant sur un chemin, entend des pleurs et des gémissements. Il s'avance, il voit au bord d'un ruisseau une jeune femme échevelée, tout en pleurs, assise sur un tombeau, une main appuyée sur la pierre, l'autre sur ses yeux. Elle s'enfuit à l'approche du voyageur qui lit sur la tombe cette épitaphe. Alors il prend des fleurs et de jeunes rameaux, et les répand sur cette tombe en disant : O jeune infortunée... (quelque chose de tendre et d'antique) ; puis il remonte à cheval, et s'en va la tête penchée et mélancoliquement, il s'en va

> Pensant à son épouse et craignant de mourir.

Ce pourrait être le voyageur qui conte lui-même à sa famille ce qu'il a vu le matin.)

Mais c'est assez de fragments : donnons une pièce inédite entière, une perle retrouvée, *la jeune Locrienne*, vrai pendant de *la jeune Tarentine*. A son brusque début, on l'a pu prendre pour un fragment, et c'est ce qui l'aura fait négliger ; mais André aime ces entrées en matière imprévues, dramatiques ; c'est la jeune Locrienne qui achève de chanter :

> « Fuis, ne me livre point. Pars avant son retour ;
> « Lève-toi ; pars, adieu ; qu'il n'entre, et que ta vue
> « Ne cause un grand malheur, et je serais perdue !
> « Tiens, regarde, adieu, pars : ne vois-tu pas le jour ? »

— Nous aimions sa naïve et riante folie.
Quand soudain, se levant, un sage d'Italie,
Maigre, pâle, pensif, qui n'avait point parlé,
Pieds nus, la barbe noire, un sectateur zélé
Du muet de Samos qu'admire Métaponte,
Dit : « Locriens perdus, n'avez-vous pas de honte ?
Des mœurs saintes jadis furent votre trésor.
Vos vierges, aujourd'hui riches de pourpre et d'or,
Ouvrent leur jeune bouche à des chants adultères.
Hélas ! qu'avez-vous fait des maximes austères
De ce berger sacré que Minerve autrefois
Daignait former en songe à vous donner des lois ? »
Disant ces mots, il sort... Elle était interdite ;
Son œil noir s'est mouillé d'une larme subite ;
Nous l'avons consolée, et ses ris ingénus,
Ses chansons, sa gaieté, sont bientôt revenus.
Un jeune Thurien (1), aussi beau qu'elle est belle
(Son nom m'est inconnu), sortit presque avec elle :
Je crois qu'il la suivit et lui fit oublier
Le grave Pythagore et son grave écolier.

Parmi les ïambes inédits, j'en trouve un dont le début rappelle, pour la forme, celui de la gracieuse élégie ; c'est un brusque reproche que le poëte se suppose adressé par la bouche de ses adversaires, et auquel il répond soudain en l'interrompant :

« Sa langue est un fer chaud ; dans ses veines brûlées
    Serpentent des fleuves de fiel. »
J'ai douze ans, en secret, dans les doctes vallées,
    Cueilli le poétique miel :

Je veux un jour ouvrir ma ruche tout entière ;
    Dans tous mes vers on pourra voir
Si ma muse naquit haineuse et meurtrière.
    Frustré d'un amoureux espoir,

(1) *Thurii*, colonie grecque fondée aux environs de Sybaris, dans le golfe de Tarente, par les Athéniens.

Archiloque aux fureurs du belliqueux ïambe
    Immole un beau-père menteur ;
Moi, ce n'est point au col d'un perfide Lycambe
    Que j'apprête un lacet vengeur.

Ma foudre n'a jamais tonné pour mes injures.
    La patrie allume ma voix ;
La paix seule aguerrit mes pieuses morsures,
    Et mes fureurs servent les lois.

Contre les noirs Pythons et les Hydres fangeuses,
    Le feu, le fer, arment mes mains ;
Extirper sans pitié ces bêtes vénéneuses,
    C'est donner la vie aux humains.

Sur un petit feuillet, à travers une quantité d'abréviations et de mots grecs substitués aux mots français correspondants, mais que la rime rend possibles à retrouver, on arrive à lire cet autre ïambe écrit pendant les fêtes théâtrales de la Révolution après le 10 août ; l'excès des précautions indique déjà l'approche de la Terreur :

Un vulgaire assassin va chercher les ténèbres,
    Il nie, il jure sur l'autel ;
Mais, nous, grands, libres, fiers, à nos exploits funèbres,
    A nos turpitudes célèbres,
Nous voulons attacher un éclat immortel.

De l'oubli taciturne et de son onde noire
    Nous savons détourner le cours.
Nous appelons sur nous l'éternelle mémoire ;
    Nos forfaits, notre unique histoire,
Parent de nos cités les brillants carrefours.

O gardes de Louis, sous les voûtes royales
    Par nos ménades déchirés,
Vos têtes sur un fer ont, pour nos bacchanales,
    Orné nos portes triomphales,
Et ces bronzes hideux, nos monuments sacrés.

Tout ce peuple hébété que nul remords ne touche,
Cruel même dans son repos,
Vient sourire aux succès de sa rage farouche,
Et, la soif encore à la bouche,
Ruminer tout le sang dont il a bu les flots.

Arts dignes de nos yeux! pompe et magnificence
Dignes de notre liberté,
Dignes des vils tyrans qui dévorent la France,
Dignes de l'atroce démence
Du stupide David qu'autrefois j'ai chanté!

Depuis l'aimable enfant au bord des mers, qui joue de la double flûte aux dauphins accourus, nous avons touché tous les tons. C'est peut-être au lendemain même de ce dernier ïambe rutilant, que le poëte, en quelque secret voyage à Versailles, adressait cette ode heureuse à Fanny :

Mai de moins de roses, l'automne
De moins de pampres se couronne,
Moins d'épis flottent en moissons,
Que sur mes lèvres, sur ma lyre,
Fanny, tes regards, ton sourire,
Ne font éclore de chansons.

Les secrets pensers de mon âme
Sortent en paroles de flamme,
A ton nom doucement émus :
Ainsi la nacre industrieuse
Jette sa perle précieuse,
Honneur des sultanes d'Ormuz.

Ainsi, sur son mûrier fertile,
Le ver du Cathay mêle et file
Sa trame étincelante d'or.
Viens, mes Muses pour ta parure
De leur soie immortelle et pure
Versent un plus riche trésor.

Les perles de la poésie
Forment, sous leurs doigts d'ambroisie,

>D'un collier le brillant contour.
>Viens, Fanny : que ma main suspende
>Sur ton sein cette noble offrande...

La pièce reste ici interrompue ; pourtant je m'imagine qu'il n'y manque qu'un seul vers, et possible à deviner ; je me figure qu'à cet appel flatteur et tendre, au son de cette voix qui lui dit *Viens,* Fanny s'est approchée en effet, que la main du poëte va poser sur son sein nu le collier de poésie, mais que tout d'un coup les regards se troublent, se confondent, que la poésie s'oublie, et que le poëte comblé s'écrie, ou plutôt murmure en finissant :

>Tes bras sont le collier d'amour (1) !

Il résulte, pour moi, de cette quantité d'indications et de glanures que je suis bien loin d'épuiser, il doit résulter pour tous, ce me semble, que, maintenant que la gloire de Chénier est établie et permet, sur son compte, d'oser tout désirer, il y a lieu véritablement à une édition plus complète et définitive de ses œuvres, où l'on profiterait des travaux antérieurs en y ajoutant beaucoup. J'ai souvent pensé à cet *idéal* d'édition pour ce charmant poëte, qu'on appellera, si l'on veut, le classique de la décadence, mais qui est, certes, notre plus grand classique en vers depuis Racine et Boileau. Puisque je suis aujourd'hui dans les esquisses et les projets d'idylle et d'élégie, je veux esquisser aussi ce projet d'édition qui est parfois mon idylle. En tête donc se verrait, pour la première fois, le portrait d'André d'après le précieux tableau que possède M. de Cailleux, et qu'il vient, dit-on, de faire graver, pour en assurer l'image unique aux amis du poëte. Puis on recueillerait les divers morceaux et les témoignages intéressants sur André, à commencer par les courtes, mais consacrantes paroles, dans lesquelles l'auteur du *Génie du Christianisme* l'a tout d'abord révélé à la France, comme dans

---

(1) Ou peut-être plus simplement :
>Ton sein est le trône d'amour !

l'auréole de l'échafaud. Viendrait alors la notice que M. de Latouche a mise dans l'édition de 1819, et d'autres morceaux écrits depuis, dans lesquels ce serait une gloire pour nous que d'entrer pour une part, mais où surtout il ne faudrait pas omettre quelques pages de M. Brizeux, insérées autrefois au *Globe* sur le portrait, une lettre de M. de Latour sur une édition de Malherbe annotée en marge par André (*Revue de Paris* 1834), le jugement porté ici même (*Revue des Deux Mondes*) par M. Planche, et enfin quelques pages, s'il se peut, détachées du poétique épisode de *Stello* par M. de Vigny. On traiterait, en un mot, André comme un *ancien*, sur lequel on ne sait que peu, et aux œuvres de qui on rattache pieusement et curieusement tous les jugements, les indices et témoignages. Il y aurait à compléter peut-être, sur plusieurs points, les renseignements biographiques; quelques personnes qui ont connu André vivent encore; son neveu, M. Gabriel de Chénier, à qui déjà nous devons tant pour ce travail, a conservé des traditions de famille bien précises. Une note qu'il me communique m'apprend quelques particularités de plus sur la mère des Chénier, cette spirituelle et belle Grecque, qui marqua à jamais aux mers de Byzance l'étoile d'André. Elle s'appelait Santi-L'homaka; elle était propre sœur (chose piquante!) de la grand'mère de M. Thiers. Il se trouve ainsi qu'André Chénier est oncle, à la mode de Bretagne, de M. Thiers par les femmes, et on y verra, si l'on veut, après coup, un pronostic. André a pris de la Grèce le côté poétique, idéal, rêveur, le culte chaste de la muse au sein des doctes vallées : mais n'y aurait-il rien, dans celui que nous connaissons, de la vivacité, des hardiesses et des ressources quelque peu versatiles d'un de ces hommes d'État qui parurent vers la fin de la guerre du Péloponèse, et, pour tout dire en bon langage, n'est-ce donc pas quelqu'un des plus spirituels princes de la parole athénienne?

Mais je reviens à mon idylle, à mon édition oisive. Il serait bon d'y joindre un petit précis contenant, en deux pages, l'histoire des manuscrits. C'est un point à fixer (prenez-y garde), et qui devient presque douteux à l'égard d'André, comme s'il était véritablement un ancien. Il s'est accrédité, parmi quelques admirateurs du poëte, un bruit, que l'édition de 1833 semble avoir consacré ; on a parlé de trois portefeuilles, dans lesquels il aurait classé ses diverses œuvres par ordre de progrès et d'achèvement : les deux premiers de ces portefeuilles se seraient perdus, et nous ne posséderions que le dernier, le plus misérable, duquel pourtant on aurait tiré toutes ces belles choses. J'ai toujours eu peine à me figurer cela. L'examen des manuscrits restants m'a rendu cette supposition de plus en plus difficile à concevoir. Je trouve, en effet, sans sortir du résidu que nous possédons, les diverses manières des trois prétendus portefeuilles : par exemple, l'idylle intitulée *la Liberté* s'y trouve d'abord dans un simple canevas de prose, puis en vers, avec la date précise du jour et de l'heure où elle fut commencée et achevée. La préface que le poëte aurait esquissée pour le portefeuille perdu, et qui a été introduite pour la première fois dans l'édition de 1833 (tome I, page 23), prouverait au plus un projet de choix et de copie au net, comme en méditent tous les auteurs. Bref, je me borne à dire, sur *les trois portefeuilles*, que je ne les ai jamais bien conçus ; qu'aujourd'hui que j'ai vu l'unique, c'est moins que jamais mon impression de croire aux autres, et que j'ai en cela pour garant l'opinion formelle de M. G. de Chénier, dépositaire des traditions de famille, et témoin des premiers dépouillements. Je tiens de lui une note détaillée sur ce point ; mais je ne pose que l'essentiel, très-peu jaloux de contredire. André Chénier voulait ressusciter la Grèce ; pourtant il ne faudrait pas autour de lui, comme autour d'un manuscrit grec retrouvé au XVIe siècle, venir allumer, entre amis, des guerres de commentateurs : ce serait pousser trop loin la Renaissance (1).

(1) Pour certaines variantes du premier texte, on m'a parlé d'un

Voilà pour les préliminaires ; mais le principal, ce qui devrait former le corps même de l'édition désirée, ce qui, par la difficulté d'exécution, la fera, je le crains, longtemps attendre, je veux dire le commentaire courant qui y serait nécessaire, l'indication complète des diverses et multiples imitations, qui donc l'exécutera ? L'érudition, le goût d'un Boissonade, n'y seraient pas de trop, et de plus il y aurait besoin, pour animer et dorer la scholie, de tout ce jeune amour moderne que nous avons porté à André. On ne se figure pas jusqu'où André a poussé l'imitation, l'a compliquée, l'a condensée ; il a dit dans une belle épître :

> Un juge sourcilleux, épiant mes ouvrages,
> Tout à coup, à grands cris, dénonce vingt passages
> Traduits de tel auteur qu'il nomme ; et, les trouvant,
> Il s'admire et se plaît de se voir si savant.
> Que ne vient-il vers moi ? Je lui ferai connaître
> Mille de mes larcins qu'il ignore peut-être.
> Mon doigt sur mon manteau lui dévoile à l'instant
> La couture invisible et qui va serpentant,
> Pour joindre à mon étoffe une pourpre étrangère...

Eh bien ! en consultant les manuscrits, nous avons été *vers lui*, et lui-même nous a étonné par la quantité de ces industrieuses coutures qu'il nous a révélées çà et là : *junctura callidus acri*. Quand il n'a l'air que de traduire un morceau d'Euripide sur Médée :

> Au sang de ses enfants, de vengeance égarée,
> Une mère plongea sa main dénaturée, etc.,

il se souvient d'Ennius, de Phèdre, qui ont imité ce morceau ;

curieux exemplaire de M. Jules Lefebvre qui serait à consulter, ainsi que le docte possesseur. Je crois néanmoins qu'il ne faudrait pas, en fait de variantes, remettre en question ce qui a été un parti pris avec goût. Toute édition d'écrits posthumes et inachevés est une espèce de toilette qui a demandé quelques épingles : prenez garde de venir épiloguer après coup là-dessus.

il se souvient des vers de Virgile (églogue VIII), qu'il a, dit-il, autrefois traduits étant au collége. A tout moment, chez lui, on rencontre ainsi de ces réminiscences à triple fond, de ces imitations à triple *suture*. Son Bacchus, *Viens, ô divin Bacchus, ô jeune Thyonée!* est un composé du Bacchus des *Métamorphoses*, de celui des *Noces de Thétis et de Pélée*; le Silène de Virgile s'y ajoute à la fin (1). Quand on relit un auteur ancien, quel qu'il soit, et qu'on sait André par cœur, les imitations sortent à chaque pas. Dans ce fragment d'élégie :

> Mais si Plutus revient, de sa source dorée,
> Conduire dans mes mains quelque veine égarée,
> A mes signes, du fond de son appartement,
> Si ma blanche voisine a souri mollement...,

je croyais n'avoir affaire qu'à Horace :

> Nunc et latentis proditor intimo
> Gratus puellæ risus ab angulo;

et c'est à Perse qu'on est plus directement redevable :

> . . . . . Visa est si forte pecunia, sive

(1) Je trouve ces quatre beaux vers inédits sur Bacchus :

> C'est le Dieu de Nisa, c'est le vainqueur du Gange,
> Au visage de vierge, au front ceint de vendange,
> Qui dompte et fait courber sous son char gémissant
> Du Lynx aux cent couleurs le front obéissant...

J'en joindrai quelques autres sans suite, et dans le gracieux hasard de l'atelier qu'ils encombrent et qu'ils décorent :

> Bacchus, Hymen, ces dieux toujours adolescents...
> Vous, du blond Anio Naïade au pied fluide ;
> Vous, filles du Zéphire et de la Nuit humide,
> Fleurs...
> Syrinx parle et respire aux lèvres du berger...
> Et le dormir suave au bord d'une fontaine...
> Et la blanche brebis de laine appesantie...,

et celui-ci, tout d'un coup satirique, aiguisé d'Horace, à l'adresse prochaine de quelque sot,

> Grand rimeur aux dépens de ses ongles rongés.

> Candida vicini subrisit molle puella,
> Cor tibi rite salit. . . . . . . (1).

Au sein de cette future édition difficile, mais possible, d'André Chénier, on trouverait moyen de retoucher avec nouveauté les profils un peu évanouis de tant de poëtes antiques; on ferait passer devant soi toutes les fines questions de la poétique française; on les agiterait à loisir. Il y aurait là, peut-être, une gloire de commentateur à saisir encore; on ferait son œuvre et son nom, à bord d'un autre, à bord d'un

---

(1) On a quelquefois trouvé bien hardi ce vers du *Mendiant* :

> Le toit s'égaie et rit de mille odeurs divines ;

il est traduit des *Noces de Thétis et de Pélée* :

> Queis permulsa domus jucundo risit odore.

On est tenté de croire qu'André avait devant lui, sur sa table, ce poëme entr'ouvert de Catulle, quand il renouvelait dans la même forme le poëme mythologique. Puis, deux vers plus loin à peine, ce n'est plus Catulle ; on est en plein Lucrèce :

> Sur leurs bases d'argent, des formes animées
> Élèvent dans leurs mains des torches enflammées...
> Si non aurea sunt juvenum simulacra per ædes
> Lampadas igniferas manibus retinentia dextris.

Mais ce Lucrèce n'est lui-même ici qu'un écho, un reflet magnifique d'Homère (*Odyssée*, liv. VII, vers 100). André les avait tous présents à la fois. — Jusque dans les endroits où l'imitation semble le mieux couverte, on arrive à soupçonner le larcin de Prométhée. L'humble Phèdre a dit :

> . . . . Decipit
> Fons prima multos : rara mens intelligit
> Quod *interiore* condidit cura *angulo* ;

et Chénier :

> . . . . L'inventeur est celui...
> Qui, *fouillant* des objets les plus *sombres retraites*,
> Étale et fait briller leurs richesses secrètes.

N'est-ce là qu'une rencontre? N'est-ce pas une heureuse traduction du prosaïque *interior angulus*, et *fouillant* pour *intelligit*? — On a un échantillon de ce qu'il faudrait faire sur tous les points.

charmant navire d'ivoire. J'indique, je sens cela, et je passe. Apercevoir, deviner une fleur ou un fruit derrière la haie qu'on ne franchira pas, c'est là le train de la vie.

Ai-je trop présumé pourtant, en un moment de grandes querelles politiques et de formidables assauts, à ce qu'on assure (1), de croire intéresser le monde avec ces débris de mélodie, de pensée et d'étude, uniquement propres à faire mieux connaître un poëte, un homme, lequel, après tout, vaillant et généreux entre les généreux, a su, au jour voulu, à l'heure du danger, sortir de ses doctes vallées, combattre sur la brèche sociale, et mourir?

1er Février 1839.

(1) C'était le moment de ce qu'on a appelé la *Coalition*, dans laquelle les gagnants de Juillet, sous prétexte qu'on n'avait pas le vrai gouvernement parlementaire, s'étaient mis à assiéger le ministère et à le vouloir renverser coûte que coûte, comme si la dynastie était assez fondée et de force à résister au contre-coup.

GEORGE FARCY [1]

La Révolution de Juillet a mis en lumière peu d'hommes nouveaux, elle a dévoré peu d'hommes anciens ; elle a été si prompte, si spontanée, si confuse, si populaire, elle a été si exclusivement l'œuvre des masses, l'exploit de la jeunesse, qu'elle n'a guère donné aux personnages déjà connus le temps d'y assister et d'y coopérer, sinon vers les dernières heures, et qu'elle ne s'est pas donné à elle-même le temps de produire ses propres personnages. Tout ce qui avait déjà un nom s'y est rallié un peu tard ; tout ce qui n'avait pas encore de nom a dû s'en retirer trop tôt. Consultez les listes des héroïques victimes ; pas une illustration, ni dans la science, ni dans les lettres, ni dans les armes, pas une gloire antérieure ; c'était bien du pur et vrai peuple, c'étaient bien de vrais jeunes hommes ; tous ces nobles martyrs sont et resteront obscurs. Le nom de Farcy est peut-être le seul qui frappe et arrête, et encore combien ce nom sonnait peu haut dans la renommée ! comme il disparaissait timidement dans le bruit et l'éclat de tant de noms contemporains ! comme il avait besoin de travaux et d'années pour signifier aux yeux du public ce que l'amitié y lisait déjà avec confiance ! Mais la mort, et une telle mort, a plus fait pour l'honneur de Farcy qu'une vie plus longue n'aurait pu faire, et elle n'a interrompu la destinée de notre ami que pour la couronner.

[1] Ce morceau a fait partie du recueil de vers et opuscules de Farcy, publié chez M. Hachette (1831).

Nous publions les vers de Farcy, et pourtant, nous le croyons, sa vocation était ailleurs : son goût, ses études, son talent original, les conseils de ses amis les plus influents, le portaient vers la philosophie; il semblait né pour soutenir et continuer avec indépendance le mouvement spiritualiste émané de l'École normale. Il n'avait traversé la poésie qu'en courant, dans ses voyages, par aventure de jeunesse, et comme on traverse certains pays et certaines passions. Au moment où les forces de son esprit plus rassis et plus mûr se rassemblaient sur l'objet auquel il était éminemment propre et qui allait devenir l'étude de sa vie, la Providence nous l'enleva. Ces vers donc, ces rêves inachevés, ces soupirs exhalés çà et là dans la solitude, le long des grandes routes, au sein des îles d'Italie, au milieu des nuits de l'Atlantique ; ces vagues plaintes de première jeunesse, qui, s'il avait vécu, auraient à jamais sommeillé dans son portefeuille avec quelque fleur séchée, quelque billet dont l'encre a jauni, quelques-uns de ces mystères qu'on n'oublie pas et qu'on ne dit pas; ces essais un peu pâles et indécis où sont pourtant épars tous les traits de son âme, nous les publions comme ce qui reste d'un homme jeune, mort au début, frappé à la poitrine en un moment immortel, et qui, cher de tout temps à tous ceux qui l'ont connu, ne saurait désormais demeurer indifférent à la patrie.

Jean-George Farcy naquit à Paris le 20 novembre 1800, d'une extraction honnête, mais fort obscure. Enfant unique, il avait quinze mois lorsqu'il perdit son père et sa mère; sa grand'mère le recueillit et le fit élever. On le mit de bonne heure en pension chez M. Gandon, dans le faubourg Saint-Jacques; il y commença ses études, et lorsqu'il fut assez avancé, il les poursuivit au collége de Louis-le-Grand, dont l'institution de M. Gandon fréquentait les cours. En 1819, ses études terminées, il entra à l'École normale, et il en sortait lorsque l'ordonnance du ministre Corbière brisa l'institution en 1822.

Durant ces vingt-deux années, comment s'était passée la vie de l'orphelin Farcy ? La portion extérieure en est fort claire et fort simple ; il étudia beaucoup, se distingua dans ses classes, se concilia l'amitié de ses condisciples et de ses maîtres; il allait deux fois le jour au collége ; il sortait probablement tous les dimanches ou toutes les quinzaines pour passer la journée chez sa grand'mère. Voilà ce qu'il fit régulièrement durant toutes ces belles et fécondes années; mais ce qu'il sentait là-dessous, ce qu'il souffrait, ce qu'il désirait secrètement ; mais l'aspect sous lequel il entrevoyait le monde, la nature, la société ; mais ces tourbillons de sentiments que la puberté excitée et comprimée éveille avec elle ; mais son jeune espoir, ses vastes pensées de voyages, d'ambition, d'amour ; mais son vœu le plus intime, son point sensible et caché, son côté pudique ; mais son roman, mais son cœur, qui nous le dira?

Une grande timidité, beaucoup de réserve, une sorte de sauvagerie ; une douceur habituelle qu'interrompait parfois quelque chose de nerveux, de pétulant, de fugitif ; le commerce très-agréable et assez prompt, l'intimité très-difficile et jamais absolue ; une répugnance marquée à vous entretenir de lui-même, de sa propre vie, de ses propres sensations, à remonter en causant et à se complaire familièrement dans ses souvenirs, comme si, lui, il n'avait pas de souvenirs, comme s'il n'avait jamais été apprivoisé au sein de la famille, comme s'il n'y avait rien eu d'aimé et de choyé, de doré et de fleuri dans son enfance ; une ardeur inquiète, déjà fatiguée, se manifestant par du mouvement plutôt que par des rayons; l'instinct voyageur à un haut degré ; l'humeur libre, franche, indépendante, élancée, un peu fauve, comme qui dirait d'un chamois ou d'un oiseau (1) ; mais avec cela un cœur d'homme ouvert à l'attendrissement et capable au besoin de

(1) « A sa taille mince, à des favoris d'un blond vif, on l'eût pris « pour un Écossais, » a dit de lui M. de Latouche (*Vallée-aux-Loups*). Ce trait est saisi d'après nature, il peint tout Farcy au physique et

stoïcisme : un front pudique comme celui d'une jeune fille, et d'abord rougissant aisément; l'adoration du beau, de l'honnête; l'indignation généreuse contre le mal; sa narine s'enflant alors et sa lèvre se relevant, pleine de dédain; puis un coup d'œil rapide et sûr, une parole droite et concise, un nerf philosophique très-perfectionné : tel nous apparaît Farcy au sortir de l'École normale; il avait donc, du sein de sa vie monotone, beaucoup senti déjà et beaucoup vu; il s'était donné à lui-même, à côté de l'éducation classique qu'il avait reçue, une éducation morale plus intérieure et toute solitaire.

L'École normale dissoute, Farcy se logea dans la rue d'Enfer, près de son maître et de son ami M. Victor Cousin, et se disposa à poursuivre les études philosophiques vers lesquelles il se sentait appelé. Mais le régime déplorable qui asservissait l'instruction publique ne laissait aux jeunes hommes libéraux et indépendants aucun espoir prochain de trouver place, même aux rangs les plus modestes. Une éducation particulière chez une noble dame russe se présenta, avec tous les avantages apparents qui peuvent dorer ces sortes de chaînes; Farcy accepta. Il avait beaucoup désiré connaître le monde, le voir de près dans son éclat, dans les séductions de son opulence, respirer les parfums des robes de femmes, ouïr les musiques des concerts, s'ébattre sous l'ombrage des parcs; il vit, il eut tout cela, mais non en spectateur libre et oisif, non sur ce pied complet d'égalité qu'il aurait voulu, et il en souffrait amèrement. C'était là une arrière-pensée poignante que toute l'amabilité délicate et ingénieuse de la mère (1) ne put assoupir dans l'âme du jeune précepteur. Il se contint durant près de trois ans. Puis enfin, trouvant son pécule assez grossi et sa chaîne par trop pesante, il la secoua. Je trouve, dans des notes qu'il écrivait alors, l'expression exa-

---

résume les plus minutieuses descriptions qu'on pourrait faire de lui : Écossais de physionomie et aussi de philosophie, c'est juste cela.

(1) La belle madame de Narischkin.

gérée, mais bien vive, du sentiment de fierté qui l'ulcérait :
« Que me parlez-vous de joie? Oh! voyez, voyez mon âme
« encore marquée des flétrissantes empreintes de l'esclavage,
« voyez ces blessures honteuses que le temps et mes larmes
« n'ont pu fermer encore... Laissez-moi, je veux être libre...
« Ah ! j'ai dédaigné de plus douces chaînes; je veux être
« libre. J'aime mieux vivre avec dignité et tristesse que de
« trouver des joies factices dans l'esclavage et le mépris de
« moi-même. »

Ce fut un an environ avant de quitter ses fonctions de précepteur (1825) qu'il publia une traduction du troisième volume des *Éléments de la Philosophie de l'Esprit humain,* par Dugald Stewart. Ce travail, entrepris d'après les conseils de M. Cousin, était précédé d'une introduction dans laquelle Farcy éclaircissait avec sagacité et exposait avec précision divers points délicats de psychologie. Il donna aussi quelques articles littéraires au *Globe* dans les premiers temps de sa fondation.

Enfin, vers septembre 1826, voilà Farcy libre, maître de lui-même; il a de quoi se suffire durant quelques années, il part ; tout froissé encore du contact de la société, c'est la nature qu'il cherche, c'est la terre que tout poëte, que tout savant, que tout chrétien, que tout amant désire : c'est l'Italie. Il part seul ; lui, il n'a d'autre but que de voir et de sentir, de s'inonder de lumière, de se repaître de la couleur des lieux, de l'aspect général des villes et des campagnes, de se pénétrer de ce ciel si calme et si profond, de contempler avec une âme harmonieuse tout ce qui vit, nature et hommes. Hors de là, peu de choses l'intéressent ; l'antiquité ne l'occupe guère, la société moderne ne l'attire pas. Il se laisse et il se sent vivre. A Rome, son impression fut particulière. Ce qu'il en aima seulement, ce fut ce sublime silence de mort quand on en approche ; ce furent ces vastes plaines désolées où plus rien ne se laboure ni ne se moissonne jamais, ces vieux murs de brique, ces ruines au dedans et au dehors; ce soleil d'aplomb sur des routes poudreuses, ces villas sévères et mélancoliques dans la noirceur de leurs pins et de leurs cyprès. La Rome moderne ne remplit pas son attente; son goût simple et pur repoussait les colifichets : « Décidément, écrivait-il, je ne suis « pas fort émerveillé de Saint-Pierre, ni du pape, ni des car- « dinaux, ni des cérémonies de la Semaine sainte, celle de « la bénédiction de Pâques exceptée. » De plus, il ne trouvait pas là assez d'agréable mêlé à l'imposant antique pour qu'on en pût faire un séjour de prédilection. Mais Naples, Naples, à la bonne heure! Non pas la ville même, trop souvent les chaleurs y accablent, et les gens y révoltent : « Quel peuple aban- « donné dans ses allures, dans ses paroles, dans ses mœurs! « Il y a là une atmosphère de volupté grossière qui relâche- « rait les cœurs les plus forts. Ceux qui viennent en Italie « pour refaire leur santé doivent porter leurs projets de sa- « gesse ailleurs (1). » Mais le golfe, la mer, les îles, c'était bien là pour lui le pays enchanté où l'on demeure et où l'on oublie. Combien de fois, sur ce rivage admirable, appuyé contre une colonne, et la vague se brisant amoureusement à ses pieds, il dut ressentir, durant des heures entières, ce charme indicible, cet attiédissement voluptueux, cette transformation éthérée de tout son être, si divinement décrite par Chateaubriand au cinquième livre des *Martyrs*! Ischia, qu'a chantée Lamartine, fut encore le lieu qu'il préféra entre tous ces lieux. Il s'y établit, et y passa la saison des chaleurs. La solitude, la poésie, l'amitié, un peu d'amour sans doute, y remplirent ses loisirs. M. Colin, jeune peintre français, d'un caractère aimable et facile, d'un talent bien vif et bien franc, se trouvait à Ischia en même temps que Farcy; tous deux se convinrent et s'aimèrent. Chaque matin, l'un allait à ses

---

(1) Quam Romanus honos et Græca licentia miscet,

a dit Stace de Naples; la dernière partie du vers se vérifie à Naples, mais il n'y a plus trace de ce qu'indique la première. Le *miscet* règne; c'est l'*honos* qui n'est pas resté.

croquis, l'autre à ses rêves, et ils se retrouvaient le soir. Farcy restait une bonne partie du jour dans un bois d'orangers, relisant Pétrarque, André Chénier, Byron; songeant à la beauté de quelque jeune fille qu'il avait vue chez son hôtesse; se redisant, dans une position assez semblable, quelqu'une de ces strophes chéries, qui réalisent à la fois l'idéal comme poésie mélodieuse et comme souvenir de bonheur :

> Combien de fois, près du rivage
> Où Nisida dort sur les mers,
> La beauté crédule ou volage
> Accourut à nos doux concerts!
> Combien de fois la barque errante
> Berça sur l'onde transparente
> Deux couples par l'amour conduits,
> Tandis qu'une déesse amie
> Jetait sur la vague endormie
> Le voile parfumé des nuits!

En passant à Florence, Farcy avait vu Lamartine; n'ayant pas de lettre d'introduction auprès de son illustre compatriote, il composa des vers et les lui adressa; il eut soin d'y joindre un petit billet *qu'il fit le plus cavalier possible,* comme il l'écrivit depuis à M. Viguier, de peur que le grand poëte ne crût voir arriver un rimeur bien pédant, bien humble et bien vain. L'accueil de Lamartine et son jugement favorable encouragèrent Farcy à continuer ses essais poétiques. Il composa donc plusieurs pièces de vers durant son séjour à Ischia; il les envoyait en France à son excellent ami M. Viguier, qu'il avait eu pour maître à l'École normale, réclamant de lui un avis sincère, de bonnes et franches critiques, et, comme il disait, *des critiques antiques avec le mot propre sans périphrase.* Pour exprimer toute notre pensée, ces vers de Farcy nous semblent une haute preuve de talent, comme étant le produit d'une puissante et riche faculté très-fatiguée, et en quelque sorte épuisée avant la production : on y trouve peu d'éclat et de fraîcheur; son harmonie ne s'exhale pas, son style ne rayonne pas; mais le sentiment qui l'inspire est profond, continu, élevé; la faculté philosophique s'y manifeste avec largeur et mouvement. L'impression qui résulte de ces vers, quand on les a lus ou entendus, est celle d'un stoïcisme triste et résigné qui traverse noblement la vie en contenant une larme. Nous signalons surtout au lecteur la pièce adressée à un ami victime de l'amour; elle est sublime de gravité tendre et d'accent à la fois viril et ému. Dans la pièce à madame O'R...., alors enceinte, on remarquera une strophe qui ferait honneur à Lamartine lui-même : c'est celle où le poëte, s'adressant à l'enfant qui ne vit encore que pour sa mère, s'écrie :

> Tu seras beau; les Dieux, dans leur magnificence,
> N'ont pas en vain sur toi, dès avant ta naissance,
> Épuisé les faveurs d'un climat enchanté;
> Comme au sein de l'artiste une sublime image,
> N'es-tu pas né parmi les œuvres du vieil âge?
> N'es-tu pas fils de la beauté?

Ce que nous disons avec impartialité des vers de Farcy, il le sentit lui-même de bonne heure et mieux que personne; il aimait vivement la poésie, mais il savait surtout qu'on doit ou y exceller ou s'en abstenir : « Je ne voudrais pas, écrivait-il à M. Viguier, que mes vers fussent de ceux dont on dit : *Mais cela n'est pas mal en vérité!* et qu'on laisse là pour passer à autre chose. » Sans donc renoncer, dès le début, à cette chère et consolante poésie, il ne s'empressa aucunement de s'y livrer tout entier. D'autres idées le prirent à cette époque : il avait dû aller en Grèce avec son ami Colin; mais ce dernier ayant été obligé par des raisons privées de retourner en France, Farcy ajourna son projet. Ses économies d'ailleurs tiraient à leur fin. L'ambition de faire fortune, pour contenter ensuite ses goûts de voyage, le préoccupa au point de l'engager dans une entreprise fort incertaine et fort coû-

teuse avec un homme qui le leurra de promesses et finalement l'abusa (1). Plein de son idée, Farcy quitta Naples à la fin de l'année 1827, revint à Paris, où il ne passa que huit jours, et ne vit qu'à peine ses amis, pour éviter leurs conseils et remontrances, puis partit en Angleterre, d'où il s'embarqua pour le Brésil. Nous le retrouvons à Paris en avril 1829. Tout ce que ses amis surent alors, c'est que cette année d'absence s'était passée pour lui dans les ennuis, les mécomptes, et que sa candeur avait été jouée. Il ne s'expliquait jamais là-dessus qu'avec une extrême réserve ; il avait ceci pour constante maxime : « Si tu veux que ton secret reste caché, ne le dis à
« personne ; car pourquoi un autre serait-il plus discret que
« toi-même dans tes affaires ? Ta confidence est déjà pour
« lui un mauvais exemple et une excuse. » Et encore : « Ne
« nous plaignons jamais de notre destinée : qui se fait plain-
« dre se fait mépriser. » Mais nous avons trouvé, dans un journal qu'il écrivait à son usage, quelques détails précieux sur cette année de solitude et d'épreuves :

« J'ai quitté Londres le lundi 2 juin 1828 ; le navire *George*
« *et Mary*, sur lequel j'avais arrêté mon passage, était parti le
« dimanche matin ; il m'a fallu le joindre à Gravesend : c'est
« de là que j'ai adressé mes derniers adieux à mes amis de
« France. J'ai encore éprouvé une fois combien les émotions,
« dans ce qu'on appelle les occasions solennelles, sont rares
« pour moi ; à moins que ce ne soient pas là mes occasions
« solennelles. J'ai quitté l'Angleterre pour l'Amérique, avec
« autant d'indifférence que si je faisais mon premier pas pour
« une promenade d'un mille : il en a été de même de la
« France, mais il n'en a pas été de même de l'Italie : c'est là
« que j'ai joui pour la première fois de mon indépendance,
« c'est là que j'ai été le plus puissant de corps et d'esprit. Et
« cependant que j'y ai mal employé de temps et de forces !
« Ai-je mérité ma liberté ? — Quand je pense que je n'avais

(1) M. Jacques Coste, qui vendit au ministère les *Tablettes universelles* en 1823 et qui fonda ensuite le journal *le Temps*.

« déjà plus alors que des réminiscences d'enthousiasme, que
« je regrettais la vivacité et la fraîcheur de mes sensations et
« de mes pensées d'autrefois! Était-ce seulement que les en-
« fants s'amusent de tout, et que j'étais devenu plus sévère
« avec moi-même? — Mais la pureté d'âme, mais les croyances
« encore naïves, mais les rêves qui embrassent tout, parce
« qu'ils ne reposent sur rien, c'en était déjà fait pour moi. Je
« ne voyais qu'un présent dont il fallait jouir, et jouir seul,
« parce que je n'avais ni richesses, ni bonheur à faire par-
« tager à personne, parce que l'avenir ne m'offrait que des
« jouissances déjà usées avec des moyens plus restreints; et
« ne pas croître dans la vie, c'est déchoir. — Et cependant, du
« moins, tout ce que je voyais alors agissait sur moi pour
« me ranimer; tout me faisait fête dans la nature; c'était
« vraiment un concert de la terre, des cieux, de la mer, des
« forêts et des hommes; c'était une harmonie ineffable, qui
« me pénétrait, que je méditais et que je respirais à loisir; et
« quand je croyais y avoir dignement mêlé ma voix à mon
« tour, par un travail et par un succès égal à mes forces et au
« ton du chœur qui m'environnait, j'étais heureux; — oui,
« j'étais heureux, quoique seul; heureux par la nature et
« avec Dieu. Et j'ai pu être assez faible pour livrer plus de la
« moitié de ce temps aux autres, pour ne pas m'établir défi-
« nitivement dans cette félicité. La peur de quelque dépense
« m'a retenu, et la vanité, et pis encore, m'ont emporté plus
« d'argent qu'il n'en eût fallu pour jouir en roi de ce que
« j'avais sous les yeux. — La société?... — moi qui ne vaux rien
« que seul et inconnu, moi qui n'aime et n'aimerai peut-être
« plus jamais rien que la solitude et *le sombre plaisir d'un*
« *cœur mélancolique.* — Mais il faudrait des événements et des
« sentiments pour appuyer cela; il faudrait au moins des
« études sérieuses pour me rendre témoignage à moi-même.
« Un goût vague ne se suffit pas à lui seul, et c'est pourquoi
« il est si aisé au premier venu de me faire abandonner ce
« qui tout à l'heure me semblait ma vie. J'en demeure bien

« marqué assez profondément au fond de mon âme, et il me
« reste toujours une part qu'on ne peut ni corrompre ni
« m'enlever. Est-ce par là que j'échapperai, ou ce secret par-
« fum lui-même s'évaporera-t-il ? »

Cette longue traversée, le manque absolu de livres et de conversation, son ignorance de l'astronomie qui lui fermait l'étude du ciel, tout contribuait à développer démesurément chez lui son habitude de rêverie sans objet et sans résultat.

« *29 juillet*. — Encore dix jours au plus, j'espère, et nous
« serons à Rio. Je me promets beaucoup de plaisir et de vraies
« jouissances au milieu de cette nature grande et nouvelle.
« De jour en jour je me fortifie dans l'habitude de la contem-
« plation solitaire. Je puis maintenant passer la moitié d'une
« belle nuit, seul, à rêver en me promenant, sans songer que
« la nuit est le temps du retour à la chambre et du repos,
« sans me sentir appesanti par l'exemple de tout ce qui m'en-
« toure. C'est là un progrès dont je me félicite. Je crois que
« l'âge, en m'ôtant de plus en plus le besoin de sommeil, aug-
« mentera cette disposition. Il me semble que c'est une des
« plus favorables à qui veut occuper son esprit. La pensée
« arrive alors, non plus seulement comme vérité, mais comme
« sentiment. Il y a un calme, une douceur, une tristesse dans
« tout ce qui vous environne, qui pénètre par tous les sens ;
« et cette douceur, cette tristesse tombent vraiment goutte à
« goutte sur le cœur, comme la fraîcheur du soir. Je ne con-
« nais rien qui doive être plus doux que de se promener à
« cette heure-là avec une femme aimée. » Pauvre Farcy ! voilà que tout à la fin, sans y songer, il donne un démenti à son projet contemplatif, et qu'avec un seul être de plus, avec une compagne telle qu'il s'en glisse inévitablement dans les plus doux vœux du cœur, il peuple tout d'un coup sa solitude. C'est qu'en effet il ne lui a manqué d'abord qu'une femme aimée, pour entrer en pleine possession de la vie et pour s'apprivoiser parmi les hommes.

« *29 novembre, Rio-Janeiro*. — Que n'ai-je écouté ma répu-

« gnance à m'engager avec une personne dont je connaissais
« les fautes antérieures, et qui, du côté du caractère, me
« semblait plus habile qu'estimable ! Mais l'amour de m'enri-
« chir m'a séduit. En voyant ses relations rétablies sur le pied
« de l'amitié et de la confiance avec les gens les plus distin-
« gués, j'ai cru qu'il y aurait de ma part du pédantisme et
« de la pruderie à être plus difficile que tout le monde. J'ai
« craint que ce ne fût que l'ennui de me déranger qui me
« déconseillât cette démarche. Je me suis dit qu'il fallait
« s'habituer à vivre avec tous les caractères et tous les prin-
« cipes; qu'il serait fort utile pour moi de voir agir un homme
« d'affaires raisonnant sa conduite et marchant adroitement
« au succès. J'ai résisté à mes penchants, qui me portaient à
« la vie solitaire et contemplative. J'ai ployé mon caractère
« impatient jusqu'à condescendre aux désirs souvent capri-
« cieux d'un homme que j'estimais au-dessous de moi en tout,
« excepté dans un talent équivoque de faire fortune. Si je
« m'étais décidé à quelque dépense, j'avais la Grèce sous les
« yeux, où je vivais avec Mollière (*le philhellène*), avec qui j'ai-
« merais mieux une mauvaise tente qu'un palais avec l'autre.
« Eh bien ! cet argent que je me suis refusé d'une part, je
« l'ai dépensé de l'autre inutilement, ennuyeusement, à
« voyager et à attendre. J'ai sacrifié tous mes goûts, l'espoir
« assez voisin de quelque réputation par mes vers, et, par là
« encore, d'un bon accueil à mon retour en France. En ce
« faisant, j'ai cru accomplir un grand acte de sagesse, me
« préparer de grands éloges de la part de la prudence hu-
« maine, et, l'événement arrivé, il se trouve que je n'ai fait
« qu'une grosse sottise... Enfin me voilà à deux mille lieues
« de mon pays, sans ressources, sans occupation, forcé de re-
« courir à la pitié des autres, en leur présentant pour titre
« à leur confiance une histoire qui ressemble à un roman
« très-invraisemblable ; — et, pour terminer peut-être ma
« peine et cette plate comédie, un duel qui m'arrive pour
« demain avec un mauvais sujet, reconnu tel de tout le

« monde, qui m'a insulté grossièrement en public, sans que
« je lui en eusse donné le moindre motif; — convaincu que
« le duel, et surtout avec un tel être, est une absurdité, et
« ne pouvant m'y soustraire; — ne sachant, si je suis blessé,
« où trouver mille reis pour me faire traiter, ayant ainsi en
« perspective la misère extrême, et peut-être la mort ou l'hô-
« pital; — et cependant, *content et aimé des Dieux.* — Je dois
« avouer pourtant que je ne sais comment ils (*les Dieux*)
« prendront cette dernière folie. *Je ne sais*, oui, c'est le seul
« mot que je puisse dire; et, en vérité, je l'ai souvent cher-
« ché de bonne foi et de sang-froid; d'où je conclus qu'il n'y
« a pas au fond tant de mal dans cette démarche que beau-
« coup le disent, puisqu'il n'est pas clair comme le jour
« qu'elle est criminelle, comme de tuer par trahison, de vo-
« ler, de calomnier, et même d'être adultère (quoique la
« chose soit aussi quelque peu difficile à débrouiller en cer-
« tains cas). Je conclus donc que, pour un cœur droit qui se
« présentera devant eux avec cette ignorance pour excuse,
« ils se serviront de l'axiome de nos juges de la justice hu-
« maine : *Dans le doute, il faut incliner vers le parti le plus*
« *doux;* transportant ici le doute, comme il convient à des
« Dieux, de l'esprit des juges à celui de l'accusé. »

L'affaire du duel terminée (et elle le fut à l'honneur de
Farcy), l'embarras d'argent restait toujours; il parvint à en
sortir, grâce à l'obligeance cordiale de MM. Polydore de La
Rochefoucauld et Pontois, qui allèrent au-devant de sa pudeur. Farcy leur en garda à tous deux une profonde reconnaissance que nous sommes heureux de consigner ici.

De retour en France, Farcy était désormais un homme
achevé : il avait l'expérience du monde, il avait connu la
misère, il avait visité et senti la nature; les illusions ne le
tentaient plus; son caractère était mûr par tous les points;
et la conscience qu'il eut d'abord de cette dernière métamor-
phose de son être lui donnait une sorte d'aisance au dehors
dont il était fier en secret : « Voici l'âge, se disait-il, où tout

« devient sérieux, où ma personne ne s'efface plus devant les
« autres, où mes paroles sont écoutées, où l'on compte avec
« moi en toutes manières, où mes pensées et mes sentiments
« ne sont plus seulement des rêves de jeune homme auxquels
« on s'intéresse si on en a le temps, et qu'on néglige sans
« façon dès que la vie sérieuse recommence. Et pour moi
« même, tout prend dans mes rapports avec les autres un
« caractère plus positif ; sans entrer dans les affaires, je ne
« me défie plus de mes idées ou de mes sentiments, je ne les
« renferme plus en moi ; je dis aux uns que je les désap-
« prouve, aux autres que je les aime ; toutes mes questions
« demandent une réponse ; mes actions, au lieu de se perdre
« dans le vague, ont un but ; je veux influer sur les au-
« tres, etc. »

En même temps que cette défiance excessive de lui-même faisait place à une noble aisance, l'âpreté tranchante dans les jugements et les opinions, qui s'accorde si bien avec l'isolement et la timidité, cédait chez lui à une vue des choses plus calme, plus étendue et plus bienveillante. Les élans généreux ne lui manquaient jamais ; il était toujours capable de vertueuses colères ; mais sa sagesse désespérait moins promptement des hommes ; elle entendait davantage les tempéraments et entrait plus avant dans les raisons. Souvent, quand M. Viguier, ce sage optimiste par excellence, cherchait, dans ses causeries abandonnées, à lui épancher quelque chose de son impartialité intelligente, il lui arrivait de rencontrer à l'improviste dans l'âme de Farcy je ne sais quel endroit sensible, pétulant, récalcitrant, par où cette nature, douce et sauvage tout ensemble, lui échappait ; c'était comme un coup de jarret qui emportait le cerf dans les bois. Cette facilité à s'emporter et à s'effaroucher disparaissait de jour en jour chez Farcy. Il en était venu à tout considérer et à tout comprendre. Je le comparerais, pour la sagesse prématurée, à Vauvenargues, et plusieurs de ses pensées morales semblent écrites en prose par André Chénier :

« Le jeune homme est enthousiaste dans ses idées, âpre
« dans ses jugements, passionné dans ses sentiments, auda-
« cieux et timide dans ses actions.

« Il n'a pas encore de position ni d'engagements dans le
« monde ; ses actions et ses paroles sont sans conséquence.

« Il n'a pas encore d'idées arrêtées ; il cherche à connaître
« et vit avec les livres plus qu'avec les hommes ; il ramène
« tout, par désir d'unité, par élan de pensée, par ignorance,
« au point de vue le plus simple et le plus abstrait ; il raisonne
« au lieu d'observer, il est logicien intraitable ; le droit non-
« seulement domine, mais opprime le fait.

« Plus tard on apprend que toute doctrine a sa raison, tout
« intérêt son droit, toute action son explication et presque
« son excuse.

« On s'établit dans la vie ; on est las de ce qu'il y a de roide
« et de contemplatif dans les premières années de la jeu-
« nesse ; on est un peu plus avant dans le secret des Dieux ;
« on sent qu'on a à vivre pour soi, pour son bien-être, son
« plaisir, pour le développement de toutes ses facultés, et
« non-seulement pour réaliser un type abstrait et simple ; on
« vit de tout son corps et de toute son âme, avec des hommes,
« et non seul avec des idées. Le sentiment de la vie, de l'ef-
« fort contraire, de l'action et de la réaction, remplace la
« conception de l'idée abstraite et subtile, et morte pour ainsi
« dire, puisqu'elle n'est pas incarnée dans le monde... On va,
« on sent avec la foule ; on a failli parce qu'on a vécu, et l'on
« se prend d'indulgence pour les fautes des autres. Toutes
« nos erreurs nous sont connues ; l'âpreté de nos jugements
« d'autrefois nous revient à l'esprit avec honte ; on laisse
« désormais pour le monde le temps faire ce qu'il a fait pour
« nous, c'est-à-dire éclairer les esprits, modérer les pas-
« sions. »

Il n'était pas temps encore pour Farcy de rentrer dans
l'Université ; le ministère de M. de Vatimesnil ne lui avait
donné qu'un court espoir. Il accepta donc un enseignement

de philosophie dans l'institution de M. Morin, à Fontenay-aux-Roses ; il s'y rendait deux fois par semaine, et le reste du temps il vivait à Paris, jouissant de ses anciens amis et des nouveaux qu'il s'était faits. Le monde politique et littéraire était alors divisé en partis, en écoles, en salons, en coteries. Farcy regarda tout et n'épousa rien inconsidérément. Dans les arts et la poésie, il recherchait le beau, le passionné, le sincère, et faisait la plus grande part à ce qui venait de l'âme et à ce qui allait à l'âme. En politique, il adoptait les idées généreuses, propices à la cause des peuples, et embrassait avec foi les conséquences du dogme de la perfectibilité humaine. Quant aux individus célèbres, représentants des opinions qu'il partageait, auteurs des écrits dont il se nourrissait dans la solitude, il les aimait, il les révérait sans doute, mais il ne relevait d'aucun, et, homme comme eux, il savait se conserver en leur présence une liberté digne et ingénue, aussi éloignée de la révolte que de la flatterie. Parmi le petit nombre d'articles qu'il inséra vers cette époque au *Globe*, le morceau sur Benjamin Constant est bien propre à faire apprécier l'étendue de ses idées politiques et la mesure de son indépendance personnelle.

Il n'y avait plus qu'un point secret sur lequel Farcy se sentait inexpérimenté encore, et faible, et presque enfant, c'était l'amour ; cet amour que, durant les tièdes nuits étoilées du tropique, il avait soupçonné devoir être si doux ; cet amour dont il n'avait guère eu en Italie que les délices sensuelles, et dont son âme, qui avait tout anticipé, regrettait amèrement la puissance tarie et les jeunes trésors. Il écrivait dans une note :

« Je rends grâces à Dieu,

« De ce qu'il m'a fait homme et non point femme ;

« De ce qu'il m'a fait Français ;

« De ce qu'il m'a fait plutôt spirituel et spiritualiste que le
« contraire, plutôt bon que méchant, plutôt fort que faible de
« caractère.

« Je me plains du sort,
« Qui ne m'a donné ni génie, ni richesse, ni naissance.
« Je me plains de moi-même,
« Qui ai dissipé mon temps, affaibli mes forces, rejeté ma
« pudeur naturelle, tué en moi la foi et l'amour. »

Non, Farcy, ton regret même l'atteste, non, tu n'avais pas rejeté ta pudeur naturelle; non, tu n'avais pas tué l'amour dans ton âme! Mais chez toi la pudeur de l'adolescence, qui avait trop aisément cédé par le côté sensuel, s'était comme infiltrée et développée outre mesure dans l'esprit, et, au lieu de la mâle assurance virile qui charme et qui subjugue, au lieu de ces rapides étincelles du regard,

Qui d'un désir craintif font rougir la beauté (1),

elle s'était changée avec l'âge en défiance de toi-même, en répugnance à oser, en promptitude à se décourager et à se troubler devant la beauté superbe. Non, tu n'avais pas tué l'amour dans ton cœur; tu en étais plutôt resté au premier, au timide et novice amour; mais sans la fraîcheur naïve, sans l'ignorance adorable, sans les torrents, sans le mystère; avec la disproportion de tes autres facultés qui avaient mûri ou vieilli; de ta raison qui te disait que rien ne dure; de ta sagacité judicieuse qui te représentait les inconvénients, les difficultés et les suites; de tes sens fatigués qui n'environnaient plus, comme à dix-neuf ans, l'être unique de la vapeur d'une émanation lumineuse et odorante; ce n'était pas l'amour, c'était l'harmonie de tes facultés et de leur développement que tu avais brisée dans ton être! Ton malheur est celui de bien des hommes de notre âge.

Farcy se disait pourtant que cette disproportion entre ce qu'il savait en idées et ce qu'il avait éprouvé en sentiments devait cesser dans son âme, et qu'il était temps enfin d'avoir une passion, un amour. La tête, chez lui, sollicitait le cœur;

(1) Lamartine.

et il se portait en secret un défi, il se faisait une gageure d'aimer. Il vit beaucoup, à cette époque, une femme connue par ses ouvrages, par l'agrément de son commerce et sa beauté (1), s'imaginant qu'il en était épris, et tâchant, à force de soins, de le lui faire comprendre. Mais, soit qu'il s'exprimât trop obscurément, soit que la préoccupation de cette femme distinguée fût ailleurs, elle ne crut jamais recevoir dans Farcy un amant malheureux. Pourtant il l'était, quoique moins profondément qu'il n'eût fallu pour que cela fût une passion. Voici quelques vers commencés que nous trouvons dans ses papiers :

> Thérèse, que les Dieux firent en vain si belle,
> Vous que vos seuls dédains ont su trouver fidèle,
> Dont l'esprit s'éblouit à ses seules lueurs,
> Qui des combats du cœur n'aimez que la victoire,
> Et qui rêvez d'amour comme on rêve de gloire,
>   L'œil fier et non voilé de pleurs ;
>
> Vous qu'en secret jamais un nom ne vient distraire,
> Qui n'aimez qu'à compter, comme une reine altière,
> La foule des vassaux s'empressant sur vos pas ;
> Vous à qui leurs cent voix sont douces à comprendre,
> Mais qui n'eûtes jamais une âme pour entendre
>   Des vœux qu'on murmure plus bas ;
>
> Thérèse, pour longtemps adieu !.....

La suite manque, mais l'idée de la pièce avait d'abord été crayonnée en prose. Les vers y auraient peu ajouté, je pense, pour l'éclat et le mouvement ; ils auraient retranché peut-être à la fermeté et à la concision.

« Thérèse, que la nature fit belle en vain, plus ravie de
« dominer que d'aimer ; pour qui la beauté n'est qu'une puis-
« sance, comme le courage et le génie ;

---

(1) Le respect nous empêche de la nommer ; mais Béranger l'a chantée, et tous ses amis la reconnaîtront ici sous le nom d'Hortense.

« Thérèse, qui vous amusez aux lueurs de votre esprit ;
« qui rêvez d'amour comme un autre de combats et de gloire,
« l'œil fier et jamais humide ;

« Thérèse, dont le regard, dans le cercle qui vous entoure
« de ses hommages, ne cherche personne ; que nul penser
« secret ne vient distraire, que nul espoir n'excite, que nul
« regret n'abat ;

« Thérèse, pour longtemps adieu ! car j'espérerais en vain
« auprès de vous de ce que votre cœur ne saurait me don-
« ner, et je ne veux pas de ce qu'il m'offre ;

« Car, où mon amour est dédaigné, mon orgueil n'accepte
« pas d'autre place ; je ne veux pas flatter votre orgueil par
« mes ardeurs comme par mes respects.

« Mon âge n'est point fait à ces empressements paisibles,
« à ce partage si nombreux ; je sais mal, auprès de la beauté,
« séparer l'amitié de l'amour ; j'irai chercher ailleurs ce que
« je chercherais vainement auprès de vous.

« Une âme plus faible ou plus tendre accueillera peut-être
« celui que d'autres ont dédaigné ; d'autres discours rempli-
« ront mes souvenirs ; une autre image charmera mes tris-
« tesses rêveuses, et je ne verrai plus vos lèvres dédaigneuses
« et vos yeux qui ne regardent pas.

« Adieu jusqu'en des temps et des pays lointains ; jus-
« qu'aux lieux où la nature accueillera l'automne de ma vie,
« jusqu'aux temps où mon cœur sera paisible, où mes yeux
« seront distraits auprès de vous ! Adieu jusques à nos vieux
« jours ! »

Il sourirait à notre fantaisie de croire que la scène suivante se rapporte à quelque circonstance fugitive de la liaison dont elle aurait marqué le plus vif et le plus aimable moment. Quoi qu'il en soit, le tableau que Farcy a tracé de souvenir est un chef-d'œuvre de délicatesse, d'attendrissement gracieux, de naturel choisi, d'art simple et vraiment attique : Platon ou Bernardin de Saint-Pierre n'auraient pas conté autrement.

« 19 *juin*. — Hélène se tut, mais ses joues se couvrirent de
« rougeur ; elle lança sur Ghérard un regard plein de dédain,
« tandis que ses lèvres se contractaient, agitées par la colère.
« Elle retomba sur le divan, à demi assise, à demi couchée,
« appuyant sa tête sur une main, tandis que l'autre était fort
« occupée à ramener les plis de sa robe. — Ghérard jeta les
« yeux sur elle ; à l'instant toute sa colère se changea en
« confusion. Il vint à quelques pas d'elle, s'appuyant sur la
« cheminée, ému et inquiet. Après un moment de silence :
« Hélène, lui dit-il d'une voix troublée, je vous ai affligée, et
« pourtant je vous jure... » — « Moi, monsieur ? non, vous ne
« m'avez point affligée ; vos offenses n'ont pas ce pouvoir sur
« moi. » — « Hélène, eh bien ! oui, j'ai eu tort de parler
« ainsi, je l'avoue ; mais pardonnez-moi... » — « Vous par-
« donner !... Je n'ai pour vous ni ressentiment ni pardon, et
« j'ai déjà oublié vos paroles. »

« Ghérard s'approcha vivement d'elle : — « Hélène, lui
« dit-il en cherchant à s'emparer de sa main : pour un mot
« dont je me repens... » — « Laissez-moi, lui dit-elle en
« retirant sa main : faudra-t-il que je m'enfuie, et ne vous
« suffit-il pas d'une injure ? »

« Ghérard s'en revint tristement à la cheminée, cachant
« son front dans ses mains, puis tout à coup se retourna, les
« yeux humides de larmes ; il se jeta à ses pieds, et ses mains
« s'avançaient vers elle, de sorte qu'il la serrait presque dans
« ses bras.

« Oui, s'écria-t-il, je vous ai offensée, je le sais bien ; oui,
« je suis rude, grossier ; mais je vous aime, Hélène ; oh ! cela,
« je vous défie d'en douter. Et si vous n'avez pas pitié de
« moi, vous qui êtes si bonne, Hélène, qui réconciliez ceux
« qui se haïssent... » Et voyant qu'elle se défendait faible-
« ment : « Dites que vous me pardonnez ! Faites-moi des re-
« proches, punissez-moi, châtiez-moi, j'ai tout mérité. Oui,
« vous devez me châtier comme un enfant grossier. Hélène,
« dit-il en osant poser son visage sur ses genoux, si vous me

« frappez, alors je croirai qu'après m'avoir puni, vous me
« pardonnez. »

« Ghérard était beau ; une de ses joues s'appuyait sur les
« genoux d'Hélène, tandis que l'autre s'offrait ainsi à la peine.
« Il était là, tombé à ses pieds avec grâce, et elle ne se sentit
« pas la force de l'obliger à s'éloigner. Elle leva la main et
« l'abaissa vers son visage ; puis sa tête s'abaissa elle-même
« avec sa main : elle sourit doucement en le voyant ainsi
« penché sans être vue de lui. Et sans le vouloir, et en se
« laissant aller à son cœur et à sa pensée, qui achevaient le
« tableau commencé devant ses yeux, sur le visage de Ghé-
« rard, au lieu de sa main, elle posa ses lèvres.

« Elle se leva au même instant, effrayée de ce qu'elle avait
« fait, et cherchant à se dégager des bras de Ghérard qui l'a-
« vaient enlacée. Le cœur de Ghérard nageait dans la joie, et
« ses yeux rayonnants allaient chercher les yeux d'Hélène
« sous leurs paupières abaissées. « Oh ! ma belle amie, lui
« dit-il en la retenant, comme un bon chrétien, j'aurais baisé
« la main qui m'eût frappé ; voudriez-vous m'empêcher d'a-
« chever ma pénitence ? » Et plus hardi à mesure qu'elle
« était plus confuse, il la serra dans ses bras, et il rendit à
« ses lèvres qui fuyaient les siennes, le baiser qu'il en avait
« reçu.

« Elle alla s'asseoir à quelques pas de lui, et l'heureux
« Ghérard, pour dissiper le trouble qu'il avait causé, com-
« mença à l'entretenir de ses projets pour le lendemain,
« auxquels il voulait l'associer. — « Ghérard, lui dit-elle
« après un long silence, ces folies d'aujourd'hui, oubliez-les,
« je vous en prie, et n'abusez pas d'un moment... » — « Ah !
« dit Ghérard, que le Ciel me punisse si jamais je l'oublie !
« Mais vous, oh ! promettez-moi que cet instant passé, vous
« ne vous en souviendrez pas pour me faire expier à force
« de froideur et de réserve un bonheur si grand. Et moi, ma
« belle amie, vous m'avez mis à une école trop sévère pour
« que je ne tremble pas de paraître fier d'une faveur. » —

« Eh bien! je vous le promets, dit-elle en souriant; soyez
« donc sage. » Et Ghérard le lui jura, en baisant sa main
« qu'il pressa sur son cœur. »

Durant les deux derniers mois de sa vie, Farcy avait loué
une petite maison dans le charmant vallon d'Aulnay, près de
Fontenay-aux-Roses où l'appelaient ses occupations. Cette
convenance, la douceur du lieu, le voisinage des bois, l'amitié
de quelques habitants du vallon, peut-être aussi le souvenir
des noms célèbres qui ont passé là, les parfums poétiques
que les camélias de Chateaubriand ont laissés alentour, tout
lui faisait d'Aulnay un séjour de bonne, de simple et délicieuse vie. Il réalisait pour son compte le vœu qu'un poëte
de ses amis avait laissé échapper autrefois en parcourant ce
joli paysage :

> Que ce vallon est frais, et que j'y voudrais vivre!
> Le matin, loin du bruit, quel bonheur d'y poursuivre
> Mon doux penser d'hier qui, de mes doigts tressé,
> Tiendrait mon lendemain à la veille enlacé !
> Là, mille fleurs sans nom, délices de l'abeille;
> Là, des prés tout remplis de fraise et de groseille;
> Des bouquets de cerise aux bras des cerisiers;
> Des gazons pour tapis, pour buissons des rosiers;
> Des châtaigniers en rond sous le coteau des aulnes;
> Les sentiers du coteau mêlant leurs sables jaunes
> Au vert doux et touffu des endroits non frayés,
> Et grimpant au sommet le long des flancs rayés ;
> Aux plaines d'alentour, dans des foins, de vieux saules
> Plus qu'à demi noyés, et cachant leurs épaules
> Dans leurs cheveux pendants, comme on voit des nageurs;
> De petits horizons nuancés de rougeurs;
> De petits fonds riants, deux ou trois blancs villages
> Entrevus d'assez loin à travers des feuillages;
> — Oh! que j'y voudrais vivre, au moins vivre un printemps,
> Loin de Paris, du bruit des propos inconstants,
> Vivre sans souvenir ! . . . .

Dans cette retraite heureuse et variée, l'âme de Farcy s'ennoblissait de jour en jour; son esprit s'élevait, loin des fumées des sens, aux plus hautes et aux plus sereines pensées. La politique active et quotidienne ne l'occupait que médiocrement, et sans doute, la veille des Ordonnances, il en était encore à ses méditations métaphysiques et morales, ou à quelque lecture, comme celle des *Harmonies*, dans laquelle il se plongeait avec enivrement. Nous extrayons religieusement ici les dernières pensées écrites sur son journal; elles sont empreintes d'un instinct inexplicable et d'un pressentiment sublime :

« Chacun de nous est un artiste qui a été chargé de sculp-
« ter lui-même sa statue pour son tombeau, et chacun de
« nos actes est un des traits dont se forme notre image. C'est
« à la nature à décider si ce sera la statue d'un adolescent,
« d'un homme mûr ou d'un vieillard. Pour nous, tâchons
« seulement qu'elle soit belle et digne d'arrêter les regards.
« Du reste, pourvu que les formes en soient nobles et pures,
« il importe peu que ce soit Apollon ou Hercule, la Diane
« chasseresse ou la Vénus de Praxitèle. »

« Voyageur, annonce à Sparte que nous sommes morts ici
« pour obéir à ses saints commandements. »

« Ils moururent irréprochables dans la guerre comme dans
« l'amitié (1). »

« Ici reposent les cendres de don Juan Diaz Porlier, géné-
« ral des armées espagnoles, qui a été heureux dans ce qu'il
« a entrepris contre les ennemis de son pays, mais qui est
« mort victime des dissensions civiles. »

Peut-être, après tout, ces nobles épitaphes de héros ne lui revinrent-elles à l'esprit que le mardi, dans l'intervalle des Ordonnances à l'insurrection, et comme un écho naturel des héroïques battements de son cœur. Le mercredi, vers les deux heures après midi, à la nouvelle du combat, il arrivait

(1) Cette épitaphe et la précédente se trouvent citées par Jean-Jacques au livre IV de l'*Émile*.

à Paris, rue d'Enfer, chez son ami Colin, qui se trouvait alors en Angleterre. Il alla droit à une panoplie d'armes rares suspendue dans le cabinet de son ami, et il se munit d'un sabre, d'un fusil et de pistolets. Madame Colin essayait de le retenir et lui recommandait la prudence : « Eh! qui se dévouera, « madame, lui répondit-il, si nous, qui n'avons ni femme « ni enfants, nous ne bougeons pas ? » Et il sortit pour parcourir la ville. L'aspect du mouvement lui parut d'abord plus incertain qu'il n'aurait souhaité ; il vit quelques amis : les conjectures étaient contradictoires. Il courut au bureau du *Globe*, et de là à la maison de santé de M. Pinel, à Chaillot, où M. Dubois, rédacteur en chef du journal, était détenu. Les troupes royales occupaient les Champs-Élysées, et il lui fallut passer la nuit dans l'appartement de M. Dubois. Son idée fixe, sa crainte était le manque de direction ; il cherchait les chefs du mouvement, des noms signalés, et il n'en trouvait pas. Il revint le jeudi de grand matin à la ville, par le faubourg et la rue Saint-Honoré, de compagnie avec M. Magnin ; chemin faisant, la vue de quelques cadavres lui remit la colère au cœur et aussi l'espoir. Arrivé à la rue Dauphine, il se sépara de M. Magnin en disant : « Pour moi, je vais reprendre mon « fusil que j'ai laissé ici près, et me battre. » Il revit pourtant dans la matinée M. Cousin, qui voulut le retenir à la mairie du onzième arrondissement, et M. Géruzez, auquel il dit cette parole d'une magnanime équité : « Voici des événements « dont, plus que personne, nous profiterons ; c'est donc à « nous d'y prendre part et d'y aider (1). » Il se porta avec les

---

(1) C'est tout à fait le même raisonnement *généreux* qui anime, dans Homère, Sarpédon s'adressant à Glaucus au moment de l'assaut du camp (*Iliade*, XII) : « O Glaucus, pourquoi sommes-nous entre tous « honorés en Lycie et par le siége, et par les mets et les coupes « d'honneur? pourquoi tous nous considèrent-ils comme des dieux, et « à quel titre, aux rives du Xanthe, possédons-nous notre grand do-« maine, riche en vergers et en terres fécondes? C'est pour cela qu'au-« jourd'hui il nous faut faire tête au premier rang des Lyciens, et « nous lancer au feu de la mêlée, afin qu'au moins chacun des nôtres

attaquants vers le Louvre, du côté du Carrousel; les soldats royaux faisaient un feu nourri dans la rue de Rohan, du haut d'un balcon qui est à l'angle de cette rue et de la rue Saint-Honoré; Farcy, qui débouchait au coin de la rue de Rohan et de celle de Montpensier, tomba l'un des premiers, atteint de haut en bas d'une balle dans la poitrine. C'est là, et non, comme on l'a fait, à la porte de l'hôtel de Nantes, que devrait être placée la pierre funéraire consacrée à sa mémoire. Farcy survécut près de deux heures à sa blessure. M. Littré, son ami, qui combattait au même rang et aux pieds duquel il tomba, le fit transporter à la distance de quelques pas, dans la maison du marchand de vin, et le hasard lui amena précisément M. Loyson, jeune chirurgien de sa connaissance. Mais l'art n'y pouvait rien : Farcy parla peu, bien qu'il eût toute sa présence d'esprit. M. Loyson lui demanda s'il désirait faire appeler quelque parent, quelque ami; Farcy dit qu'il ne désirait personne; et comme M. Loyson insistait, le mourant nomma un ami qu'on ne trouva pas chez lui, et qui ne fut pas informé à temps pour venir. Une fois seulement, à un bruit plus violent qui se faisait dans la rue, il parut craindre que le peuple n'eût le dessous et ne fût refoulé; on le rassura; ce furent ses dernières paroles; il mourut calme et grave, recueilli en lui-même, sans ivresse comme sans regret. (29 juillet 1830.)

Le corps fut transporté et inhumé au Père-Lachaise, dans la partie du cimetière où reposent les morts de Juillet. Plusieurs personnes, et entre autres M. Guigniaut, prononcèrent de touchants adieux.

Les amis de Farcy n'ont pas été infidèles au culte de la noble victime; ils lui ont élevé un monument funéraire qui devra être replacé au véritable endroit de sa chute. M. Colin

---

« dise, etc., etc... » Pour Farcy les avantages à conquérir avaient certes moins de splendeur, et le grand *domaine*, c'eût été une chaire. Mais plus le prix reste bourgeois, et plus est noble l'héroïsme, ou, pour l'appeler par son vrai nom, plus est pur le sentiment du devoir.

a vivement reproduit ses traits sur la toile. M. Cousin lui a dédié sa traduction des *Lois* de Platon, se souvenant que Farcy était mort en combattant pour les *lois*. Et nous, nous publions ses vers, comme on expose de pieuses reliques (1).

(1) Deux poëtes généreux et délicats, dont l'un avait connu Farcy et dont l'autre l'avait vu seulement, MM. Antony Deschamps et Brizeux, ont consacré à sa mémoire des vers que nous n'avons garde d'omettre dans cette liste d'hommages funèbres. Voici ceux de M. Deschamps :

> Que ne suis-je couché dans un tombeau profond,
> Percé comme Farcy d'une balle de plomb,
> Lui dont l'âme était pure, et si pure la vie,
> Sans troubles ni remords également suivie!
> Lui qui, lorsque j'étais dans l'*île Procida*,
> Sur le bord de la mer un matin m'aborda,
> Me parla de Paris, de nos amis de France,
> De Rome qu'il quittait, puis de quelque souffrance...
> Et s'asseyant au seuil d'une blanche maison,
> Lut dans André Chénier : *O Sminthée Apollon!*
> Et quand il eut fini cette belle lecture,
> Ému par le climat et la douce nature,
> Se leva brusquement, et me tendant la main,
> Grimpa, comme un chevreau, sur le coteau voisin.

M. Brizeux a dit :

A LA MÉMOIRE DE GEORGE FARCY.

> Il adorait
> La France, la Poésie et la Philosophie.
> Que la patrie conserve son nom!
> (Victor COUSIN.)

> Oui! toujours j'enviai, Farcy, de te connaître,
> Toi que si jeune encore on citait comme un maître.
> Pauvre cœur qui d'un souffle, hélas! t'intimidais,
> Attentif à cacher l'or pur que tu gardais!
> Un soir, en nous parlant de Naple et de ses grèves,
> Beaux pays enchantés où se plaisaient tes rêves,
> Ta bouche eut un instant la douceur de Platon ;
> Tes amis souriaient,... lorsque, changeant de ton,
> Tu devins brusque et sombre, et te mordis la lèvre,
> Fantasque, impatient, rétif comme la chèvre!
> Ainsi tu te plaisais à secouer la main
> Qui venait sur ton front essuyer ton chagrin.
> Que dire? le linceul aujourd'hui te recouvre,
> Et, j'en ai peur, c'est lui que tu cherchais au Louvre.
> Paix à toi, noble cœur! ici tu fus pleuré
> Par un ami bien vrai, de toi-même ignoré;
> Là-haut, réjouis-toi! Platon parmi les Ombres
> Te dit le Verbe pur, Pythagore les Nombres.

Mais s'il nous est permis de parler un moment en notre propre nom, disons-le avec sincérité, le sentiment que nous inspire la mémoire de Farcy n'est pas celui d'un regret vulgaire ; en songeant à la mort de notre ami, nous serions tenté plutôt de l'envier. Que ferait-il aujourd'hui, s'il vivait? que penserait-il? que sentirait-il? Ah ! certes, il serait encore le même, loyal, solitaire, indépendant, ne jurant par aucun parti, s'engouant peu pour tel ou tel personnage ; au lieu de professer la philosophie chez M. Morin, il la professerait dans un Collége royal ; rien d'ailleurs ne serait changé à sa vie modeste, ni à ses pensées ; il n'aurait que quelques illusions de moins, et ce désappointement pénible que le régime héritier de la Révolution de Juillet fait éprouver à toutes les âmes amoureuses d'idées et d'honneur (1). Il aurait foi moins que jamais aux hommes ; et, sans désespérer des progrès d'avenir, il serait triste et dégoûté dans le présent. Son stoïcisme se serait réfugié encore plus avant dans la contemplation silencieuse des choses ; la réalité pratique, indigne de le passionner, ne lui apparaîtrait de jour en jour davantage que sous le côté médiocre des intérêts et du bien-être ; il s'y accommoderait en sage, avec modération ; mais cela seul est déjà trop : la tiédeur s'ensuit à la longue ; fatigué d'enthousiasme, une sorte d'ironie involontaire, comme chez beaucoup d'esprits supérieurs, l'aurait peut-être gagné avec l'âge : il a mieux fait de bien mourir ! — Disons seulement, en usant d'un mot du chœur antique : « Ah ! si les belles et

(1) Ce mot est dur pour la monarchie de Juillet ; je ne l'aurais pas écrit plus tard ; et pourtant il exprime un sentiment que bien des hommes de ma génération partagèrent. Et cette monarchie, malgré ses mérites raisonnés, ne put jamais s'absoudre de cette tache originelle qui la fit sembler peureuse et circonspecte à l'excès en naissant. On est coupable en France, quelque intérêt qu'on allègue, si l'on manque, faute d'élan, certains moments de grandeur et de gloire qui ne se retrouvent plus. Il n'est qu'un temps pour la jeunesse : nous avions lieu, en 1830, d'espérer pour la nôtre un régime plus actif et plus généreux que celui de la parole. Nous fûmes refoulés et nous souffrîmes. La littérature me consola.

« bonnes âmes comme la sienne pouvaient avoir deux jeu-
« nesses (1) ! »

Juin 1831.

Note. — Bien des années après avoir écrit cette Notice, j'ai reçu de
M. Géruzez, héritier des papiers de Farcy, la communication d'une
note qui me concernait moi-même, et qui m'a montré que Farcy avait
bien voulu s'occuper de mes essais poétiques d'alors : il y juge *Joseph
Delorme* et *les Consolations*, d'une manière psychologique et morale
qui est à lui. Ce jugement est assez favorable pour que je m'en honore, et il est à la fois assez sévère pour que j'ose le reproduire ici :

« Dans le premier ouvrage (dans *Joseph Delorme*), dit-il, c'était une
âme flétrie par des études trop positives et par les habitudes des sens
qui emportent un jeune homme timide, pauvre, et en même temps
délicat et instruit ; car ces hommes ne pouvant se plaire à une liaison
continuée où on ne leur rapporte en échange qu'un esprit vulgaire et
une âme façonnée à l'image de cet esprit, ennuyés et ennuyeux auprès
de telles femmes, et d'ailleurs ne pouvant plaire plus haut ni par leur
audace ni par des talents encore cachés, cherchent le plaisir d'une
heure qui amène le dégoût de soi-même. Ils ressemblent à ces femmes
bien élevées et sans richesses, qui ne peuvent souffrir un époux vulgaire, et à qui une union mieux assortie est interdite par la fortune.

« Il y a une audace et un abandon dans la confidence des mouvements d'un pareil cœur, bien rares en notre pays et qui annoncent
le poëte.

« Aujourd'hui (dans *les Consolations*) il sort de sa débauche et de
son ennui ; son talent mieux connu, une vie littéraire qui ressemble
à un combat, lui ont donné de l'importance et l'ont sauvé de l'affais-
sement. Son âme honnête et pure a ressenti cette renaissance avec
tendresse, avec reconnaissance. Il s'est tourné vers Dieu d'où vient
la paix et la joie.

« Il n'est pas sorti de son abattement par une violente secousse :
c'est un esprit trop analytique, trop réfléchi, trop habitué à user ses
impressions en les commentant, à se dédaigner lui-même en s'exa-
minant beaucoup ; il n'a rien en lui pour être épris éperdument et

(1) Euripide, *Hercules furens* (édit. de Boissonade, v. 648).

pousser sa passion avec emportement et audace ; plus tard peut-être : aujourd'hui il cherche, il attend et se défie.

« Mais son cœur lui échappe et s'attache à une fausse image de l'amour. L'étude, la méditation religieuse, l'amitié l'occupent si elles ne le remplissent pas, et détournent ses affections. La pensée de l'art noblement conçu le soutient et donne à ses travaux une dignité que n'avaient pas ses premiers essais, simples épanchements de son âme et de sa vie habituelle. — Il comprend tout, aspire à tout, et n'est maître de rien ni de lui-même. Sa poésie a une ingénuité de sentiments et d'émotions qui s'attachent à des objets pour lesquels le grand nombre n'a guère de sympathie, et où il y a plutôt travers d'esprit ou habitudes bizarres de jeune homme pauvre et souffreteux, qu'attachement naturel et poétique. La misère domestique vient gémir dans ses vers à côté des élans d'une noble âme et causer ce contraste pénible qu'on retrouve dans certaines scènes de Shakspeare (*Lear*, etc.), qui excite notre pitié, mais non pas une émotion plus sublime.

« Ces goûts changeront ; cette sincérité s'altérera ; le poëte se révélera avec plus de pudeur, il nous montrera les blessures de son âme, les pleurs de ses yeux, mais non plus les flétrissures livides de ses membres, les égarements obscurs de ses sens, les haillons de son indigence morale. Le libertinage est poétique quand c'est un emportement du principe passionné en nous, quand c'est philosophie audacieuse, mais non quand il n'est qu'un égarement furtif, une confession honteuse. Cet état convient mieux au pécheur qui va se régénérer ; il va plus mal au poëte qui doit toujours marcher simple et le front levé ; à qui il faut l'enthousiasme ou les amertumes profondes de la passion.

« L'auteur prend encore tous ses plaisirs dans la vie solitaire, mais il y est ramené par l'ennui de ce qui l'entoure, et aussi *effrayé* par l'immensité où il se plonge en sortant de lui-même. En rentrant dans sa maison, il se sent plus à l'aise, il sent plus vivement par le contraste ; il chérit son étroit horizon où il est à l'abri de ce qui le gêne, où son esprit n'est pas vaguement égaré par une trop vaste perspective. Mais si la foule lui est insupportable, le vaste espace l'accable encore, ce qui est moins poétique. Il n'a pas pris assez de fierté et d'étendue pour dominer toute cette nature, pour l'écouter, la comprendre, la traduire dans ses grands spectacles. Sa poésie par là est étroite, chétive, étouffée : on n'y voit pas un miroir large et pur de la nature dans sa grandeur, la force et la plénitude de sa vie : ses tableaux manquent d'air et de lointains fuyants.

« Il s'efforce d'aimer et de croire, parce que c'est là-dedans qu'est le poëte : mais sa marche vers ce sentiment est critique et logique, si je puis ainsi dire. Il va de l'amitié à l'amour comme il a été de l'incrédulité à l'élan vers Dieu.

« Cette amitié n'est ni morale ni poétique... »

Ici s'arrête la note inachevée. Si jamais le troisième Recueil qui fait suite immédiatement aux *Consolations* et à *Joseph Delorme*, et qui n'est que le développement critique et poétique des mêmes sentiments dans une application plus précise, vient à paraître (ce qui ne saurait avoir lieu de longtemps), il me semble, autant qu'on peut prononcer sur soi-même, que le jugement de Farcy se trouvera en bien des points confirmé.

DIDEROT

J'ai toujours aimé les correspondances, les conversations, les pensées, tous les détails du caractère, des mœurs, de la biographie, en un mot, des grands écrivains ; surtout quand cette biographie comparée n'existe pas déjà rédigée par un autre, et qu'on a pour son propre compte à la construire, à la composer. On s'enferme pendant une quinzaine de jours avec les écrits d'un mort célèbre, poëte ou philosophe; on l'étudie, on le retourne, on l'interroge à loisir; on le fait poser devant soi; c'est presque comme si l'on passait quinze jours à la campagne à faire le portrait ou le buste de Byron, de Scott, de Goethe; seulement on est plus à l'aise avec son modèle, et le tête-à-tête, en même temps qu'il exige un peu plus d'attention, comporte beaucoup plus de familiarité. Chaque trait s'ajoute à son tour, et prend place de lui-même dans cette physionomie qu'on essaye de reproduire ; c'est comme chaque étoile qui apparaît successivement sous le regard et vient luire à son point dans la trame d'une belle nuit. Au type vague, abstrait, général, qu'une première vue avait embrassé, se mêle et s'incorpore par degrés une réalité individuelle, précise, de plus en plus accentuée et vivement scintillante; on sent naître, on voit venir la ressemblance ; et le jour, le moment où l'on a saisi le tic familier, le sourire révélateur, la gerçure indéfinissable, la ride intime et douloureuse qui se cache en vain sous les cheveux déjà clair-semés, — à ce moment l'analyse disparaît dans la création, le portrait parle et vit, on a trouvé l'homme. Il y a plaisir en tout temps à ces sortes d'études secrètes, et il y aura toujours place pour les productions qu'un sentiment vif et pur en saura tirer. Toujours, nous le croyons, le goût et l'art donneront de l'à-propos et quelque durée aux œuvres les plus courtes et les plus individuelles, si, en exprimant une portion même restreinte de la nature et de la vie, elles sont marquées de ce sceau unique de diamant, dont l'empreinte se reconnaît tout d'abord, qui se transmet inaltérable et imperfectible à travers les siècles, et qu'on essayerait vainement d'expliquer ou de contrefaire. Les révolutions passent sur les peuples, et font tomber les rois comme des têtes de pavots; les sciences s'agrandissent et accumulent; les philosophies s'épuisent; et cependant la moindre perle, autrefois éclose du cerveau de l'homme, si le temps et les barbares ne l'ont pas perdue en chemin, brille encore aussi pure aujourd'hui qu'à l'heure de sa naissance. On peut découvrir demain toute l'Égypte et toute l'Inde, lire au cœur des religions antiques, en tenter de nouvelles, l'ode d'Horace à Lycoris n'en sera, ni plus ni moins, une de ces perles dont nous parlons. La science, les philosophies, les religions sont là, à côté, avec leurs profondeurs et leurs gouffres souvent insondables; qu'importe? elle, la perle limpide et une fois née, se voit fixe au haut de son rocher, sur le rivage, dominant cet océan qui remue et varie sans cesse; plus humide, plus cristalline, plus radieuse au soleil après chaque tempête. Ceci ne veut pas dire au moins que la perle et l'océan d'où elle est sortie un jour ne soient pas liés par beaucoup de rapports profonds et mystérieux, ou, en d'autres termes, que l'art soit du tout indépendant de la philosophie, de la science et des révolutions d'alentour. Oh! pour cela, non; chaque océan donne ses perles, chaque climat les mûrit diversement et les colore; les coquillages du golfe Persique ne sont pas ceux de l'Islande. Seulement l'art, dans la force de génération qui lui est propre, a quelque chose de fixe, d'accompli, de définitif, qui crée à un moment donné et dont le produit ne meurt plus; qui ne varie pas avec les niveaux; qui n'expire ni ne grossit avec les vagues; qui ne se mesure ni au poids ni à la brasse, et qui, au sein des courants les plus mobiles, organise une certaine quantité de touts, grands et petits, dont les plus choisis et les mieux venus, une fois extraits de la masse flottante, n'y peuvent jamais rentrer. C'est ce qui doit consoler et soutenir les artistes jetés en des jours d'orages. Partout il y a moyen pour eux de produire quelque chose; peu ou beaucoup, l'essentiel est que ce *quelque chose* soit le mieux, et porte en soi, précieusement gravée à l'un des coins, la marque éternelle. Voilà ce que nous avions besoin de nous dire avant de nous remettre, nous, critique littéraire, à l'étude curieuse de l'art, et à l'examen attentif des grands individus du passé; il nous a semblé que, malgré ce qui a éclaté dans le monde et ce qui s'y remue encore, un portrait de Regnier, de Boileau, de La Fontaine, d'André Chénier, de l'un de ces hommes dont les pareils restent de tout temps fort rares, ne serait pas plus une puérilité aujourd'hui qu'il y a un an; et en nous prenant cette fois à Diderot philosophe et artiste, en le suivant de près dans son intimité attrayante, en le voyant dire, en l'écoutant penser aux heures les plus familières, nous y avons gagné du moins, outre la connaissance d'un grand homme de plus, d'oublier pendant quelques jours l'affligeant spectacle de la société environnante, tant de misère et de turbulence dans les masses, un si vague effroi, un si dévorant égoïsme dans les classes élevées, les gouvernements sans idées ni grandeur, des nations héroïques qu'on immole, le sentiment de patrie qui se perd et que rien de plus large ne remplace, la religion retombée dans l'arène d'où elle a le monde à reconquérir, et l'avenir de plus en plus nébuleux, recélant un rivage qui n'apparaît pas encore.

Il n'en était pas tout à fait ainsi du temps de Diderot. L'œuvre de destruction commençait alors à s'entamer au vif dans la théorie philosophique et politique; la tâche, malgré les difficultés du moment, semblait fort simple; les obstacles étaient bien tranchés, et l'on se portait à l'assaut avec un concert admirable et des espérances à la fois prochaines et infinies. Diderot, si diversement jugé, est de tous les hommes du xviiie siècle celui dont la personne résume le plus complétement l'insurrection philosophique avec ses caractères les plus larges et les plus contrastés. Il s'occupa peu de politique, et la laissa à Montesquieu, à Jean-Jacques et à Raynal; mais en philosophie il fut en quelque sorte l'âme et l'organe du siècle, le théoricien dirigeant par excellence. Jean-Jacques était spiritualiste, et par moments une espèce de calviniste socinien : il niait les arts, les sciences, l'industrie, la perfectibilité, et par toutes ces faces heurtait son siècle plutôt qu'il ne le réfléchissait. Il faisait, à plusieurs égards, exception dans cette société libertine, matérialiste et éblouie de ses propres lumières. D'Alembert était prudent, circonspect, sobre et frugal de doctrine, faible et timide de caractère, sceptique en tout ce qui sortait de la géométrie; ayant deux paroles, une pour le public, l'autre dans le privé, philosophe de l'école de Fontenelle; et le xviiie siècle avait l'audace au front, l'indiscrétion sur les lèvres, la foi dans l'incrédulité, le débordement des discours, et lâchait la vérité et l'erreur à pleines mains. Buffon ne manquait pas de foi en lui-même et en ses idées, mais il ne les prodiguait pas; il les élaborait à part, et ne les émettait que par intervalles, sous une forme pompeuse dont la magnificence était à ses yeux le mérite triomphant. Or, le xviiie siècle passe avec raison pour avoir été prodigue d'idées, familier et prompt, tout à tous, ne haïssant pas le déshabillé; et quand il s'était trop échauffé en causant de verve, en dissertant dans le salon pour ou contre Dieu, ma foi! il ne se faisait pas faute alors, le bon siècle, d'ôter sa perruque, comme l'abbé Galiani, et de la suspendre au dos d'un fauteuil. Condillac, si vanté depuis sa mort pour ses subtiles et ingénieuses analyses, ne vécut pas au cœur de son époque, et n'en représente aucunement la plénitude, le mouvement et l'ardeur. Il était cité avec considération par quelques hommes célèbres ; d'autres l'estimaient d'assez mince étoffe. En somme, on s'occupait peu de lui ; il n'avait guère d'influence. Il mourut dans l'isolement, atteint d'une sorte de marasme causé par l'oubli. Juger la philosophie du xviiie siècle d'après Condillac, c'est se décider d'avance à la voir tout entière dans une psychologie pauvre et étriquée. Quelque état qu'on en fasse, elle était plus forte que cela. Cabanis et M. de Tracy, qui ont beaucoup insisté, comme par précaution oratoire, sur leur filiation avec Condillac, se rattachent bien plus directement, pour les solutions métaphysiques d'origine et de fin, de substance et de cause, pour les solutions physiologiques d'organisation et de sensibilité, à Condorcet, à d'Holbach, à Diderot ; et Condillac est précisément muet sur ces énigmes, autour desquelles la curiosité de son siècle se consuma. Quant à Voltaire, meneur infatigable, d'une aptitude d'action si merveilleuse, et philosophe pratique en ce sens, il s'inquiéta peu de construire ou même d'embrasser toute la théorie métaphysique d'alors ; il se tenait au plus clair, il courait au plus pressé, il visait au plus droit, ne perdant aucun de ses coups, harcelant de loin les hommes et les dieux, comme un Parthe, sous ses flèches sifflantes. Dans son impitoyable verve de bon sens, il alla même jusqu'à railler à la légère les travaux de son époque à l'aide desquels la chimie et la physiologie cherchaient à éclairer les mystères de l'organisation. Après la Théodicée de Leibnitz, les anguilles de Needham lui paraissaient une des plus drôles imaginations qu'on pût avoir. La faculté philosophique du siècle avait donc besoin, pour s'individualiser en un génie, d'une tête à conception plus patiente et plus sérieuse que Voltaire, d'un cerveau moins étroit et moins effilé que Condillac ; il lui fallait plus d'abondance, de source vive et d'élévation solide que dans Buffon, plus d'ampleur et de décision fervente que chez d'Alembert, une sympathie enthousiaste pour les sciences, l'industrie et les arts, que

Rousseau n'avait pas. Diderot fut cet homme; Diderot, riche et fertile nature, ouverte à tous les germes, et les fécondant en son sein, les transformant presque au hasard par une force spontanée et confuse; moule vaste et bouillonnant où tout se fond, où tout se broie, où tout fermente; capacité la plus encyclopédique qui fût alors, mais capacité active, dévorante à la fois et vivifiante, animant, embrasant tout ce qui y tombe, et le renvoyant au dehors dans des torrents de flamme et aussi de fumée; Diderot, passant d'une machine à bas qu'il démonte et décrit, aux creusets de d'Holbach et de Rouelle, aux considérations de Bordeu; disséquant, s'il le veut, l'homme et ses sens aussi dextrement que Condillac, dédoublant le fil de cheveu le plus ténu sans qu'il se brise, puis tout d'un coup rentrant au sein de l'être, de l'espace, de la nature, et taillant en plein dans la grande géométrie métaphysique quelques larges lambeaux, quelques pages sublimes et lumineuses que Malebranche ou Leibnitz auraient pu signer avec orgueil s'ils n'eussent été chrétiens (1); esprit d'intelligence, de hardiesse et de conjecture, alternant du fait à la rêverie, flottant de la majesté au cynisme, bon jusque dans son désordre, un peu mystique dans son incrédulité, et auquel il n'a manqué, comme à son siècle, pour avoir l'harmonie, qu'un rayon divin, un *fiat lux*, une idée régulatrice, un Dieu (2).

Tel devait être, au xviiie siècle, l'homme fait pour présider à l'atelier philosophique, le chef du camp indiscipliné des penseurs, celui qui avait puissance pour les organiser en volontaires, les rallier librement, les exalter, par son entrain chaleureux, dans la conspiration contre l'ordre encore subsistant. Entre Voltaire, Buffon, Rousseau et d'Holbach, entre

---

(1) *Chrétiens?* cela est plus vrai de Malebranche que de Leibnitz.

(2) Grimm avait déjà comparé la tête de Diderot à la nature telle que celui-ci la concevait, riche, fertile, douce et sauvage, simple et majestueuse, bonne et sublime, *mais sans aucun principe dominant, sans maître et sans Dieu.*

les chimistes et les beaux-esprits, entre les géomètres, les mécaniciens et les littérateurs, entre ces derniers et les artistes, sculpteurs ou peintres, entre les défenseurs du goût ancien et les novateurs comme Sedaine, Diderot fut un lien. C'était lui qui les comprenait le mieux tous ensemble et chacun isolément, qui les appréciait de meilleure grâce, et les portait le plus complaisamment dans son cœur ; qui, avec le moins de personnalité et de *quant-à-soi*, se transportait le plus volontiers de l'un à l'autre. Il était donc bien propre à être le centre mobile, le pivot du tourbillon ; à mener la ligue à l'attaque avec concert, inspiration et quelque chose de tumultueux et de grandiose dans l'allure. La tête haute et un peu chauve, le front vaste, les tempes découvertes, l'œil en feu ou humide d'une grosse larme, le cou nu et, comme il l'a dit, *débraillé, le dos bon et rond*, les bras tendus vers l'avenir ; mélange de grandeur et de trivialité, d'emphase et de naturel, d'emportement fougueux et d'humaine sympathie ; tel qu'il était, et non tel que l'avaient gâté Falconet et Vanloo, je me le figure dans le mouvement théorique du siècle, précédant dignement ces hommes d'action qui ont avec lui un air de famille, ces chefs d'un ascendant sans morgue, d'un héroïsme souillé d'impur, glorieux malgré leurs vices, gigantesques dans la mêlée, au fond meilleurs que leur vie : Mirabeau, Danton, Kléber.

Denis Diderot était né à Langres, en octobre 1713, d'un père coutelier. Depuis deux cents ans cette profession se transmettait par héritage dans la famille avec les humbles vertus, la piété, le sens et l'honneur des vieux temps. Le jeune Denis, l'aîné des enfants, fut d'abord destiné à l'état ecclésiastique, pour succéder à un oncle chanoine. On le mit de bonne heure aux Jésuites de la ville, et il y fit de rapides progrès. Ces premières années, cette vie de famille et d'enfance, qu'il aimait à se rappeler et qu'il a consacrée en plusieurs endroits de ses écrits, laissèrent dans sa sensibilité de profondes empreintes. En 1760, au Grandval, chez le baron

d'Holbach, partagé entre la société la plus séduisante et les travaux de philosophie ancienne qu'il rédigeait pour l'Encyclopédie, ces circonstances d'autrefois lui revenaient à l'esprit avec larmes; il remontait par la rêverie le cours de sa *triste et tortueuse compatriote*, la Marne, qu'il retrouvait là, sous ses yeux, au pied des coteaux de Chenevières et de Champigny; son cœur nageait dans les souvenirs, et il écrivait à son amie, mademoiselle Voland : « Un des moments les plus
« doux de ma vie, ce fut, il y a plus de trente ans, et je m'en
« souviens comme d'hier, lorsque mon père me vit arriver
« du collége, les bras chargés des prix que j'avais remportés,
« et les épaules chargées des couronnes qu'on m'avait dé-
« cernées, et qui, trop larges pour mon front, avaient laissé
« passer ma tête. Du plus loin qu'il m'aperçut, il laissa son
« ouvrage, il s'avança sur sa porte et se mit à pleurer. C'est
« une belle chose qu'un homme de bien et sévère, qui
« pleure ! » Madame de Vandeul, fille unique et si chérie de Diderot, nous a laissé quelques anecdotes sur l'enfance de son père, que nous ne répéterons pas, et qui toutes attestent la vivacité d'impressions, la pétulance, la bonté facile de cette jeune et précoce nature. Diderot a cela de particulier entre les grands hommes du xviiie siècle, d'avoir eu une *famille*, une famille tout à fait bourgeoise, de l'avoir aimée tendrement, de s'y être rattaché toujours avec effusion, cordialité et bonheur. Philosophe à la mode et personnage célèbre, il eut toujours son bon père *le forgeron*, comme il disait, son frère l'abbé, sa sœur la ménagère, sa chère petite fille Angélique; il parlait d'eux tous délicieusement; il ne fut satisfait que lorsqu'il eut envoyé à Langres son ami Grimm embrasser son vieux père. Je n'ai guère vu trace de rien de pareil chez Jean-Jacques, d'Alembert (et pour cause), le comte de Buffon, ou ce même M. de Grimm, ou M. Arouet de Voltaire.

Les jésuites cherchèrent à s'attacher Diderot; il eut une veine d'ardente dévotion; on le tonsura vers douze ans, et on essaya même un jour de l'enlever de Langres pour disposer de lui plus à l'aise. Ce petit événement décida son père à l'amener à Paris, où il le plaça au collége d'Harcourt. Le jeune Diderot s'y montra bon écolier et surtout excellent camarade. On rapporte que l'abbé de Bernis et lui dînèrent plus d'une fois alors au cabaret à six sous par tête (1). Ses études finies, il entra chez un procureur, M. Clément de Ris, son compatriote, pour y étudier le droit et les lois, ce qui l'ennuya bien vite. Ce dégoût de la chicane le brouilla avec son père, qui sentait le besoin de brider, de mater par l'étude un naturel aussi passionné, et qui le pressait de faire choix d'un état quelconque ou de rentrer sous le toit paternel. Mais le jeune Diderot sentait déjà ses forces, et une vocation irrésistible l'entraînait hors des voies communes. Il osa désobéir à ce bon père qu'il vénérait, et seul, sans appui, brouillé avec sa famille (quoique sa mère le secourût sous main et par intervalles), logé dans un taudis, dînant toujours à six sous, le voilà qui tente de se fonder une existence d'indépendance et d'étude ; la géométrie et le grec le passionnent, et il rêve la gloire du théâtre. En attendant, tous les genres de travaux qui s'offraient lui étaient bien venus ; le métier de journaliste, comme nous l'entendons, n'existait pas alors, sans quoi c'eût été le sien. Un jour, un missionnaire lui commanda six sermons pour les colonies portugaises, et il les fabriqua. Il essaya de se faire le précepteur particulier des fils d'un riche financier, mais cette vie d'assujettissement lui devint insupportable au bout de trois mois. Sa plus sûre ressource était de donner des leçons de mathématiques : il apprenait lui-même tout en montrant aux autres. C'est plaisir de retrouver, dans *le Neveu de Rameau, la redingote de peluche grise* avec laquelle

(1) Diderot, dans l'avertissement qui précède l'*Addition à la Lettre sur les Sourds et Muets*, déclare qu'*il n'a jamais eu l'honneur de voir M. l'abbé de Bernis;* mais ceci n'est qu'une feinte. Diderot n'était pas censé auteur de la lettre ; et nous devons dire, en biographe scrupuleux, que l'anecdote des joyeux dîners à six sous par tête entre le philosophe adolescent et le futur cardinal ne nous semble pas pour cela moins authentique.

il se promenait *au Luxembourg en été, dans l'allée des Soupirs*, et de le voir trottant, au sortir de là, sur le pavé de Paris, *en manchettes déchirées et en bas de laine noire recousus par derrière avec du fil blanc.* Lui qui regretta plus tard si éloquemment *sa vieille robe de chambre*, combien davantage ne dut-il pas regretter cette redingote de peluche qui lui eût retracé toute sa vie de jeunesse, de misère et d'épreuves ! Comme il l'aurait fièrement suspendue dans son cabinet décoré d'un luxe récent ! Comme il se serait écrié à plus juste titre, en voyant cette relique, telle qu'il les aimait : « Elle me rappelle
« mon premier état, et l'orgueil s'arrête à l'entrée de mon
« cœur. Non, mon ami, non, je ne suis point corrompu. Ma
« porte s'ouvre toujours au besoin qui s'adresse à moi, il me
« trouve la même affabilité ; je l'écoute, je le conseille, je le
« plains. Mon âme ne s'est point endurcie, ma tête ne s'est
« point relevée ; mon dos est bon et rond comme ci-devant.
« C'est le même ton de franchise, c'est la même sensibilité ;
« mon luxe est de fraîche date, et le poison n'a point encore
« agi. » Et que n'eût-il pas ajouté, si l'éternelle redingote de peluche s'était trouvée précisément la même qu'il portait ce jour de mardi gras où, tombé au plus bas de la détresse, épuisé de marche, défaillant d'inanition, secouru par la pitié d'une femme d'auberge, il jura, tant qu'il aurait un sou vaillant, de ne jamais refuser un pauvre, et de *tout donner plutôt que d'exposer son semblable à une journée de pareilles tortures* ?

Ses mœurs, au milieu de cette vie incertaine, n'étaient pas ce qu'on pourrait imaginer ; on voit, par un aveu qu'il fait à mademoiselle Voland (t. II, p. 108), l'aversion qu'il conçut de bonne heure pour les faciles et dangereux plaisirs. Ce jeune homme, abandonné, nécessiteux, ardent, dont la plume acquit par la suite un renom d'impureté ; qui, selon son propre témoignage, possédait assez bien son Pétrone, et des petits madrigaux infâmes de Catulle pouvait réciter les trois quarts sans honte ; ce jeune homme échappa à la corruption du vice, et, dans l'âge le plus furieux, parvint à sauver les trésors de ses sens et les illusions de son cœur. Il dut ce bienfait à l'amour. La jeune fille qu'il aima était une demoiselle déchue, une ouvrière pauvre, vivant honnêtement avec sa mère du travail de ses mains. Diderot la connut comme voisine, la désira éperdument, se fit agréer d'elle, et l'épousa malgré les remontrances économiques de la mère ; seulement il contracta ce mariage en secret, pour éviter l'opposition de sa propre famille, que trompaient sur son compte de faux rapports. Jean-Jacques, dans ses *Confessions*, a jugé fort dédaigneusement l'Annette de Diderot, à laquelle il préfère de beaucoup sa Thérèse. Sans nous prononcer entre ces deux compagnes de grands hommes, il paraît en effet que, bonne femme au fond, madame Diderot était d'un caractère tracassier, d'un esprit commun, d'une éducation vulgaire, incapable de comprendre son mari et de suffire à ses affections. Tous ces fâcheux inconvénients, que le temps développa, disparurent alors dans l'éclat de sa beauté. Diderot eut d'elle jusqu'à quatre enfants, dont un seul, une fille, survécut. Après une de ses premières couches, il expédia la mère et sans doute aussi le nourrisson à Langres, près de sa famille, pour forcer la réconciliation. Ce moyen pathétique réussit, et toutes les préventions qui avaient duré des années s'évanouirent en vingt-quatre heures. Cependant, accablé de nouvelles charges, livré à des travaux pénibles, traduisant, aux gages des libraires, quelques ouvrages anglais, une *Histoire de la Grèce*, un *Dictionnaire de Médecine*, et méditant déjà l'Encyclopédie, Diderot se désenchanta bien promptement de cette femme, pour laquelle il avait si pesamment grevé son avenir. Madame de Puisieux (autre erreur) durant dix années, mademoiselle Voland, la seule digne de son choix, durant toute la seconde moitié de sa vie, quelques femmes telles que madame de Prunevaux plus passagèrement, l'engagèrent dans des liaisons étroites qui devinrent comme le tissu même de son existence intérieure. Madame de Puisieux fut la première : coquette et aux expédients, elle ajouta aux embarras de

Diderot, et c'est pour elle qu'il traduisit l'*Essai sur le Mérite et la Vertu*, qu'il fit les *Pensées philosophiques*, l'*Interprétation de la Nature*, la *Lettre sur les Aveugles*, et les *Bijoux indiscrets*, offrande mieux assortie et moins sévère. Madame Diderot, négligée par son mari, se resserra dans ses goûts peu élevés ; elle eut son petit monde, ses petits entours, et Diderot ne se rattacha plus tard à son domestique que par l'éducation de sa fille. On comprendra, d'après de telles circonstances, comment celui des philosophes du siècle qui sentit et pratiqua le mieux la moralité de la famille, qui cultiva le plus pieusement les relations de père, de fils, de frère, eut en même temps une si fragile idée de la sainteté du mariage, qui est pourtant le nœud de tout le reste ; on saisira aisément sous quelle inspiration personnelle il fit dire à l'O-taïtien dans le *Supplément au Voyage de Bougainville* : « Rien te paraît-il
« plus insensé qu'un précepte qui proscrit le changement qui
« est en nous, qui commande une constance qui n'y peut
« être, et qui viole la liberté du mâle et de la femelle en les
« enchaînant pour jamais l'un à l'autre ; qu'une fidélité qui
« borne la plus capricieuse des jouissances à un même indi-
« vidu ; qu'un serment d'immutabilité de deux êtres de chair
« à la face d'un ciel qui n'est pas un instant le même, sous
« des antres qui menacent ruine, au bas d'une roche qui
« tombe en poudre, au pied d'un arbre qui se gerce, sur une
« pierre qui s'ébranle ? » Ce fut une singulière destinée de Diderot, et bien explicable d'ailleurs par son exaltation naïve et contagieuse, d'avoir éprouvé ou inspiré dans sa vie des sentiments si disproportionnés avec le mérite véritable des personnes. Son premier, son plus violent amour, l'enchaîna pour jamais à une femme qui n'avait aucune convenance réelle avec lui. Sa plus violente amitié, qui fut aussi passionnée qu'un amour, eut pour objet Grimm, bel esprit fin, piquant, agréable, mais cœur égoïste et sec (1). Enfin la plus violente

(1) Ceci est trop sévère pour Grimm ; je suis revenu, depuis, à de meilleures idées sur son compte, en l'étudiant de près.

admiration qu'il fit naître lui vint de Naigeon, Naigeon adorateur fétichiste de son philosophe, comme Brossette l'était de son poëte, espèce de disciple badaud, de bedeau fanatique de l'athéisme. Femme, ami, disciple, Diderot se méprit donc dans ses choix ; La Fontaine n'eût pas été plus malencontreux que lui ; au reste, à part le chapitre de sa femme, il ne semble guère que lui-même il se soit jamais avisé de ses méprises.

Tout homme doué de grandes facultés, et venu en des temps où elles peuvent se faire jour, est comptable, par-devant son siècle et l'humanité, d'une œuvre en rapport avec les besoins généraux de l'époque et qui aide à la marche du progrès. Quels que soient ses goûts particuliers, ses caprices, son humeur de paresse ou ses fantaisies de hors-d'œuvre, il doit à la société un monument public, sous peine de rejeter sa mission et de gaspiller sa destinée. Montesquieu par l'*Esprit des Lois*, Rousseau par l'*Émile* et le *Contrat social*, Buffon par l'*Histoire naturelle*, Voltaire par tout l'ensemble de ses travaux, ont rendu témoignage à cette loi sainte du génie, en vertu de laquelle il se consacre à l'avancement des hommes ; Diderot, quoi qu'on en ait dit légèrement, n'y a pas non plus manqué (1). On lui accorde de reste les fantaisies humoristes,

---

(1) C'est une rétractation partielle, une rectification de ce que j'avais écrit précédemment dans un article du *Globe*, dont je reproduis ici le début :

« Il y a dans *Werther* un passage qui m'a toujours frappé par son
« admirable justesse : Werther compare l'homme de génie qui passe
« au milieu de son siècle, à un fleuve abondant, rapide, aux crues
« inégales, aux ondes parfois débordées ; sur chaque rive se trouvent
« d'honnêtes propriétaires, gens de prudence et de bon sens, qui,
« soigneux de leurs jardins potagers ou de leurs plates-bandes de
« tulipes, craignent toujours que le fleuve ne déborde au temps des
« grandes eaux et ne détruise leur petit bien-être ; ils s'entendent
« donc pour lui pratiquer des saignées à droite et à gauche, pour lui
« creuser des fossés, des rigoles ; et les plus habiles profitent même
« de ces eaux détournées pour arroser leur héritage, et s'en font des
« viviers et des étangs à leur fantaisie. Cette sorte de conjuration ins-
« tinctive et intéressée de tous les hommes de bon sens et d'esprit
« contre l'homme d'un génie supérieur n'apparaît peut-être dans au-

les boutades d'une saillie incomparable, les chaudes esquisses, les riches prêts à fonds perdu dans les ouvrages et sous le nom de ses amis, le don des romans, des lettres, des causeries, des contes, les *petits-papiers*, comme il les appelait, c'est-à-dire les petits chefs-d'œuvre, le morceau sur les

« cun cas particulier avec plus d'évidence que dans les relations de
« Diderot avec ses contemporains. On était dans un siècle d'analyse
« et de destruction, on s'inquiétait bien moins d'opposer aux idées en
« décadence des systèmes complets, réfléchis, désintéressés, dans les-
« quels les idées nouvelles de philosophie, de religion, de morale et
« de politique s'édifiassent selon l'ordre le plus général et le plus vrai,
« que de combattre et de renverser ce dont on ne voulait plus, ce à
« quoi on ne croyait plus, et ce qui pourtant subsistait toujours. En
« vain les grands esprits de l'époque, Montesquieu, Buffon, Rousseau,
« tentèrent de s'élever à de hautes théories morales ou scientifiques;
« ou bien ils s'égaraient dans de pleines chimères, dans des utopies
« de rêveurs sublimes; ou bien, infidèles à leur dessein, ils retom-
« baient malgré eux, à tout moment, sous l'empire du fait, et le dis-
« cutaient, le battaient en brèche, au lieu de rien construire. Voltaire
« seul comprit ce qui était et ce qui convenait, voulut tout ce qu'il fit
« et fit tout ce qu'il voulut. Il n'en fut pas ainsi de Diderot, qui,
« n'ayant pas cette tournure d'esprit critique, et ne pouvant prendre
« sur lui de s'isoler comme Buffon et Rousseau, demeura presque toute
« sa vie dans une position fausse, dans une distraction permanente,
« et dispersa ses immenses facultés sous toutes les formes et par tous
« les pores. Assez semblable au fleuve dont parle Werther, le courant
« principal, si profond, si abondant en lui-même, disparut presque
« au milieu de toutes les saignées et de tous les canaux par lesquels
« on le détourna. La gêne et le besoin, une singulière facilité de ca-
« ractère, une excessive prodigalité de vie et de conversation, la cama-
« raderie encyclopédique et philosophique, tout cela soutira conti-
« nuellement le plus métaphysicien et le plus artiste des génies de
« cette époque. Grimm, dans sa *Correspondance littéraire*, d'Holbach
« dans ses prédications d'athéisme, Raynal dans son *Histoire des deux*
« *Indes*, détournèrent à leur profit plus d'une féconde artère de ce
« grand fleuve dont ils étaient riverains. Diderot, bon qu'il était par
« nature, prodigue parce qu'il se sentait opulent, tout à tous, se lais-
« sait aller à cette façon de vivre; content de produire des idées, et
« se souciant peu de leur usage, il se livrait à son penchant intellec-
« tuel et ne tarissait pas. Sa vie se passa de la sorte, à penser d'abord, à
« penser surtout et toujours, puis à parler de ses pensées, à les écrire
« à ses amis, à ses maîtresses; à les jeter dans des articles de journal,
« dans des articles d'encyclopédie, dans des romans imparfaits, dans

femmes, *la Religieuse*, madame de La Pommeraie, mademoiselle La Chaux, madame de La Carlière, les héritiers du curé de Thivet ; — ce que nous tenons ici à lui maintenir, c'est son titre social, sa pièce monumentale, l'Encyclopédie ! Ce ne devait être à l'origine qu'une traduction revue et augmentée du Dictionnaire anglais de Chalmers, une spéculation de librairie. Diderot féconda l'idée première et conçut hardiment un répertoire universel de la connaissance humaine à son époque. Il mit vingt-cinq ans à l'exécuter. Il fut à l'intérieur la pierre angulaire et vivante de cette construction collective, et aussi le point de mire de toutes les persécutions, de toutes les menaces du dehors. D'Alembert, qui s'y était attaché surtout par convenance d'intérêt, et dont la Préface ingénieuse a beaucoup trop assumé, pour ceux qui ne lisent que les préfaces, la gloire éminente de l'ensemble, déserta au beau milieu de l'entreprise, laissant Diderot se débattre contre l'acharnement des dévots, la pusillanimité des libraires, et sous un énorme surcroît de rédaction. Grâce à sa prodigieuse verve de travail, à l'universalité de ses connaissances, à cette facilité multiple acquise de bonne heure dans la détresse, grâce surtout à ce talent moral de rallier autour de lui, d'inspirer et d'exciter ses travailleurs, il termina cet édifice audacieux, d'une masse à la fois menaçante et régulière : si l'on cherche le nom de l'architecte, c'est le sien qu'il faut y lire. Diderot savait mieux que personne les défauts de

« des notes, dans des mémoires sur des points spéciaux ; lui, le génie
« le plus synthétique de son siècle, il ne laissa pas de monument.
   « Ou plutôt ce monument existe, mais par fragments ; et, comme
« un esprit unique et substantiel est empreint en tous ces fragments
« épars, le lecteur attentif, qui lit Diderot comme il convient, avec
« sympathie, amour et admiration, recompose aisément ce qui est
« jeté dans un désordre apparent, reconstruit ce qui est inachevé, et
« finit par embrasser d'un coup d'œil l'œuvre du grand homme, par
« saisir tous les traits de cette figure forte, bienveillante et hardie,
« colorée par le sourire, abstraite par le front, aux vastes tempes, au
« cœur chaud, la plus allemande de toutes nos têtes, et dans laquelle
« il entre du Goethe, du Kant et du Schiller tout ensemble. »

son œuvre; il se les exagérait même, eu égard au temps, et se croyant né pour les arts, pour la géométrie, pour le théâtre, il déplorait mainte fois sa vie engagée et perdue dans une affaire d'un profit si mince et d'une gloire si mêlée. Qu'il fût admirablement organisé pour la géométrie et les arts, je ne le nie pas; mais certes, les choses étant ce qu'elles étaient alors, une grande révolution, comme il l'a lui-même remarqué (1), s'acccomplissant dans les sciences, qui descendaient de la haute géométrie et de la contemplation métaphysique pour s'étendre à la morale, aux belles-lettres, à l'histoire de la nature, à la physique expérimentale et à l'industrie; de plus, les arts au xviiie siècle étant faussément détournés de leur but supérieur et rabaissés à servir de porte-voix philosophique ou d'arme pour le combat; au milieu de telles conditions générales, il était difficile à Diderot de faire un plus utile, un plus digne et mémorable emploi de sa faculté puissante qu'en la vouant à l'Encyclopédie. Il servit et précipita, par cette œuvre civilisatrice, la révolution qu'il avait signalée dans les sciences. Je sais d'ailleurs quels reproches sévères et réversibles sur tout le siècle doivent tempérer ces éloges, et j'y souscris entièrement; mais l'esprit anti-religieux qui présida à l'Encyclopédie et à toute la philosophie d'alors ne saurait être exclusivement jugé de notre point de vue d'aujourd'hui, sans presque autant d'injustice qu'on a droit de lui en reprocher. Le mot d'ordre, le cri de guerre, *Écrasons l'infâme!* tout décisif et inexorable qu'il semble, demande lui-même à être analysé et interprété. Avant de reprocher à la philosophie de n'avoir pas compris le vrai et durable christianisme, l'intime et réelle doctrine catholique, il convient de se souvenir que le dépôt en était alors confié, d'une part aux jésuites intrigants et mondains, de l'autre aux jansénistes farouches et sombres; que ceux-ci, retranchés dans les parlements, pratiquaient dès ici-bas leur fatale et lugubre doc-

---

(1) *Interprétation de la Nature.*

trine sur la grâce, moyennant leurs bourreaux, leur question, leurs tortures, et qu'ils réalisaient pour les hérétiques, dans les culs de basse-fosse des cachots, l'abîme effrayant de Pascal. C'était là l'*infâme* qui, tous les jours, calomniait auprès des philosophes le christianisme dont elle usurpait le nom ; l'*infâme* en vérité, que la philosophie est parvenue à *écraser* dans la lutte, en s'abîmant sous une ruine commune. Diderot, dès ses premières *Pensées philosophiques*, paraît surtout choqué de cet aspect tyrannique et capricieusement farouche, que la doctrine de Nicole, d'Arnauld et de Pascal prête au Dieu chrétien ; et c'est au nom de l'humanité méconnue et d'une sainte commisération pour ses semblables qu'il aborde la critique audacieuse où sa fougue ne lui permit plus de s'arrêter. Ainsi de la plupart des novateurs incrédules : au point de départ, une même protestation généreuse les unit. L'Encyclopédie ne fut donc pas un monument pacifique, une tour silencieuse de cloître avec des savants et des penseurs de toute espèce distribués à chaque étage. Elle ne fut pas une pyramide de granit à base immobile ; elle n'eut rien de ces harmonieuses et pures constructions de l'art, qui montent avec lenteur à travers des siècles fervents vers un Dieu adoré et béni. On l'a comparée à l'impie Babel ; j'y verrais plutôt une de ces tours de guerre, de ces machines de siége, mais énormes, gigantesques, merveilleuses, comme en décrit Polybe, comme en imagine le Tasse. L'arbre pacifique de Bacon y est façonné en catapulte menaçante. Il y a des parties ruineuses, inégales, beaucoup de plâtras, des fragments cimentés et indestructibles. Les fondations ne plongent pas en terre : l'édifice roule, il est mouvant, il tombera ; mais qu'importe ? pour appliquer ici un mot éloquent de Diderot lui-même, « la statue de l'architecte restera debout au mi« lieu des ruines, et la pierre qui se détachera de la mon« tagne ne la brisera point, parce que les pieds n'en sont « pas d'argile. »

L'athéisme de Diderot, bien qu'il l'affichât par moments

avec une déplorable jactance, et que ses adversaires l'aient trop cruellement pris au mot, se réduit le plus souvent à la négation d'un Dieu méchant et vengeur, d'un Dieu fait à l'image des bourreaux de Calas et de La Barre. Diderot est revenu fréquemment sur cette idée, et l'a présentée sous les formes bienveillantes du scepticisme le moins arrogant. Tantôt, comme dans l'entretien avec la maréchale de Broglie, c'est un jeune Mexicain qui, las de son travail, se promène un jour au bord du grand Océan; il voit une planche qui d'un bout trempe dans l'eau et de l'autre pose sur le rivage; il s'y couche, et, bercé par la vague, rasant du regard l'espace infini, les contes de sa vieille grand'mère sur je ne sais quelle contrée située au delà et peuplée d'habitants merveilleux lui repassent en idée comme de folles chimères; il n'y peut croire, et cependant le sommeil vient avec le balancement et la rêverie, la planche se détache du rivage, le vent s'accroît, et voilà le jeune raisonneur embarqué. Il ne se réveille qu'en pleine eau. Un doute s'élève alors dans son esprit : s'il s'était trompé en ne croyant pas! si sa grand'mère avait eu raison! Eh bien! ajoute Diderot, elle a eu raison; il vogue, il touche à la plage inconnue. Le vieillard, maître du pays, est là qui le reçoit à l'arrivée. Un petit soufflet sur la joue, une oreille un peu pincée avec sourire, sera-ce toute la peine de l'incrédule? ou bien ce vieillard ira-t-il prendre le jeune insensé par les cheveux et se complaire à le traîner durant une éternité sur le rivage (1)? — Tantôt, comme dans une lettre à mademoiselle

---

(1) On lit au tome second des *Essais* de Nicole : « ..... En consi-
« dérant avec effroi ces démarches téméraires et vagabondes de la
« plupart des hommes, qui les mènent à la mort éternelle, je m'ima-
« gine de voir une île épouvantable, entourée de précipices escarpés
« qu'un nuage épais empêche de voir, et environnée d'un torrent de
« feu qui reçoit tous ceux qui tombent du haut de ces précipices. Tous
« les chemins et tous les sentiers se terminent à ces précipices, à l'ex-
« ception d'un seul, mais très-étroit et très-difficile à reconnaître,
« qui aboutit à un pont par lequel on évite le torrent de feu et l'on
« arrive à un lieu de sûreté et de lumière... Il y a dans cette île un

Voland, c'est un moine, galant homme et point du tout enfroqué, avec qui son ami Damilaville l'a fait dîner. On parla de l'amour paternel. Diderot dit que c'était une des plus puissantes affections de l'homme : « Un cœur paternel, repris-je ;
« non, il n'y a que ceux qui ont été pères qui sachent ce que
« c'est ; c'est un secret heureusement ignoré, même des en-
« fants. » Puis continuant, j'ajoutai : « Les premières années
« que je passai à Paris avaient été fort peu réglées ; ma con-
« duite suffisait de reste pour irriter mon père, sans qu'il fût
« besoin de la lui exagérer. Cependant la calomnie n'y avait
« pas manqué. On lui avait dit... Que ne lui avait-on pas dit?
« L'occasion d'aller le voir se présenta. Je ne balançai point.
« Je partis plein de confiance dans sa bonté. Je pensais qu'il
« me verrait, que je me jetterais entre ses bras, que nous
« pleurerions tous les deux, et que tout serait oublié. Je

« nombre infini d'hommes à qui l'on commande de marcher incessam-
« ment. Un vent impétueux les presse et ne leur permet pas de re-
« tarder. On les avertit seulement que tous les chemins n'ont pour
« fin que le précipice ; qu'il n'y en a qu'un seul où ils se puissent
« sauver, et que cet unique chemin est très-difficile à remarquer.
« Mais, nonobstant ces avertissements, ces misérables, sans songer à
« chercher le sentier heureux, sans s'en informer, et comme s'ils le
« connoissoient parfaitement, se mettent hardiment en chemin. Ils ne
« s'occupent que du soin de leur équipage, du désir de commander
« aux compagnons de ce malheureux voyage, et de la recherche de
« quelque divertissement qu'ils peuvent prendre en passant. Ainsi ils
« arrivent insensiblement vers le bord du précipice, d'où ils sont em-
« portés dans ce torrent de feu qui les engloutit pour jamais. Il y en
« a seulement un très-petit nombre de sages qui cherchent avec soin
« ce sentier, et qui, l'ayant découvert, y marchent avec grande cir-
« conspection, et, trouvant ainsi le moyen de passer le torrent, arri-
« vent enfin à un lieu de sûreté et de repos. » L'image de Nicole n'est pas consolante ; au chapitre V du traité *de la Crainte de Dieu*, on peut chercher une autre scène de *carnage spirituel*, dans laquelle n'éclate pas moins ce qu'on a droit d'appeler le *terrorisme de la Grâce* : on conçoit que Diderot ait trouvé ces doctrines funestes à l'humanité, et qu'il ait voulu faire à son tour, sous image d'île et d'océan, une contre-partie au tableau de Nicole. — Il y a aussi dans Pascal une comparaison du monde avec une île déserte, et les hommes y sont également de *misérables égarés*.

« pensai juste. » Là, je m'arrêtai et je demandai à mon reli-
« gieux s'il savait combien il y avait d'ici chez moi : « Soixante
« lieues, mon père ; et s'il y en avait cent, croyez-vous que
« j'aurais trouvé mon père moins indulgent et moins tendre? —
« Au contraire. — Et s'il y en avait eu mille? — Ah! comment
« maltraiter un enfant qui revient de si loin? — Et s'il avait
« été dans la lune, dans Jupiter, dans Saturne?... » En disant
« ces derniers mots, j'avais les yeux tournés au ciel; et mon
« religieux, les yeux baissés, méditait sur mon apologue. »

Diderot a exposé ses idées sur la substance, la cause et l'origine des choses dans l'*Interprétation de la Nature*, sous le couvert de Baumann, qui n'est autre que Maupertuis, et plus nettement encore dans l'*Entretien avec d'Alembert* et le *Rêve singulier* qu'il prête à ce philosophe. Il nous suffira de dire que son matérialisme n'est pas un mécanisme géométrique et aride, mais un vitalisme confus, fécond et puissant, une fermentation spontanée, incessante, évolutive, où, jusque dans le moindre atome, la sensibilité latente ou dégagée subsiste toujours présente. C'était l'opinion de Bordeu et des physiologistes, la même que Cabanis a depuis si éloquemment exprimée. A la manière dont Diderot sentait la nature extérieure, la nature pour ainsi dire *naturelle*, celle que les expériences des savants n'ont pas encore torturée et falsifiée, les bois, les eaux, la douceur des champs, l'harmonie du ciel et les impressions qui en arrivent au cœur, il devait être profondément religieux par organisation, car nul n'était plus sympathique et plus ouvert à la vie universelle. Seulement, cette vie de la nature et des êtres, il la laissait volontiers obscure, flottante et en quelque sorte diffuse hors de lui, recélée au sein des germes, circulant dans les courants de l'air, ondoyant sur les cimes des forêts, s'exhalant avec les bouffées des brises; il ne la rassemblait pas vers un centre, il ne l'idéalisait pas dans l'exemplaire radieux d'une Providence ordonnatrice et vigilante. Pourtant, dans un ouvrage qu'il composa durant sa vieillesse et peu d'années avant de mou-

rir, l'*Essai sur la Vie de Sénèque*, il s'est plu à traduire le passage suivant d'une lettre à Lucilius, qui le transporte d'admiration : « S'il s'offre à vos regards une vaste forêt, peuplée
« d'arbres antiques, dont les cimes montent aux nues et dont
« les rameaux entrelacés vous dérobent l'aspect du ciel, cette
« hauteur démesurée, ce silence profond, ces masses d'ombre
« que la distance épaissit et rend continues, tant de signes
« ne vous *intiment*-ils pas la présence d'un Dieu ? » C'est Diderot qui souligne le mot *intimer*. Je suis heureux de trouver dans le même ouvrage un jugement sur La Mettrie, qui marque chez Diderot un peu d'oubli peut-être de ses propres excès cyniques et philosophiques, mais aussi un dégoût amer, un désaveu formel du matérialisme immoral et corrupteur. J'aime qu'il reproche à La Mettrie de n'avoir pas *les premières idées des vrais fondements de la morale*, « de cet arbre
« immense dont la tête touche aux cieux, et dont les racines
« pénètrent jusqu'aux enfers, où tout est lié, où la pudeur, la
« décence, la politesse, les vertus les plus légères, s'il en est
« de telles, sont attachées comme la feuille au rameau, qu'on
« déshonore en l'en dépouillant. » Ceci me rappelle une querelle qu'il eut un jour sur la vertu avec Helvétius et Saurin ; il en fait à mademoiselle Voland un récit charmant, qui est un miroir en raccourci de l'inconséquence du siècle. Ces messieurs niaient le sens moral inné, le motif essentiel et désintéressé de la vertu, pour lequel plaidait Diderot. « Le plai-
« sant, ajoute-t-il, c'est que, la dispute à peine terminée, ces
« honnêtes gens se mirent, sans s'en apercevoir, à dire les
« choses les plus fortes en faveur du sentiment qu'ils venaient
« de combattre, et à faire eux-mêmes la réfutation de leur
« opinion. Mais Socrate, à ma place, la leur aurait arrachée. »
Il dit en un endroit au sujet de Grimm : « La sévérité des
« principes de notre ami se perd ; il distingue deux morales,
« une à l'usage des souverains. » Toutes ces idées excellentes sur la vertu, la morale et la nature, lui revinrent sans doute plus fortes que jamais dans le recueillement et l'espèce de

solitude qu'il tâcha de se procurer durant les années souffrantes de sa vieillesse. Plusieurs de ses amis étaient morts, les autres dispersés; mademoiselle Voland et Grimm lui manquaient souvent. Aux conversations désormais fatigantes, il préférait la robe de chambre et sa bibliothèque du cinquième sous les tuiles, au coin de la rue Taranne et de celle de Saint-Benoît; il lisait toujours, méditait beaucoup et soignait avec délices l'éducation de sa fille. Sa vie bienfaisante, pleine de bons conseils et de bonnes œuvres, dut lui être d'un grand apaisement intérieur; et toutefois peut-être, à de certains moments, il lui arrivait de se redire cette parole de son vieux père : « Mon fils, mon fils, c'est un bon oreiller que celui de « la raison; mais je trouve que ma tête repose plus douce- « ment encore sur celui de la religion et des lois. » — Il mourut en juillet 1784 (1).

Comme artiste et critique, Diderot fut éminent. Sans doute sa théorie du drame n'a guère de valeur que comme démenti donné au convenu, au faux goût, à l'éternelle mythologie de l'époque, comme rappel à la vérité des mœurs, à la réalité des sentiments, à l'observation de la nature; il échoua dès qu'il voulut pratiquer. Sans doute l'idée de morale le préoccupa outre mesure; il y subordonna le reste, et en général, dans toute son esthétique, il méconnut les limites, les ressources propres et la circonscription des beaux-arts; il concevait trop le drame en moraliste, la statuaire et la peinture en littérateur; le style essentiel, l'exécution mystérieuse, la

---

(1) Trois ou quatre ans avant la mort de Diderot, Garat, alors à ses débuts, publia dans quelque almanach littéraire le récit d'une *visite* qu'il avait faite au philosophe, récit piquant, un peu burlesque, où les qualités naïves de l'original sont prises en caricature. Diderot s'en montra très-mécontent. Garat présageait par ce trait son talent de plume, mais aussi sa légèreté morale. Cette *visite chez Diderot*, qu'on peut lire recueillie par M. Auguis dans ses *Révélations indiscrètes du* xviiie *siècle*, est peut-être le premier exemple en notre littérature du style *à la Janin*; dans ce genre de charge fine, l'échantillon de Garat reste charmant.

touche sacrée, ce je ne sais quoi d'accompli, d'achevé, qui est à la fois l'indispensable, ce *sine qua non* de confection dans chaque œuvre d'art pour qu'elle parvienne à l'adresse de la postérité, — sans doute ce coin précieux lui a échappé souvent ; il a tâtonné alentour, et n'y a pas toujours posé le doigt avec justesse ; Falconnet et Sedaine lui ont causé de ces éblouissements d'enthousiasme que nous ne pouvons lui passer que pour Térence, pour Richardson et pour Greuze : voilà les défauts. Mais aussi que de verve, que de raison dans les détails ! quelle chaude poursuite du vrai, du bon, de ce qui sort du cœur ! quel exemplaire sentiment de l'antique dans ce siècle irrévérent ! quelle critique pénétrante, honnête, amoureuse, jusqu'alors inconnue ! comme elle épouse son auteur dès qu'elle y prend goût ! comme elle le suit, l'enveloppe, le développe, le choie et l'adore ! Et, tout optimiste qu'elle est et un peu sujette à l'engouement, ne la croyez pas dupe toujours. Demandez plutôt à l'auteur des *Saisons*, à M. de Saint-Lambert, *qui, entre les gens de lettres, est une des peaux les plus sensibles* (nous dirions aujourd'hui *un des épidermes*) ; à M. de La Harpe, qui a *du nombre, de l'éloquence, du style, de la raison, de la sagesse, mais rien qui lui batte au-dessous de la mamelle gauche,*

> . . . . . *Quod læva in parte mamillæ*
> *Nil salit Arcadico juveni.* . . . .
>
> Juv.

Demandez à l'abbé Raynal, *qui serait sur la ligne de M. de La Harpe, s'il avait un peu moins d'abondance et un peu plus de goût*; au digne, au sage et honnête Thomas enfin, qui, à l'opposé du même M. de La Harpe, *met tout en montagnes, comme l'autre met tout en plaines, et qui, en écrivant sur les femmes, a trouvé moyen de composer un si bon, un si estimable livre, mais un livre qui n'a pas de sexe.*

En prononçant le nom de femmes, nous avons touché la source la plus abondante et la plus vive du talent de Diderot comme artiste. Ses meilleurs morceaux, les plus délicieux d'entre ses *petits papiers*, sont certainement ceux où il les met en scène, où il raconte les abandons, les perfidies, les ruses dont elles sont complices ou victimes, leur puissance d'amour, de vengeance, de sacrifice ; où il peint quelque coin du monde, quelque intérieur auquel elles ont été mêlées. Les moindres récits courent alors sous sa plume, rapides, entraînants, simples, loin d'aucun système, empreints, sans affectation, des circonstances les plus familières, et comme venant d'un homme qui a de bonne heure vécu de la vie de tous les jours, et qui a senti l'âme et la poésie dessous. De telles scènes, de tels portraits ne s'analysent pas. Omettant les choses plus connues, je recommande à ceux qui ne l'ont pas lue encore la Correspondance de Diderot avec mademoiselle Jodin, jeune actrice dont il connaissait la famille, et dont il essaya de diriger la conduite et le talent par des conseils aussi attentifs que désintéressés. C'est un admirable petit cours de morale pratique, sensée et indulgente ; c'est de la raison, de la décence, de l'honnêteté, je dirais presque de la vertu, à la portée d'une jolie actrice, bonne et franche personne, mais mobile, turbulente, amoureuse. A la place de Diderot, Horace (je le suppose assez goutteux déjà pour être sage), Horace lui-même n'aurait pas donné d'autres préceptes, des conseils mieux pris dans le réel, dans le possible, dans l'humanité ; et certes il ne les eût pas assaisonnés de maximes plus saines, d'indications plus fines sur l'art du comédien. Ces Lettres à mademoiselle Jodin, publiées pour la première fois en 1821, présageaient dignement celles à mademoiselle Voland, que nous possédons enfin aujourd'hui. Ici Diderot se révèle et s'épanche tout entier. Ses goûts, ses mœurs, la tournure secrète de ses idées et de ses désirs ; ce qu'il était dans la maturité de l'âge et de la pensée ; sa sensibilité intarissable au sein des plus arides occupations et sous les paquets d'épreuves de l'*Encyclopédie* ; ses affectueux retours vers les temps d'autrefois, son amour de la ville natale, de la maison paternelle et des *hordes sauvages* où s'ébattait son enfance; son vœu de retraite solitaire, de campagne avec peu d'amis, d'oisiveté entremêlée d'émotions et de lectures; et puis, au milieu de cette société charmante, à laquelle il se laisse aller tout en la jugeant, les figures sans nombre, gracieuses ou grimaçantes, les épisodes tendres ou bouffons qui ressortent et se croisent dans ses récits ; madame d'Épinay, les boucles de cheveux pendantes, un cordon bleu au front, langoureuse en face de Grimm ; madame d'Aine en camisole, aux prises avec M. Le Roy; le baron d'Holbach, au ton moqueur et discordant, près de sa moitié au fin sourire ; l'abbé Galiani, *trésor dans les jours pluvieux*, meuble si indispensable que *tout le monde voudrait en avoir un à la campagne, si on en faisait chez les tabletiers*; l'incomparable portrait d'*Uranie*, de cette belle et auguste madame Legendre, la plus vertueuse des coquettes, la plus désespérante des femmes qui disent : Je vous aime; — un franc parler sur les personnages célèbres; Voltaire, *ce méchant et extraordinaire enfant des Délices*, qui a beau critiquer, railler, se démener, et qui *verra toujours au-dessus de lui une douzaine d'hommes de la nation, qui, sans s'élever sur la pointe du pied, le passeront de la tête, car il n'est que le second dans tous les genres*; Rousseau, cet être incohérent, *excessif, tournant perpétuellement autour d'une capucinière où il se fourrera un beau matin, et sans cesse ballotté de l'athéisme au baptême des cloches*;— c'en est assez, je crois, pour indiquer que Diderot, homme, moraliste, peintre et critique, se montre à nu dans cette Correspondance, si heureusement conservée, si à propos offerte à l'admiration empressée de nos contemporains. Plus efficacement que nos paroles, elle ravivera, elle achèvera dans leur mémoire une image déjà vieillie, mais toujours présente. Nous y renvoyons bien vite les lecteurs qui trouveraient que nous n'en avons pas dit assez ou que nous en avons trop dit (1). Nous leur

(1) On peut voir aussi deux articles détaillés sur cette Correspondance dans *le Globe*, 20 septembre et 5 octobre 1830.

rappellerons en même temps, comme dédommagement et comme excuse, un article sur la prose du grand écrivain, inséré autrefois dans ce recueil par un des hommes (1) qui ont le mieux soutenu et perpétué de nos jours la tradition de Diderot, pour la verve chaude et féconde, le génie facile, abondant, passionné, le charme sans fin des causeries et la bonté prodigue du caractère.

Juin 1831.

(1) M. Ch. Nodier (*Revue de Paris*).

J'ai refait plus tard une esquisse de Diderot qui se trouve au tome VII des *Causeries du Lundi*.

L'ABBÉ PRÉVOST

On a comparé souvent l'impression mélancolique que produisent sur nous les bibliothèques, où sont entassés les travaux de tant de générations défuntes, à l'effet d'un cimetière peuplé de tombes. Cela ne nous a jamais semblé plus vrai que lorsqu'on y entre, non avec une curiosité vague ou un labeur trop empressé, mais guidé par une intention particulière d'honorer quelque nom choisi, et par un acte de piété studieuse à accomplir envers une mémoire. Si pourtant l'objet de notre étude ce jour-là, et en quelque sorte de notre dévotion, est un de ces morts fameux et si rares dont la parole remplit les temps, l'effet ne saurait être ce que nous disons ; l'autel alors nous apparaît trop lumineux ; il s'en échappe incessamment un puissant éclat qui chasse bien loin la langueur des regrets et ne rappelle que des idées de durée et de vie. La médiocrité, non plus, n'est guère propre à faire naître en nous un sentiment d'espèce si délicate ; l'impression qu'elle cause n'a rien que de stérile, et ressemble à de la fatigue ou à de la pitié. Mais ce qui nous donne à songer plus particulièrement et ce qui suggère à notre esprit mille pensées d'une morale pénétrante, c'est quand il s'agit d'un de ces hommes en partie célèbres et en partie oubliés, dans la mémoire desquels, pour ainsi dire, la lumière et l'ombre se joignent ; dont quelque production toujours debout reçoit encore un vif rayon qui semble mieux éclairer la poussière et l'obscurité de tout le reste ; c'est quand nous touchons à l'une de ces renommées recommandables et jadis brillantes, comme il s'en est vu beaucoup sur la terre, belles aujourd'hui, dans leur silence, de la beauté d'un cloître qui tombe, et à demi couchées, désertes et en ruine. Or, à part un très-petit nombre de noms grandioses et fortunés qui, par l'à-propos de leur venue, l'étoile constante de leurs destins, et aussi l'immensité des choses humaines et divines qu'ils ont les premiers reproduites glorieusement, conservent ce privilége éternel de ne pas vieillir, ce sort un peu sombre, mais fatal, est commun à tout ce qui porte dans l'ordre des lettres le titre de talent et même celui de génie. Les admirations contemporaines les plus unanimes et les mieux méritées ne peuvent rien contre ; la résignation la plus humble, comme la plus opiniâtre résistance, ne hâte ni ne retarde ce moment inévitable, où le grand poëte, le grand écrivain, entre dans la postérité, c'est-à-dire où les générations dont il fut le charme et l'âme, cédant la scène à d'autres, lui-même il passe de la bouche ardente et confuse des hommes à l'indifférence, non pas ingrate, mais respectueuse, qui, le plus souvent, est la dernière consécration des monuments accomplis. Sans doute quelques pèlerins du génie, comme Byron les appelle, viennent encore et jusqu'à la fin se succéderont alentour ; mais la société en masse s'est portée ailleurs et fréquente d'autres lieux. Une bien forte part de la gloire de Walter Scott et de Chateaubriand plonge déjà dans l'ombre. Ce sentiment qui, ainsi que nous le disons, n'est pas sans tristesse, soit qu'on l'éprouve pour soi-même, soit qu'on l'applique à d'autres, nous devons tâcher du moins qu'il nous laisse sans amertume. Il n'a rien, à le bien prendre, qui soit capable d'irriter ou de décourager ; c'est un des mille côtés de la loi universelle. Ne nous y appesantissons jamais que pour combattre en nous l'amour du bruit, l'exagération de notre importance, l'enivrement de nos œuvres. Prémunis par là contre bien des agitations insensées, sachons nous tenir à un calme grave, à une habitude réfléchie et naturelle, qui nous fasse tout goûter selon la mesure, nous permette une justice clairvoyante, dégagée des préoccupations superbes, et, en sauvant nos productions sincères des changeantes saillies du jour et des jargons bigarrés qui passent, nous établisse dans la situation intime la meilleure pour y épancher le plus de ces vérités réelles, de ces beautés simples, de ces sentiments humains bien ménagés, dont, sous des formes plus ou moins neuves et durables, les âges futurs verront se confirmer à chaque épreuve l'éternelle jeunesse.

Cette réflexion nous a été inspirée au sujet de l'abbé Prévost, et nous croyons que c'est une de celles qui, de nos jours, lui viendraient le plus naturellement à lui-même, s'il pouvait se contempler dans le passé. Non pas que, durant le cours de sa longue et laborieuse carrière, il ait jamais positivement obtenu ce quelque chose qui, à un moment déterminé, éclate de la plénitude d'un disque éblouissant, et qu'on appelle la gloire; plutôt que la gloire, il eut de la célébrité diffuse, et posséda les honneurs du talent, sans monter jusqu'au génie. Ce fut pourtant, si l'on parle un instant avec lui la langue vaguement complaisante de Louis XIV, ce fut, à tout prendre, un heureux et facile génie, d'un savoir étendu et lucide, d'une vaste mémoire, inépuisable en œuvres, également propre aux histoires sérieuses et aux amusantes, renommé pour les grâces du style et la vivacité des peintures, et dont les productions, à peine écloses, faisaient, disait-on alors, *les délices des cœurs sensibles et des belles imaginations.* Ses romans, en effet, avaient un cours prodigieux; on les contrefaisait de toutes parts; quelquefois on les continuait sous son nom, ce qui est arrivé pour le *Cléveland;* les libraires demandaient *du l'abbé Prévost,* comme précédemment du Saint-Évremond; lui-même, il ne les laissait guère en souffrance, et ses œuvres, y compris *le Pour et Contre* et l'*Histoire générale des Voyages,* vont beaucoup au delà de cent volumes. De tous ces estimables travaux, parmi lesquels on compte une bonne part de créations, que reste-t-il dont on se souvienne et qu'on relise? Si dans notre jeunesse nous nous sommes trouvés à portée de quelque ancienne bibliothèque de famille, nous avons pu lire *Cléveland, le Doyen de Killerine,* les *Mémoires d'un Homme de qualité,* que nous recommandaient nos oncles ou nos pères ; mais, à part une occasion de ce genre, on les estime sur parole, on ne les lit pas. Que si par hasard on les ouvre, on ne va presque jamais jusqu'à la fin, pas plus que pour l'*Astrée* ou pour *Clélie* ; la manière en est déjà trop loin de notre goût, et rebute par son développement, au lieu de prendre ; il n'y a que *Manon Lescaut* qui réussisse toujours dans son accorte négligence, et dont la fraîcheur sans fard soit immortelle. Ce petit chef-d'œuvre échappé en un jour de bonheur à l'abbé Prévost, et sans plus de peine assurément que les innombrables épisodes, à demi réels, à demi inventés, dont il a semé ses écrits, soutient à jamais son nom au-dessus du flux des années, et le classe de pair, en lieu sûr, à côté de l'élite des écrivains et des inventeurs. Heureux ceux qui, comme lui, ont eu un jour, une semaine, un mois dans leur vie, où à la fois leur cœur s'est trouvé plus abondant, leur timbre plus pur, leur regard doué de plus de transparence et de clarté, leur génie plus familier et plus présent ; où un fruit rapide leur est né et a mûri sous cette harmonieuse conjonction de tous les astres intérieurs ; où, en un mot, par une œuvre de dimension quelconque, mais complète, ils se sont élevés d'un jet à l'idéal d'eux-mêmes ! Bernardin de Saint-Pierre dans *Paul et Virginie,* Benjamin Constant par son *Adolphe,* ont eu cette bonne fortune, qu'on mérite toujours si on l'obtient, de s'offrir, sous une enveloppe de résumé admirable, au regard sommaire de l'avenir. On commence à croire que, sans cette tour solitaire de René, qui s'en détache et monte dans la nue, l'édifice entier de Chateaubriand se discernerait confusément à distance (1). L'abbé Prévost, sous cet

(1) J'écrivais cela en 1831. Ceux qui m'accusent, comme ce léger M. de Loménie (qui n'est qu'un écho de son monde), d'avoir attendu la mort de M. de Chateaubriand pour laisser voir ma pensée à son sujet, ne m'ont pas bien lu. Béranger, au contraire, avait fort remarqué ce passage, et il s'amusait quelquefois à taquiner M. de Chateaubriand sur ce que ses petits neveux les romantiques pensaient de lui.

aspect, n'a rien à envier à tous ces hommes. Avec infiniment moins d'ambition qu'aucun, il a son point sur lequel il est autant hors de ligne : Manon Lescaut subsiste à jamais, et, en dépit des révolutions du goût et des modes sans nombre qui en éclipsent le vrai règne, elle peut garder au fond sur son propre sort cette indifférence folâtre et languissante qu'on lui connaît. Quelques-uns, tout bas, la trouvent un peu faible peut-être et par trop simple de métaphysique et de nuances; mais quand l'assaisonnement moderne se sera évaporé, quand l'enluminure fatigante aura pâli, cette fille incompréhensible se retrouvera la même, plus fraîche seulement par le contraste. L'écrivain qui nous l'a peinte restera apprécié dans le calme, comme étant arrivé à la profondeur la plus inouïe de la passion par le simple naturel d'un récit, et pour avoir fait de sa plume, en cette circonstance, un emploi cher à certains cœurs dans tous les temps. Il est donc de ceux que l'oubli ne submergera pas, ou qu'il n'atteindra du moins que quand, le goût des choses saines étant épuisé, il n'y aura plus de regret à mourir.

Mais si la postérité s'en tient, dans l'essor de son coup d'œil, à cette brève compréhension d'un homme, à ce relevé rapide d'une œuvre, il y a, jusque dans son sein, des curiosités plus scrupuleuses et plus patientes qui éprouvent le besoin d'insister davantage, de revenir à la connaissance des portions disparues, et de retrouver épars dans l'ensemble, plus mélangés sans doute mais aussi plus étalés, la plupart des mérites dont la pièce principale se compose. On veut suivre dans la continuité de son tissu, on veut toucher de la main, en quelque sorte, l'étoffe et la qualité de ce génie dont on a déjà vu le plus brillant échantillon, mais un échantillon, après tout, qui tient étroitement au reste, et n'en est d'ordinaire qu'un accident mieux venu. C'est ce que nous tâchons de faire aujourd'hui pour l'abbé Prévost. Un attrait tout particulier, dès qu'on l'a entrevu, invite à s'informer de lui et à désirer de l'approfondir. Sa physionomie ouverte et bonne, la politesse décente de son langage, laissent transpirer à son insu une sensibilité intérieure profondément tendre, et, sous la généralité de sa morale et la multiplicité de ses récits, il est aisé de saisir les traces personnelles d'une expérience bien douloureuse. Sa vie, en effet, fut pour lui le premier de ses romans et comme la matière de tous les autres. Il naquit, sur la fin du XVIIe siècle, en avril 1697, à Hesdin dans l'Artois, d'une honnête famille et même noble ; son père était procureur du roi au bailliage. Le jeune Prévost fit ses premières études chez les jésuites de sa ville natale, et plus tard alla doubler sa rhétorique au collége d'Harcourt, à Paris. On le soigna fort à cause des rares talents qu'il produisit de bonne heure, et les jésuites l'avaient déjà entraîné au noviciat lorsqu'un jour (il avait seize ans), les idées de monde l'ayant assailli, il quitta tout pour s'engager en qualité de simple volontaire. La dernière guerre de Louis XIV tirait à sa fin ; les emplois à l'armée étaient devenus très-rares ; mais il avait l'espérance, commune à une infinité de jeunes gens, d'être avancé aux premières occasions ; et, comme lui-même il l'a dit par la suite en réponse à ceux qui calomniaient cette partie de sa vie, « il n'étoit pas si disgracié du côté de la naissance et de la fortune qu'il ne pût espérer de faire heureusement son chemin. » Las pourtant d'attendre, et la guerre d'ailleurs finissant, il retourna à La Flèche chez les pères jésuites, qui le reçurent avec toutes sortes de caresses ; il en fut séduit au point de s'engager presque définitivement dans l'Ordre ; il composa, en l'honneur de saint François Xavier, une ode qui ne s'est pas conservée. Mais une nouvelle inconstance le saisit, et, sortant encore une fois de la retraite, il reprit le métier des armes *avec plus de distinction*, dit-il, *et d'agrément*, avec quelque grade par conséquent, lieutenance ou autre. Les détails manquent sur cette époque critique de sa vie (1). On n'a

---

(1) Le biographe de l'édition de 1810, qui est le même que celui de l'édition de 1783, a copié sur ce point le biographe qui a publié les *Pensées de l'abbé Prévost* en 1764, et qui lui-même s'en était tenu aux explications insérées dans le nombre 47 du *Pour et Contre*. — On

qu'une phrase de lui qui donne suffisamment à penser et qui révèle la teinte et la direction de ses sentiments durant les orages de sa première jeunesse : « Quelques années se passè-
« rent, dit-il (à ce métier des armes) ; vif et sensible au plai-
« sir, j'avouerai, dans les termes de M. de Cambrai, que la
« sagesse demandoit bien des précautions qui m'échappèrent.
« Je laisse à juger quels devoient être, depuis l'âge de vingt
« à vingt-cinq ans, le cœur et les sentiments d'un homme qui
« a composé le *Cleveland* à trente-cinq ou trente-six. La mal-
« heureuse fin d'un engagement trop tendre me conduisit
« enfin au *tombeau* : c'est le nom que je donne à l'Ordre res-
« pectable où j'allai m'ensevelir, et où je demeurai quelque
« temps si bien mort, que mes parents et mes amis ignorè-
« rent ce que j'étois devenu. » Cet Ordre respectable dont il parle, et dans lequel il entra à l'âge de vingt-quatre ans en-
viron, est celui des Bénédictins de la congrégation de Saint-Maur ; il y resta cinq ou six ans dans les pratiques religieuses et dans l'assiduité de l'étude ; nous le verrons plus tard en sortir. Ainsi cette âme passionnée, et par trop maniable aux impressions successives, ne pouvait se fixer à rien ; elle était du nombre de ces natures déliées qu'on traverse et qu'on ébranle aisément sans les tenir ; elle avait puisé dans l'ingénuité de son propre fonds et avait développé en elle, par l'excellente éducation qu'elle avait reçue, mille sentiments honnêtes, délicats et pieux, capables, ce semble, à volonté, de l'honorer parmi les hommes ou de la sanctifier dans la retraite, et elle ne savait se résoudre ni à l'un ni à l'autre de ces partis ; elle

a imprimé dans je ne sais quel livre d'*Ana*, que Prévost étant tombé amoureux d'une dame, à Hesdin probablement, son père, qui voyait cette intrigue de mauvais œil, alla un soir à la porte de la dame pour morigéner son fils au passage, et que celui-ci, dans la rapidité du mouvement qu'il fit pour s'échapper, heurta si violemment son père que le vieillard mourut des suites du coup. Si ce n'est pas là une calomnie atroce, c'est un conte, et Prévost a bien assez de catastrophes dans sa vie sans celle-là. (Voir dans la *Décade philosophique* du 20 ther-
midor an XI une lettre de M. L. Prévost d'Exiles, qui dément et ré-
fute péremptoirement cette anecdote sur son grand-oncle).

en essayait continuellement tour à tour ; la fragilité se perpétuait sous les remords ; le monde, ses plaisirs, la variété de ses événements, de ses peintures, la tendresse de ses liaisons, devenaient, au bout de quelques mois d'absence, des tentations irrésistibles pour ce cœur trop tôt sevré, et, d'une autre part, aucun de ces biens ne parvenait à le remplir au moment de la jouissance. Le repentir alors et une sorte d'irritation croissante contre un ennemi toujours victorieux le rejetaient au premier choc dans des partis extrêmes dont l'austérité ne tardait pas à mollir ; et, après une lutte nouvelle, en un sens contraire au précédent, il retombait encore de la cellule dans les aventures. On a conservé de lui le fragment d'une lettre écrite à l'un de ses frères au commencement de son entrée chez les bénédictins ; elle se rapporte au temps de son séjour à Saint-Ouen, vers 1721. Il y touche cet état moral de son âme en traits ingénus et suaves qui marquent assez qu'il n'est pas guéri : « Je connois la foiblesse de mon
« cœur, et je sens de quelle importance il est pour son repos
« de ne point m'appliquer à des sciences stériles qui le lais-
« seroient dans la sécheresse et dans la langueur ; il faut, si je
« veux être heureux dans la religion, que je conserve dans
« toute sa force l'impression de grâce qui m'y a amené ; il
« faut que je veille sans cesse à éloigner tout ce qui pourroit
« l'affoiblir. Je n'aperçois que trop tous les jours de quoi je
« redeviendrois capable, si je perdois un moment de vue la
« grande règle, ou même si je regardois avec la moindre
« complaisance certaines images qui ne se présentent que
« trop souvent à mon esprit, et qui n'auroient encore que trop
« de force pour me séduire, quoiqu'elles soient à demi effa-
« cées. Qu'on a de peine, mon cher frère, à reprendre un peu
« de vigueur quand on s'est fait une habitude de sa foiblesse ;
« et qu'il en coûte à combattre pour la victoire, quand on a
« trouvé longtemps de la douceur à se laisser vaincre ! »

L'idéal de l'abbé Prévost, son rêve dès sa jeunesse, le modèle de félicité vertueuse qu'il se proposait et qu'ajournèrent longtemps pour lui des erreurs trop vives, c'était un mélange d'étude et de monde, de religion et d'honnête plaisir, dont il s'est plu en beaucoup d'occasions à flatter le tableau. Une fois engagé dans des liens indissolubles, il tâcha que toute image trop émouvante et trop propice aux désirs fût soigneusement bannie de ce plan un peu chimérique, où le devoir était la mesure de la volupté. On aime à s'étendre avec lui, en plus d'un endroit des *Mémoires d'un Homme de qualité* et de *Cléveland*, sur ces promenades méditatives, ces saintes lectures dans la solitude, au milieu des bois et des fontaines, une abbaye toujours dans le fond ; sur ces conversations morales entre amis, *qu'Horace et Boileau ont marquées*, nous dit-il, *comme un des plus beaux traits dont ils composent la vie heureuse*. Son christianisme est doux et tempéré, on le voit ; accommodant, mais pur ; c'est un christianisme formel qui *ordonne à la fois la pratique de la morale et la croyance des mystères*, d'ailleurs nullement farouche, fondé sur la Grâce et sur l'amour, fleuri d'atticisme, ayant passé par le noviciat des jésuites et s'en étant dégagé avec candeur, bien qu'avec un souvenir toujours reconnaissant. Gresset, dans plusieurs morceaux de ses épîtres, nous en donnerait quelque idée que Prévost certainement ne désavouerait pas :

Blandus honos, hilarisque tamen cum pondere virtus.

Boileau, plus sévère et aussi humain, Boileau, que je me reproche de n'avoir pas assez loué autrefois sur ce point non plus que sur quelques autres, a été inspiré de cet esprit de piété solide dans son Épître à l'abbé Renaudot. L'admirable caractère de Tiberge, dans *Manon Lescaut*, en offre en action toutes les lumières et toutes les vertus réunies. Du milieu des bouleversements de sa jeunesse et des nécessités matérielles qui en furent la suite, Prévost tendit d'un effort constant à cette sagesse pleine d'humilité, et il mérita d'en cueillir les fruits dès l'âge mûr. Il conserva toute sa vie un tendre penchant pour ses premiers maîtres, et les impressions qu'il

avait reçues d'eux ne le quittèrent jamais. Il est possible, à la rigueur, que la philosophie, alors commençante, l'ait séduit un moment dans l'intervalle de sa sortie de La Flèche à son entrée chez les bénédictins, et que le personnage de Cléveland représente quelques souvenirs personnels de cette époque. Mais au fond c'était une nature soumise, non raisonneuse, altérée des sources supérieures, encline à la spiritualité, largement crédule à l'invisible; une intelligence de la famille de Malebranche en métaphysique; une de ces âmes qui, ainsi qu'il l'a dit de sa Cécile, *se portent d'une ardeur étonnante de sentiments vers un objet qui leur est incertain pour elles-mêmes; qui aspirent au bonheur d'aimer sans bornes et sans mesure*, et s'en croient empêchées par les *ténèbres des sens* et le poids de la chair. Il obéit à un élan de cette voix mystique en entrant chez les bénédictins : seulement il compta trop sur ses forces, ou peut-être, parce qu'il s'en défiait beaucoup, il se hâta de s'interdire solennellement toute récidive de défaillance. Le sacrifice une fois consommé, la conscience lucide lui revint : « Je reconnus, dit-il, que ce cœur si vif étoit
« encore brûlant sous la cendre. La perte de ma liberté m'af-
« fligea jusqu'aux larmes. Il étoit trop tard. Je cherchai ma
« consolation durant cinq ou six ans, dans les charmes de l'é-
« tude; mes livres étoient mes amis fidèles, *mais ils étoient
« morts comme moi !* »

L'étude en effet, qui, suivant sa propre expression, a des douceurs, mais mélancoliques et toujours uniformes; ce genre d'étude surtout, héritage démembré des Mabillon, austère, interminable, monotone comme une pénitence, sans mélange d'invention et de grâces, pouvait suffire uniquement à la vie d'un dom Martenne, non à celle de dom Prévost. Il y était propre toutefois, mais il l'était aussi à trop d'autres matières plus attrayantes. On l'occupa successivement dans les diverses maisons de l'Ordre : à Saint-Ouen de Rouen, où il eut une polémique à son avantage avec un jésuite appelé Le Brun; à l'abbaye du Bec, où, tout en approfondissant la théologie, il fit connaissance d'un grand seigneur retiré de la cour qui lui donna peut-être la pensée de son premier roman; à Saint-Germer, où il professa les humanités; à Évreux et aux Blancs-Manteaux de Paris, où il prêcha avec une vogue merveilleuse; enfin à Saint-Germain-des-Prés, espèce de capitale de l'Ordre, où on l'appliqua en dernier lieu au *Gallia Christiana*, dont un volume presque entier, dit-on, est de lui. Il commença dès lors, selon toute apparence, à rédiger les *Mémoires d'un Homme de qualité*, et en même temps, par la multitude d'histoires intéressantes qu'il contait à ravir, il faisait le charme des veillées du cloître. Un léger mécontentement, qui n'était qu'un prétexte, mais en réalité ses idées, dont le cours le détournait plus que jamais ailleurs, l'engagèrent à solliciter de Rome sa translation dans une branche moins rigide de l'Ordre; ce fut pour Cluny qu'il s'arrêta. Il obtint sa demande; le bref devait être fulminé par l'évêque d'Amiens à un jour marqué; Prévost y comptait, et de grand matin il s'échappa du couvent, en laissant pour les supérieurs des lettres où il exposait ses motifs. Par l'effet d'une intrigue qu'il avait ignorée jusqu'au dernier moment, le bref ne fut pas fulminé, et sa position de déserteur devint tellement fausse qu'il n'y vit d'autre issue qu'une fuite en Hollande. Le général de la congrégation tenta bien une démarche amicale pour lui rouvrir les portes; mais Prévost, déjà parti, n'en fut pas informé. Ce grand pas une fois fait, il dut en accepter toutes les conséquences. Riche de savoir, rompu à l'étude, propre aux langues, regorgeant, en quelque sorte, de souvenirs et d'aventures éprouvées ou recueillies qui s'étaient amassées en lui dans le silence, il saisit sa plume facile et courante pour ne la plus abandonner; et par ses romans, ses compilations, ses traductions, ses journaux, ses histoires, il s'ouvrit rapidement une large place dans le monde littéraire. Sa fuite est de 1727 ou 1728 environ; il avait trente et un ans, et demeura ainsi hors de France au moins six années, tant en Hollande qu'en Angleterre. Dès les premiers temps de son exil, nous voyons paraître de lui les *Mémoires d'un Homme de qualité*, un volume traduit de l'*Histoire universelle* du président de Thou, une *Histoire métallique du royaume des Pays-Bas*, également traduite. *Cléveland* vint ensuite, puis *Manon*, et *le Pour et Contre*, dont la publication commencée en 1733 ne finit qu'en 1740. Prévost était déjà rentré en France lorsqu'il publia *le Doyen de Killerine*, en 1735. Comme ceci n'est pas un inventaire exact, ni même un jugement général des nombreux écrits de notre auteur, nous ne nous arrêterons qu'à ceux qui nous aideront à le peindre.

Les *Mémoires d'un Homme de qualité* nous semblent sans contredit, et *Manon* à part, *Manon* qui n'en est du reste qu'un charmant épisode par post-scriptum, — nous semblent le plus naturel, le plus franc, le mieux conservé des romans de l'abbé Prévost, celui où, ne s'étant pas encore blasé sur le romanesque et l'imaginaire, il se tient davantage à ce qu'il a senti en lui ou observé alentour. Tandis que, dans ses romans postérieurs, il se perd en des espaces de lieu considérables et se prend à des personnages d'outre-mer, qu'il affuble de caractères hybrides et dont la vraisemblance, contestable dès lors, ne supporte pas un coup d'œil aujourd'hui, dans ces Mémoires au contraire il nous retrace en perfection, et sans y songer, les manières et les sentiments de la bonne société vers la fin du règne de Louis XIV. Le côté satirique que préfère Le Sage manque ici tout à fait ; la grossièreté et la licence, qui se faisaient jour à tout instant sous ces beaux dehors, n'y ont aucune place. J'omets toujours *Manon* et son Paris du temps du *Système*, son Paris de vice et de boue, où toutes les ordures sont entassées, quoique d'occasion seulement, remarquez-le bien, quoique jetées là sans dessein de les faire ressortir, et d'un bout à l'autre éclairées d'un même reflet sentimental. Mais le monde habituel de Prévost, c'est le monde honnête et poli, vu d'un peu loin par un homme qui, après l'avoir certainement pratiqué, l'a regretté beaucoup du fond de la province et des cloîtres ; c'est le monde délicat, galant et plein d'honneur, tel que Louis XIV aurait voulu le fixer, comme Boileau et Racine nous en ont décoré l'idéal, qui est à portée de la cour, mais qui s'en abstient souvent; où Montausier a passé, où la Régence n'est point parvenue. Prévost tourne en plein ses récits au noble, au sérieux, au pathétique, et s'enchante aisément. Son roman, — oui, son roman, nonobstant la fille de joie et l'escroc que vous en connaissez, procède en ligne assez directe de l'*Astrée*, de la *Clélie* et de ceux de madame de La Fayette. De composition et d'art dans le cours de son premier ouvrage, non plus que dans les suivants, il n'y en a pas l'ombre; le marquis raconte ce qui lui est arrivé, à lui, et ce que d'autres lui ont raconté d'eux-mêmes; tout cela se mêle et se continue à l'aventure; nulle proportion de plans; une lumière volontiers égale; un style délicieux, rapide, distribué au hasard, quoique avec un instinct de goût inaperçu; enjambant les routes, les intervalles, les préambules, tout ce que nous décririons aujourd'hui; voyageant par les paysages en carrosse bien roulant et les glaces levées; sautant, si l'on est à bord d'un vaisseau, *sur une infinité de cordages et d'instruments de mer*, sans désirer ni savoir en nommer un seul, et, dans son ignorance extraordinaire, s'épanouissant mille fois sur quelques scènes de cœur, renouvelées à profusion, et dont les plus touchantes ne sont pas même encadrées. L'ouvrage se partage nettement en deux parts : l'auteur, voyant que la première avait réussi, y rattacha l'autre. Dans cette première, qui est la plus courte, après avoir moralisé au début sur les grandes passions, les avoir distinguées de la pure concupiscence, et s'être efforcé d'y saisir un dessein particulier de la Providence pour des fins inconnues, le marquis raconte les malheurs de son père, les siens propres, ses voyages en Angleterre, en Allemagne, sa captivité en Turquie (1), la mort de sa chère Sélima, qu'il

(1) Pendant qu'il est captif en Turquie, son maître Salem veut le convertir au Coran; et comme le marquis, en bon chrétien, s'élève contre l'impureté sensuelle sanctionnée par Mahomet, Salem lui fait

y avait épousée et avec laquelle il était venu à Rome. C'est l'inconsolable douleur de cette perte qui lui fait dire avec un accent de conviction naïve bien aussi pénétrant que nos obscurités fastueuses : « Si les pleurs et les soupirs ne peuvent « porter le nom de plaisir, il est vrai néanmoins qu'ils ont « une douceur infinie pour une personne mortellement af- « fligée (1). » Jeté par ce désespoir au sein de la religion, dans l'abbaye de...., où il séjourne trois ans, le marquis en est tiré, à force de violences obligeantes, par M. le duc de..., qui le conjure de servir de guide à son fils dans divers voyages. Ils partent donc pour l'Espagne d'abord, puis visitent le Portugal et l'Angleterre, le vieux marquis sous le nom de M. de Renoncour, le jeune sous le titre de marquis de Rosemont. Les conseils du Mentor à son élève, son souci continuel et respectueux pour *la gloire de cet aimable marquis*; ce qu'il lui recommande et lui permet de lecture, le *Télémaque, la Princesse de Clèves*; pourquoi il lui défend la langue espagnole;

le raisonnement que voici : « Dieu, n'ayant pas voulu tout d'un coup se communiquer aux hommes, ne s'est d'abord fait connoître à eux que par des figures. La première loi, qui fut celle des Juifs, en est remplie. Il ne leur proposoit, pour motif et pour récompense de la vertu, que des plaisirs charnels et des félicités grossières. La loi des chrétiens, qui a suivi celle des Juifs, étoit beaucoup plus parfaite, parce qu'elle donnoit tout à l'esprit, qui est sans contredit au-dessus du corps... C'est un second état par lequel ce Dieu bon a voulu faire passer les hommes... Et maintenant enfin ce ne sont plus les seuls biens du corps, comme dans la loi des Juifs, ni les seuls biens spirituels, comme dans l'Évangile des chrétiens, c'est la félicité du corps et de l'esprit que l'Alcoran promet tout à la fois aux véritables croyants. » Il est curieux que Salem, c'est-à-dire notre abbé Prévost, ait conçu une manière d'union des lois juive et chrétienne au sein de la loi musulmane, par un raisonnement tout pareil à celui qui vient d'être si hardiment développé de nos jours dans le saint-simonisme.

(1) Je trouve dans les lettres de mademoiselle Aïssé (1728) : « Il y « a ici un nouveau livre intitulé *Mémoires d'un Homme de qualité retiré* « *du monde.* Il ne vaut pas grand'chose ; cependant on en lit 190 pages « en fondant en larmes. » Ce n'est que de la première partie des *Mémoires d'un Homme de qualité* que peut parler mademoiselle Aïssé; 190 pages qu'on lit en fondant en larmes, n'est-ce donc rien ?

son soin que chez un homme de cette qualité, destiné aux grandes affaires du monde, l'étude ne devienne pas une *passion comme chez un suppôt d'université;* les éclaircissements qu'il lui donne sur les inclinations des sexes et les bizarreries du cœur, tous ces détails ont dans le roman une saveur inexprimable qui, pour le sentiment des mœurs et du ton d'alors, fait plus, et à moins de frais, que ne pourraient nos flots de couleur locale. L'amour du marquis pour dona Diana, l'assassinat de cette beauté, et surtout le mariage au lit de mort, sont d'un intérêt qui, dans l'ordre romanesque, répond assez à celui de *Bérénice* en tragédie. Après le voyage d'Espagne et de Portugal, et durant la traversée pour la Hollande, M. de Renoncour rencontre inopinément dans le vaisseau ses deux neveux, les fils d'Amulem, frère de Sélima; et cette gracieuse *turquerie,* jetée au travers de nos gentilshommes français, ne cause qu'autant de surprise qu'il convient. Arrivé à terre, le digne gouverneur rejoint son beau-frère lui-même, et les voilà se racontant leurs destinées mutuelles depuis la séparation. Il y est parlé, entre autres particularités, d'une certaine Oscine, à qui Amulem a offert, sans qu'elle ait accepté, d'être, en l'épousant, *une des plus heureuses personnes de l'Asie* (1). Quant à ces fils d'Amulem, à ces neveux de M. de Renoncour, il se trouve que le plus charmant des deux est une nièce qu'on avait déguisée de la sorte pour la sûreté du voyage; mais le marquis, si triste de la mort de sa Diana, n'a pas pris garde à ce piége innocent, et, à force d'aimer son jeune ami Mémiscès, il devient, sans le savoir, infidèle à la mémoire de ce qu'il a tant pleuré. En général, ces personnages sont oublieux, mobiles, adonnés à leurs impressions et d'un laisser-aller qui par instants fait sourire; l'amour leur naît subitement d'un clin d'œil comme chez des oisifs et des

(1) Il est question dans la *Cléopâtre* de La Calprenède d'une grande dame que Tiridate sauve à la nage, au moment où elle se noyait près du rivage d'Alexandrie, et qui se trouve être *une des plus importantes personnes de la terre.*

âmes inoccupées; ils ont des songes merveilleux; ils donnent ou reçoivent des coups d'épée avec une incroyable promptitude; ils guérissent par des poudres et des huiles secrètes; ils s'évanouissent et renaissent rapidement à chaque accès de douleur ou de joie. C'est l'espèce du gentilhomme poli de ce temps-là que le romancier nous a quelque peu arrangée à sa manière. Le jeune Rosemont dans le plus haut rang, le chevalier des Grieux jusque dans la dernière abjection, conservent les caractères essentiels de ce type et le réalisent également sous ses revers les plus opposés. Le premier, malgré ses emportements de passion et deux ou trois meurtres bien involontaires, prélude déjà à tous les honneurs de la vertu d'un Grandisson; le chevalier, après quelques escroqueries et un assassinat de peu de conséquence, demeure sans contredit le plus prévenant par sa bonne mine et le plus honnête des infortunés. La démarcation entre les deux marquis, entre le marquis simple homme de qualité et le marquis fils de duc, est tranchée fidèlement; la prérogative ducale reluit dans toute la splendeur du préjugé. L'embarras du bon M. de Renoncour quand son élève veut épouser sa nièce, les représentations qu'il adresse à la pauvre enfant, en lui disant du jeune homme : *Avez-vous oublié ce qu'il est né?* son recours en désespoir de cause au père du marquis, au noble duc, qui reçoit l'affaire comme si elle lui semblait par trop impossible, et l'effleure avec une légèreté de grand ton qui serait à nos yeux le suprême de l'impertinence; ces traits-là, que l'âge a rendus piquants, ne coûtaient rien à l'abbé Prévost, et n'empruntaient aucune intention de malice sous sa plume indulgente. Il en faut dire autant de l'inclination du vieux marquis pour la belle milady R... Prévost n'a voulu que rendre son héros perplexe et intéressant : le comique s'y est glissé à son insu, mais un comique délicat à saisir, tempéré d'aménité, que le respect domine, que l'attendrissement fait taire, et comme il s'en mêle dans Goldsmith au personnage excellent de Primerose.

J'aime beaucoup moins le *Cléveland* que les *Mémoires d'un*

Homme de qualité : dans le temps on avait peut-être un autre avis ; aujourd'hui les invraisemblances et les chimères en rendent la lecture presque aussi fade que celle d'*Amadis*. Nous ne pouvons revenir à cette géographie fabuleuse, à cette nature de *Pyrame et Thisbé*, vaguement remplie de rochers, de grottes et de sauvages. Ce qui reste beau, ce sont les raisonnements philosophiques d'une haute mélancolie que se font en plusieurs endroits Cléveland et le comte de Clarendon. L'examen à peu près psychologique, auquel s'applique le héros au début du livre sixième, nous montre la droiture lumineuse, l'élévation sereine des idées, compatibles avec les conséquences pratiques les plus arides et les plus amères. L'impuissance de la philosophie solitaire en face des maux réels y est vivement mise à nu, et la tentative de suicide par où finit Cléveland exprime pour nous et conclut visiblement cette moralité plus profonde, j'ose l'assurer, qu'elle n'a dû alors le sembler à son auteur. Quant au *Doyen de Killerine*, le dernier en date des trois grands romans de Prévost, c'est une lecture qui, bien qu'elle languisse parfois et se prolonge sans discrétion, reste en somme infiniment agréable, si l'on y met un peu de complaisance. Ce bon doyen de Killerine, passablement ridicule à la manière d'Abraham Adams, avec ses deux bosses, ses jambes crochues et sa verrue au front, tuteur cordial et embarrassé de ses frères et de sa jolie sœur, me fait l'effet d'une poule qui, par mégarde, a couvé de petits canards ; il est sans cesse occupé d'aller de Dublin à Paris pour ramener l'un ou l'autre qui s'écarte et se lance sur le grand étang du monde. Ce genre de vie, auquel il est si peu propre, l'engage au milieu des situations les plus amusantes pour nous, sinon pour lui, comme dans cette scène de boudoir où la coquette essaye de le séduire, ou bien lorsque, remplissant un rôle de femme dans un rendez-vous de nuit, il reçoit, à son corps défendant, les baisers passionnés de l'amant qui n'y voit goutte. L'abbé Desfontaines, dans ses *Observations sur les Écrits modernes*, parmi de justes critiques du plan et des invraisemblances de cet ouvrage, s'est montré de trop sévère humeur contre l'excellent doyen, en le traitant de personnage plat et d'homme aussi insupportable au lecteur qu'à sa famille. Pour sa famille, je ne répondrais pas qu'il l'amusât constamment ; mais nous qui ne sommes pas amoureux, le moyen de lui en vouloir quand il nous dit : « Je lui prouvai par un raisonnement sans réplique que ce « qu'il nommoit amour invincible, constance inviolable, fidé-« lité nécessaire, étoient autant de chimères que la religion « et l'ordre même de la nature ne connoissoient pas dans un « sens si badin ? » Malgré les démonstrations du doyen, les passions de tous ces jolis couples allaient toujours et se compliquaient follement ; l'aimable Rose, dans sa logique de cœur, ne soutenait pas moins à son frère Patrice qu'en dépit du sort qui le séparait de son amante, ils étaient, lui et elle, dignes d'envie, *et que des peines causées par la fidélité et la tendresse méritaient le nom du plus charmant bonheur*. Au reste, *le Doyen de Killerine* est peut-être de tous les romans de Prévost celui où se décèle le mieux sa manière de faire un livre. Il ne compose pas avec une idée ni suivant un but ; il se laisse porter à des événements qui s'entremêlent selon l'occurrence, et aux divers sentiments qui, là-dessus, serpentent comme les rivières aux contours des vallées. Chez lui, le plan des surfaces décide tout ; un flot pousse l'autre ; le phénomène domine ; rien n'est conçu par masse, rien n'est assis ni organisé.

Le *Pour et Contre*, « ouvrage périodique d'un goût nou-« veau, dans lequel on s'explique librement sur ce qui peut « intéresser la curiosité du public en matière de sciences, « d'arts, de livres, etc., etc., sans prendre aucun parti et sans « offenser personne, » demeura consciencieusement fidèle à son titre. Il ressemble pour la forme aux journaux anglais d'Addison, de Steele, de Johnson, avec moins de fini et de soigné, mais bien du sens, de l'instruction solide et de la candeur. Quelques numéros du plagiaire Desfontaines et de

Lefebvre-de-Saint-Marc, continuateur de Prévost, ne doivent pas être mis sur son compte. La littérature anglaise y est jugée fort au long dans la personne des plus célèbres écrivains ; on y lit des notices détaillées sur Roscommon*, Rochester, Dennys, Wicherley, Savage; des analyses intelligentes et copieuses de Shakspeare; une traduction du *Marc-Antoine* de Dryden, et d'une comédie de Steele. Prévost avait étudié sur les lieux, et admirait sans réserve l'Angleterre, ses mœurs, sa politique, ses femmes et son théâtre. Les ouvrages, alors récents, de Le Sage, de madame de Tencin, de Crébillon fils, de Marivaux, sont critiqués par leur rival, à mesure qu'ils paraissent, avec une sûreté de goût qui repose toujours sur un fonds de bienveillance; on sent quelle préférence secrète il accordait aux anciens, à D'Urfé, même à mademoiselle de Scudéry, et quel regret il nourrissait de *ces romans étendus*, de *ces composés enchanteurs*; mais il n'y a trace nulle part de susceptibilité littéraire ni de jalousie de métier. Il ne craint pas même à l'occasion (générosité que l'on aura peine à croire) de citer avantageusement, par leur nom, les journaux ses confrères, *le Mercure de France* et *le Verdun*. En retour, quand Prévost a eu à parler de lui-même et de ses propres livres, il l'a fait de bonne grâce, et ne s'est pas chicané sur les éloges. Je trouve, dans le nombre 36, tome III, un compte rendu de *Manon Lescaut* qui se termine ainsi :
« .... Quel art n'a-t-il pas fallu pour intéresser le lecteur et lui
« inspirer de la compassion par rapport aux funestes disgrâces
« qui arrivent à cette fille corrompue!... Au reste, le carac-
« tère de Tiberge, ami du chevalier, est admirable... Je ne dis
« rien du style de cet ouvrage; il n'y a ni jargon, ni affectation,
« ni réflexions sophistiques; c'est la nature même qui écrit.
« Qu'un auteur empesé et fardé paroît fade en comparaison !
« Celui-ci ne court point après l'esprit ou plutôt après ce
« qu'on appelle ainsi. Ce n'est point un style laconiquement
« constipé, mais un style coulant, plein et expressif. Ce n'est
« partout que peintures et sentiments, mais des peintures

« vraies et des sentiments naturels (1). » Une ou deux fois Prévost fut appelé sur le terrain de la défense personnelle, et il s'en tira toujours avec dignité et mesure. Attaqué par un jésuite du *Journal de Trévoux* au sujet d'un article sur Ramsay, il répliqua si décemment que les jésuites sentirent leur tort et désavouèrent cette première sortie. Il releva avec plus de verdeur les calomnies de l'abbé Lenglet-Dufresnoy; mais sa justification morale l'exigeait, et on doit à cette nécessité heureuse quelques-unes des explications dont nous avons fait usage sur les événements de sa vie. Ce que nous n'avons pas mentionné encore et ce qui résulte, quoique plus vaguement, du même passage, c'est que, depuis son séjour en Hollande, Prévost n'avait pas été guéri de cette inclination à la tendresse d'où tant de souffrances lui étaient venues. Sa figure, dit-on, et ses agréments avaient touché une demoiselle protestante d'une haute naissance, qui voulait l'épouser. *Pour se soustraire à cette passion indiscrète,* ajoute son biographe de 1764, Prévost passa en Angleterre; mais comme il emmena avec lui la demoiselle amoureuse, on a droit de conjecturer qu'il ne se défendait qu'à demi contre une si furieuse passion. Lenglet l'avait brutalement accusé de s'être laissé enlever par une belle : Prévost répondit que de tels enlèvements n'allaient qu'aux *Médor* et aux *Renaud*, et il exposa en manière de réfutation le portrait suivant, tracé de

(1) On remarque, il est vrai, dans ce *nombre* une circonstance qui semblerait indiquer une autre plume que la sienne. C'est qu'on y parle, deux pages plus loin, de la *Bibliothèque des Romans* de Gordon de Percel (Lenglet-Dufresnoy), en des termes qui ne s'accordent pas tout à fait avec ceux du nombre 47. Or le nombre 47, consacré à une défense personnelle, est bien expressément de Prévost. Mais on doit croire que Prévost, alors en Angleterre, ne parla la première fois de la *Bibliothèque des Romans* que d'après quelques renseignements et sans l'avoir lue. D'ailleurs, outre la physionomie de l'éloge, qui ne dément pas la paternité présumée, ce numéro où il est question de *Manon Lescaut* fait partie d'une série dont Prévost s'est avoué le rédacteur. Walter Scott, de nos jours, n'a-t-il pas écrit ainsi, sans plus de façon, des articles d'éloges sur ses propres romans?

lui par lui-même : « Ce *Médor*, si chéri des belles, est un
« homme de trente-sept à trente-huit ans, qui porte sur son
« visage et dans son humeur les traces de ses anciens cha-
« grins ; qui passe quelquefois des semaines entières dans son
« cabinet, et qui emploie tous les jours sept ou huit heures à
« l'étude ; qui cherche rarement les occasions de se réjouir ;
« qui résiste même à celles qui lui sont offertes, et qui pré-
« fère une heure d'entretien avec un ami de bon sens à tout
« ce qu'on appelle *plaisirs du monde* et passe-temps agréa-
« bles : civil d'ailleurs, par l'effet d'une excellente éducation,
« mais peu galant ; d'une humeur douce, mais mélancoli-
« que ; sobre enfin et réglé dans sa conduite. Je me suis
« peint fidèlement, sans examiner si ce portrait flatte mon
« amour-propre ou s'il le blesse. »

Le Pour et Contre nous offre aussi une foule d'anecdotes du jour, de faits singuliers, véritables ébauches et matériaux de romans ; l'histoire de dona Maria et la vie du duc de Riperda sont les plus remarquables. Un savant Anglais, M. Hooker, s'était plu, dans un journal de son pays, à développer une comparaison ingénieuse de l'antique retraite de Cassiodore avec l'*Arcadie* de Philippe Sydney et le pays de Forez au temps de Céladon. Cassiodore déjà vieux, comme on sait, et dégoûté de la cour par la disgrâce de Boëce, se retira au monastère de Viviers, qu'il avait bâti dans une de ses terres, et s'y livra avec ses religieux à l'étude des anciens manus-crits, surtout à celle des saintes Lettres, à la culture de la terre et à l'exercice de la piété. Prévost s'étend avec com-plaisance sur les douceurs de cette vie commune et diverse ; c'est évidemment son idéal qu'il retrouve dans ce monastère de Cassiodore ; c'est son Saint-Germain-des-Prés, son La Flè-che, mais avec bien autrement de soleil, d'aisance et d'agré-ments. Et quant à la ressemblance avec l'*Arcadie* et le pays de Céladon, que l'écrivain anglais signale avec quelque ma-lice, lui, il ne s'en effarouche aucunement, car il est per-suadé, dit-il, « que dans l'*Arcadie* et dans le pays de Forez,

« avec des principes de justice et de charité, tels que la fiction
« les y représente, et des mœurs aussi pures qu'on les sup-
« pose aux habitants, il ne leur manquoit que les idées de
« religion plus justes pour en faire des gens très-agréables
« au Ciel (1). »

Après six années d'exil environ, Prévost eut la permission de rentrer en France sous l'habit ecclésiastique séculier. Le cardinal de Bissy qui l'avait connu à Saint-Germain, et le prince de Conti, le protégèrent efficacement ; ce dernier le nomma son aumônier. Ainsi rétabli dans la vie paisible, et désormais au-dessus du besoin, Prévost, jeune encore, partagea son temps entre la composition de nombreux ouvrages et les soins de la société brillante où il se délassait. Le travail d'écrire lui était devenu si familier que ce n'en était plus un pour lui : il pouvait à la fois laisser courir sa plume et suivre une conversation. Nous devons dire que les écrits volumineux dont est remplie la dernière moitié de sa carrière se ressentent de cette facilité extrême dégénérée en habitude. Que ce soit une compilation, un roman, une traduction de Richardson, de Hume ou de Cicéron qu'il entreprenne ; que ce soit une *Histoire de Guillaume-le-Conquérant* ou une *Histoire des Voyages*, c'est le même style agréable, mais fluidement monotone, qui court toujours et trop vite pour se teindre de la variété des sujets. Toute différence s'efface, toute inégalité se nivelle, tout relief se polit et se fond dans cette veine rapide d'une invariable élégance. Nous ne signalerons, entre les productions dernières de sa prolixité, que l'*Histoire d'une Grecque moderne*, joli roman dont l'idée est aussi délicate qu'indéterminée. Une jeune Grecque d'abord vouée au sérail, puis

---

(1) On peut lire à ce sujet une gracieuse lettre de Mademoiselle, cousine de Louis XIV, à madame de Motteville, où elle trace à son tour un plan de solitude divertissante qui se ressent également de l'*Astrée*, et qui d'ailleurs fait un parfait pendant à l'idéal de Prévost d'après Cassiodore, par un couvent de carmélites qu'elle exige dans le voisinage.

rachetée par un seigneur français qui en voulait faire sa maîtresse, résistant à l'amour de son libérateur, et n'étant peut-être pas aussi insensible pour d'autres que pour lui ; ce *peut-être* surtout, adroitement ménagé, que rien ne tranche, que la démonstration environne, effleure à tout moment et ne parvient jamais à saisir ; il y avait là matière à une œuvre charmante et subtile dans le goût de Crébillon fils : celle de Prévost, quoique gracieuse, est un peu trop exécutée au hasard (1). Prévost vivait ainsi, heureux d'une étude facile, d'un monde choisi et du calme des sens, quand un léger service de correction de feuilles rendu à un chroniqueur satirique le compromit sans qu'il y eût songé, et l'envoya encore faire un tour à Bruxelles. Cette disgrâce inattendue fut de courte durée et ne lui valut que de nouveaux protecteurs. A son retour, il reprit sa place chez le prince de Conti, qui l'occupa aux matériaux de l'histoire de sa maison ; et le chancelier Daguesseau, de son côté, le chargea de rédiger l'*Histoire générale des Voyages* (2). Son désintéressement au milieu de ces sources de faveur et même de richesse ne se démentit pas ; il se refusait aux combinaisons qui lui eussent été le plus fructueuses ; il abandonnait les profits à son libraire, avec qui on a remarqué (je le crois bien) qu'il vécut toujours en très-bonne intelligence. Je crains même que, comme quelques gens de lettres trop faciles et abandonnés, il ne se soit mis à la merci du spéculateur. Pour lui, disait-il, un jardin, une

(1) On lit dans les lettres de l'aimable madame de Staal (De Launay) à M. d'Héricourt : « J'ai commencé la Grecque à cause de ce que « vous m'en dites : on croit en effet que mademoiselle Aïssé en a « donné l'idée ; mais cela est bien brodé, car elle n'avait que trois « ou quatre ans quand on l'amena en France. » Mademoiselle Aïssé, mademoiselle De Launay, l'abbé Prévost, trois modèles contemporains des sentiments les plus naturels dans la plus agréable diction !

(2) Chamfort rapporte que le chancelier Daguesseau n'avait précédemment donné à l'abbé Prévost la permission d'imprimer les premiers volumes de *Cléveland* que sous la condition expresse que Cléveland se ferait catholique au dernier volume.

vache et deux poules lui suffisaient (1). Une petite maison qu'il avait achetée à Saint-Firmin, près de Chantilly, était sa perspective d'avenir ici-bas, l'horizon borné et riant auquel il méditait de confiner sa vieillesse. Il s'y rendait un jour seul par la forêt (23 novembre 1763), quand une soudaine attaque d'apoplexie l'étendit à terre sans connaissance. Des paysans survinrent ; on le porta au prochain village, et, le croyant mort, un chirurgien ignorant procéda sur l'heure à l'ouverture. Prévost, réveillé par le scalpel, ne recouvra le sentiment que pour expirer dans d'affreuses douleurs. On trouva chez lui un petit papier, écrit de sa main, qui contenait ces mots :

Trois ouvrages qui m'occuperont le reste de mes jours dans ma retraite :

1° L'un de raisonnement : — la Religion prouvée par ce qu'il y a de plus certain dans les connaissances humaines ; méthode historique et philosophique qui entraîne la ruine des objections ;

2° L'autre historique : — histoire de la conduite de Dieu pour le soutien de la foi depuis l'origine du Christianisme ;

3° Le troisième de morale : — l'esprit de la Religion dans l'ordre de la société.

Ainsi se termina, par une catastrophe digne du *Cléveland*, cette vie romanesque et agitée. Prévost appartient en littérature à la génération pâlissante, mais noble encore, qui suivit

---

(1) Jean-Jacques, dont c'était aussi le vœu, mais qui ne s'y tenait pas, eut occasion, à ses débuts, de rencontrer souvent l'abbé Prévost chez leur ami commun Mussard, à Passy ; il en parle dans ses *Confessions* (partie II, livre VIII), et avec un sentiment de regret pour les moments heureux passés dans une société choisie. Énumérant les amis distingués que s'était faits l'excellent Mussard : « A leur tête, dit-il, « je mets l'abbé Prévost, homme très-aimable et très-simple, dont « le cœur vivifiait ses écrits dignes de l'immortalité, et qui n'avait « rien dans la société du coloris qu'il donnait à ses ouvrages. » Il est permis de croire que l'abbé Prévost avait eu autrefois ce *coloris* de conversation, mais qu'il l'avait un peu perdu en vieillissant.

immédiatement et acheva l'époque de Louis XIV. C'est un écrivain du xviie siècle dans le xviiie, un *l'abbé Fleury* dans le roman ; c'est le contemporain de Le Sage, de Racine fils, de madame de Lambert, du chancelier Daguesseau ; celui de Desfontaines et de Lenglet-Dufresnoy en critique. De peintres et de sculpteurs, cette génération n'en compte guère et ne s'en inquiète pas ; pour tout musicien, elle a le mélodieux Rameau. Du fond de ce déclin paisible, Prévost se détache plus vivement qu'aucun autre. Antérieur par sa manière au règne de l'analyse et de la philosophie, il ne copie pourtant pas, en l'affaiblissant, quelque genre illustré par un formidable prédécesseur ; son genre est une invention aussi originale que naturelle, et dans cet entre-deux des groupes imposants de l'un et de l'autre siècle, la gloire qu'il se développe ne rappelle que lui. Il ressuscite avec ampleur, après Louis XIV, après cette précieuse élaboration de goût et de sentiments, ce que d'Urfé et mademoiselle de Scudery avaient prématurément déployé ; et bien que chez lui il se mêle encore trop de convention, de fadeur et de chimère, il atteint souvent et fait pénétrer aux routes secrètes de la vraie nature humaine ; il tient dans la série des peintres du cœur et des moralistes aimables une place d'où il ne pourrait disparaître sans qu'on aperçût un grand vide.

Septembre 1831.

Pour compléter cet article, il faut y joindre celui qui a pour titre : *L'Abbé Prévost et les Bénédictins*, dans les *Derniers Portraits*; et, dans le tome IX des *Causeries du Lundi*, celle qui a pour titre : *Le Buste de l'abbé Prévost*.

M. ANDRIEUX

M. Andrieux vient de mourir, l'un des derniers et des plus dignes d'une génération littéraire qui eut bien son prix et sa gloire. Né à Strasbourg en 1759, il fut toujours aussi pur et aussi attique de langue que s'il était né à Reims, à Château-Thierry ou à deux pas de la Sainte-Chapelle. Ayant achevé ses études et son droit à Paris avant la Révolution, il s'essaya, durant ses instants de loisir, à composer pour le théâtre. Ami de Collin-d'Harleville et de Picard, avec moins de sensibilité coulante et facile que le premier, avec bien moins de saillie et de jet naturel que le second, mais plus sagace, *emunctæ naris*, plus nourri de l'antiquité, avec plus de critique enfin et de goût que tous deux, il préluda par *Anaximandre*, bluette grecque, de ce grec un peu *dix-huitième siècle*, qu'*Anacharsis* avait mis à la mode ; en 1787, il prit tout à fait rang par les *Étourdis*, le plus aimable et le plus vif de ses ouvrages dramatiques (1). Mais le véritable rôle de M. Andrieux, sa véritable spécialité, au milieu de cette gaie et douce amitié qui l'unissait à Ducis, Collin et Picard, c'était d'être leur juge, leur conseiller intime, leur Despréaux familier et charmant, l'arbitre des grâces et des élégances dans cette petite réunion, héritière des traditions du grand siècle et des souvenirs du

(1) Un jour il disait à propos de Suard : « Sa préface de La Bruyère, « c'est son Cid. » On peut retourner cet agréable mot. Le Cid d'Andrieux, ce sont ses *Étourdis*; il y laissa presque tout son aiguillon.

souper d'Auteuil. Lorsque Andrieux avait rayé de l'ongle un mot, une pensée, une faute de grammaire ou de vraisemblance, il n'y avait rien à redire ; Collin obéissait ; le vieux Ducis regrettait que Thomas eût manqué d'un si indispensable censeur, et il l'invoquait pour lui-même en vers grondants et mâles qui rappellent assez la veine de Corneille :

> J'ai besoin du censeur implacable, endurci,
> Qui tourmentait Collin et me tourmente aussi ;
> C'est à toi de régler ma fougue impétueuse,
> De contenir mes bonds sous une bride heureuse,
> Et de voir sans péril, asservi sous ta loi,
> Mon génie, encor vert, galoper devant toi.
> Non, non, tu n'iras point, craintif et trop rigide,
> Imposer à ma muse une marche timide.
> Tu veux que ton ami, grand, mais sans se hausser,
> Sachant marcher son pas, sache aussi s'élancer.
> Loin de nous le mesquin, l'étroit et le servile !
> Ainsi, comme à Collin, tu pourras m'être utile.

C'était en général à la diction que se bornait cette surveillance de l'aimable et fin aristarque ; on n'abordait pas dans ce temps les questions plus élevées et plus fondamentales de l'*art*, comme on dit ; quelques maximes générales, quelques préceptes de tradition suffisaient ; mais on savait alors en diction, en fait de vrai et légitime langage, mille particularités et nuances qui vont se perdant et s'oubliant chaque jour dans une confusion, inévitable peut-être, mais certainement fâcheuse. M. Andrieux était maître consommé pour l'appréciation de ces nuances, pour le discernement et la pratique de cette synonymie française la plus exquise. C'est ce qui fait que, bien que très-court et très-mince de fond, son joli conte du *Meunier de Sans-Souci* demeure un chef-d'œuvre, un pendant au *Roi d'Yvetot* de Béranger, un brin de thym à côté du brin de serpolet. On voit dans une pièce fugitive à son ami Deschamps, auteur de *la Revanche forcée*, quelle différence essentielle l'habile connaisseur établit entre Grécourt et Chaulieu, et même entre Bernis et Grécourt. Si ces distinctions, que nous sentons à peine aujourd'hui, nous faisaient sourire, comme microscopiques et insignifiantes, ne nous en vantons pas trop ! Les *à-peu-près*, dont on ne se rend plus compte, sont un symptôme invariable de décadence en littérature. Je crois bien qu'on s'occupe d'idées plus larges, de théories plus radicales et plus absolues ; mais il en est peut-être à ce sujet des littératures qui se décomposent, comme des corps organiques en dissolution, lesquels donnent alors accès en eux par tous les pores aux éléments généraux, l'air, la lumière, la chaleur : ces corps humains et vivants étaient mieux portants, à coup sûr, quand ils avaient assez de loisir et de discernement pour songer surtout à la décence de la démarche, aux parfums des cheveux, aux nuances du teint et à la beauté des ongles.

Dans les changements proposés pour *Polyeucte* et *Nicomède*, et où il ne s'agit que de quelques retouches de vers et de mots, M. Andrieux se montre comme aux pieds du grand Corneille et lui demandant la permission d'ôter, en soufflant, quelques grains de poussière à son beau cothurne. Cette image piquante nous offre le critique respectueux et minutieux dans ses proportions vraies, et le doux air d'espièglerie qui s'y mêle n'y messied pas.

M. Andrieux avait donc reçu en naissant un grain de notre sel attique, une goutte de miel de notre Hymette, et il les a mis sobrement à profit, il les a sagement ménagés jusqu'au bout. Il était érudit, studieux avec friandise, intimement versé dans Horace, dont il donnait d'agréables et familières traductions, sachant tant soit peu le grec, et par conséquent beaucoup mieux que les gens de lettres ne le savaient de son temps : car de son temps les gens de lettres ne le savaient pas du tout, et, quelques années plus tard, la génération littéraire suivante, dite *littérature de l'Empire*, et dont était M. de Jouy, sut à peine le latin. M. Andrieux, qui n'eut jamais rien de commun avec l'Allemagne que d'être né dans la capitale alsacienne, et qui faisait fi de tout ce qui était germanique, avait moins de répugnance pour la littérature anglaise, et il la posséda, comme avait fait Suard, par le côté d'Addison, de Pope, de Goldsmith, et des moralistes ou poëtes du siècle de la reine Anne.

A partir de 1814, M. Andrieux professa au Collége de France, comme, depuis plusieurs années déjà, il professait à l'intérieur de l'École Polytechnique, et ses cours publics, fort suivis et fort aimés de la jeunesse, devinrent son occupation favorite, son bonheur et toute sa vie. Nous serions peu à même d'en parler au long, les ayant trop inégalement entendus, et rien d'ailleurs n'en ayant été imprimé jusqu'ici. Mais ce qu'on peut dire sans crainte d'erreur, c'est que M. Andrieux y déploya dans un cadre plus général les qualités précieuses de critique, de finesse délicate, de malice inoffensive et ingénieuse, qu'attestaient ses œuvres trop rares, et dont ses amis particuliers avaient joui. Sincèrement bonhomme, quoiqu'il affectât un peu cette ressemblance avec La Fontaine, fertile en anecdotes choisies et bien dites, causeur toujours écouté (1), moralisant beaucoup, et rajeunissant par le ton ou l'à-propos les vérités et les conseils qui, sur ses lèvres, n'étaient jamais vulgaires, M. Andrieux a fait, avec un talent qui pouvait sembler de médiocre haleine, ce que bien des talents plus forts ont trouvé trop long et trop lourd ; il a fourni une carrière non interrompue de dix-huit années de professorat ; et, comme il le disait lui-même à sa dernière leçon, il est mort presque sur la brèche.

Dans le professeur on retrouvait encore le conteur, l'auteur comique ; il avait du bon comédien ; il lisait en perfection, avec un art infini, il jouait et dialoguait ses lectures. Avec son filet de voix, avec une mimique qui n'était qu'à lui, il tenait son auditoire en suspens, il excellait à mettre en

(1) On sait le joli mot de M. Villemain à propos de cette voix faible de M. Andrieux, qui n'était qu'un filet et qu'un souffle : « Il se fait « entendre à force de se faire écouter. »

scène et comme en action de petits préceptes, de jolis riens qui ne s'imprimeraient pas.

Dans les querelles littéraires qui s'étaient élevées durant les dernières années, l'opinion de M. Andrieux ne pouvait être douteuse ; cette opinion lui était dictée par ses antécédents, ses souvenirs, la nature de son goût, les qualités qu'il avait, et aussi par l'absence de celles qu'il n'avait pas ; mais sa bienveillance naturelle ne s'altérait jamais, même en s'aiguisant de malice ; il embrassait peu les innovations, il raillait de sa voix fine les novateurs, mais comme il aurait raillé M. Poinsinet, en homme de grâce et d'urbanité ; point de gros mot ni de tonnerre.

M. Andrieux est resté fidèle, toute sa vie, aux doctrines philosophiques et politiques de sa jeunesse. Il mêlait volontiers à son enseignement des préceptes évangéliques qui rappelaient la manière morale de Bernardin de Saint-Pierre : il prêchait l'amour des hommes et l'indulgence, comme il convenait à l'ami de Collin l'optimiste, du bon Ducis, et au peintre d'Helvétius. Politiquement, M. Andrieux a fait preuve d'une constante fermeté qui ne s'est jamais démentie, soit au fort de la Révolution où il se maintint pur d'excès, soit au sein du Tribunat où il lutta contre l'usurpation despotique et mérita d'être éliminé, soit enfin durant le cours entier de la Restauration ; sa délicatesse un peu frêle et son aménité extrême furent toujours exemptes de transactions et de faiblesse sur ce chapitre du patriotisme et des principes de 89 (1). En somme, ce fut un honorable caractère, et plus fort peut-être

(1) Il écrivait à M. Parent-Réal, son ancien collègue au Tribunat, le 20 novembre 1831 : « Nous avons vu quarante ans de révolutions : « pensez-vous que nous soyons à la fin ? Nous avons vu aussi tous les « gouvernements qui se sont succédé l'un après l'autre, être aveugles, « égoïstes, dilapidateurs et insolents ; aussi tous sont-ils tombés..... « *interea patitur justus* : la pauvre nation, victime innocente, est « livrée, comme Prométhée, au bec éternel des vautours. » Ces phrases contrarient en un point ce qu'a dit M. Thiers dans le discours, si judicieux d'ailleurs, qu'il prononça à l'Académie française, en ve-

que son talent ; mais ce talent lui-même était rare. M. Andrieux avait reçu un don peu abondant, mais distingué et précieux ; il en a fait un sobre, un juste et long usage. Son nom restera dans la littérature française, tant qu'un sens net s'attachera au mot de *goût*.

17 mai 1833.

nant y succéder à l'aimable auteur des *Étourdis :* « M. Andrieux est
« mort, content de laisser ses deux filles unies à deux hommes d'esprit
« et de bien, content de sa médiocre fortune, de sa grande considé-
« ration, content de son siècle, content de voir la Révolution fran-
« çaise triomphante sans désordres et sans excès. » M. Andrieux, à
tort ou à raison, était moins optimiste que son spirituel panégyriste
ne l'a cru.

M. JOUFFROY

Il y a une génération qui, née tout à la fin du dernier siècle, encore enfant ou trop jeune sous l'Empire, s'est émancipée et a pris la robe virile au milieu des orages de 1814 et 1815. Cette génération dont l'âge actuel est environ quarante ans, et dont la presque totalité lutta, sous la Restauration, contre l'ancien régime politique et religieux, occupe aujourd'hui les affaires, les Chambres, les Académies, les sommités du pouvoir ou de la science. La Révolution de 1830, à laquelle cette génération avait tant poussé par sa lutte des quinze années, s'est faite en grande partie pour elle, et a été le signal de son avénement. Le gros de la génération dont il s'agit constituait, par un mélange d'idées voltairiennes, bonapartistes et semi-républicaines, ce qu'on appelait le libéralisme. Mais il y avait une élite qui, sortant de ce niveau de bon sens, de préjugés et de passions, s'inquiétait du fond des choses et du terme, aspirait à fonder, à achever avec quelque élément nouveau ce que nos pères n'avaient pu qu'entreprendre avec l'inexpérience des commencements. Dans l'appréciation philosophique de l'homme, dans la vue des temps et de l'histoire, cette jeune élite éclairée se croyait, non sans apparence de raison, supérieure à ses adversaires d'abord, et aussi à ses pères qui avaient défailli ou s'étaient rétrécis et aigris à la tâche. Le plus philosophe et le plus réfléchi de tous, dans une de ces pages merveilleuses qui s'échappent

brillamment du sein prophétique de la jeunesse et qui sont comme un programme idéal qu'on ne remplit jamais, — le plus calme, le plus lumineux esprit de cette élite écrivait en 1823 (1) : « Une génération nouvelle s'élève qui a pris nais-
« sance au sein du scepticisme dans le temps où les deux
« partis avaient la parole. Elle a écouté et elle a compris...
« Et déjà ces enfants ont dépassé leurs pères et senti le vide
« de leurs doctrines. Une foi nouvelle s'est fait pressentir à
« eux : ils s'attachent à cette perspective ravissante avec en-
« thousiasme, avec conviction, avec résolution... Supérieurs à
« tout ce qui les entoure, ils ne sauraient être dominés ni
« par le fanatisme renaissant, ni par l'égoïsme sans croyance
« qui couvre la société... Ils ont le sentiment de leur mission
« et l'intelligence de leur époque ; ils comprennent ce que
« leurs pères n'ont point compris, ce que leurs tyrans cor-
« rompus n'entendent pas ; ils savent ce que c'est qu'une ré-
« volution, et ils le savent parce qu'ils sont venus à pro-
« pos. »

Dans le morceau (*Comment les Dogmes finissent*) dont nous pourrions citer bien d'autres passages, dans ce manifeste le plus explicite et le plus général assurément qui ait formulé les espérances de la jeune élite persécutée, M. Jouffroy envisageait le dogme religieux, ce semble, encore plus que le dogme politique ; il annonçait en termes expressifs la religion philosophique prochaine, et avec une ferveur d'accent qui ne s'est plus retrouvée que dans la tentative néo-chrétienne du saint-simonisme. Vers ce même temps de 1823, de mémorables travaux historiques, appliqués soit au Moyen-Age par M. Thierry, soit à l'époque moderne par M. Thiers, marquaient et justifiaient en plusieurs points ces prétentions de la génération nouvelle, qui visait à expliquer et à dominer le passé, et qui comptait faire l'avenir. *Le Globe*, fondé en 1824, vint

---

(1) L'article, écrit en 1823, n'a été publié qu'en 1825, dans *le Globe*.

opérer une sorte de révolution dans la critique, et, par son vif et chaleureux éclectisme, réalisa une certaine unité entre des travaux et des hommes qui ne se seraient pas rapprochés sans cela. Sur la masse constitutionnelle et libérale, fonds estimable mais assez peu éclairé de l'Opposition, il s'organisa donc une élite nombreuse et variée, une brillante école à plusieurs nuances; philosophie, histoire, critique, essai d'art nouveau, chaque partie de l'étude et de la pensée avait ses hommes. Je n'indique qu'à peine l'art, parce que, bien que sorti d'un mouvement parallèle, il appartient à une génération un peu plus récente, et, à d'autres égards, trop différente de celle que nous voulons ici caractériser. Quoi qu'il en soit, vers la fin de la Restauration, et grâce aux travaux et aux luttes enhardies de cette jeunesse déjà en pleine virilité, le spectacle de la société française était mouvant et beau : les espérances accrues s'étaient à la fois précisées davantage; elles avaient perdu peut-être quelque chose de ce premier mysticisme plus grandiose et plus sombre qu'elles devaient, en 1823, à l'exaltation solitaire et aux persécutions; mais l'avenir restait bien assez menaçant et chargé d'augures pour qu'il y eût place encore à de vastes projets, à d'héroïques pressentiments. On allait à une révolution, on se le disait; on gravissait une colline inégale, sans voir au juste où était le sommet, mais il ne pouvait être loin. Du haut de ce sommet, et tout obstacle franchi, que découvrirait-on? C'était là l'inquiétude et aussi l'encouragement de la plupart; car, à coup sûr, ce qu'on verrait alors, même au prix des périls, serait grand et consolant. On accomplirait la dernière moitié de la tâche, on appliquerait la vérité et la justice, on rajeunirait le monde. Les pères avaient dû mourir dans le désert, on serait la génération qui touche au but et qui arrive. Tandis qu'on se flattait de la sorte tout en cheminant, le dernier sommet, qu'on n'attendait pourtant pas de sitôt, a surgi au détour d'un sentier; l'ennemi l'occupait en armes, il fallut l'escalader, ce qu'on fit au pas de course et avant toute réflexion. Or, ce rideau de terrain n'étant plus là pour borner la vue, lorsque l'étonnement et le tumulte de la victoire furent calmés, quand la poussière tomba peu à peu et que le soleil qu'on avait d'abord devant soi eut cessé de remplir les regards, qu'aperçut-on enfin ? Une espèce de plaine, une plaine qui recommençait, plus longue qu'avant la dernière colline, et déjà fangeuse. La masse libérale s'y rua pesamment comme dans une Lombardie féconde ; l'élite fut débordée, déconcertée, éparse. Plusieurs qu'on réputait des meilleurs firent comme la masse, et prétendirent qu'elle faisait bien. Il devint clair, à ceux qui avaient espéré mieux, que ce ne serait pas cette génération si pleine de promesses et tant flattée par elle-même, qui arriverait.

Et non-seulement elle n'arrivera pas à ce grand but social qu'elle présageait et qu'elle parut longtemps mériter d'atteindre ; mais on reconnaît même que la plupart, détournés ou découragés depuis lors, ne donneront pas tout ce qu'ils pourraient du moins d'œuvres individuelles et de monuments de leur esprit. On les voit ingénieux, distingués, remarquables ; mais aucun jusqu'ici qui semble devoir sortir de ligne et grandir à distance, comme certains de nos pères, auteurs du premier mouvement : aucun dont le nom menace d'absorber les autres et puisse devenir le signe représentatif, par excellence, de sa génération : soit que, dans ces partages des grandes renommées aux dépens des moyennes, il se glisse toujours trop de mensonge et d'oubli de la réalité pour que les contemporains très-rapprochés s'y prêtent ; soit qu'en effet parmi ces natures si diversement douées il n'y ait pas, à proprement parler, un génie supérieur ; soit qu'il y ait dans les circonstances et dans l'atmosphère de cette période du siècle quelque chose qui intercepte et atténue ce qui, en d'autres temps, eût été du vrai génie.

Cependant, si de plus près, et sans se borner aux résultats extérieurs qui ne reproduisent souvent l'individu qu'infidèlement, on examine et l'on étudie en eux-mêmes les esprits distingués (1) dont nous parlons, que de talents heureux, originaux ! quelle promptitude, quelle ouverture de pensée ! quelles ressources de bien dire ! Comme ils paraissent alors supérieurs à leur œuvre, à leur action ! On se demande ce qui les arrête, pourquoi ils ne sont ni plus féconds, eux si faciles, ni plus certains, eux autrefois si ardents; on se pose, comme une énigme, ces belles intelligences en partie infructueuses. Mais parmi celles qui méritent le plus l'étude et qui appellent longtemps le regard par l'étendue, la sérénité et une sorte de froideur, au premier aspect, immobile, apparaît surtout M. Jouffroy, celui-là même dont nous avons signalé le premier manifeste éloquent. Dans une génération où chacun presque possède à un haut degré la facilité de saisir et de comprendre ce qui s'offre, son caractère distinctif, à lui

---

(1) Le mot *distingué*, qui revient fréquemment dans cet article et qui s'applique si bien à la génération qu'on y représente, a commencé d'être pris dans le sens où on l'emploie aujourd'hui, à partir de la fin du XVIIe siècle. On lit dans une lettre de Ninon vieillie au vieux Saint-Évremond : « S'il (*votre recommandé*) est amoureux du mérite qu'on « appelle ici *distingué*, peut-être que votre souhait sera rempli ; car « tous les jours on me veut consoler de mes pertes par ce beau mot. » Il paraît toutefois que ce mot *distingué* pris absolument, et sans être déterminé par rien, ne fit alors qu'une courte fortune, et il n'était pas encore pleinement autorisé à la fin du XVIIIe siècle. Je trouve dans l'*Esprit des Journaux*, mars 1788, page 232 et suiv., une lettre là-dessus, tirée du *Journal de Paris : Lettre d'un Gentilhomme flamand à mademoiselle Émilie d'Ursel, âgée de cinq ans*. Dans des observations qui suivent, on répond fort bien à ce *gentilhomme flamand*, un peu puriste, que, s'il est bon de bannir de la conversation et des écrits ces mots *aventuriers* dont parle La Bruyère, qui font fortune quelque temps, il ne faut pas exclure les expressions que le besoin introduit ; et à propos de *distingué* tout court qui choquait alors beaucoup de gens et que beaucoup d'autres se permettaient, on le justifie par d'assez bonnes raisons : « On parle d'un peintre et on dit que c'est « un homme *distingué* : on sait bien que ce doit être par ses tableaux ; « pourquoi sera-t-on obligé de l'ajouter ? Si je dis que M. l'abbé De-« lille est un homme de lettres *distingué*, est-il quelque Français qui « s'avise de me demander par quoi ?

« Pourquoi ne dirait-on pas un homme *distingué*, absolument, « comme on dit un homme *supérieur* ? car ce dernier indique une

par-dessus tous, est encore la compréhension, l'intelligence. S'il est exact, comme il le dit quelque part, que l'air que nous respirons sache douer au berceau les esprits distingués de notre siècle, de celle de toutes les qualités qui est la plus difficile et la moins commune, de *l'étendue*, il faut croire que, sur la montagne du Jura où il est né, un air plus vif, un ciel plus vaste et plus clair, ont de bonne heure reculé l'horizon et fait un spectacle spacieux dans son âme comme dans sa prunelle.

L'intelligence à un degré excellent, l'intelligence en ce qu'elle a de large, de profond et de recueilli, de parfaitement net et clarifié, voilà donc l'attribut le plus apparent de M. Jouffroy, et qui se déclare à la première observation, soit qu'on juge le philosophe sur ses pages lentes et pleines, soit qu'on assiste au développement continu et régulier de sa parole. Je comparerais cette intelligence à un miroir presque plan, très-légèrement concave, qui a la faculté de s'égaler aux objets devant lesquels il est placé, et même de les dépasser en tous sens, mais sans en fausser les rapports. Ce n'est pas de ces miroirs à facettes qui tournent et brillent volontiers, ne représentant en saillie qu'une étroite portion de l'objet à la fois ; ce n'est pas de ces miroirs ardents, trop concentriques, d'où nait bientôt la flamme. Car il y a aussi des intelligences trop vives, trop impatientes en présence de l'objet. Elles ne se tiennent pas aisément à le réfléchir, elles l'absorbent ou vont au-devant, elles font irruption au travers et y laissent d'éclatants sillons. M. Cousin, quand il n'y prend pas garde, est sujet à cette manière. Chez lui, l'*acies*, le *celeritas ingenii* l'emporte ; il pressent, il devine, il recompose. Il y a plus de longanimité dans le seul emploi de l'intelligence ; il ne faut

---

« relation même plus immédiate. Dans toutes les langues, et surtout
« dans les plus belles, les mots qui n'ont été employés d'abord qu'avec
« des régimes s'en séparent ensuite et conservent un sens très-précis,
« très-clair, même en restant tout seuls. » — Nous recommandons humblement cette note au Dictionnaire de l'Académie française.

nul ennui des préliminaires et d'un appareil qui, quelquefois aussi, semble bien lent.

A l'égard des objets de l'intelligence, on peut se comporter de deux manières. Tout esprit est plus ou moins armé, en présence des idées, du bouclier ou miroir de la réflexion, et du glaive de l'invention, de l'action pénétrante et remuante : réfléchir et oser. Le génie consiste dans l'alliance proportionnée des deux moyens, avec la prédominance d'oser. M. Jouffroy, disons-nous, a surtout le miroir ; dans sa première période, il se servait aussi du glaive qui simplifie, débarrasse et ouvre des combinaisons nouvelles ; il s'en servait avec mille éclairs, quand il tranchait cette périlleuse question, *Comment les Dogmes finissent.* Mais depuis lors, et par une loi naturelle aux esprits, laquelle a reçu chez lui une application plus prompte, c'est dans le miroir, dans l'intelligence et l'exposition des choses, qu'il s'est par degrés replié et qu'il se déploie aujourd'hui de préférence. Le miroir en son sein est devenu plus large, plus net et plus reposé que jamais, d'une sérénité admirable, bien qu'un peu glacée, un beau lac de Nantua dans ses montagnes.

Mais tout lac, en reflétant les objets, les décolore et leur imprime une sorte d'humide frisson conforme à son onde, au lieu de la chaleur naturelle et de la vie. Il y a ainsi à dire que l'intelligence exclusivement étalée décolore le monde, en refroidit le tableau et est trop sujette à le réfléchir par les aspects analogues à elle-même, par les pures abstractions et idées qui s'en détachent comme des ombres.

Il y a à dire que l'intelligence, si fidèle qu'elle soit, ne donne pas tout, que son miroir le plus étendu ne représente pas suffisamment certains points de la réalité, même dans la sphère de l'esprit. Le tranchant, par exemple, et la pointe de ce glaive de volonté et de pensée pénétrante dont nous avons parlé, se réfléchissent assez peu et tiennent dans l'intelligence contemplative moins de place qu'ils n'ont réellement de valeur et d'effet dans le progrès commun. Il faut avoir agi

beaucoup par les idées et continuer d'agir et de pousser le glaive devant soi, pour sentir combien ce qui tient si peu de place à distance a pourtant de poids et d'effet dans la mêlée. Or, M. Jouffroy, dans ses lucides et placides représentations d'intelligence, en est venu souvent à ne pas tenir compte de l'action, de l'impulsion communiquée aux hommes par les hommes, à ne croire que médiocrement à l'efficacité d'un génie individuel vivement employé. L'énergie des forces initiales l'atteint peu. Il est trop question avec lui, au point de vue où il se place, de se croiser les bras et de regarder, — avec lui qui, à l'heure la plus ardente de sa jeunesse, peignant la noble élite dont il faisait partie, écrivait : « L'espé-
« rance des nouveaux jours est en eux ; ils en sont les apô-
« tres prédestinés, et c'est dans leurs mains qu'est le salut
« du monde... Ils ont foi à la vérité et à la vertu, ou plutôt,
« par une providence conservatrice qu'on appelle aussi la
« force des choses, ces deux images impérissables de la Divi-
« nité, sans lesquelles le monde ne saurait aller longtemps,
« se sont emparées de leurs cœurs pour revivre par eux et
« pour rajeunir l'humanité. »

Et c'est ici, peut-être, que s'explique un coin de l'énigme que nous nous posions plus haut, au sujet de ces intelligences si supérieures à leur action et à leur œuvre. Quand nous avons dit qu'il y a dans l'atmosphère de cette période du siècle quelque chose qui coupe et atténue des talents, capables en d'autres époques de monter au génie, et quand M. Jouffroy a dit qu'il y a dans l'air qu'on respire quelque chose qui procure aux esprits l'étendue, ce n'est, je le crains, qu'un même fait diversement exprimé ; car cette étendue si précoce, cette intelligence ouverte et traversée, qui se laisse faire et accueille tour à tour ou à la fois toutes choses, est l'inverse de la concentration nécessaire au génie, qui, si élargi qu'il soit, tient toujours de l'allure du glaive.

Mais voilà que nous sommes déjà en plein à peindre l'homme, et nous n'avons pas encore donné l'idée de sa philosophie, de son rôle dans la science, de la méthode qu'il y apporte, et des résultats dont il peut l'avoir enrichie. C'est que nous ne toucherons qu'à peine ces endroits réguliers sur lesquels notre incompétence est grande ; d'autres les traiteront ou les ont assez traités. M. Leroux, dans un bien remarquable article (1), a entamé, avec le philosophe et le psychologiste, une discussion capitale qu'il continuera. M. Jules Le Chevalier (2) a fait également. Et puis, nous l'avouerons, comme science, la philosophie nous affecte de moins en moins : qu'il nous suffise d'y voir toujours un noble et nécessaire exercice, une gymnastique de la pensée que doit pratiquer pendant un temps toute vigoureuse jeunesse. La philosophie est perpétuellement à recommencer pour chaque génération depuis trois mille ans, et elle est bonne en cela ; c'est une exploration vers les hauts lieux, loin des objets voisins qui offusquent ; elle replace sur nos têtes à leur vrai point les questions éternelles, mais elle ne les résout et ne les rapproche jamais. Il est, avec elle, nombre de vérités de détail, de racines salutaires que le pied rencontre en chemin ; mais dans la prétention principale qui la constitue, et qui s'adresse à l'abîme infini du ciel, la philosophie n'aboutit pas. Aussi je lui dirai à peu près comme Paul-Louis Courier disait de l'histoire : « Pourvu que ce soit exprimé à merveille, et « qu'il y ait bien des vérités, de saines et précieuses observa- « tions de détail, il m'est égal à bord de quel système et à la « suite de quelle méthode tout cela est embarqué. » Ce n'est donc pas le philosophe éclectique, le régulateur de la méthode des faits de conscience, le continuateur de Stewart et de Reid, celui qui, avec son modeste ami M. Damiron, s'est installé à demeure dans la psychologie d'abord conquise, sillonnée, et bientôt laissée derrière par M. Cousin, et qui y règne aujourd'hui à peu près seul comme un vice-roi éman-

---

(1) *Revue encyclopédique.*
(2) *Revue du Progrès social.*

cipé, ce n'est pas ce représentant de la science que nous discuterons en M. Jouffroy (1); c'est l'homme seulement que nous voulons de lui, l'écrivain, le penseur, une des figures intéressantes et assez mystérieuses qui nous reviennent inévitablement dans le cercle de notre époque, un personnage qui a beaucoup occupé notre jeune inquiétude contemplative, une parole qui pénètre, et un front qui fait rêver.

M. Théodore Jouffroy est né en 1796, au hameau des Pontèts près de Mouthe, sur les hauteurs du Jura, d'une famille ancienne et patriarcale de cultivateurs. Son grand-père, qui vécut tard, et dont la jeunesse s'était passée en quelque charge de l'ancien régime, avait conservé beaucoup de solennité, une grandeur polie et presque seigneuriale dans les manières. La famille était si unie, que les biens de l'oncle et du père de M. Jouffroy restèrent *indivis*, malgré l'absence de l'oncle qui était commerçant, jusqu'à la mort du père. Il fit ses premières études à Lons-le-Saulnier, sous un autre vieil oncle prêtre; de là il partit pour Dijon, où il suivit le collège sans y être renfermé, lisant beaucoup à part des cours, et se formant avec indépendance. Il avait un goût marqué pour les comédies, et essaya même d'en composer. Reçu élève de l'École Normale par l'inspecteur-général, M. Roger, qui fut

(1) Ce que j'ai avancé de la philosophie me semble surtout vrai de la psychologie. La psychologie en elle-même (si je l'ose dire), à part un certain nombre de vérités de détail et de remarques fines qu'on en peut tirer, ne sert guère qu'au sentiment solitaire du contemplateur et ne se transmet pas. Comme science, elle est perpétuellement à recommencer pour chacun. Le psychologiste pur me fait l'effet du pêcheur à la ligne, immobile durant des heures dans un endroit calme, au bord d'une rivière doucement courante. Il se regarde, il se distingue dans l'eau, et aperçoit mille nuances particulières à son visage. Son illusion est de croire pouvoir aller au delà de ce sentiment d'observation contemplative; car, s'il veut tirer le poisson hors de l'eau, s'il agite sa ligne, comme, en cette sorte de pêche, le poisson, c'est sa propre image, c'est soi-même, au moindre effort et au moindre ébranlement, tout se trouble, la proie s'évanouit, le phénomène à saisir n'est déjà plus.

frappé de son savoir, il vint à Paris en 1813. Sa haute taille, ses manières simples et franches, une sorte de rudesse âpre qu'il n'avait pas dépouillée, tout en lui accusait ce type vierge d'un enfant des montagnes, et qui était fier d'en être ; ses camarades lui donnèrent le sobriquet de *Sicambre*. Ses premiers essais à l'École attestaient une lecture immense, et particulièrement des études historiques très-nourries. Un grand mouvement d'émulation animait alors l'intérieur de l'École ; les élèves provinciaux, entrés l'année précédente, MM. Dubois, Albrand aîné, Cayx, etc., s'étaient mis en devoir de lutter avec les élèves parisiens, jusque-là en possession des premiers rangs. MM. Jouffroy, Damiron, Bautain, Albrand jeune, qui survinrent en 1813, achevèrent de constituer en bon pied les provinciaux. Cette première année se passa pour eux à des exercices historiques et littéraires ; il fallait la révolution de 1814 pour qu'une spécialité philosophique pût être créée au sein de l'École par M. Cousin. MM. La Romiguière et Royer-Collard n'avaient professé qu'à la Faculté des Lettres, mais aucun enseignement philosophique approprié ne s'adressait aux élèves ; M. Cousin eut, en 1814, l'honneur de le fonder, et MM. Jouffroy, Damiron et Bautain furent ses premiers disciples.

Je me suis demandé souvent si M. Jouffroy avait bien rencontré sa vocation la plus satisfaisante en s'adonnant à la philosophie ; je me le suis demandé toutes les fois que j'ai lu des pages historiques ou descriptives où sa plume excelle, toutes les fois que je l'ai entendu traiter de l'Art et du Beau avec une délicatesse si sentie et une expansion qui semble augmentée par l'absence, *ripæ ulterioris amore*, ou enfin lorsqu'en certains jours tristes, au milieu des matières qu'il déduit avec une lucidité constante, j'ai cru saisir l'ennui de l'âme sous cette logique, et un regret profond dans son regard d'exilé. Mais non ; si M. Jouffroy ne trouve pas dans la seule philosophie l'emploi de toutes ses facultés cachées, si quelques portions pittoresques ou passionnées restent chez lui en souffrance, il n'est pas moins fait évidemment pour cette réflexion vaste et éclaircie. Son tort, si nous osons percer au dedans, est, selon nous, d'avoir trop combattu le génie actif qui s'y mêlait à l'origine, d'avoir effacé l'imagination platonique qui prêtait sa couleur aux objets et baignait à son gré les horizons. Un rude sacrifice s'est accompli en lui ; il a fait pour le bien, il a pris sa science au sérieux et a voulu que rien de téméraire et de hasardé n'y restât. La réserve a empiété de jour en jour sur l'audace. En proie durant quinze années à cet inquiétant problème de la destinée humaine, il a voulu mettre ordre à ses doutes, à ses conjectures, et au petit nombre des certitudes ; il s'y est calmé, mais il s'y est refroidi. Sa raison est demeurée victorieuse, mais quelque chose en lui a regretté la flamme, et son regard paraît souffrant. Nous disons qu'il a eu tort pour sa gloire, mais c'est un rare mérite moral que de faire ainsi ; toute sagesse ici-bas est plus ou moins une contrition.

Le retour de l'île d'Elbe jeta M. Jouffroy et ses amis dans les rangs des volontaires royaux à la suite de M. Cousin, ce qui signifie tout simplement que ces jeunes philosophes n'étaient pas bonapartistes, et qu'ils acceptaient la Restauration comme plus favorable à la pensée que l'Empire. Dans un article de M. Jouffroy sur les Lettres de Jacopo Ortis, inséré au *Courrier Français* en 1819, je trouve exprimé à nu, et avec une fermeté de style à la Salluste, ce sentiment d'opposition aux conquêtes et à la force militaire : « Un peuple ne doit tirer
« l'épée que pour défendre ou conquérir son indépendance.
« S'il attaque ses voisins pour les soumettre à son pouvoir,
« il se déshonore ; s'il envahit leur territoire sous le prétexte
« d'y fonder la liberté, on le trompe ou il se trompe lui-
« même. Violer tous les droits d'une nation pour les rétablir,
« est à la fois l'inconséquence la plus étrange et l'action la
« plus injuste.

« L'amour de la liberté commença la Révolution française ;
« l'Europe, désavouant la politique de ses rois, nous accor-

« dait son estime et son admiration. Mais bientôt les applau-
« dissements cessèrent. La justice avait été foulée aux pieds
« par les factions; la liberté devait périr avec elle : aussi ne la
« revit-on plus. Le nom seul subsista quelques années, pour
« accréditer auprès du peuple des chefs ambitieux et servir
« d'instrument à l'établissement du despotisme.

« Le mal passa dans les camps. La fin de la guerre fut cor-
« rompue, et l'héroïsme de nos soldats prostitué. L'épée
« française devait être plantée sur la frontière délivrée, pour
« avertir l'Europe de notre justice. On la promena en Alle-
« magne, en Hollande, en Suisse, en Italie. Elle fit partout de
« funestes miracles : on vit bien qu'elle pouvait tout, mais
« on ne vit pas ce qu'elle saurait respecter. »

Ce que M. Jouffroy exprimait si énergiquement en 1819, il ne le sentait pas moins vivement en 1815, sous le coup d'une première invasion et à la menace d'une seconde. Ses craintes réalisées, et dans toute l'amertume du rôle de vaincu, il reprit avec ses amis les études philosophiques; un sentiment exalté de justice et de devoir dominait ce jeune groupe; ils étaient dans leur période stoïque, dans cette période de Fichte, par où passent d'abord toutes les âmes vertueuses. M. Jouffroy gagna le doctorat avec deux thèses remarquables, l'une sur *le Beau et le Sublime*, et l'autre sur *la Causalité*. A partir de 1816, il devint maître de conférences à l'École, et fut en même temps attaché au collége Bourbon jusqu'en 1822, époque où M. Corbière, qui avait brisé l'École, le destitua aussi de ses fonctions au collége. M. Jouffroy, au sortir de l'École, entretenait une correspondance active d'idées et d'épanchements avec ses amis dispersés en province, avec MM. Damiron et Dubois particulièrement, qu'on avait envoyés à Falaise, et ensuite avec ce dernier, à Limoges. C'étaient souvent des saillies d'imagination philosophique, non pas sur un tel point spécial et borné, mais sur l'ensemble des choses et leur harmonie, sur la destinée future, le rôle des planètes dans l'ascension des âmes, et l'espérance de rejoindre

en ces Élysées supérieurs les devanciers illustres qu'on aura le plus aimés, Platon ou Montaigne. On surprend là tout à nu l'homme qui plus tard, et déjà tempéré par la méthode, n'a pu s'empêcher de lancer ses ingénieux et hardis paradoxes sur *le Sommeil*, et qui consacre plusieurs leçons de son cours à la question de *la vie antérieure*. C'étaient encore, dans cette correspondance, des retours de désir vers le pays natal, vers la montagne d'où il tirait sa source, et le besoin de peindre à ses amis qui les ignoraient, ces grands tableaux naturels dont il était sevré : « Qui vous dira la fraîcheur de nos fon-
« taines, la modeste rougeur de nos fraises ? qui vous dira les
« murmures et les balancements de nos sapins, le vêtement
« de brouillard que chaque matin ils prennent, et la funèbre
« obscurité de leurs ombres ? et l'hiver, dans la tempête, les
« tourbillons de neige soulevés, les chemins disparus sous
« de nouvelles montagnes, l'aigle et le corbeau qui planent
« au plus haut de l'air, les loups sans asile, hurlant de faim
« et de froid, tandis que les familles s'assemblent au bruit
« des toits ébranlés, et prient Dieu pour le voyageur ? O mon
« pays que je regrette, quand vous reverrai-je ? »

En 1820, ayant perdu son père, il revit ce Jura tant désiré, et toute sa chère Helvétie. Il fit ce voyage avec M. Dubois, qui, placé alors à Besançon, et lui-même atteint de cruelles douleurs et pertes domestiques, y cherchait un allégement dans l'entretien de l'amitié et dans les impressions pacifiantes d'une majestueuse nature. M. Dubois a écrit et a bien voulu nous lire un récit de cette époque de sa vie où son âme et celle de M. Jouffroy se confondirent si étroitement. Un tel morceau, puissant de chaleur et minutieux de souvenirs, où revivent à côté des circonstances individuelles les émotions religieuses et politiques d'alors, serait la révélation biographique la plus directe, tant sur les deux amis que sur toute la génération d'élite à laquelle ils appartiennent. Mais il faut se borner à une pâle idée. Après avoir reconnu et salué le toit patriarcal, le bois de sapins en face, à gauche, qui pro-

jette en montant ses *funèbres ombres,* avoir foulé la mousse épaisse, les humides lisières où sont les fraises, et s'être assis derrière le rucher d'abeilles, dont le miel avait enduit dès le berceau une lèvre éloquente, il s'agissait pour les deux amis de se donner le spectacle des Alpes; pour M. Jouffroy, de les revoir et de les montrer; pour M. Dubois, de les découvrir; — car c'était tout au plus si ce dernier les avait, en venant, aperçues de loin à l'horizon dans la brume, et comme un ruban d'argent. M. Jouffroy conduisit donc son ami un matin, dès avant le lever du soleil, à travers les vallées et les prairies, jusqu'à la pente de la Dôle qu'ils gravirent. La Dôle est le point culminant du Jura, et où le Doubs prend sa source. En montant par un certain versant et par des sentiers bien choisis, on arrive au plus haut sans rien découvrir, et, au dernier pas exactement qui vous porte au plateau du sommet, tout se déclare. C'est ce qui eut lieu pour M. Dubois, à qui son guide habile ménageait la surprise : « Toutes « les Alpes, comme il le dit, jaillirent devant lui d'un seul « jet ! » L'amphithéâtre glorieux encadrant le pays de Vaud, le miroir du Léman, dans un coin la Savoie rabaissée au pied du Mont-Blanc sublime ; cet ensemble solennel que la plume, quand l'œil n'a pas vu, n'a pas le droit de décrire ; la vapeur et les rayons du matin s'y jouant et luttant en mille manières, voilà ce qui l'assaillit d'abord et le stupéfia. M. Jouffroy, plus familier à l'admiration de ces lieux, en jouissait tout en jouissant de l'immobile extase de l'ami qu'il avait guidé ; il reportait son regard avec sourire tantôt sur le spectacle éclatant, et tantôt sur le visage ébloui ; il était comme satisfait de sa lente démonstration si magnifiquement couronnée, il était satisfait de sa montagne. A quelques pas en avant, un pâtre debout, les bras croisés et appuyé sur son bâton, semblait aussi absorbé dans la grandeur des choses ; le philosophe en fut vivement frappé, et dit : « Il y a en cette âme que « voilà toutes les mêmes impressions que dans les nôtres. »
— Les images nombreuses et si belles dans la bouche de

M. Jouffroy, où le pâtre intervient souvent, datent de cette rencontre ; c'est ce qui lui a fait dire dans son émouvant discours sur *la Destinée humaine* : « Le pâtre rêve comme
« nous à cette infinie création dont il n'est qu'un fragment ;
« il se sent comme nous perdu dans cette chaîne d'êtres dont
« les extrémités lui échappent ; entre lui et les animaux qu'il
« garde, il lui arrive aussi de chercher le rapport ; il lui ar-
« rive de se demander si, de même qu'il est supérieur à eux,
« il n'y aurait pas d'autres êtres supérieurs à lui..., et de son
« propre droit, de l'autorité de son intelligence qu'on qualifie
« d'infirme et de bornée, il a l'audace de poser au Créateur
« cette haute et mélancolique question : Pourquoi m'as-tu
« fait ? et que signifie le rôle que je joue ici-bas ? » Dans ses
leçons sur *le Beau*, qui par malheur n'ont été nulle part recueillies, M. Jouffroy disait fréquemment d'une voix pénétrée :
« Tout parle, tout vit dans la nature ; la pierre elle-même, le
« minéral le plus informe vit d'une vie sourde, et nous parle
« un langage mystérieux ; et ce langage, le pâtre, dans sa
« solitude, l'entend, l'écoute, le sait autant et plus que le sa-
« vant et le philosophe, autant que le poëte ! »

Lorsque les amis voulurent redescendre du sommet, M. Jouffroy s'étant adressé au pâtre pour le choix d'un certain sentier, le pâtre, sans sortir de son silence, fit signe du bâton et rentra dans son immobilité. Avant de savoir que M. Jouffroy avait eu cette matinée culminante sur la Dôle, qu'il avait remarqué ce pâtre sur ce plateau, et que sa contemplation avait trouvé à une heure déterminée de sa jeunesse une forme de tableau si en rapport et si harmonieuse, je me l'étais souvent figuré, en effet, sur un plateau élevé des montagnes, avec moins de soleil, il est vrai, avec un horizon moins meublé de réalités et d'images, bien qu'avec autant d'air dans les cieux. A propos de son cours sur *la Destinée humaine*, où il semblait n'indiquer qu'à peine aux jeunes âmes inquiètes un sentier religieux qu'on aurait voulu alors lui entendre nommer, on disait dans un article du *Globe* de

décembre 1830 : « Comme un pasteur solitaire, mélancoli-
« quement amoureux du désert et de la nuit, il demeure
« immobile et debout sur son tertre sans verdure ; mais du
« geste et de la voix il pousse le troupeau qui se presse à ses
« pieds et qui a besoin d'abri, il le pousse à tout hasard au
« bercail, du seul côté où il peut y en avoir un. »

Le propre de M. Jouffroy, c'est bien de tout voir de la montagne ; s'il envisage l'histoire, s'il décrit géographiquement les lieux, c'est par masses et formes générales, sans scrupule des détails, et avec une sorte de vérité ou d'illusion toujours majestueuse. « Les événements, a-t-il dit quelque part, sont
« si absolument déterminés par les idées, et les idées se
« succèdent et s'enchaînent d'une manière si fatale, que la
« seule chose dont le philosophe puisse être tenté, c'est de
« se croiser les bras et de regarder s'accomplir des révolu-
« tions auxquelles les hommes peuvent si peu. » Voilà tout entier dans cet aveu notre philosophe-pasteur : voir, regarder, assister, comprendre, expliquer. Aussi cette promenade sur la Dôle est-elle une merveilleuse figure de la destinée de M. Jouffroy. Chacun, en se souvenant bien, chacun a eu de la sorte son Sinaï dans sa jeunesse, sa mystérieuse montagne où la destinée s'est comme offerte aux yeux, mieux éclairée seulement qu'elle ne le sera jamais depuis. Nul ne le sait que nous ; et ce que le monde admire ensuite de nos œuvres, n'est guère que le reflet affaibli et l'ombre d'un sublime moment envolé.

Dans cette ascension de la Dôle, j'ai oublié, pour compléter la scène, de dire qu'outre les deux amis et le pâtre, il y avait là un vieux capitaine de leur connaissance, redevenu campagnard, révolutionnaire de vieille souche et grand lecteur de Voltaire. Comme il redescendait le premier dans le sentier indiqué, et qu'il voyait les deux amis avoir peine à se détacher du sommet et se retourner encore, il les gourmandait de leur lenteur, en criant : « Quand on a vu, on a vu ! » Ce capitaine voltairien, près du pâtre, dut paraître au philosophe le bon sens goguenard et prosaïque, à côté du bon sens naïf et profond.

Quelquefois, à travers leurs courses de la journée, il arrivait aux deux amis de passer à diverses reprises la frontière ; ils se sentaient plus libres alors, soulagés du poids que le régime de ce temps imposait aux nobles âmes, et ils entonnaient de concert *la Marseillaise,* comme un défi et une espérance. Le soir, quand ils trouvaient des feux presque éteints, qu'avaient allumés les bergers, ils s'asseyaient auprès, et M. Jouffroy, en y apportant des branches pour les ranimer, se rappelait les irruptions des Barbares, lesquels, comme des brassées de bois vert, la Providence avait jetés de temps à autre dans le foyer expirant des civilisations. Nul, s'il l'avait voulu, n'aurait eu plus que lui, au service de sa pensée, de ces grandes images agrestes et naturelles.

En 1821, de retour à Paris, MM. Jouffroy et Dubois exercèrent l'un sur l'autre une influence continue fort vive : M. Jouffroy initiait philosophiquement son ami qui n'avait pas, jusque-là, secoué tout à fait l'autorité en matière religieuse ; M. Dubois entrecoupait par ses élans politiques ce qu'aurait eu de trop métaphysique et spéculatif le cours d'idées du philosophe. Leur santé à tous deux s'était fort altérée. M. Jouffroy acquit dès lors cette constitution plus nerveuse et cette délicatesse fine de complexion, si d'accord avec son âme, mais que quelque chose de plus robuste avait dissimulée. M. Cousin s'était engagé dans le carbonarisme et y poussait avec prosélytisme ; après quelque hésitation, les deux amis y entrèrent, mais par M. Augustin Thierry, dans une vente dont faisaient partie MM. Scheffer, Bertrand, Roulin, Leroux, Guinard, etc. ; ils ne manquèrent à aucune des démonstrations civiques qui eurent lieu au convoi de Lallemand et à celui de Camille Jordan. En 1822, M. Jouffroy fut destitué ; M. Dubois l'était déjà. En 1823, notre philosophe écrivait dans la solitude cet article, *Comment les Dogmes finissent,* où éclatent la vertu et la foi frémissantes sous la persécution, où retentit dans le langage de la philosophie comme un écho sacré des catacombes. M. Jouffroy ne s'est jamais élevé à une plus grande hauteur d'audace que dans cette inspiration refoulée ; depuis il s'est épanché, étendu, élargi, en descendant à la manière des fleuves, dont le flot peut s'accroître, mais ne regagne plus le niveau de la source. — En septembre 1824, le *Globe* fut fondé.

Il semble aujourd'hui, à ouïr certaines gens, que *le Globe* n'eût pour but que de faire arriver plus commodément au pouvoir messieurs les doctrinaires grands et petits, après avoir passé six longues années à s'encenser les uns les autres. Peu de mots remettront à leur place ces ignorances et ces injures. M. Dubois, destitué, traduisait la Chronique de Flodoard pour la collection de M. Guizot, écrivait quelques articles aux *Tablettes universelles*, qui trop tôt manquèrent, se dévorait enfin dans l'intimité d'hommes fervents, étouffés comme lui, et dans les conversations brûlantes de chaque jour. M. Leroux, qui, après d'excellentes études faites à Rennes au même collége que M. Dubois, et avant de prendre rang comme une des natures de penseur les plus puissantes et les plus ubéreuses d'aujourd'hui, était simplement ouvrier typographe, M. Leroux avait imaginé, avec M. Lachevardière, imprimeur, d'entreprendre un journal utile, composé d'extraits de littérature étrangère, d'analyses des principaux voyages et de faits curieux et instructifs rassemblés avec choix. Il communiqua son cadre d'essai à M. Dubois, qui jugea que, dans cette simple idée de magasin à l'anglaise, il n'y avait pas assez de chance d'action ; qu'il fallait y implanter une portion de doctrine, y introduire les questions de liberté littéraire, se poser contre la littérature impériale, et, sans songer à la politique puisqu'on était en pleine Censure, fonder du moins une critique nouvelle et philosophique. Des deux idées combinées de MM. Leroux et Dubois, naquit *le Globe*; mais celle de M. Dubois, bien que venue à l'occasion de l'autre, était évidemment l'idée active, saillante et nécessaire; aussi imprima-t-il au *Globe* le caractère de sa propre physionomie. M. Leroux y maintint toutefois sur le second plan l'exécution de son projet; et toute cette matière de voyages, de faits étrangers, de particularités scientifiques, qui occupa longtemps les premières pages du *Globe* avant l'invasion de la politique quotidienne, était ménagée par lui. Sous le rapport des doctrines et de l'influence morale, M. Leroux ne se fit d'ailleurs au *Globe*, jusqu'en 1830, qu'une position bien inférieure à ses rares mérites et à sa portée d'esprit; par modestie, par fierté, cachant des convictions entières sous une bonhomie qu'on aurait dû forcer, il s'effaça trop; quatre ou cinq morceaux de fonds qu'il se décida à y écrire frappèrent beaucoup, mais ne l'y assirent pas au rang qu'il aurait fallu. Il dirigeait le matériel du journal, mais en fait d'idées il y passa toujours plus ou moins pour un rêveur. Ses opinions, afin de prévaloir, avaient besoin d'arriver par M. Dubois (1).

M. Dubois s'était donc mis à l'œuvre en septembre 1824, secondé de M. Leroux, et moyennant les avances financières de M. Lachevardière. MM. Jouffroy et Damiron, ses amis intimes, ne pouvaient lui manquer. M. Trognon travailla aussi dès les premiers numéros. Comme il y avait exposition de

(1) Nous laissons subsister cette page qui fut exacte, nous la maintenons, bien que nos sentiments et nos jugements à l'égard de M. Leroux aient changé à mesure qu'il changeait lui-même. Ce n'est plus de sa modestie qu'il semblerait à propos de venir parler aujourd'hui. Lui aussi il est entré à pleines voiles, comme tant d'autres, dans cet Océan Pacifique de l'orgueil, et il a franchi son détroit de Magellan. Nous l'avions connu et aimé homme *distingué*, nous l'abandonnons révélateur et prophète. Mais nous irions jusqu'à regretter de l'avoir connu et loué, quand nous le voyons provoquer l'outrage, à propos de Jouffroy mort, contre les amis les plus chers et les plus consciencieux de cet homme excellent, quand nous le voyons déverser l'amertume sur l'irréprochable et intègre M. Damiron; et tout cela parce que M. Leroux veut faire de Jouffroy son *précurseur* comme il a fait de M. Cousin son *Antechrist*. — Qu'il nous suffise de répéter ici que, nonobstant toutes les variations subséquentes, cet historique du *Globe* reste d'une parfaite exactitude.

peinture au début, M. Thiers se chargea d'en rendre compte ; sauf ce coup de main du commencement, il ne donna rien depuis au journal. M. Mérimée donna quelque chose d'abord, mais ne continua pas sa collaboration. Quelques jeunes gens, élèves distingués de MM. Jouffroy et Damiron, entrèrent de bonne heure, parmi lesquels MM. Vitet et Duchâtel, qui n'étaient pas plus des doctrinaires alors que M. Thiers. Ils connaissaient les doctrinaires sans doute, ils étaient liés, ainsi que leurs maîtres, avec M. Guizot, avec M. de Broglie, peut-être de loin avec M. Royer-Collard ; personne dans cette réunion commençante n'en était aux préjugés brutaux et aux déclamations ineptes du *Constitutionnel*; mais par M. Dubois, âme du journal, un vif sentiment révolutionnaire et girondin se tenait en garde ; et, dès que la Censure fut levée, cette pointe généreuse perça en toute occasion. M. de Rémusat, le plus doctrinaire assurément des rédacteurs du *Globe* par la subtilité de son esprit, par ses habitudes et ses liens de société, ne toucha longtemps que des sujets de pure littérature et de poésie ; ce qu'il faisait avec une souplesse bien élégante. M. Duvergier de Hauranne n'avait pas à un moindre degré la préoccupation littéraire, et son zèle spirituel s'attaquait, dans l'intervalle de ses voyages d'Italie et d'Irlande, à des points délicats de la controverse romantique. Ce n'est guère à M. Magnin toujours net et progressif, ou à M. Ampère survenu plus tard et adonné aux excursions studieuses, qu'on imputera un rôle dans la prétendue ligue. *Le Globe* n'a pas été fondé et n'a pas grandi sous le patronage des doctrinaires, c'est-à-dire des trois ou quatre hommes éminents à qui s'adressait alors ce nom. La bourse de M. Lachevardière, l'idée de M. Leroux, l'impulsion de M. Dubois, voilà les données primitives ; des jeunes gens pauvres, des talents encore obscurs, des proscrits de l'Université, ce furent les vrais fondateurs ; la génération des salons qui s'y joignit ensuite n'étouffa jamais l'autre.

Le public, qui aime à faire le moins de frais possible en

renommée, et qui est dur à accepter des noms nouveaux, voyant *le Globe* surgir, tenta d'en expliquer le succès, et presque le talent, par l'influence invisible et suprême de quelques personnages souvent cités. Ces personnages étaient sans doute bienveillants au *Globe*, mais cette bienveillance, tempérée de blâme fréquent ou même d'épigrammes légères, ne justifiait pas l'honneur qu'on leur en faisait. Financièrement, lorsqu'en 1828, *le Globe* devenant tout à fait politique, M. Lachevardière retira ses capitaux, M. Guizot, seul parmi les doctrinaires d'alors, prit une action. M. de Broglie aida au cautionnement; mais c'était un simple placement de fonds sans enjeu. Du reste, occupés de leurs propres travaux, ces messieurs n'ont jamais contribué de leur plume à l'illustration du journal; une seule fois, s'il m'en souvient, M. Guizot écrivit une colonne officieuse sur un tableau de M. Gérard; peut-être a-t-il récidivé pour quelque autre cas analogue, mais c'est tout. M. de Barante n'a fait qu'un seul article; M. de Broglie n'y a jamais écrit. Les prétendus patrons hantaient si peu ce lieu-là, qu'il a été possible à l'un des rédacteurs assidus de n'avoir pas, une seule fois durant les six ans, l'honneur d'y rencontrer leur visage. La verdeur de certains articles allait, de temps à autre, éveiller leur sévérité et raviver les nuances. M. Royer-Collard réprouva hautement l'article pour lequel M. Dubois fut mis en cause et condamné, quelques mois avant juillet 1830. M. Cousin lui-même, bien que plus rapproché du journal par son âge et par ses amis, s'en séparait crûment dans la conversation; il ne répondait pas de ses disciples, il censurait leur marche, et savait marquer plus d'un défaut avec quelque trait de cette verve incomparable qu'on lui pardonne toujours, et que *le Globe* ne lui paya jamais qu'en respects.

Si l'on examine enfin l'allure et le langage du *Globe* depuis qu'il devint expressément politique, c'est-à-dire sous les ministères Martignac et Polignac, on y trouve une hardiesse, une fermeté de ton qu'aucun organe de l'opposition d'alors n'a surpassées. Le ministère Martignac y fut attaqué de bonne heure avec une exigence dont MM. de Rémusat, Duchâtel et Duvergier de Hauranne ont quelque droit aujourd'hui de s'étonner. La question des Jésuites et de la liberté absolue d'enseignement prêta jusqu'au bout, sous la plume de M. Dubois, à une controverse, excentrique si l'on veut, et par trop chevaleresque pour le moment, mais du moins aussi peu doctrinaire que possible. M. de Rémusat, qui traita presque seul la politique des derniers mois avant Juillet, durant la prison de M. Dubois, ne détourna pas un seul instant le journal de la ligne extrême où il était lancé; vers cette fin de la lutte, toutes les pensées n'en faisaient qu'une pour la délivrance. Il semblait même qu'il y eût dans cette rédaction du *Globe* des vues et des ressources d'avenir plus vastes qu'ailleurs. Quand M. Thiers, au début du *National*, développait sa théorie constitutionnelle, et venait professer Delolme comme résumé de son Histoire de la Révolution, ces articles ingénieux étaient regardés comme de purs jeux de forme et des fictions un peu vaines au prix de la grande question populaire et sociale; et ce n'était pas M. Dubois seulement qui jugeait ainsi, c'était M. Duchâtel ou tout autre. S'il y avait alors dissidence marquée, division au *Globe* en quelque matière, cette dissidence portait, le dirai-je? sur la question dite romantique. L'école romantique des poëtes ne put jamais faire irruption au *Globe*, et le gagner comme organe à elle; mais elle y avait des alliés et des intelligences. M. Leroux, M. Magnin, et celui qui écrit ces lignes, penchaient plus ou moins du côté novateur en poésie; MM. Dubois, Duvergier, de Rémusat, et l'ensemble de la rédaction, étaient en méfiance, quoique généralement bienveillants. Tous ces petits mouvements intérieurs se dessinèrent avec feu à l'occasion du drame de *Hernani*, qui eut pour résultat d'augmenter la bienveillance. Mais, hélas! rapprochement littéraire, union politique, tout cela manqua bientôt.

Au *Globe*, M. Jouffroy tint une grande place; il était le phi-

losophe généralisateur, le dogmatique par excellence, de même que M. Damiron était le psychologue analyste et sagace, de même que M. Dubois était le politique ému et acéré, le critique chaleureux. Indépendamment des articles recueillis dans le volume des *Mélanges*, M. Jouffroy en a écrit plusieurs sur des sujets d'histoire ou de géographie, et y a porté sa large manière. Il cherchait à tirer des antécédents historiques, des conditions géographiques et de l'esprit religieux des peuples, la loi de leur mouvement et de leur destinée. Les résultats les plus généraux de ses méditations à ce sujet sont consignés dans deux leçons d'un cours particulier professé par lui en 1826 (*de l'État actuel de l'Humanité*). Il ne s'y interdisait pas, comme il l'a trop fait depuis, l'impulsion active et stimulante, l'appel à l'énergie morale d'un chacun ; il n'y imposait pas, comme dans ses articles sur mistriss Trolloppe, le calme et le quiétisme brahminique aux assistants éclairés, sous peine de déchéance aveugle et de *fatuité*. Au contraire, il y marquait l'initiative à la civilisation chrétienne, et le devoir d'agir à chacun de ses membres ; il y disait avec plainte : « Comment aurions-nous des hommes politiques,
« des hommes d'État, quand les questions dont la solution
« réfléchie peut seule les former ne sont pas même posées,
« pas même soupçonnées de ceux qui sont assis au gouver-
« nail ; quand, au lieu de regarder à l'horizon, ils regardent
« à leurs pieds ; quand, au lieu d'étudier l'avenir du monde,
« et dans cet avenir celui de l'Europe, et dans celui de l'Eu-
« rope la mission de leur pays, ils ne s'inquiètent, ils ne
« s'occupent que des détails du ménage national ?... Nous ne
« concevons pas que tant de gens de conscience se jettent
« dans les affaires politiques, et poussent le char de notre
« fortune dans un sens ou dans un autre, avant d'avoir songé
« à se poser ces grandes questions... Je sais que la marche
« de l'humanité est tracée, et que Dieu n'a pas laissé son
« avenir aux chances des faiblesses et des caprices de quel-
« ques hommes ; mais ce que nous ne pouvons empêcher ni

« faire, nous pouvons du moins le retarder ou le précipiter
« par notre mauvaise ou bonne conduite. Dans les larges ca-
« dres de la destinée que la Providence a faite au monde,
« il y a place pour la vertu et la folie des hommes, pour le
« dévouement des héros et l'égoïsme des lâches. »

C'était dans sa chambre de la rue du Four-Saint-Honoré, à l'ouverture d'un des cours particuliers auxquels le confinait l'interdiction universitaire, que M. Jouffroy s'exprimait ainsi. Ces cours privés étaient fort recherchés ; quelques esprits déjà mûrs, des camarades du maître, des médecins depuis célèbres, une élite studieuse des salons, plusieurs représentants de la jeune et future pairie, composaient l'auditoire ordinaire, peu nombreux d'ailleurs, car l'appartement était petit, et une réunion plus apparente serait aisément devenue suspecte avant 1828. On se rendait, une fois par semaine seulement, à ces prédications de la philosophie ; on y arrivait comme avec ferveur et discrétion ; il semblait qu'on y vînt puiser à une science nouvelle et défendue, qu'on y anticipât quelque chose de la foi épurée de l'avenir. Quand les quinze ou vingt auditeurs s'étaient rassemblés lentement, que la clef avait été retirée de la porte extérieure, et que les derniers coups de sonnette avaient cessé, le professeur, debout, appuyé à la cheminée, commençait presque à voix basse, et après un long silence. La figure, la personne même de M. Jouffroy est une de celles qui frappent le plus au premier aspect, par je ne sais quoi de mélancolique, de réservé, qui fait naître l'idée involontaire d'un mystérieux et noble inconnu. Il commençait donc à parler ; il parlait du Beau, ou du Bien moral, ou de l'immortalité de l'âme ; ces jours-là, son teint plus affaibli, sa joue légèrement creusée, le bleu plus profond de son regard, ajoutaient dans les esprits aux réminiscences idéales du *Phédon*. Son accent, après la première moitié assez monotone, s'élevait et s'animait ; l'espace entre ses paroles diminuait ou se remplissait de rayons. Son éloquence déployée prolongeait l'heure et ne pouvait se résoudre à finir. Le jour qui baissait agrandissait la scène ; on ne sortait que croyant et pénétré, et en se félicitant des germes reçus. Depuis qu'il professe en public, M. Jouffroy a justifié ce qu'on attendait de lui ; mais pour ceux qui l'ont entendu dans l'enseignement privé, rien n'a rendu ni ne rendra le charme et l'ascendant d'alors (1).

M. Jouffroy en était, en ces années-là, à cette période heureuse où luit l'étoile de la jeunesse, à la période de nouveauté et d'invention ; il se sentait, à l'égard de chaque vérité successive, dans la fraîcheur d'un premier amour ; depuis, il se répète, il se souvient, il développe. Le malheur a voulu qu'avec sa facilité de parler et son indolence d'écrire, il ait improvisé ses leçons les plus neuves, et qu'elles n'aient nulle part été fixées dans leur verve délicate et leur vivacité naissante. M. Jouffroy se détermine malaisément à écrire, bien qu'une fois à l'œuvre sa plume jouisse de tant d'abondance. Il n'a publié d'original que la préface en tête des *Esquisses morales* de Stewart, et ses articles, la plupart recueillis dans les *Mélanges* : l'introduction promise des Œuvres de Reid n'a pas paru. Philosophe et démonstrateur éloquent encore plus qu'écrivain, la forme, qui a tant d'attrait pour l'artiste, convie peu M. Jouffroy ; il souffre évidemment et retarde le plus possible de s'y emprisonner ; il la déborde toujours. La lutte étroite, la joute de la pensée et du style ne lui va pas. Il ne s'applique point à la fermeté de Pascal ; sa forme, à lui, quand il lui en faut une, est belle et ample, mais *lâchée*, comme on dit.

Saint Jérôme appelle quelque part saint Hilaire, évêque de Poitiers, *le Rhône de l'éloquence gauloise*. M. Jouffroy serait

(1) Voir, si l'on veut, dans les poésies de *Joseph Delorme* deux pièces adressées à M. Jouffroy, qui n'y est pas nommé, l'une à M*** : *O vous qui lorsque seul*, etc., etc. ; et l'autre qui a pour titre : *Le Soir de la Jeunesse*. Nous ne croyons pas nous tromper en disant que cette dernière pièce a été également inspirée par lui. — Dans une dernière édition de *Joseph Delorme* (1861), on peut lire (page 299) une lettre de Jouffroy adressée à l'auteur ; il s'était en partie reconnu.

bien plutôt une Loire épanouie qu'un Rhône impétueux, comme elle lent, large, inégalement profond, noyant démesurément ses rives.

M. Jouffroy, entré à la Chambre depuis deux ans, a montré peu d'inclination pour la politique, et s'est à peine efforcé d'y réussir. On le conçoit; dans ses habitudes de pensée et de parole, il a besoin d'espace et de temps pour se dérouler, et de silence en face de lui. Il avait contre son début, dans cette assemblée assez vulgaire, d'être suspect de métaphysique dès le moindre préambule. Et pourtant la parole, hardiment prise en deux ou trois occasions, eût vaincu ce préjugé; M. Jouffroy aurait eu beau jeu à entamer la question européenne selon ses idées de tout temps, à tracer le rôle obligé de la France, et à flétrir pour le coup la politique *de ménage* à laquelle on l'assujettit : il n'en a rien fait, soit que l'humeur contemplative ait prédominé et l'ait découragé de l'effort individuel, soit que, voyant une Chambre si ouverte à entendre, il ait souri sur son banc avec dédain (1).

Car, malgré tout le progrès de la disposition contemplative, il y a en M. Jouffroy le côté dédaigneux, ironique, l'ancien côté actif refoulé, qui se fait sentir amèrement par retours, et qui tranche, comme un éclair, sur un grand fonds de calme et d'ennui. Il y a le vieil homme, qui fut sévère au passé, hostile aux révélations, l'adversaire railleur du baron d'Eckstein, le philosophe qui ignore et supprime ce qui le gêne, comme Malebranche supprimait l'histoire. Il y a l'aristocratie du penseur et du montagnard, froideur et hauteur, le premier mouvement susceptible et chatouilleux, la lèvre qui s'amincit et se pince, une rougeur rapide à une joue qui soudain pâlit.

Mais il y a tout aussitôt et très-habituellement le côté bon,

(1) M. Jouffroy, depuis, s'est décidé à parler, et il l'a fait avec le succès que nous présagions, bien que dans un sens un peu différent de celui qui nous semblait probable à cette date de décembre 1833, et que nous eussions préféré.

plébéien, condescendant, explicatif et affectueux; qui s'accommode aux intelligences, qui, au sortir d'un paradoxe presque outrageux, vous démontre au long des clartés et sait y démêler de nouvelles finesses; une disposition humaine et morale, une bienveillance qui prend intérêt, qui ne se dégoûte ni ne s'émousse plus. L'idée de devoir préside à cette noble partie de l'âme que nous peignons; si le premier mouvement s'échappe quelquefois, la seconde pensée répare toujours.

Outre les travaux et écrits ultérieurs qu'on a droit d'espérer de M. Jouffroy, il est une œuvre qu'avant de finir nous ne pouvons nous empêcher de lui demander, parce qu'il nous y semble admirablement propre, bien que ce soit hors de sa ligne apparente. On a reproché à quelques endroits de sa psychologie de tenir du roman ; nous sommes persuadé qu'un roman de lui, un vrai roman, serait un trésor de psychologie profonde. Qu'il s'y dispose de longue main, qu'il termine par là un jour ! il s'y fondera à côté de la science une gloire plus durable; Pétrarque doit la sienne à ses vers vulgaires, qui seuls ont vécu. Un roman de M. Jouffroy (et nous savons qu'il en a déjà projeté), ce serait un lieu sûr pour toute sa psychologie réelle, qui consiste, selon nous, en observations détachées plutôt qu'en système; ce serait un refuge brillant pour toutes les facultés poétiques de sa nature qui n'ont pas donné. Je la vois d'ici d'avance, cette histoire du cœur, ce *Woldemar* non subtil, bien supérieur à l'autre de Jacobi. L'exposition serait lente, spacieuse, aérée, comme celles de l'Américain dont l'auteur a tant aimé la prairie et les mers (1). Il y aurait dès l'abord des pâturages inclinés et de ces tableaux de mœurs antiques que savent les hommes des hautes terres. Les personnages surviendraient dans cette région avec harmonie et beauté. Le héros, l'amant, flotterait de la passion à la philosophie, et on le suivrait pas à pas dans ses défaillances tou-

---

(1) Fenimore Cooper.

chantes et dans ses reprises généreuses. Comme l'amitié, comme l'amour naissant qui s'y cache, se revêtiraient d'un coloris sans fard, et nous livreraient quelques-uns de leurs mystères par des aspects aplanis! Comme les pâles et arides intervalles s'étendraient avec tristesse jusqu'au sein des vertes années! Que la lutte serait longue, marquée de sacrifice, et que le triomphe du devoir coûterait de pleurs silencieux! Allez, osez, ô Vous dont le drame est déjà consommé au dedans; remontez un jour en idée cette Dôle avec votre ami vieilli; et là, non plus par le soleil du matin, mais à l'heure plus solennelle du couchant, reposez devant nous le mélancolique problème des destinées; au terme de vos récits abondants et sous une forme qui se grave, montrez-nous le sommet de la vie, la dernière vue de l'expérience, la masse au loin qui gagne et se déploie, l'individu qui souffre comme toujours, et le divin, l'inconsolé désir ici-bas du poëte, de l'amant et du sage!

Décembre 1833.

M. Jouffroy, que nous tâchions ainsi de peindre avec un soin et des couleurs où se mêlait l'affection, est mort le 1ᵉʳ mars 1842, laissant à tous d'amers regrets. Son ami M. Damiron publia de lui, peu après, un volume posthume de *Nouveaux Mélanges philosophiques;* la haine et l'esprit de parti s'en emparèrent. Les funérailles de l'honnête homme et du sage furent célébrées par des querelles furieuses; l'infamie des insultes particulières aux gazettes ecclésiastiques n'y manqua pas. Un penseur mélancolique a dit : « Tenons-nous bien, ne mourons pas ;
« car, sitôt morts, notre cercueil, pour peu qu'il en vaille la peine,
« servira de marchepied à quelqu'un pour se faire voir et pérorer.
« Trop heureux si, derrière notre pierre, le lâche et le méchant ne
« s'abritent pas pour lancer leurs flèches, comme Pâris caché derrière
« le tombeau d'Ilus! »

M. AMPÈRE

Le vrai savant, l'*inventeur*, dans les lois de l'univers et dans les choses naturelles, en venant au monde est doué d'une organisation particulière comme le poëte, le musicien. Sa qualité dominante, en apparence moins spéciale, parce qu'elle appartient plus ou moins à tous les hommes et surtout à un certain âge de la vie où le besoin d'apprendre et de découvrir nous possède, lui est propre par le degré d'intensité, de sagacité, d'étendue. Chercher la cause et la raison des choses, trouver leurs lois, le tente, et là où d'autres passent avec indifférence ou se laissent bercer dans la contemplation par le sentiment, il est poussé à voir au delà et il pénètre. Noble faculté qui, à ce degré de développement, appelle et subordonne à elle toutes les passions de l'être et ses autres puissances ! On en a eu, à la fin du xviiie siècle et au commencement du nôtre, de grands et sublimes exemples ; Lagrange, Laplace, Cuvier et tant d'autres à des rangs voisins, ont excellé dans cette faculté de trouver les rapports élevés et difficiles des choses cachées, de les poursuivre profondément, de les coordonner, de les rendre. Ils ont à l'envi reculé les bornes du connu et repoussé la limite humaine. Je m'imagine pourtant que nulle part peut-être cette faculté de l'intelligence avide, cet appétit du savoir et de la découverte, et tout ce qu'il entraîne, n'a été plus en saillie, plus à nu et dans un exemple mieux démontrable que chez M. Ampère qu'il est permis de nommer tout à côté d'eux, tant pour la portée de toutes les idées que pour la grandeur particulière d'un résultat. Chez ces autres hommes éminents que j'ai cités, une volonté froide et supérieure dirigeait la recherche, l'arrêtait à temps, l'appesantissait sur des points médités, et, comme il arrivait trop souvent, la suspendait pour se détourner à des emplois moindres. Chez M. Ampère, l'idée même était maîtresse. Sa brusque invasion, son accroissement irrésistible, le besoin de la saisir, de la presser dans tous ses enchaînements, de l'approfondir en tous ses points, entraînaient ce cerveau puissant auquel la volonté ne mettait plus aucun frein. Son exemple, c'est le triomphe, le surcroît, si l'on veut, et l'indiscrétion de l'idée savante; et tout se confisque alors en elle et s'y coordonne ou s'y confond. L'imagination, l'art ingénieux et compliqué, la ruse des moyens, l'ardeur même de cœur, y passent et l'augmentent. Quand une idée possède cet esprit inventeur, il n'entend plus à rien autre chose, et il va au bout dans tous les sens de cette idée comme après une proie, ou plutôt elle va au bout en lui, se conduisant elle-même, et c'est lui qui est la proie. Si M. Ampère avait eu plus de cette volonté suivie, de ce caractère régulier, et, on peut le dire, plus ou moins ironique, positif et sec, dont étaient munis les hommes que nous avons nommés, il ne nous donnerait pas un tel spectacle, et, en lui reconnaissant plus de conduite d'esprit et d'ordonnance, nous ne verrions pas en lui le savant en quête, le chercheur de causes aussi à nu.

Il est résulté aussi de cela qu'à côté de sa pensée si grande et de sa science irrassasiable, il y a, grâce à cette vocation imposée, à cette direction impérieuse qu'il subit et ne se donne pas, il y a tous les instincts primitifs et les passions de cœur conservées, la sensibilité que s'était de bonne heure trop retranchée la froideur des autres, restée chez lui entière, les croyances morales toujours émues, la naïveté, et de plus en plus jusqu'au bout, à travers les fortes spéculations, une inexpérience craintive, une enfance, qui ne semblent point de notre temps, et toutes sortes de contrastes.

Les contrastes qui frappent chez Laplace, Lagrange, Monge et Cuvier, ce sont, par exemple, leurs prétentions ou leurs qualités d'hommes d'État, d'hommes politiques influents, ce sont les titres et les dignités dont ils recouvrent et quelquefois affublent leur vrai génie. Voilà, si je ne me trompe, des *distractions* aussi et des *absences* de ce génie, et, qui pis est, volontaires. Chez M. Ampère, les contrastes sont sans doute d'un autre ordre ; mais ce qu'il suffit d'abord de dire, c'est qu'ici la vanité du moins n'a aucune part, et que si des faiblesses également y paraissent, elles restent plus naïves et comme touchantes, laissant subsister l'entière vénération dans le sourire.

Deux parts sont à faire dans l'histoire des savants : le côté sévère, proprement historique, qui comprend leurs découvertes positives et ce qu'ils ont ajouté d'essentiel au monument de la connaissance humaine, et puis leur esprit en lui-même et l'anecdote de leur vie. La solide part de la vie scientifique de M. Ampère étant retracée ci-après par un juge bien compétent, M. Littré (1), nous avons donc à faire connaître, s'il se peut, l'homme même, à tâcher de le suivre dans son origine, dans sa formation active, son étendue, ses digressions et ses mélanges, à dérouler ses phases diverses, ses vicissitudes d'esprit, ses richesses d'âme, et à fixer les principaux traits de sa physionomie dans cette élite de la famille humaine dont il est un des fils glorieux.

André-Marie Ampère naquit à Lyon le 20 janvier 1775. Son père, négociant retiré, homme assez instruit, l'éleva lui-même au village de Polémieux (2), où se passèrent de nombreuses années. Dans ce pays sauvage, montueux, séparé des routes, l'enfant grandissait, libre sous son père, et apprenait tout presque de lui-même. Les combinaisons mathématiques

(1) L'article de M. Littré suivait immédiatement le nôtre dans la *Revue des Deux Mondes*.

(2) Un document précis, qui nous est fourni depuis, le fait naître à ce village de Polémieux ; M. Ampère s'était dit toujours né à Lyon.

l'occupèrent de bonne heure ; et, dans la convalescence d'une maladie, on le surprit faisant des calculs avec les morceaux d'un biscuit qu'on lui avait donné. Son père avait commencé de lui enseigner le latin ; mais lorsqu'il vit cette disposition singulière pour les mathématiques, il la favorisa, procurant à l'enfant les livres nécessaires, et ajournant l'étude approfondie du latin à un âge plus avancé. Le jeune Ampère connaissait déjà toute la partie élémentaire des mathématiques et l'application de l'algèbre à la géométrie, lorsque le besoin de pousser au delà le fit aller un jour à Lyon avec son père. M. l'abbé Daburon (depuis inspecteur général des études) vit entrer alors dans la bibliothèque du collège M. Ampère, menant son fils de onze à douze ans, très-petit pour son âge. M. Ampère demanda pour son fils les ouvrages d'Euler et de Bernouilli. M. Daburon fit observer qu'ils étaient en latin : sur quoi l'enfant parut consterné de ne pas savoir le latin ; et le père dit : « Je les expliquerai à mon fils ; » et M. Daburon ajouta : « Mais c'est le calcul différentiel qu'on y emploie, le savez-vous ? » Autre consternation de l'enfant ; et M. Daburon lui offrit de lui donner quelques leçons, et cela se fit.

Vers ce temps, à défaut de l'emploi des infiniment petits, l'enfant avait de lui-même cherché, m'a-t-on dit, une solution du problème des tangentes par une méthode qui se rapprochait de celle qu'on appelle méthode des limites. Je renvoie le propos, dans ses termes mêmes, aux géomètres.

Les soins de M. Daburon tirèrent le jeune émule de Pascal de son embarras, et l'introduisirent dans la haute analyse. En même temps un ami de M. Daburon, qui s'occupait avec succès de botanique, lui en inspirait le goût, et le guidait pour les premières connaissances. Le monde naturel, visible, si vivant et si riche en ces belles contrées, s'ouvrait à lui dans ses secrets, comme le monde de l'espace et des nombres. Il lisait aussi beaucoup toutes sortes de livres, particulièrement l'Encyclopédie, d'un bout à l'autre. Rien n'échappait à sa curiosité d'intelligence ; et une fois qu'il avait conçu, rien ne sortait plus de sa mémoire. Il savait donc et il sut toujours, entre autres choses, tout ce que l'Encyclopédie contenait, y compris le blason. Ainsi son jeune esprit préludait à cette universalité de connaissances qu'il embrassa jusqu'à la fin. S'il débuta par savoir au complet l'Encyclopédie du xviiie siècle, il resta encyclopédique toute sa vie. Nous le verrons, en 1804, combiner une refonte générale des connaissances humaines; et ses derniers travaux sont un plan d'encyclopédie nouvelle.

Il apprit tout de lui-même, avons-nous dit, et sa pensée y gagna en vigueur et en originalité ; il apprit tout à son heure et à sa fantaisie, et il n'y prit aucune habitude de discipline.

Fit-il des vers dès ce temps-là, ou n'est-ce qu'un peu plus tard ? Quoi qu'il en soit, les mathématiques, jusqu'en 93, l'occupèrent surtout. A dix-huit ans, il étudiait la *Mécanique analytique* de Lagrange, dont il avait refait presque tous les calculs; et il a répété souvent qu'il savait alors autant de mathématiques qu'il en a jamais su.

La Révolution de 89, en éclatant, avait retenti jusqu'à l'âme du studieux mais impétueux jeune homme, et il en avait accepté l'augure avec transport. Il y avait, se plaisait-il à dire quelquefois, trois événements qui avaient eu un grand empire, un empire décisif sur sa vie : l'un était la lecture de l'Éloge de Descartes par Thomas, lecture à laquelle il devait son premier sentiment d'enthousiasme pour les sciences physiques et philosophiques. Le second événement était sa première communion qui détermina en lui le sentiment religieux et catholique, parfois obscurci depuis, mais ineffaçable. Enfin il comptait pour le troisième de ces événements décisifs la prise de la Bastille, qui avait développé et exalté d'abord son sentiment libéral. Ce sentiment, bien modifié ensuite, et par son premier mariage dans une famille royaliste et dévote, et plus tard par ses retours sincères à la soumission religieuse et ses ménagements forcés sous la Restauration, s'est pourtant maintenu chez lui, on peut l'affirmer, dans son principe et dans son essence. M. Ampère, par sa foi et son espoir constant en la pensée humaine, en la science et en ses conquêtes, est resté vraiment de 89. Si son caractère intimidé se déconcertait et faisait faute, son intelligence gardait son audace. Il eut foi, toujours et de plus en plus, et avec cœur, à la civilisation, à ses bienfaits, à la science infatigable en marche vers *les dernières limites, s'il en est, des progrès de l'esprit humain* (1). Il disait donc vrai en comptant pour beaucoup chez lui le sentiment *libéral* que le premier éclat de tonnerre de 89 avait enflammé.

D'illustres savants, que j'ai nommés déjà, et dont on a relevé fréquemment les sécheresses morales, conservèrent aussi jusqu'au bout, et malgré beaucoup d'autres côtés moins libéraux, le goût, l'amour des sciences et de leurs progrès; mais, notons-le, c'était celui des sciences purement mathématiques, physiques et naturelles. M. Ampère, différent d'eux et plus libéral en ceci, n'omettait jamais, dans son zèle de savant, la pensée morale et civilisatrice, et, en ayant espoir aux résultats, il croyait surtout et toujours à l'âme de la science.

En même temps que, déjà jeune homme, les livres, les idées et les événements l'occupaient ainsi, les affections morales ne cessaient pas d'être toutes-puissantes sur son cœur. Toute sa vie il sentit le besoin de l'amitié, d'une communication expansive, active, et de chaque instant : il lui fallait verser sa pensée et en trouver l'écho autour de lui. De ses deux sœurs, il perdit l'aînée, qui avait eu beaucoup d'action sur son enfance; il parle d'elle avec sensibilité dans des vers composés longtemps après. Ce fut une grande douleur. Mais la calamité de novembre 93 surpassa tout. Son père était juge de paix à Lyon avant le siége, et pendant le siége il avait continué de l'être, tandis que la femme et les enfants étaient restés à la campagne. Après la prise de la ville, on lui fit un crime d'avoir conservé ses fonctions; on le traduisit au tri-

---

(1) Préface de l'*Essai sur la Philosophie des Sciences.*

bunal révolutionnaire et on le guillotina. J'ai sous les yeux la lettre touchante, et vraiment sublime de simplicité, dans laquelle il fait ses derniers adieux à sa femme. Ce serait une pièce de plus à ajouter à toutes celles qui attestent la sensibilité courageuse et l'élévation pure de l'âme humaine en ces extrémités. Je cite quelques passages religieusement, et sans y altérer un mot :

« J'ai reçu, mon cher ange, ton billet consolateur ; il a versé un baume vivifiant sur les plaies morales que fait à mon âme le regret d'être méconnu par mes concitoyens, qui m'interdisent, par la plus cruelle séparation, une patrie que j'ai tant chérie et dont j'ai tant à cœur la prospérité. Je désire que ma mort soit le sceau d'une réconciliation générale entre tous nos frères. Je la pardonne à ceux qui s'en réjouissent, à ceux qui l'ont provoquée, et à ceux qui l'ont ordonnée. J'ai lieu de croire que la vengeance nationale, dont je suis une des plus innocentes victimes, ne s'étendra pas sur le peu de biens qui nous suffisait, grâce à la sage économie et à notre frugalité, qui fut ta vertu favorite.... Après ma confiance en l'Éternel, dans le sein duquel j'espère que ce qui restera de moi sera porté, ma plus douce consolation est que tu chériras ma mémoire autant que tu m'as été chère. Ce retour m'est dû. Si du séjour de l'Éternité, où notre chère fille m'a précédé, il m'était donné de m'occuper des choses d'ici-bas, tu seras, ainsi que mes chers enfants, l'objet de mes soins et de ma complaisance. Puissent-ils jouir d'un meilleur sort que leur père et avoir toujours devant les yeux la crainte de Dieu, cette crainte salutaire qui opère en nos cœurs l'innocence et la justice, malgré la fragilité de notre nature !... Ne parle pas à ma Joséphine du malheur de son père, fais en sorte qu'elle l'ignore ; *quant à mon fils, il n'y a rien que je n'attende de lui. Tant que tu les posséderas et qu'ils te posséderont, embrassez-vous en mémoire de moi : je vous laisse à tous mon cœur.* »

Suivent quelques soins d'économie domestique, quelques avis de restitutions de dettes, minutieux scrupules d'antique probité ; le tout signé en ces mots : *J.-J. Ampère, époux, père, ami, et citoyen toujours fidèle.* Ainsi mourut, avec résignation, avec grandeur, et s'exprimant presque comme Jean-Jacques eût pu faire, cet homme simple, ce négociant retiré, ce juge de paix de Lyon. Il mourut comme tant de Constituants illustres, comme tant de Girondins, fils de 89 et de 91, enfants de la Révolution, dévorés par elle, mais pieux jusqu'au bout, et ne la maudissant pas !

Parmi ses notes dernières et ses instructions d'économie à sa femme, je trouve encore ces lignes expressives, qui se rapportent à ce fils de qui il attendait tout : « Il s'en faut beaucoup, ma chère amie, que je te laisse riche, et même une aisance ordinaire ; tu ne peux l'imputer à ma mauvaise conduite ni à aucune dissipation. Ma plus grande dépense a été l'achat des livres et des instruments de géométrie dont notre fils ne pouvait se passer pour son instruction ; mais cette dépense même était une sage économie, puisqu'il n'a jamais eu d'autre maître que lui-même. »

Cette mort fut un coup affreux pour le jeune homme, et sa douleur ou plutôt sa stupeur suspendit et opprima pendant quelque temps toutes ses facultés. Il était tombé dans une espèce d'idiotisme, et passait sa journée à faire de petits tas de sable, sans que plus rien de savant s'y traçât. Il ne sortit de son état morne que par la botanique, cette science innocente dont le charme le reprit. Les Lettres de Jean-Jacques sur ce sujet lui tombèrent un jour sous la main, et le remirent sur la trace d'un goût déjà ancien. Ce fut bientôt un enthousiasme, un entraînement sans bornes ; car rien ne s'ébranlait à demi dans cet esprit aux pentes rapides. Vers ce même temps, par une coïncidence heureuse, un *Corpus poetarum latinorum*, ouvert au hasard, lui offrit quelques vers d'Horace dont l'harmonie, dans sa douleur, le transporta, et lui révéla la muse latine. C'était l'ode à Licinius et cette strophe :

> Sæpius ventis agitatur ingens
> Pinus, et celsæ graviore casu
> Decidunt turres, feriuntque summos
>   Fulmina montes.

Il se remit dès lors au latin, qu'il savait peu ; il se prit aux poëtes les plus difficiles, qu'il embrassa vivement. Ce goût, cette science des poëtes se mêla passionnément à sa botanique, et devint comme un chant perpétuel avec lequel il accompagnait ses courses vagabondes. Il errait tout le jour par les bois et les campagnes, herborisant, récitant aux vents des vers latins dont il s'enchantait, véritable magie qui endormait ses douleurs. Au retour, le savant reparaissait, et il rangeait les plantes cueillies avec leurs racines, il les replantait dans un petit jardin, observant l'ordre des familles naturelles. Ces années de 94 à 97 furent toutes poétiques, comme celles qui avaient précédé avaient été principalement adonnées à la géométrie et aux mathématiques. Nous le verrons bientôt revenir à ces dernières sciences, y joignant physique et chimie ; puis passer presque exclusivement, pour de longues années, à l'idéologie, à la métaphysique, jusqu'à ce que la physique, en 1820, le ressaisisse tout d'un coup et pour sa gloire : singulière alternance de facultés et de produits dans cette intelligence féconde, qui s'enrichit et se bouleverse, se retrouve et s'accroît incessamment.

Celui qui, à dix-huit ans, avait lu la *Mécanique analytique* de Lagrange, récitait donc à vingt ans les poëtes, se berçait du rhythme latin, y mêlait l'idiome toscan, et s'essayait même à composer des vers dans cette dernière langue. Il entamait aussi le grec. Il y a une description célèbre du cheval chez Homère, Virgile et le Tasse (1) : il aimait à la réciter successivement dans les trois langues.

Le sentiment de la nature vivante et champêtre lui créait en ces moments toute une nouvelle existence dont il s'enivrait. Circonstance piquante et qui est bien de lui ! cette nature qu'il aimait et qu'il parcourait en tous sens alors avec ravissement, comme un jardin de sa jeunesse, il ne la voyait pourtant et ne l'admirait que sous un voile qui fut levé seu-

---

(1) Homère, Iliade, VI ; Virgile, Énéide, XI ; et le Tasse, probablement Jérusalem délivrée, chant IX, lorsque Argilan, libre enfin de sa prison, est comparé au coursier belliqueux qui rompt ses liens.

lement plus tard. Il était myope, et il vint jusqu'à un certain âge sans porter de lunettes ni se douter de la différence. C'est un jour, dans l'île Barbe, que, M. Ballanche lui ayant mis des lunettes sans trop de dessein, un cri d'admiration lui échappa comme à une seconde vue tout d'un coup révélée : il contemplait pour la première fois la nature dans ses couleurs distinctes et ses horizons, comme il est donné à la prunelle humaine.

Cette époque de sentiment et de poésie fut complète pour le jeune Ampère. Nous en avons sous les yeux des preuves sans nombre dans les papiers de tous genres amassés devant nous et qui nous sont confiés, trésor d'un fils. Il écrivit beaucoup de vers français et ébaucha une multitude de poëmes, tragédies, comédies, sans compter les chansons, madrigaux, charades, etc. Je trouve des scènes écrites d'une tragédie d'*Agis*, des fragments, des projets d'une tragédie de *Conradin*, d'une *Iphigénie en Tauride*..., d'une autre pièce où paraissaient Carbon et Sylla, d'une autre où figuraient Vespasien et Titus ; un morceau d'un poëme moral sur la vie ; des vers qui célèbrent l'Assemblée constituante ; une ébauche de poëme sur les sciences naturelles ; un commencement assez long d'une grande épopée intitulée *l'Américide*, dont le héros était Christophe Colomb. Chacun de ces commencements, d'ordinaire, forme deux ou trois feuillets de sa grosse écriture d'écolier, de cette écriture qui avait comme peur sans cesse de ne pas être assez lisible ; et la tirade s'arrête brusquement, coupée le plus souvent par des x et y, par la *formule générale pour former immédiatement toutes les puissances d'un polynôme quelconque* : je ne fais que copier. Vers ce temps, il construisait aussi une espèce de langue philosophique dans laquelle il fit des vers ; mais on a là-dessus trop peu de données pour en parler. Ce qu'il faut seulement conclure de cet amas de vers et de prose où manque, non pas la facilité, mais l'art, ce que prouve cette littérature poétique, blasonnée d'algèbre, c'est l'étonnante variété, l'exubérance et inquiétude en tous sens de ce cerveau de vingt et un ans, dont la direction définitive n'était pas trouvée. Le soulèvement s'essayait sur tous les points et ne se faisait jour sur aucun. Mais un sentiment supérieur, le sentiment le plus cher et le plus universel de la jeunesse, manquait encore, et le cœur allait éclater.

Je trouve sur une feuille, dès longtemps jaunie, ces lignes tracées. En les transcrivant, je ne me permets point d'en altérer un seul mot, non plus que pour toutes les citations qui suivront. Le jeune homme disait :

« Parvenu à l'âge où les lois me rendaient maître de moi-même, mon cœur soupirait tout bas de l'être encore. Libre et insensible jusqu'à cet âge, il s'ennuyait de son oisiveté. Élevé dans une solitude presque entière, l'étude et la lecture, qui avaient fait si longtemps mes plus chères délices, me laissaient tomber dans une apathie que je n'avais jamais ressentie, et le cri de la nature répandait dans mon âme une inquiétude vague et insupportable. Un jour que je me promenais après le coucher du soleil, le long d'un ruisseau solitaire... »

Le fragment s'arrête brusquement ici. Que vit-il le long de ce ruisseau? Un autre cahier complet de souvenirs ne nous laisse point en doute, et sous le titre : *Amorum*, contient, jour par jour, toute une histoire naïve de ses sentiments, de son amour, de son mariage, et va jusqu'à la mort de l'objet aimé. Qui le croirait? ou plutôt, en y réfléchissant, pourquoi n'en serait-il pas ainsi? ce savant que nous avons vu chargé de pensées et de rides, et qui semblait n'avoir dû vivre que dans le monde des nombres, il a été un énergique adolescent : la jeunesse aussi l'a touché, en passant, de son auréole; il a aimé, il a pu plaire; et tout cela, avec les ans, s'était recouvert, s'était oublié; il se serait peut-être étonné comme nous, s'il avait retrouvé, en cherchant quelque mémoire de géométrie, ce journal de son cœur, ce cahier d'*Amorum* enseveli.

Jeunesse des hommes simples et purs, jeunesse du vicaire Primerose et du pasteur Walter, revenez à notre mémoire pour faire accompagnement naturel et pour sourire avec nous à cette autre jeunesse! Si Euler ou Haller ont aimé, s'ils avaient écrit dans un registre leurs journées d'alors, n'auraient-ils pas souvent dit ainsi?

« Dimanche, 10 avril (96). — Je l'ai vue pour la première fois.

Samedi, 20 août. — Je suis allé chez elle, et on m'y a prêté les *Novelle morali* de Soave.

... Samedi, 3 septembre. — M. Couppier étant parti la veille, je suis allé rendre les *Novelle morali;* on m'a donné à choisir dans la bibliothèque; j'ai pris madame Des Houlières, je suis resté un moment seul avec elle.

Dimanche, 4. — J'ai accompagné les deux sœurs après la messe, et j'ai rapporté le premier tome de Bernardin; elle me dit qu'elle serait seule, sa mère et sa sœur partant le mercredi.

... Vendredi, 16. — Je fus rendre le second volume de Bernardin. Je fis la conversation avec elle et Génie. Je promis des comédies pour le lendemain.

Samedi, 17. — Je les portai, et je commençai à ouvrir mon cœur.

Dimanche, 18. — Je la vis jouer aux dames après la messe.

Lundi, 19. — J'achevai de m'expliquer, j'en rapportai de faibles espérances et la défense d'y retourner avant le retour de sa mère.

Samedi, 24. — Je fus rendre le troisième volume de Bernardin avec madame Des Houlières; je rapportai le quatrième et *la Dunciade*, et le parapluie.

Lundi, 26. — Je fus rendre *la Dunciade* et le parapluie; je la trouvai dans le jardin sans oser lui parler.

Vendredi, 30. — Je portai le quatrième volume de Bernardin et Racine; je m'ouvris à la mère, que je trouvai dans la salle à mesurer de la toile. »

Remarquez, voilà le mot dit à la mère, treize jours après le premier aveu à la fille : marche régulière des amours antiques et vertueuses!

Je continue en choisissant :

« Samedi, 12 novembre. — Madame Carron (*la mère*) étant sortie, je parlai un peu à Julie qui me rembourra bien et sortit. Élise (*la sœur*) me dit de passer l'hiver sans plus parler,

Mercredi, 16. — La mère me dit qu'il y avait longtemps qu'on ne m'avait vu. Elle sortit un moment avec Julie, et je remerciai Élise qui me parla froidement. Avant de sortir, Julie m'apporta avec grâce les *Lettres provinciales*.

... Vendredi, 9 décembre à dix heures du matin. — Elle m'ouvrit la porte en bonnet de nuit et me parla un moment tête à tête dans la cuisine; j'entrai ensuite chez madame Carron, on parla de Richelieu. Je revins à Polémieux l'après-dîner. »

Je ne multiplierai pas ces citations : tout le journal est ainsi. Madame Des Houlières et madame de Sévigné, et *Richelieu*, on vient de le voir, s'y mêlent agréablement; les chansons galantes vont leur train : la trigonométrie n'est pas oubliée. On s'amuse à mesurer la hauteur du clocher de Saint-Germain (du Mont-d'Or), lieu de résidence de l'amie. Une éclipse a lieu en ce temps-là, on l'observe. Au retour, l'astronome amoureux lira une élégie *très-passionnée* de Saint-Lambert (*Je ne sentais auprès des belles*, etc., etc.), ou bien il traduira en vers un chœur de l'*Aminte*. Une autre fois, il prête son étui de mathématiques au cousin de sa fiancée, et il rapporte *la Princesse de Clèves*. Ses plus grandes joies, c'est de s'asseoir près de Julie sous prétexte d'une partie de domino ou de solitaire, c'est de manger une cerise qu'elle a laissée tomber, de baiser une rose qu'elle a touchée, de lui donner la main à la promenade pour franchir un hausse-pied, de la voir au jardin composer un bouquet de jasmin, de troëne, d'aurone et de campanule double dont elle lui accorde une fleur qu'il place dans un petit tableau : ce que plus tard, pendant les ennuis de l'absence, il appellera *le talisman*. Ce souvenir du bouquet, que nous trouvons consigné dans son journal, lui inspirait de plus des vers, les seuls dont nous citerons quelques-uns, à cause du mouvement qui les anime et de la grâce du dernier :

> Que j'aime à m'égarer dans ces routes fleuries
> Où je t'ai vue errer sous un dais de lilas!

> Que j'aime à répéter aux Nymphes attendries,
> Sur l'herbe où tu t'assis, les vers que tu chantas !
> Au bord de ce ruisseau dont les ondes chéries
> Ont à mes yeux séduits réfléchi tes appas,
> Sur les débris des fleurs que tes mains ont cueillies,
> Que j'aime à respirer l'air que tu respiras !
> Les voilà ces jasmins dont je t'avais parée ;
> Ce bouquet de troëne a touché tes cheveux...

Ainsi, celui que nous avons vu distrait bien souvent comme La Fontaine s'essayait alors, jeune et non sans poésie, à des rimes galantes et tendres : *mistis carminibus non sine fistula*. — Mais le plus beau jour de ces saisons amoureuses nous est assez désigné par une inscription plus grosse sur le cahier : LUNDI, 3 juillet (1797). Voici l'idylle complète, telle qu'on la pourrait croire traduite d'*Hermann et Dorothée*, ou extraite d'une page oubliée des *Confessions :*

« Elles vinrent enfin nous voir (*à Polémieux*) à trois heures trois quarts. Nous fûmes dans l'allée, où je montai sur le grand cerisier, d'où je jetai des cerises à Julie, Élise et ma sœur ; tout le monde vint. Ensuite je cédai ma place à François, qui nous baissa des branches où nous cueillions nous-mêmes, ce qui amusa beaucoup Julie. On apporta le goûter ; elle s'assit sur une planche à terre avec ma sœur et Élise, et je me mis sur l'herbe à côté d'elle. Je mangeai des cerises qui avaient été sur ses genoux. Nous fûmes tous les quatre au grand jardin où elle accepta un lis de ma main. Nous allâmes ensuite voir le ruisseau ; je lui donnai la main pour sauter le petit mur, et les deux mains pour le remonter. Je m'étais assis à côté d'elle au bord du ruisseau, loin d'Élise et de ma sœur ; nous les accompagnâmes le soir jusqu'au moulin à vent, où je m'assis encore à côté d'elle pour observer, nous quatre, le coucher du soleil qui dorait ses habits d'une lumière charmante. Elle emporta un second lis que je lui donnai, en passant pour s'en aller, dans le grand jardin. »

Pourtant il fallait penser à l'avenir. Le jeune Ampère était sans fortune, et le mariage allait lui imposer des charges. On décida qu'il irait à Lyon ; on agita même un moment s'il n'entrerait pas dans le commerce ; mais la science l'emporta. Il donna des leçons particulières de mathématiques. Logé grande rue Mercière, chez MM. Périsse, libraires, cousins de sa fiancée, son temps se partageait entre ses études et ses courses à Saint-Germain, où il s'échappait fréquemment. Cependant, par le fait de ses nouvelles occupations, le cours naturel des idées mathématiques reprenait le dessus dans son esprit ; il y joignait les études physiques. La *Chimie* de Lavoisier, publiée depuis quelques années, mais de doctrine si récente, saisissait vivement tous les jeunes esprits savants ; et pendant que Davy, comme son frère nous le raconte, la lisait en Angleterre avec grande émulation et ardent désir d'y ajouter, M. Ampère la lisait à Lyon dans un esprit semblable. Dé grand matin, de quatre à six heures, même avant les mois d'été, il se réunissait en conférence avec quelques amis, à un cinquième étage, place des Cordeliers, chez son ami Lenoir. Des noms bien connus des Lyonnais, Journel, Bonjour et Barret (depuis prêtre et jésuite), tous caractères originaux et de bon aloi, en faisaient partie. J'allais y joindre, pour avoir occasion de les nommer à côté de leur ami, MM. Bredin et Beuchot ; mais on m'assure qu'ils n'étaient pas de la petite réunion même. On y lisait à haute voix le traité de Lavoisier, et M. Ampère, qui ne le connaissait pas jusqu'alors, ne cessait de se récrier à cette exposition si lucide de découvertes si imprévues. Au sortir de la séance matinale, et comme édifié par la science, on s'en allait diligemment chacun à ses travaux du jour.

Admirable jeunesse, âge audacieux, saison féconde, où tout s'exalte et coexiste à la fois, qui aime et qui médite, qui scrute et découvre, et qui chante, qui suffit à tout ; qui ne laisse rien d'inexploré de ce qui la tente, et qui est tentée de tout ce qui est vrai ou beau ! Jeunesse à jamais regrettée, qui, à l'entrée de la carrière, sous le ciel qui lui verse les rayons, à demi penchée hors du char, livre des deux mains toutes ses rênes et pousse de front tous ses coursiers !

Le mariage de M. Ampère et de Mademoiselle Julie Carron eut lieu, religieusement et secrètement encore, le 15 thermidor an VII (août 1799), et civilement quelques semaines après. M. Ballanche, par un épithalame en prose, célébra, dans le mode antique, la félicité de son ami et les chastes rayons de l'étoile nuptiale du soir se levant *sur les montagnes de Polémieux*. Pour le nouvel époux, les deux premières années se passèrent dans le même bonheur, dans les mêmes études. Il continuait ses leçons de mathématiques à Lyon, et y demeurait avec sa femme, qui d'ailleurs était souvent à Saint-Germain. Elle lui donna un fils, celui qui honore aujourd'hui et confirme son nom. Mais bientôt la santé de la mère déclina, et quand M. Ampère fut nommé, en décembre 1801, professeur de physique et de chimie à l'École centrale de l'Ain, il dut aller s'établir seul à Bourg, laissant à Lyon sa femme souffrante avec son enfant. Les correspondances surabondantes que nous avons sous les yeux, et qui comprennent les deux années qui suivirent, jusqu'à la mort de sa femme, représentent pour nous, avec un intérêt aussi intime et dans une révélation aussi naïve, le journal qui précéda le mariage et qui ne reprend qu'aux approches de la mort. Toute la série de ses travaux, de ses projets, de ses sentiments, s'y fait suivre sans interruption. A peine arrivé à Bourg, il mit en état le cabinet de physique, le laboratoire de chimie, et commença du mieux qu'il put, avec des instruments incomplets, ses expériences. La chimie lui plaisait surtout : elle était, de toutes les parties de la physique, celle qui l'invitait le plus naturellement, comme plus voisine des causes. Il s'en exprime avec charme : « Ma chimie, écrit-il, a commencé aujourd'hui : de superbes expériences ont inspiré une espèce d'enthousiasme. De douze auditeurs, il en est resté quatre après la leçon, je leur ai assigné des emplois, etc. » Parmi les professeurs de Bourg, un seul fut bientôt particulièrement lié avec lui; M. Clerc, professeur de mathématiques, qui s'était mis tard à cette science, et qui n'avait qu'entamé les parties transcendantes, mais homme de candeur et de mérite, devint le collaborateur de M. Ampère dans un ouvrage qui devait avoir pour titre : *Leçons élémentaires sur les séries et autres formules indéfinies.* Cet ouvrage, qui avait été mené presque à fin, n'a jamais paru. C'est vers ce temps que M. Ampère lut dans le *Moniteur* le programme du prix de 60,000 francs proposé par Bonaparte, en ces termes : « Je désire donner en encouragement une somme de 60,000 francs à celui qui, par ses expériences et ses découvertes, fera faire à l'électricité et au galvanisme un pas comparable à celui qu'ont fait faire à ces sciences Franklin et Volta,... mon but spécial étant d'encourager et de fixer l'attention des physiciens sur cette partie de la physique, qui est, à mon sens, le chemin des grandes découvertes. » M. Ampère, aussitôt cet exemplaire du *Moniteur* reçu de Lyon, écrivait à sa femme : « Mille remercîments à ton cousin de ce qu'il m'a envoyé, c'est un prix de 60,000 francs que je tâcherai de gagner quand j'en aurai le temps. C'est précisément le sujet que je traitais dans l'ouvrage sur la physique que j'ai commencé d'imprimer; mais il faut le perfectionner, et confirmer ma théorie par de nouvelles expériences. » Cet ouvrage, interrompu comme le précédent, n'a jamais été achevé. Il s'écrie encore avec cette bonhomie si belle quand elle a le génie derrière pour appuyer sa confiance : « Oh! mon amie, ma bonne amie! si M. de Lalande me fait nommer au Lycée de Lyon et que je gagne le prix de 60,000 francs, je serai bien content, car tu ne manqueras plus de rien...» Ce fut Davy qui gagna le prix par sa découverte des rapports de l'attraction chimique et de l'attraction électrique, et par sa décomposition des terres. Si M. Ampère avait fait quinze ans plus tôt ses découvertes électro-magnétiques, nul doute qu'il n'eût au moins balancé le prix. Certes, il a répondu aussi directement que l'illustre Anglais à l'appel du premier Consul, dans *ce chemin des grandes découvertes* : il a rempli en 1820 sa belle part du programme de Napoléon.

Mais une autre idée, une idée purement mathématique,

vint alors à la traverse dans son esprit. Laissons-le raconter lui-même :

« Il y a sept ans, ma bonne amie, que je m'étais proposé un problème de mon invention, que je n'avais point pu résoudre directement, mais dont j'avais trouvé par hasard une solution dont je connaissais la justesse sans pouvoir la démontrer. Cela me revenait souvent dans l'esprit, et j'ai cherché vingt fois à trouver directement cette solution. Depuis quelques jours cette idée me suivait partout. Enfin, je ne sais comment, je viens de la trouver avec une foule de considérations curieuses et nouvelles sur la théorie des probabilités. Comme je crois qu'il y a peu de mathématiciens en France qui puissent résoudre ce problème en moins de temps, je ne doute pas que sa publication dans une brochure d'une vingtaine de pages ne me fût un bon moyen de parvenir à une chaire de mathématiques dans un lycée. Ce petit ouvrage d'algèbre pure, et où l'on n'a besoin d'aucune figure, sera rédigé après-demain ; je le relirai et le corrigerai jusqu'à la semaine prochaine, que je te l'enverrai... »

Et plus loin :

« J'ai travaillé fortement hier à mon petit ouvrage. Ce problème est peu de chose en lui-même, mais la manière dont je l'ai résolu et les difficultés qu'il présentait lui donnent du prix. Rien n'est plus propre d'ailleurs à faire juger de ce que je puis faire en ce genre... »

Et encore :

« J'ai fait hier une importante découverte sur la théorie du jeu en parvenant à résoudre un nouveau problème plus difficile encore que le précédent, et que je travaille à insérer dans le même ouvrage, ce qui ne le grossira pas beaucoup, parce que j'ai fait un nouveau commencement plus court que l'ancien..... Je suis sûr qu'il me vaudra, pourvu qu'il soit imprimé à temps, une place de lycée ; car, dans l'état où il est à présent, il n'y a guère de mathématiciens en France capables d'en faire un pareil : je te dis cela comme je le pense, pour que tu ne le dises à personne. »

Le mémoire, qui fut intitulé *Essai sur la théorie mathématique du jeu*, et qui devait être terminé en une huitaine, subit, selon l'habitude de cette pensée ardente et inquiète, un grand nombre de refontes, de remaniements, et la correspondance est remplie de l'annonce de l'envoi toujours retardé. Rien ne nous a mis plus à même de juger combien ce qui dominait chez M. Ampère, dès le temps de sa jeunesse, était l'abondance d'idées, l'opulence de moyens, plutôt que le parti pris et le choix. Il voyait tour à tour et sans relâche toutes les faces d'une idée, d'une invention; il en parcourait irrésistiblement tous les points de vue; il ne s'arrêtait pas.

Je m'imagine (que les mathématiciens me pardonnent si je m'égare), je m'imagine qu'il y a dans cet ordre de vérités, comme dans celles de la pensée plus usuelle et plus accessible, une expression unique, la meilleure entre plusieurs, la plus droite, la plus simple, la plus nécessaire. Le grand Arnauld, par exemple, est tout aussi grand logicien que La Bruyère; il trouve des vérités aussi difficiles, aussi rares, je le crois; mais La Bruyère exprime d'un mot ce que l'autre étend. En analyse mathématique, il en doit être ainsi : le style y est quelque chose. Or, tout style (la vérité de l'idée étant donnée) est un choix entre plusieurs expressions; c'est une décision prompte et nette, un coup d'État dans l'exécution. Je m'imagine encore qu'Euler, Lagrange, avaient cette expression prompte, nette, élégante, cette économie continue du développement, qui s'alliait à leur fécondité intérieure et la servait à merveille. Autant que je puis me le figurer par l'extérieur du procédé, dont le fond m'échappe, M. Ampère était plutôt en analyse un inventeur fécond, égal à tous en combinaisons difficiles, mais retardé par l'embarras de choisir; il était moins décidément *écrivain*.

Une grande inquiétude de M. Ampère allait à savoir si toutes les formules de son mémoire étaient bien nouvelles, si d'autres, à son insu, ne l'avaient pas devancé. Mais à qui s'adresser pour cette question délicate? Il y avait à l'École centrale de Lyon un professeur de mathématiques, M. Roux, également secrétaire de l'Athénée. C'est de lui que M. Ampère attendit quelque temps cette réponse avec anxiété, comme un véritable oracle. Mais il finit par découvrir que les connaissances du bon M. Roux en mathématiques n'allaient pas là. Enfin, M. de Lalande étant venu à Bourg vers ce temps, M. Ampère lui présenta son travail, ou plutôt le travail, lu à une séance de la Société d'émulation de l'Ain, à laquelle M. de Lalande assistait, fut remis à l'examen d'une commission dont ce dernier faisait partie. M. de Lalande, après de grands éloges fort sincères, finit par demander à l'auteur des exemples en nombre de ses formules algébriques, ajoutant que c'était pour mettre dans son rapport les résultats à la portée de tout le monde : « J'ai conclu de tout cela, écrit M. Ampère, qu'il n'avait pas voulu se donner la peine de suivre mes calculs, qui exigent, en effet, de profondes connaissances en mathématiques. Je lui ferai des exemples; mais je persiste à faire imprimer mon ouvrage tel qu'il est. Ces exemples lui donneraient l'air d'un ouvrage d'écolier. » A la fin de 1802, MM. Delambre et Villar, chargés d'organiser les lycées dans cette partie de la France, vinrent à Bourg, et M. Ampère trouva dans M. Delambre le juge qu'il désirait et un appui efficace. Le mémoire sur la *Théorie mathématique du jeu*, alors imprimé, donna au savant examinateur une première idée assez haute du jeune mathématicien. Un autre mémoire sur l'*Application à la mécanique des formules du calcul des variations*, composé en très-peu de jours à son intention, et qu'il entendit dans une séance de la Société d'émulation, ajouta à cette idée. Le nouveau mémoire que nous venons de mentionner, et qui eut aussi toutes ses vicissitudes (particulièrement une certaine aventure de charrette sur le grand chemin de Bourg à Lyon, et dans laquelle il faillit être perdu), copié enfin au net, fut porté à Paris par M. de Jussieu, et remis aux mains de M. Delambre, revenu de sa tournée. Celui-ci le présenta à l'Institut, et le fit lire à M. de Laplace. Cependant M. Ampère, nommé professeur de mathématiques et d'astronomie, avait passé, selon son désir, au Lycée de Lyon.

Mais d'autres événements non moins importants, et bien contraires, s'étaient accomplis dans cet intervalle. Au milieu de ses travaux continus à Bourg, de ses leçons à l'École centrale, et des leçons particulières qu'il y ajoutait, on se figurerait difficilement à quel point allait la préoccupation morale, la sollicitude passionnée qui remplissait ses lettres de chaque jour. Il écrit régulièrement par chaque voyage du messager, la poste étant trop coûteuse. Ces détails d'économie, de tendresse, l'avarice où il est de son temps, l'effusion de ses souvenirs et de ses inquiétudes, l'espoir, dans lequel il vit, d'aller à Lyon à quelque courte vacance de Pâques, tout cela se mêle, d'une bien piquante et touchante façon, à son mémoire de mathématiques, au récit de ses expériences chimiques, aux petites maladresses qui parfois y éclatent, aux petites supercheries, dit-il, à l'aide desquelles il les répare. Mais il faut citer la promenade entière d'un de ses grands jours de congé : dans le commencement de la lettre, il vient de s'écrier comme un écolier : *Quand viendront les vacances!*

« ... J'en étais à cette exclamation quand j'ai pris tout à coup une résolution qui te paraîtra peut-être singulière. J'ai voulu retourner avec le paquet de tes lettres dans le pré, derrière l'hôpital, où j'avais été les lire avant mes voyages de Lyon, avec tant de plaisir. J'y voulais retrouver de doux souvenirs dont j'avais, ce jour-là, fait provision, et j'en ai recueilli au contraire de bien plus doux pour une autre fois. Que tes lettres sont douces à lire! il faut avoir ton âme pour écrire des choses qui vont si bien au cœur, sans le vouloir, à ce qu'il semble. Je suis resté jusqu'à deux heures assis sous un arbre, un joli pré à droite, la rivière, où flottaient d'aimables canards, à gauche et devant moi. Derrière était le bâtiment de l'hôpital. Tu conçois que j'avais pris la précaution de dire chez madame Beauregard, en quittant ma lettre pour aller à midi faire cette partie, que je n'irais pas dîner aujourd'hui chez elle. Elle croit que je dîne en ville; mais, comme j'avais bien déjeuné, je m'en suis mieux trouvé de ne dîner que d'amour. A deux heures, je me sentais si calme et l'esprit si à mon aise, au lieu de l'ennui qui m'oppressait ce matin, que j'ai voulu me promener et herboriser. J'ai remonté la Ressouse dans les prés, et, en continuant toujours d'en côtoyer le bord, je suis arrivé à vingt pas d'un bois charmant, que je voyais dans le lointain à une demi-lieue de la ville et que j'avais bien envie de parcourir. Arrivé là, la rivière, par un détour subit, m'a ôté toute espérance d'y parvenir, en se montrant entre lui et moi. Il a donc fallu y renoncer, et je suis venu par la route du Bourg au village de Cézeyriat, plantée de peupliers d'Italie qui en font une superbe avenue ;... j'avais à la main un paquet de plantes. »

La jolie église de Brou n'est pas oubliée ailleurs dans ses récits. Voilà bien des promenades tout au long, comme les aimaient La Fontaine et Ducis. — Je voudrais que les jeunes professeurs exilés en province, et souffrant de ces belles années contenues, si bien employées du reste et si décisives, pussent lire, comme je l'ai fait, toutes ces lettres d'un homme de génie pauvre, obscur alors, et s'efforçant comme eux ; ils apprendraient à redoubler de foi dans l'étude, dans les affections sévères : ils s'enhardiraient pour l'avenir.

Les idées religieuses avaient été vives chez le jeune Ampère à l'époque de sa première communion ; nous ne voyons pas qu'elles aient cessé complétement dans les années qui suivirent ; mais elles s'étaient certainement affaiblies. L'absence, la douleur et l'exaltation chaste les réveillèrent avec puissance. On sait, et l'on a dit souvent, que M. Ampère était religieux, qu'il était croyant au christianisme, comme d'autres illustres savants du premier ordre, les Newton, les Leibniz, les Haller, les Euler, les Jussieu. On croit, en général, que ces savants restèrent constamment fermes et calmes dans la naïveté et la profondeur de leur foi, et je le crois pour plusieurs, pour les Jussieu, pour Euler, par exemple. Quant au grand Haller, il est nécessaire de lire le *journal* de sa vie pour découvrir sa lutte perpétuelle et ses combats sous cette apparence calme qu'on lui connaissait : il s'est presque autant tourmenté que Pascal. M. Ampère était de ceux-ci, de ceux que l'épreuve tourmente, et, quoique sa foi fût réelle et qu'en définitive elle triomphât, elle ne resta ni sans éclipses ni sans vicissitudes. Je lis dans une lettre de ce temps :

« ... J'ai été chercher dans la petite chambre au-dessus du laboratoire, où est toujours mon bureau, le portefeuille en soie. J'en veux faire la revue ce soir, après avoir répondu à tous les articles de ta dernière lettre, et t'avoir priée, d'après une suite d'idées qui se sont depuis une heure succédé dans ma tête, de m'envoyer les deux livres que je te demanderai tout à l'heure. L'état de mon esprit est singulier : il est comme un homme qui se noierait dans son crachat... Les idées de Dieu, d'Éternité, dominaient parmi celles qui flottaient dans mon imagination, et, après bien des pensées et des réflexions singulières dont le détail serait trop long, je me suis déterminé à te demander le *Psautier français* de La Harpe, qui doit être à la maison, broché, je crois, en papier vert, et un livre d'*Heures* à ton choix. »

Il faudrait le verbe de Pascal ou de Bossuet pour triompher pertinemment de cet homme de génie qui se noie, nous dit-il, en sa pensée comme *en son crachat*. Je trouve encore quelques endroits qui dénotent un retour pratique : « Je finis cette lettre, parce que j'entends sonner une messe où je veux aller demander la guérison de ma Julie. » Et encore : « Je veux aller demain m'acquitter de ce que tu sais, et prier pour vous deux. » — Ainsi, vivant en attente, aspirant toujours à la réunion avec sa femme, il n'en voyait le moyen que dans sa nomination au futur Lycée de Lyon, et s'écriait : « Ah ! Lycée, Lycée, quand viendras-tu à mon secours ? »

Le Lycée vint, mais sa femme, au terme de sa maladie, se mourait. Les dernières lignes du journal parleront pour moi, et mieux que moi :

« 17 avril (1803), dimanche de Quasimodo. — Je revins de Bourg pour ne plus quitter ma Julie.

... 15 mai, dimanche. — Je fus à l'église de Polémieux, pour la première fois depuis la mort de ma sœur.

... 7 juin, mardi, saint Robert. — Ce jour a décidé du reste de ma vie.

14, mardi. — On me fit attendre le petit-lait à l'hôpital. J'entrai dans l'église d'où sortait un mort. Communion spirituelle.

... 13 juillet, mercredi, à *neuf heures du matin!*

(Suivent les deux versets :)

Multa flagella peccatoris, sperantem autem in Domino misericordia circumdabit.

Firmabo super te oculos meos et instruam te in via hac qua gradiéris. Amen. »

C'est sous le coup menaçant de cette douleur, et à l'extrémité de toute espérance, que dut être écrite la prière suivante, où l'un des versets précédents se retrouve :

« Mon Dieu, je vous remercie de m'avoir créé, racheté, et éclairé de votre divine lumière en me faisant naître dans le sein de l'Église catholique. Je vous remercie de m'avoir rappelé à vous après mes égarements ; je vous remercie de me les avoir pardonnés. Je sens que vous voulez que je ne vive que pour vous, que tous mes moments vous soient consacrés. M'ôterez-vous tout bonheur sur cette terre ? Vous en êtes le maître, ô mon Dieu ! mes crimes m'ont mérité ce châtiment. Mais peut-être écouterez-vous encore la voix de vos miséricordes : *Multa flagella peccatoris, sperantem autem,* etc. J'espère en vous, ô mon Dieu ! mais je serai soumis à votre arrêt, quel qu'il soit. J'eusse préféré la mort ; mais je ne méritais pas le ciel, et vous n'avez pas voulu me plonger dans l'enfer. Daignez me secourir pour qu'une vie passée dans la douleur me mérite une bonne mort dont je me suis rendu indigne. O Seigneur, Dieu de miséricorde, daignez me réunir dans le ciel à ce que vous m'aviez permis d'aimer sur la terre ! »

Ce serait mentir à la mémoire de M. Ampère que d'omettre de telles pièces quand on les a sous les yeux, de même que c'eût été mentir à la mémoire de Pascal que de supprimer son petit parchemin. M. de Condorcet lui-même ne l'oserait pas.

Sur la recommandation de M. Delambre, M. Lacuée de Cessac, président de la section de la guerre, nomma en vendémiaire an XIII (1804) M. Ampère répétiteur d'analyse à l'École polytechnique. Celui-ci quitta Lyon qui ne lui offrait plus que des souvenirs déchirants, et arriva dans la capitale, où pour lui une nouvelle vie commence.

De même qu'en 93, après la mort de son père, il n'était

parvenu à sortir de la stupeur où il était tombé que par une étude toute fraîche, la botanique et la poésie latine, dont le double attrait l'avait ranimé, de même, après la mort de sa femme, il ne put échapper à l'abattement extrême et s'en relever que par une nouvelle étude survenante, qui fit, en quelque sorte, révulsion sur son intelligence. En tête d'un des nombreux projets d'ouvrages de métaphysique qu'il a ébauchés, je trouve cette phrase qui ne laisse aucun doute : « C'est en 1803 que je commençai à m'occuper presque exclusivement de recherches sur les phénomènes aussi variés qu'intéressants que l'intelligence humaine offre à l'observateur qui sait se soustraire à l'influence des habitudes. » C'était s'y prendre d'une façon scabreuse pour tenir fidèlement cette promesse de soumission religieuse et de foi qu'il avait scellée sur la tombe d'une épouse. N'admirez-vous pas ici la contradiction inhérente à l'esprit humain, dans toute sa naïveté ? La Religion, la Science, double besoin immortel ! A peine l'une est-elle satisfaite dans un esprit puissant, et se croit-elle sûre de son objet et apaisée, que voilà l'autre qui se relève et qui demande pâture à son tour. Et si l'on n'y prend garde, c'est celle qui se croyait sûre qui va être ébranlée ou dévorée.

M. Ampère l'éprouva : en moins de deux ou trois années, il se trouva lancé bien loin de l'ordre d'idées où il croyait s'être réfugié pour toujours. L'idéologie alors était au plus haut point de faveur et d'éclat dans le monde savant : la persécution même l'avait rehaussée. La société d'Auteuil florissait encore. L'Institut ou, après lui, les Académies étrangères proposaient de graves sujets d'analyse intellectuelle aux élèves, aux émules, s'il s'en trouvait, des Cabanis et des Tracy. M. Ampère put aisément être présenté aux principaux de ce monde philosophique par son compatriote et ami, M. Degérando. Mais celui qui eut dès lors le plus de rapports avec lui et le plus d'action sur sa pensée, fut M. Maine de Biran, lequel, déjà connu par son Mémoire de *l'Habitude*, travaillait à se détacher avec originalité du point de vue de ses premiers maîtres.

Se savoir soi-même, pour une âme avide de savoir, c'est le plus attrayant des abîmes : M. Ampère n'y résista pas. Dès floréal an xiii (1805), un ami bien fidèle, M. Ballanche, lui adressait de Lyon ces avertissements, où se peignent les craintes de l'amitié redoublées par une imagination tendre :

« ... Ce que vous me dites au sujet de vos succès en métaphysique me désole. Je vois avec peine qu'à trente ans vous entriez dans une nouvelle carrière. On ne va pas loin quand on change tous les jours de route. Songez bien qu'il n'y a que de très-grands succès qui puissent justifier votre abandon des mathématiques, où ceux que vous avez déjà eus présagent ceux que vous devez attendre. Mais je sais que vous ne pouvez mettre de frein à votre cerveau.

« Cette idéologie ne fera-t-elle point quelque tort à vos sentiments religieux ? Prenez bien garde, mon cher et très-cher ami, vous êtes sur la pointe d'un précipice : pour peu que la tête vous tourne, je ne sais pas ce qui va arriver. Je ne puis m'empêcher d'être inquiet. Votre imagination est une bien cruelle puissance qui vous subjugue et vous tyrannise. Quelle différence il y a entre nous et Noël! J'ai retrouvé ici les jeunes gens qui appartiennent comme moi à la société que vous savez. Combien ils sont heureux! Combien je désirerais leur ressembler!... »

Mais une autre lettre un peu postérieure (mars 1806) achève de nous révéler l'intérieur de ces nobles âmes troublées et de les éclairer du dedans par un rayon trop direct, trop prolongé et trop admirable de nuance, pour que nous le dérobions. Nulle part l'auteur d'*Orphée* n'a été plus élégiaque et plus harmonieux, en même temps que la réalité s'y ajoute et que la souffrance y est présente :

« J'ai reçu, mon cher ami, votre énorme lettre ; elle m'a horriblement fatigué. Le pis de cela, c'est que je n'ai absolument rien à vous dire, aucun conseil à vous donner. Nous sommes deux misérables créatures à qui les inconséquences ne coûtent rien. Un brasier est dans votre cœur, le néant s'est logé dans le mien. Vous tenez beaucoup trop à la vie, et j'y tiens trop peu. Vous êtes trop passionné, et j'ai trop d'indifférence. Mon pauvre ami, nous sommes tous les deux bien à plaindre. Vous avez été ces jours-ci l'objet de toutes mes pensées, et voilà ce que je crois à votre sujet. Il faut que vous quittiez Paris, que vous renonciez aux projets que vous aviez formés en y allant, parce que vous ne pourrez jamais trouver, je ne dis pas le bonheur, mais au moins le repos, dans cette solitude de tout ce qui tient à vos affections. L'air natal vous vaudra encore mieux, il sera peut-être un baume pour votre mal. Camille Jordan part pour Paris. Il a le projet de former à Lyon un Salon des Arts, qui serait organisé à peu près comme les Athénées de Paris. Il y aurait différents cours. Camille m'a consulté sur les professeurs dont on pourrait faire choix. Je lui ai parlé de vous, je lui ai dit que vous aviez le plan d'une espèce de cours qui serait bien fait pour réussir : ce serait d'embrasser toutes les sciences et d'en enseigner ce qui serait suffisant pour ne pas y être étranger, d'en saisir les faits généraux, d'en faire apercevoir les points de contact, et de donner ce qu'on pourrait appeler la philosophie ou la génération de toutes les connaissances humaines (*toujours l'universalité, on le voit*). Je m'explique sans doute mal, mais vous savez ce que je veux dire... Il est sûr qu'outre ce cours du Salon des Arts, vous pourriez avoir, comme autrefois, des cours particuliers, ou travailler à quelque ouvrage. Vous seriez ici avec vos amis, vous éviteriez les abîmes de la solitude, vous vous retrouveriez peut-être. Si une fois vous pouviez compter sur une existence agréable et honorable, vous pourriez vous associer une femme de votre choix, et qui parviendrait peut-être à combler le vide qu'a laissé dans votre cœur la perte de vos anciennes affections. Je sais, mon pauvre et cher ami, tout ce que vous pouvez me répondre ; je sais qu'un second mariage dans cette ville vous répugnerait ; mais, de bonne foi, cette répugnance n'est-elle pas un enfantillage ? Eh ! mon Dieu ! dans le monde, où tous les sentiments s'affaiblissent, où toutes les douleurs morales finissent, on trouvera très-naturel votre second mariage ; on croira qu'il est le fruit de l'inconstance de nos affections et de l'instabilité de nos sentiments, même les plus vifs et les plus profonds. Mais ceux qui connaissent mieux le cœur humain, ceux qui auront étudié un peu le vôtre, ceux enfin dont l'opinion et l'amitié peuvent être quelque chose pour vous, sauront bien que votre âme expansive a besoin d'une âme qui réponde à chaque instant à la vôtre. Ainsi, dans tous les cas, vous serez justifié : les indifférents, comme vos connaissances et vos amis, trouveront cela très-naturel. Voyez, mon cher ami, à quoi vous êtes exposé. La solitude ne vous vaut rien, non plus qu'à moi. Revenez au milieu de vos amis, et mariez-vous dans votre patrie....

« ...... Au risque de vous fâcher, je dois vous dire ici la vérité. Vous ne savez pas encore ce que c'est que de résister à vos penchants, et c'est ainsi que vous vous exposez à les faire devenir de véritables passions. Croyez-vous donc que tout aille dans le monde au gré de chacun? Comptez-vous donc pour rien cette grande vassalité qui nous soumet et nous entraîne à chaque instant? Étudiez votre cœur, descendez dans votre âme, et lorsque vous apercevrez un sentiment nouveau, cherchez à savoir s'il est raisonnable. N'attendez pas pour éteindre un feu de cheminée que ce soit devenu un grand incendie. Il y a des malheurs sans remède, il faut nous consoler. Il y a des malheurs que notre faute a occasionnés ou empirés, il faut nous corriger. Les petites choses vous agitent, que doit-ce être des grandes?... Modérez-vous sur les choses indifférentes de la vie, et vous parviendrez à être modéré sur les choses importantes... »

Et pour conclusion finale :

« Ceux qui nous connaîtraient bien comprendraient la raison des inconséquences de Jean-Jacques Rousseau. »

M. Ampère ne retourna pas à Lyon : il resta à Paris, plus actif d'idées et de sentiments que jamais. Il se remaria au mois de juillet même de cette année : ce second mariage lui donna une fille. Cette lettre de M. Ballanche, au reste, sera la dernière pièce confidentielle que nous nous permettrons : elle termine pour nous la jeunesse de M. Ampère. En avançant dans le récit d'une vie, ces sortes de confidences, moins essentielles, moins gracieuses, nous semblent aussi moins permises. La pudeur de l'homme mûr a quelque chose de plus inviolable, et c'est le travail surtout qui marque le milieu de la journée. Dans le récit d'une vie comme dans la vie même, les sentiments émus, cette brise du matin, ne reparaissent convenablement qu'au soir.

Quoi qu'il en ait dit dans la note citée plus haut, M. Ampère, si fortement occupé de métaphysique, ne s'y livrait pas exclusivement. Les mathématiques et les sciences physiques ne cessaient de partager son zèle. Six mémoires sur différents sujets de mathématiques insérés tant dans le *Journal de l'École polytechnique* que dans le Recueil de l'Institut (des savants étrangers), déterminèrent le choix que fit de lui, en 1814, l'Académie des Sciences pour remplacer M. Bossut. Nommé secrétaire du Bureau consultatif des Arts et Manufactures (mars 1806), il suivait assidûment les travaux de ce comité, et ne devint secrétaire honoraire que lorsqu'il eût donné sa démission en faveur de M. Thénard, dont la position alors était moins établie que la sienne. Il fut de plus successivement nommé inspecteur général de l'Université (1808), et professeur d'analyse et de mécanique à l'École polytechnique (1809), où il n'avait été jusque-là qu'à titre de répétiteur, professant par intérim. En un mot, sa vie de savant s'étendait sur toutes les bases.

Dans l'histoire des sciences physico-mathématiques, comme va le faire connaître M. Littré, la mémoire de M. Ampère est à jamais sauvée de l'oubli, à cause de sa grande découverte sur l'électro-magnétisme en 1820. Dans l'histoire de la philosophie, pourquoi faut-il que ce grand esprit, qui s'est occupé de métaphysique pendant plus de trente ans, ne doive vraisemblablement laisser qu'une vague trace? M. Maine de Biran lui-même, le métaphysicien profond près de qui il se place, n'a laissé qu'un témoignage imparfait de sa pensée dans son ancien traité de *l'Habitude* et dans le récent volume publié par M. Cousin(1). Après M. de Tracy, à côté de M. de Biran, M. Ampère venait pourtant à merveille pour réparer une lacune. M. Cousin a remarqué que ce qui manque à la philosophie de M. de Biran, où la *volonté* réhabilitée joue le principal rôle, c'est l'admission de l'*intelligence*, de la *raison*, distincte comme faculté, avec tout son cortége d'idées générales,

(1) M. Naville, de Genève, dépositaire des manuscrits de Maine de Biran, en a publié, depuis, des portions considérables.

de conceptions. Nul plus que M. Ampère n'était propre à introduire dans le point de vue, qu'il admettait, de M. de Biran, cette partie essentielle qui l'agrandissait. Lui en effet, si l'on considère sa tournure métaphysique, il n'était pas, comme M. de Biran, la *volonté* même, dans sa persistance et son unité progressive; il était surtout l'*idée*. Sans nier la sensation, trop grand physicien pour cela, sans la méconnaître dans toutes ses variétés et ses nuances, combien il était propre, ce semble, entre M. de Tracy et M. de Biran à intervenir avec l'*intelligence* (1), et à remeubler ainsi l'âme de ses concepts les plus divers et les plus grands! il l'aurait fait, j'ose le dire, avec plus de richesse et de réalité que les philosophes éclectiques qui ont suivi, lesquels, n'étant ni physiciens, ni naturalistes,

(1) Nous pourrions citer, d'après les plus anciens papiers et projets d'ouvrages que nous avons sous les yeux, des preuves frappantes de cette large part faite à l'*intelligence*, qui corrigeait tout à fait le point de vue profond, mais restreint, de M. de Biran, et l'environnait d'une extrême étendue. Ainsi ce début qu'on trouve à un *Plan d'une histoire de l'intelligence humaine* : « L'homme, sous le point de vue intellectuel, a la faculté d'acquérir et celle de conserver. La faculté d'acquérir se subdivise en trois principales : il acquiert par ses sens, par le déploiement de l'activité motrice qui nous fait découvrir les causes, par la réflexion qu'on peut définir la faculté d'apercevoir des relations, qui s'applique également aux produits de la sensibilité et à ceux de l'activité. On aperçoit des relations entre les premiers par la comparaison, entre les seconds par l'observation des effets que produisent les causes. On doit donc diviser tous les phénomènes que présente l'intelligence en quatre systèmes : le système sensitif, le système actif, le système comparatif et le système étiologique. » Dans un résumé des idées psychologiques de M. Ampère, rédigé en 1811 par son ami M. Bredin, de Lyon, je trouve : « On peut rapporter tous les phénomènes psychologiques à trois systèmes : sensitif, cognitif, intellectuel. » Ce système cognitif et ce système intellectuel, qui semblent un double emploi, sont différents pour lui, en ce qu'il attribue seulement au système cognitif la distinction du *moi* et du *non-moi*, qui se tire de l'activité propre de l'être d'après M. de Biran : il réservait au système intellectuel, proprement dit, la perception de tous les autres rapports. Quoique cela manque un peu de rigueur, la lacune signalée par M. Cousin chez M. de Biran était au moins sentie et comblée, plutôt deux fois qu'une.

ni mathématiciens, ni autre chose que psychologues, sont toujours restés par rapport aux classes des *idées* dans une abstraction et dans un vague qui dépeuple l'âme et en mortifie, à mon gré, l'étude. Par malheur, si M. de Biran se tient trop étroitement à cette volonté retrouvée, à cette causalité interne ressaisie, comme à un axe sûr et à un sommet, d'où émane tout mouvement, M. Ampère, moins retenu et plus ouvert dans sa métaphysique, alla et dériva au flot de l'idée. A travers ce domaine infini de l'intelligence, dans la sphère de la raison et de la réflexion, comme dans une demeure à lui bien connue, il alla changeant, remuant, déplaçant sans cesse les objets; les classifications psychologiques se succédaient à son regard et se renversaient l'une par l'autre ; et il est mort sans nous avoir suffisamment expliqué la dernière, nous laissant sur le fond de sa pensée dans une confusion qui n'était pas en lui.

En attendant que la seconde partie de sa classification, qui embrasse les sciences *noologiques*, soit publiée, et dans l'espérance surtout qu'un fils, seul capable de débrouiller ces précieux papiers, s'y appliquera un jour, nous ne dirons ici que très-peu, occupé surtout à ne pas être infidèle. M. Ampère, dans une note où nous puisons, nous indique lui-même la première marche de son esprit. Il voulait appliquer à la psychologie la méthode qui a si bien réussi aux sciences physiques depuis deux siècles : c'est ce que beaucoup ont voulu depuis Locke. Mais en quoi consistait l'appropriation du moyen à la science nouvelle ? Ici M. Ampère parle *d'une difficulté première qui lui semblait insurmontable, et dont M. le chevalier de Biran lui fournit la solution*. Cette difficulté tenait sans doute à la connaissance originelle de l'idée de cause et à la distinction du *moi* d'avec le monde extérieur. Il nous apprend aussi que, dans sa recherche sur le fondement de nos connaissances, il a commencé par rejeter l'existence *objective* et qu'il a été disciple de Kant : « Mais repoussé bientôt, dit-il, par ce nouvel idéalisme comme Reid l'avait été par celui de Hume, je l'ai vu disparaître devant l'examen de la nature des connaissances objectives généralement admises. » Tout ceci, on le voit, n'est qu'indiqué par lui, et laisse à désirer bien des explications. Quoi qu'il en soit, en s'efforçant constamment de classer les faits de l'intelligence selon l'ordre naturel, M. Ampère en vint aux quatre points de vue et aux deux époques principales qui les embrassent, tels qu'il les a exposés dans la préface de son *Essai sur la Philosophie des Sciences*. Ceux qui ont fréquenté l'école des psychologues distingués de notre âge, et qui ont aussi entendu les leçons dans lesquelles M. Ampère, au Collége de France, aborda la psychologie, peuvent seuls dire combien, dans sa description et son dénombrement des divers groupes de faits, l'intelligence humaine leur semblait tout autrement riche et peuplée que dans les distinctions de facultés, justes sans doute, mais nues et un peu stériles, de nos autres maîtres. Dès l'abord, dans la psychologie de ceux-ci, on distingue *sensibilité, raison, activité libre*, et on suit chacune séparément, toujours occupé, en quelque sorte, de préserver l'une de ces facultés du contact des autres, de peur qu'on ne les croie mêlées en nature et qu'on ne les confonde. M. Ampère y allait plus librement et par une méthode plus vraiment naturelle. Si Bernard de Jussieu, dans ses promenades à travers la campagne, avait dit constamment en coupant la tige des plantes : « Prenons bien garde, ceci est du tissu cellulaire, ceci est de la fibre ligneuse; l'un n'est pas l'autre; ne confondons pas; le bois n'est pas la séve; » il aurait fait une anatomie, sans doute utile et qu'il faut faire, mais qui n'est pas tout, et les trois quarts des divers caractères qui président à la formation de ses groupes naturels lui auraient échappé dans leur vivant ensemble. — L'anatomie radicale psychologique, ce que M. Ampère appelle l'*idéogénie*, serait venue, dans sa méthode, plus tard à fond ; mais elle ne serait venue qu'après le dénombrement et le classement complet, mais surtout la préoccupation des facultés distinctes ne scindait pas, dès l'abord, les groupes analogues, et ne les empêchait pas de se multiplier à ses regards dans leur diversité.

La quantité de remarques neuves et ingénieuses, de points profonds et piquants d'observation, qui remplissaient une leçon de M. Ampère, distrayaient aisément l'auditeur de l'ensemble du plan, que le maître oubliait aussi quelquefois, mais qu'il retrouvait tôt ou tard à travers ces détours. On se sentait bien avec lui en pleine intelligence humaine, en pleine et haute philosophie antérieure au xviiie siècle; on se serait cru, à cette ampleur de discussion, avec un contemporain des Leibniz, des Malebranche, des Arnauld ; il les citait à propos, familièrement, même les secondaires et les plus oubliés de ce temps-là, M. de La Chambre, par exemple ; et puis on se retrouvait tout aussitôt avec le contemporain très-présent de M. de Tracy et de M. de Laplace. On aurait fait un intéressant chapitre, indépendamment de tout système et de tout lien, des cas psychologiques singuliers et des véritables découvertes de détail dont il semait ses leçons. J'indique en ce genre le phénomène qu'il appelait de *concrétion*, sur lequel on peut lire l'analyse de M. Roulin insérée dans l'*Essai de classification des Sciences*. Je regrette que M. Roulin n'ait pas fait alors ce chapitre de *miscellanées* psychologiques, comme il en a fait un sur des singularités d'histoire naturelle.

A partir de 1816, la petite société philosophique qui se réunissait chez M. de Biran avait pris plus de suite, et l'émulation s'en mêlait. On y remarquait M. Stapfer, le docteur Bertrand, Loyson, M. Cousin. Animé par les discussions fréquentes, M. Ampère était près, vers 1820, de produire une exposition de son système de philosophie, lorsque l'annonce de la découverte physique de M. Œrsted le vint ravir irrésistiblement dans un autre train de pensées, d'où est sortie sa gloire. En 1829, malade et réparant sa santé à Orange, à Hières, aux tiédeurs du Midi, il revint, dans les conversations avec son fils, à ses idées interrompues ; mais ce ne fut plus la métaphysique seulement, ce fut l'ensemble des connaissances humaines et son ancien projet d'universalité qu'il se remit à embrasser avec ardeur. L'Épître en vers que lui a adressée son fils à ce sujet, et le volume de l'*Essai de classification* qui a paru, sont du moins ici de publics et permanents témoignages. M. Ampère, en même temps qu'il sentait la vie lui revenir encore, dut avoir, en cette saison, de pures jouissances. S'il lui fut jamais donné de ressentir un certain calme, ce dut être alors. En reportant son regard, du haut de la montagne de la vie, vers ces sciences qu'il comprenait toutes, et dont il avait agrandi l'une des plus belles, il put atteindre un moment au bonheur serein du sage et reconnaître en souriant ses domaines. Il n'est pas jusqu'aux vers latins, adressés à son fils en tête du tableau, qui n'aient dû lui retracer un peu ses souvenirs poétiques de 95, un temps plein de charme. Les anciens doutes et les combats religieux avaient cessé en lui : ses inquiétudes, du moins, étaient plus bas. Depuis des années, les chagrins intérieurs, les instincts infinis, une correspondance active avec son ancien ami le Père Barret, le souffle même de la Restauration, l'avaient ramené à cette foi et à cette soumission qu'il avait si bien exprimée en 1803, et dont il relut sans doute de nouveau la formule touchante. Jusqu'à la fin, et pendant les années qui suivirent, nous l'avons toujours vu allier et concilier sans plus d'effort, et de manière à frapper d'étonnement et de respect, la foi et la science, la croyance et l'espoir en la pensée humaine et l'adoration envers la parole révélée.

Outre cette vue supérieure par laquelle il saisissait le fond et le lien des sciences, M. Ampère n'a cessé, à aucun moment, de suivre en détail, et souvent de devancer et d'éclairer, dans ses aperçus, plusieurs de celles dont il aimait particulièrement le progrès. Dès 1809, au sortir de la séance de l'Institut du lundi 27 février (j'ai sous les yeux sa note écrite et développée), il n'hésitait pas, d'après les expériences rapportées par MM. Gay-Lussac et Thénard, et plus hardiment qu'eux, à considérer le chlore (alors appelé acide muriatique oxygéné) comme un corps simple. Mais ce n'était là qu'un point. En 1816, il publiait dans les *Annales de Chimie et de Physique* sa classification naturelle des corps simples, y donnant le premier essai de l'application à la chimie des méthodes qui ont tant profité aux sciences naturelles. Il établissait entre les propriétés des corps une multitude de rapprochements qu'on n'avait point faits; il expliquait des phénomènes encore sans lien, et la plupart de ces rapprochements et de ces explications ont été vérifiés depuis par les expériences. La classification elle-même a été admise par M. Chevreul dans le *Dictionnaire des Sciences naturelles*, et elle a servi de base à celle qu'a adoptée M. Beudant dans son *Traité de Minéralogie*. Toujours éclairé par la théorie, il lisait à l'Académie des Sciences, peu après sa réception, un mémoire sur la double réfraction, où il donnait la loi qu'elle suit dans les cristaux, avant que l'expérience eût fait connaître qu'il en existe de tels (1). En 1824, le travail de M. Geoffroy Saint-Hilaire sur la présence et la transformation de la vertèbre dans les insectes attira la sagacité, toujours prête, de M. Ampère, et lui fit ajouter à ce sujet une foule de raisons et d'analogies curieuses, qui se trouvent consignées au tome second des *Annales des Sciences naturelles* (2). Lorsque M. Ampère reproduisit cette vue en 1832, à son cours du Collége de France, M. Cuvier, contraire en général à cette manière *raisonneuse* d'envisager l'organisation, combattit au même Collége, dans sa chaire voisine, le collègue qui faisait incursion au cœur de son domaine; il le combattit avec ce ton excellent de discussion, que M. Ampère, en répondant, gardait de même, et auquel il ajoutait de

---

(1) Nous noterons encore, pour compléter ces indications de travaux, un Mémoire sur la loi de Mariotte, imprimé en 1814; un Mémoire sur des propriétés nouvelles des axes de rotation des corps, imprimé dans le Recueil de l'Académie des Sciences; un autre sur les équations générales du mouvement, dans le Journal de Mathématiques de M. Liouville (juin 1836).

(2) *Annales des Sciences naturelles*, t. II, page 295. M. N... n'est autre que M. Ampère.

plus une expression de respect, comme s'il eût été quelqu'un de moindre : noble contradiction de vues, ou plutôt noble échange, auquel nous avons assisté, entre deux grandes lumières trop tôt disparues ! Si une observation de M. Geoffroy Saint-Hilaire avait suggéré à M. Ampère ses vues sur l'organisation des insectes, la découverte de M. Gay-Lussac sur les proportions simples que l'on observe entre les volumes d'un gaz composé et ceux des gaz composants, lui devenait un moyen de concevoir, sur la structure atomique et moléculaire des corps inorganiques, une théorie qui remplace celle de Wollaston (1). De même, une idée de Herschel, se combinant en lui avec les résultats chimiques de Davy, lui suggérait une théorie nouvelle de la formation de la terre. Cette théorie a été lucidement exposée dans cette *Revue* même *des Deux Mondes*, en juillet 1833. On y peut prendre une idée de la manière de ce vaste et libre esprit : l'hypothèse antique retrouvée dans sa grandeur, l'hypothèse à la façon presque des Thalès et des Démocrite, mais portant sur des faits qui ont la rigueur moderne.

Après avoir tant fait, tant pensé, sans parler des inquiétudes perpétuelles du dedans qu'il se suscitait, on conçoit qu'à soixante et un ans M. Ampère, dans toute la force et le zèle de l'intelligence, eût usé un corps trop faible. Parti pour sa tournée d'inspecteur général, il se trouva malade dès Roanne ; sa poitrine, sept ans auparavant, apaisée par l'air du Midi, s'irritait cette fois davantage : il voulut continuer. Arrivé à Marseille, et ne pouvant plus aller absolument, il fut soigné dans le collége, et on espérait prolonger une amélioration légère, lorsqu'une fièvre subite au cerveau l'emporta le 10 juin 1836, à cinq heures du matin, entouré et soigné par tous avec un respect filial, mais en réalité loin des siens, loin d'un fils.

(1) On la trouve dans la *Bibliothèque universelle*, t. XLIX, et en analyse dans un rapport de M. Becquerel (*Revue encyclopédique*, novembre 1832).

Il resterait peut-être à varier, à égayer décemment ce portrait, de quelques-unes de ces naïvetés nombreuses et bien connues qui composent, autour du nom de l'illustre savant, une sorte de légende courante, comme les bons mots malicieux autour du nom de M. de Talleyrand : M. Ampère, avec des différences d'originalité, irait naturellement s'asseoir entre La Condamine et La Fontaine. De peur de demeurer trop incomplet sur ce point, nous ne le risquerons pas. M. Ampère savait mieux les choses de la nature et de l'univers que celles des hommes et de la société. Il manquait essentiellement de calme, et n'avait pas la mesure et la proportion dans les rapports de la vie. Son coup d'œil, si vaste et si pénétrant au delà, ne savait pas réduire les objets habituels. Son esprit immense était le plus souvent comme une mer agitée; la première vague soudaine y faisait montagne; le liège flottant ou le grain de sable y était aisément lancé jusqu'aux cieux.

Malgré le préjugé vulgaire sur les savants, ils ne sont pas toujours ainsi. Chez les esprits de cet ordre et pour les cerveaux de haut génie, la nature a, dans plus d'un cas, combiné et proportionné l'organisation. Quelques-uns, armés au complet, outre la pensée puissante intérieure, ont l'enveloppe extérieure endurcie, l'œil vigilant et impérieux, la parole prompte, qui impose, et toutes les défenses. Qui a vu Dupuytren et Cuvier comprendra ce que je veux rendre. Chez d'autres, une sorte d'ironie douce, calme, insouciante et égoïste, comme chez Lagrange, compose un autre genre de défense. Ici, chez M. Ampère, toute la richesse de la pensée et de l'organisation est laissée, pour ainsi dire, plus à la merci des choses, et le bouillonnement intérieur reste à découvert. Il n'y a ni l'enveloppe sèche qui isole et garantit, ni le reste de l'organisation armée qui applique et fait valoir. C'est le pur savant au sein duquel on plonge.

Les hommes ont besoin qu'on leur impose. S'ils se sentent pénétrés et jugés par l'esprit supérieur auquel ils ne peuvent refuser une espèce de génie, les voilà maintenus, et volontiers ils lui accordent tout, même ce qu'il n'a pas. Autrement, s'ils s'aperçoivent qu'il hésite et croit dépendre, ils se sentent supérieurs à leur tour à lui par un point commode, et ils prennent vite leur revanche et leurs licences. M. Ampère aimait ou parfois craignait les hommes, il s'abandonnait à eux, il s'inquiétait d'eux; il ne les jugeait pas. Les hommes (et je ne parle pas du simple vulgaire) ont un faible pour ceux qui les savent mener, qui les savent contenir, quand ceux-ci même les blessent ou les exploitent. Le caractère, estimable ou non, mais doué de conduite et de persistance même intéressée, quand il se joint à un génie incontestable, les frappe et a gain de cause en définitive dans leur appréciation. Je ne dis pas qu'ils aient tout à fait tort, le caractère tel quel, la volonté froide et présente, étant déjà beaucoup. Mais je cherche à m'expliquer comment la perte de M. Ampère, à un âge encore peu avancé, n'a pas fait à l'instant aux yeux du monde, même savant, tout le vide qu'y laisse en effet son génie.

Et pourtant (et c'est ce qu'il faut redire encore en finissant) qui fut jamais meilleur, à la fois plus dévoué sans réserve à la science, et plus sincèrement croyant aux bons effets de la science pour les hommes? Combien il était vif sur la civilisation, sur les écoles, sur les lumières! Il y avait certains résultats réputés positifs, ceux de Malthus, par exemple, qui le mettaient en colère : il était tout *sentimental* à cet égard; sa philanthropie de cœur se révoltait de ce qui violait, selon lui, la moralité nécessaire, l'efficacité bienfaisante de la science. D'autres savants illustres ont donné avec mesure et prudence ce qu'ils savaient; lui, il ne pensait pas qu'on dût en ménager rien. Jamais esprit de cet ordre ne songea moins à ce qu'il y a de personnel dans la gloire. Pour ceux qui l'abordaient, c'était un puits ouvert. A toute heure, il disait tout. Étant un soir avec ses amis Camille Jordan et Degérando, il se mit à leur exposer le système du monde; il parla treize heures avec une lucidité continue; et comme le monde est infini, et que tout s'y enchaîne, et qu'il le savait de cercle en cercle en tous les sens, il ne cessait pas, et si la fatigue ne l'avait arrêté, il parlerait, je crois, encore. O Science! voilà bien à découvert ta pure source sacrée, bouillonnante! — Ceux qui l'ont entendu, à ses leçons, dans les dernières années au Collége de France, se promenant le long de sa longue table comme il eût fait dans l'allée de Polémieux, et discourant durant des heures, comprendront cette perpétuité de la veine savante. Ainsi en tout lieu, en toute rencontre, il était coutumier de faire, avec une attache à l'idée, avec un oubli de lui-même qui devenait merveille. Au sortir d'une charade ou de quelque longue et minutieuse bagatelle, il entrait dans les sphères. Virgile, en une sublime églogue, a peint le demi-dieu barbouillé de lie, que les bergers enchaînent : il ne fallait pas l'enchaîner, lui, le distrait et le simple, pour qu'il commençât :

>Namque canebat uti magnum per inane coacta
Semina terrarumque animæque marisque fuissent,
Et liquidi simul ignis : ut his exordia primis
Omnia, etc., etc.
. . . .
Il enchaînait de tout les semences fécondes,
Les principes du feu, les eaux, la terre et l'air,
Les fleuves descendus du sein de Jupiter...

Et celui qui, tout à l'heure, était comme le plus petit, parlait incontinent comme les antiques aveugles, — comme ils auraient parlé, venus depuis Newton. C'est ainsi qu'il est resté et qu'il vit dans notre mémoire, dans notre cœur.

15 février 1837.

(On a fait à cette Notice l'honneur de la joindre à une publication posthume de M. Ampère; mais comme il ne nous a pas été donné de la revoir nous-même, c'est ici qu'on est plus assuré d'en lire le texte dans toute son exactitude.)

DU GÉNIE CRITIQUE
ET
DE BAYLE

La critique s'appliquant à tout, il y en a de diverses sortes selon les objets qu'elle embrasse et qu'elle poursuit; il y a la critique historique, littéraire, grammaticale et philologique, etc. Mais en la considérant moins dans la diversité des sujets que dans le procédé qu'elle y emploie, dans la disposition et l'allure qu'elle y apporte, on peut distinguer en gros deux espèces de critique, l'une reposée, concentrée, plus spéciale et plus lente, éclaircissant et quelquefois ranimant le passé, en déterrant et en discutant les débris, distribuant et classant toute une série d'auteurs ou de connaissances; les Casaubon, les Fabricius, les Mabillon, les Fréret, sont les maîtres en ce genre sévère et profond. Nous y rangerons aussi ceux des critiques littéraires, à proprement parler, qui, à tête reposée, s'exercent sur des sujets déjà fixés et établis, recherchent les caractères et les beautés particulières aux anciens auteurs, et construisent des Arts poétiques ou des Rhétoriques, à l'exemple d'Aristote et de Quintilien. Dans l'autre genre de critique, que le mot de *journaliste* exprime assez bien, je mets cette faculté plus diverse, mobile, empressée, pratique, qui ne s'est guère développée que depuis trois siècles, qui, des correspondances des savants où elle se trouvait à la gêne, a passé vite dans les journaux, les a multipliés sans relâche, et est devenue, grâce à l'imprimerie dont elle est une conséquence, l'un des plus actifs instruments modernes. Il est arrivé qu'il y a eu, pour les ouvrages de l'esprit, une critique alerte, quotidienne, publique, toujours présente, une clinique chaque matin au lit du malade, si l'on ose ainsi parler; tout ce qu'on peut dire pour ou contre l'utilité de la médecine se peut dire, à plus forte raison, pour ou contre l'utilité de cette critique pratique à laquelle les bien portants même, en littérature, n'échappent pas. Quoi qu'il en soit, le génie critique, dans tout ce qu'il a de mobile, de libre et de divers, y a grandi et s'est révélé. Il s'est mis en campagne pour son compte, comme un audacieux partisan; tous les hasards et les inégalités du métier lui ont souri, les bigarrures et les fatigues du chemin l'ont flatté. Toujours en haleine, aux écoutes, faisant de fausses pointes et revenant sur sa trace, sans système autre que son instinct et l'expérience, il a fait la guerre au jour le jour, selon le pays, *la guerre à l'œil*, ainsi que s'exprime Bayle lui-même, qui est le génie personnifié de cette critique.

Bayle, obligé de sortir de France comme calviniste relaps, réfugié à Rotterdam, où ses écrits de tolérance aliénèrent bientôt de lui le violent Jurieu, persécuté alors et tracassé par les théologiens de sa communion, Bayle mort la plume à la main en les réfutant, a rempli un grand rôle philosophique dont le xviiie siècle interpréta le sens en le forçant un peu, et que M. Leroux a bien cherché à rétablir et à préciser dans un excellent article de son *Encyclopédie*. Ce n'est pas ce qui nous occupera chez Bayle; nous ne saisirons et ne relèverons en lui que les traits essentiels du génie critique qu'il représente à un degré merveilleux dans sa pureté et son plein, dans son empressement discursif, dans sa curiosité affamée, dans sa sagacité pénétrante, dans sa versatilité perpétuelle et son appropriation à chaque chose : ce génie, selon nous, domine même son rôle philosophique et cette mission morale qu'il a remplie; il peut servir du moins à en expliquer le plus naturellement les phases et les incertitudes.

Bayle, né au Carlat, dans le comté de Foix, en 1647, d'une famille patriarcale de ministres calvinistes, fut mis de bonne heure aux études, au latin, au grec, d'abord dans la maison paternelle, puis à l'académie de Puy-Laurens. A dix-neuf ans, il fit une maladie causée par ses lectures excessives; il lisait tout ce qui lui tombait sous la main, mais relisait Plutarque et Montaigne de préférence. Étant passé à vingt-deux ans à l'académie de Toulouse, il se laissa gagner à quelques livres de controverse et à des raisonnements qui lui parurent convaincants, et, ayant abjuré sa religion, il écrivit à son frère aîné une lettre très-ardente de prosélytisme pour l'engager à venir à Toulouse se faire instruire de la vérité. Quelques mois plus tard, ce zèle du jeune Bayle s'était refroidi; les doutes le travaillaient, et, dix-sept mois après sa conversion, sortant secrètement de Toulouse, il revint à sa famille et au calvinisme. Mais il y revint bien autre qu'il n'y était d'abord : « Un savant homme, a-t-il dit quelque part, qui essuie la « censure d'un ennemi redoutable, ne tire jamais si bien son « épingle du jeu qu'il n'y laisse quelque chose. » Bayle laissa dans cette première école qu'il fit tout son feu de croyance, tout son aiguillon de prosélytisme; à partir de ce moment, il ne lui en resta plus. Chacun apporte ainsi dans sa jeunesse sa dose de foi, d'amour, de passion, d'enthousiasme; chez quelques-uns, cette dose se renouvelle sans cesse; je ne parle que de la portion de foi, d'amour, d'enthousiasme, qui ne réside pas essentiellement dans l'âme, dans la pensée, et qui a son auxiliaire dans l'humeur et dans le sang; chez quelques-uns donc cette dose de chaleur de sang résiste au premier échec, au premier coup de tête, et se perpétue jusqu'à un âge plus ou moins avancé. Quand cela va trop loin et dure obstinément, c'est presque une infirmité de l'esprit sous l'apparence de la force, c'est une véritable incapacité de mûrir. Il y a des natures poétiques ou philosophiques qui restent jusqu'au bout, et à travers leurs diverses transformations, toujours opiniâtres, incandescentes, à la merci du tempérament. Bayle, autrement favorisé et pétri selon un plus doux mélange, se trouva, dès sa première flamme jetée, une nature tout aussitôt réduite et consommée, et à partir de là il ne perdit plus jamais son équilibre. Première disposition admirable pour exceller au génie critique, qui ne souffre pas qu'on soit fanatique ou même trop convaincu, ou épris d'une autre passion quelconque.

Bayle alla continuer ses études à Genève en 1670, et il y devint précepteur, d'abord chez M. de Normandie, syndic de la république, et ensuite chez le comte de Dhona, seigneur de Coppet. Il commence à connaître le monde, les savants, M. Minutoli, M. Fabri, M. Pictet, M. Tronchin, M. Burlamaqui, M. Constant, toutes ces figures protestantes sérieuses et appliquées. On établit des conférences de jeunes gens, pour lesquelles il s'essaie à déployer ses ressources de bel esprit, ses premiers lieux communs d'érudition, et où M. Basnage, autre illustre jeune homme, ne brille pas moins. Il assiste à des sermons, à des expériences de philosophie naturelle, et, à propos des expériences de M. Chouet sur le venin des vipères et sur la pesanteur de l'air, il remarque que c'est là le génie du siècle et des philosophes modernes. A l'occasion des controverses et querelles entre les théologiens de sa religion, il énonce déjà sa maxime de garder toujours *une oreille pour l'accusé*. A vingt-quatre ans, sa tolérance est fondée autant qu'elle le sera jamais. La philosophie péripatéticienne, qu'il avait apprise chez les jésuites de Toulouse, ne le retient pas le moins du monde en présence du système de Descartes auquel il s'applique ; mais ne croyez pas qu'il s'y livre. Quand plus tard il s'agira pour lui d'aller s'établir en Hollande, il laissera échapper son secret : « Le cartésianisme, dit-il, ne « sera pas une affaire (*un obstacle*) ; je le regarde simplement « comme une hypothèse ingénieuse qui peut servir à expli- « quer certains effets naturels... Plus j'étudie la philosophie,

« plus j'y trouve d'incertitude. La différence entre les sectes
« ne va qu'à quelque probabilité de plus ou de moins. Il n'y
« en a point encore qui ait frappé au but, et jamais on n'y
« frappera apparemment, tant sont grandes les profondeurs
« de Dieu dans les œuvres de la nature, aussi bien que dans
« celles de la grâce. Ainsi vous pouvez dire à M. Gaillard
« (*qui s'entremettait pour lui*) que je suis un philosophe sans
« entêtement, et qui regarde Aristote, Épicure, Descartes,
« comme des inventeurs de conjectures que l'on suit ou que
« l'on quitte, selon que l'on veut chercher plutôt un tel qu'un
« tel amusement d'esprit. » C'est ainsi qu'on le voit engager
ses cousins à prendre le plus qu'ils pourront de philosophie
péripatéticienne, sauf à s'en défaire ensuite quand ils auront
goûté la nouvelle : « Ils garderont de celle-là la méthode de
« pousser vivement et subtilement une objection et de ré-
« pondre nettement et précisément aux difficultés. » Ce mot
que Bayle a lâché, de prendre telle ou telle philosophie selon
l'*amusement* d'esprit qu'on cherche pour le moment, est significatif et trahit une disposition chez lui instinctive, le fort,
ou, si l'on veut, le faible de son génie. Ce mot lui revient souvent ; le côté de l'amusement de l'esprit le frappe, le séduit
en toute chose. Il prend *plaisir* à voir *les petites Furies* qui se
logent dans les écrits des théologiens, dans les attaques de
M. Spanheim et les réponses de M. Amyrault ; il ajoute, il est
vrai, par correctif : *s'il n'y a pas plus sujet de pleurer que de se
divertir, en voyant les faiblesses de l'homme.* Mais l'amusement
du curieux, on le sent, est chose essentielle pour lui. Il se
met à la fenêtre et regarde passer chaque chose ; les nouvelles mêmes l'*amusent*. Il est *nouvelliste à toute outrance*; sa
curiosité est *affamée* par les victoires de Louis XIV. Il *amuse*
son frère par le récit de la mort du comte de Saint-Pol. Plus
loin, il exprime son grand plaisir de lire *le Comte de Gabalis*,
quoique, au reste, plusieurs endroits profanes fassent beaucoup de peine aux consciences tendres. Ces consciences tendres ont-elles tort ou raison ? N'est-ce pas bien, en certaines

matières, d'avoir la conscience tendre? Bayle ne dit ni oui ni non; mais il note leur scrupule, de même qu'il exprime son plaisir. Cette indifférence du fond, il faut bien le dire, cette tolérance prompte, facile, aiguisée de plaisir, est une des conditions essentielles du génie critique, dont le propre, quand il est complet, consiste à courir au premier signe sur le terrain d'un chacun, à s'y trouver à l'aise, à s'y jouer en maître et à connaître de toutes choses. Il avertit en un endroit son frère cadet qu'il lui parle des livres sans aucun égard à la bonté ou à l'utilité qu'on en peut tirer : « Et ce qui me « détermine à vous en faire mention est uniquement qu'ils « sont nouveaux, ou que je les ai lus, ou que j'en ai ouï « parler. »

Bayle ne peut s'empêcher de faire ainsi; il s'en plaint, il s'en blâme, et retombe toujours : « Le dernier livre que je « vois, écrit-il de Genève à son frère, est celui que je pré-« fère à tous les autres. » Langues, philosophie, histoire, antiquité, géographie, livres galants, il se jette à tout, selon que ces diverses matières lui sont offertes : « D'où que cela « procède, il est certain que jamais amant volage n'a plus « souvent changé de maîtresse, que moi de livres. » Il attribue ces échappées de son esprit à quelque manque de discipline dans son éducation : « Je ne songe jamais à la manière « dont j'ai été conduit dans mes études, que les larmes ne « m'en viennent aux yeux. C'est dans l'âge au-dessous de « vingt ans que les meilleurs coups se ruent : c'est alors « qu'il faut faire son emplette. » Il regrette le temps qu'il a perdu jeune à chasser les cailles et à hâter les vignerons (ce dut être pourtant un pauvre chasseur toujours et un compagnon peu rustique que Bayle, et il ne put guère jouir des champs que pendant la saison qu'il passa, affaibli de santé, aux bords de l'Ariége); il regrette même le temps qu'il a employé à étudier six ou sept heures par jour, parce qu'il n'observait aucun ordre, et qu'il étudiait sans cesse *par anticipation*. Le journal, suivant lui, n'est, pour ainsi dire, qu'*un dessert d'esprit;* il faut faire provision de pain et de viande solide avant de se disperser aux friandises. « Je vous l'ai déjà « dit, écrit-il encore à son frère, la démangeaison de savoir « en gros et en général diverses choses est une maladie flat- « teuse (*amabilis insania*), qui ne laisse pas de faire beaucoup « de mal. J'ai été autrefois touché de cette même avidité, et « je puis dire qu'elle m'a été fort préjudiciable. » Mais voilà, au moment même du reproche, qu'il l'encourt de plus belle ; il voudrait tout savoir, même les détails rustiques, lui qui tout à l'heure regrettait le temps perdu à la chasse ; il demande mainte observation à son frère sur les verreries de Gabre, sur le pastel du Lauraguais. Il le presse de questions sur les nobles de sa province, sur les tenants et aboutissants de chaque famille : « Je sais bien que la généalogie ne fait « pas votre étude, comme elle aurait été ma marotte si j'eusse « été d'une fortune à étudier selon ma fantaisie. » Il complimente son frère et se réjouit de le voir touché de la même passion que lui, *de connoître jusqu'aux moindres particularités des grands hommes.* A propos de ses migraines fréquentes, ce n'est pas l'étude qui en est cause, suivant lui, parce qu'il ne s'applique pas beaucoup à ce qu'il lit : « Je ne sais jamais, « quand je commence une composition, ce que je dirai dans « la seconde période. Ainsi, je ne me fatigue pas excessive- « ment l'esprit... Aussi pressens-je que, quand même je « pourrois rencontrer dans la suite quelque emploi à grand « loisir, je ne deviendrois jamais profond. Je lirois beaucoup, « je retiendrois diverses choses *vago more*, et puis c'est tout. » Ces passages et bien d'autres encore témoignent à quel degré Bayle possédait l'instinct, la vocation critique dans le sens où nous la définissons.

Ce génie, dans son idéal complet (et Bayle réalise cet idéal plus qu'aucun autre écrivain), est au revers du génie créateur et poétique, du génie philosophique avec système ; il prend tout en considération, fait tout valoir, et se laisse d'abord aller, sauf à revenir bientôt. Tout esprit qui a en soi une part d'art ou de système n'admet volontiers que ce qui est analogue à son point de vue, à sa prédilection. Le génie critique n'a rien de trop digne, ni de prude, ni de préoccupé, aucun *quant à soi*. Il ne reste pas dans son centre ou à peu de distance ; il ne se retranche pas dans sa cour, ni dans sa citadelle, ni dans son académie ; il ne craint pas de se mésallier ; il va partout, le long des rues, s'informant, accostant ; la curiosité l'allèche, et il ne s'épargne pas les régals qui se présentent. Il est, jusqu'à un certain point, tout à tous, comme l'Apôtre, et en ce sens il y a toujours de l'optimisme dans le critique véritablement doué. Mais gare aux retours ! que Jurieu se méfie (1) ! l'infidélité est un trait de ces esprits divers et intelligents ; ils reviennent sur leurs pas, ils prennent tous les côtés d'une question, ils ne se font pas faute de se réfuter eux-mêmes et de retourner la tablature. Combien de fois Bayle n'a-t-il pas changé de rôle, se déguisant tantôt en nouveau converti, tantôt en vieux catholique romain, heureux de cacher son nom et de voir sa pensée faire route nouvelle en croisant l'ancienne ! Un seul personnage ne pouvait suffire à la célérité et aux revirements toujours justes de son esprit mobile, empressé, accueillant. Quelque vastes que soient les espaces et le champ défini, il ne peut promettre de s'y renfermer, ni s'empêcher, comme il le dit admirablement, de *faire des courses sur toutes sortes d'auteurs*. Le voilà peint d'un mot.

Bayle s'ennuya beaucoup durant son séjour à Coppet, où il était précepteur des fils du comte de Dhona. Le précurseur de Voltaire pressentait-il, dans ce château depuis si célèbre, l'influence contraire du génie futur du lieu ? Le fait est que Bayle aimait peu les champs, qu'il n'avait aucun tour rêveur

---

(1) Bayle a-t-il été l'amant de madame Jurieu, comme l'ont dit les malins, et comme on le peut lire page 334, t. Ier des *Nouveaux Mémoires d'Histoire, de Critique et de Littérature*, par l'abbé d'Artigny ? Grande question sur laquelle les avis sont partagés. (Voir les mêmes *Mémoires*, t. VII, page 47.)

dans l'esprit, rien qui le consolât dans le commerce avec la nature. Plus mélancolique que gai de tempérament, mais parce qu'il était *de petite complexion*, avec de l'agrément et du badinage dans l'esprit, il n'aimait que les livres, l'étude, la conversation des lettrés et philosophes. Son désir de Paris et de tout ce qui l'en pourrait rapprocher était grand. Il a maintes fois exprimé le regret de n'être pas né dans une ville capitale, et il confesse dans sa *Réponse aux Questions d'un Provincial* qu'il a été éclairé sur les ressources de Paris pour avoir senti le préjudice de la privation. Il quitta donc Coppet pour Rouen dans cette idée de se rapprocher à tout prix du centre des belles-lettres et de la politesse, et du foyer des bibliothèques : « J'ai fait comme toutes les grandes armées « qui sont sur pied pour ou contre la France, elles décam- « pent de partout où elles ne trouvent point de fourrages ni « de vivres. » Précepteur à Rouen et mécontent encore, précepteur à Paris enfin, mais sans liberté, sans loisir, introduit aux conférences qui se tenaient chez M. Ménage, et connaissant M. Conrart et quelques autres, mais avec le regret de ses liens, Bayle accepta, en 1675, une chaire de philosophie à Sedan, et dut se remettre aux exercices dialectiques qu'il avait un peu négligés pour les lettres. Pendant toutes ces années, sa faculté critique ne se fait jour que par sa correspondance, qui est abondante. Il ne devint véritablement auteur que par sa *Lettre sur les Comètes* (1682). Un an auparavant, sa chaire de philosophie à Sedan avait été supprimée, et après quelque séjour à Paris il s'était décidé à accepter une chaire de philosophie et d'histoire qu'on fondait pour lui à Rotterdam. Sa *Critique générale de l'Histoire du Calvinisme du Père Maimbourg* parut cette même année 1682, et jusqu'en décembre 1706, époque de sa mort, sa carrière, à l'ombre de la statue d'Érasme, ne fut plus marquée que par des écrits, des controverses littéraires ou philosophiques ; après ses disputes de plume avec Jurieu, Le Clerc, Bernard et Jaquelot, après son petit démêlé avec le domestique chatouilleux de la reine

Christine, les plus graves événements pour lui furent ses déménagements (en 1688 et en 1692), qui lui brouillaient ses livres et ses papiers. La perte de sa chaire, en 1693, lui fut moins fâcheuse à supporter qu'il n'aurait semblé, et, dans la modération de ses goûts, il y vit surtout l'occasion de loisir et d'étude libre qui lui en revenait; il se félicite presque d'échapper aux conflits, cabales et *entremangeries professorales* qui règnent dans toutes les académies.

En tête d'une des lettres de sa *Critique générale*, Bayle nous dit avoir remarqué, dès ses jeunes ans, *une chose qui lui parut bien jolie et bien imitable,* dans l'*Histoire de l'Académie française* de Pellisson : c'est que celui-ci avait toujours plus cherché, en lisant un livre, l'esprit et le génie de l'auteur que le sujet même qu'on y traitait. Bayle applique cette méthode au Père Maimbourg; et nous, au milieu de tous ces ouvrages si *bigarrés de pensées,* de ces ouvrages pareils à des *rivières qui serpentent,* nous appliquerons la méthode à Bayle lui-même, nous occupant de sa personne plus que des objets nombreux où il se disperse (1).

Bayle, d'après ce qu'on vient de voir, a toujours très-peu résidé à Paris, malgré son vif désir. Il y passa quelques mois comme précepteur, en 1675; il y vint quelquefois pendant ses vacances de Sedan; il y resta dans l'intervalle de son retour de Sedan à son départ pour Rotterdam : mais on peut dire qu'il ne connut pas le monde de Paris, la belle société de ces années brillantes; son langage et ses habitudes s'en ressentent d'abord. Cette absence de Paris est sans doute cause que Bayle paraît à la fois en avance et en retard sur son siècle, en retard d'au moins cinquante ans par son langage, sa façon de parler, sinon provinciale, du moins gauloise, par plus d'une phrase longue, interminable, à la latine, à la manière du xvie siècle, à peu près impossible à bien

---

(1) Sur le caractère de Bayle, on peut lire quelques pages agréables de D'Israeli (*Curiosities of Literature,* t. II).

ponctuer (1); en avance par son dégagement d'esprit et son peu de préoccupation pour les formes régulières et les doctrines que le xviie siècle remit en honneur après la grande anarchie du xvie. De Toulouse à Genève, de Genève à Sedan, de Sedan à Rotterdam, Bayle contourne, en quelque sorte, la France du pur xviie siècle sans y entrer. Il y a de ces existences pareilles à des arches de pont qui, sans entrer dans le plein de la rivière, l'embrassent et unissent les deux rives. Si Bayle eût vécu au centre de la société lettrée de son âge, de cette société polie que M. Rœderer vient d'étudier avec une minutie qui n'est pas sans agrément, et avec une prédilection qui ne nuit pas à l'exactitude ; si Bayle, qui entra dans le monde vers 1675, c'est-à-dire au moment de la culture la plus châtiée de la littérature de Louis XIV, avait passé ses heures de loisir dans quelques-uns des salons d'alors, chez madame de La Sablière, chez le président Lamoignon, ou seulement chez Boileau à Auteuil, il se fût fait malgré lui une grande révolution en son style. Eût-ce été un bien ? y aurait-il gagné ? Je ne le crois pas. Il se serait défait sans doute de ses vieux termes *ruer, bailler*, de ses proverbes un peu rustiques. Il n'aurait pas dit qu'il voudrait bien aller de temps en temps à Paris *se ravictuailler en esprit et en connoissances*; il n'aurait pas parlé de madame de La Sablière comme d'une femme de grand esprit *qui a toujours à ses trousses La Fontaine, Racine* (ce qui est inexact pour ce dernier), *et les philosophes du plus grand nom*; il aurait redoublé de scrupules pour éviter dans son style *les équivoques, les vers, et l'emploi dans la même pé-*

---

(1) J'ai surtout en vue certaines phrases de Bayle à son point de départ. On en peut prendre un échantillon dans une de ses lettres (*OEuvres diverses*, t. I, page 9, au bas de la seconde colonne. C'est à tort qu'il y a un point avant les mots : *par cette lecture*, il n'y fallait qu'une virgule). Bayle partit donc en style de la façon du xvie siècle, ou du moins de celle du xviie libre et non académique ; il ne s'en dédit jamais. En avançant pourtant et à force d'écrire, sa phrase, si riche d'ailleurs de gallicismes, ne laissa pas de se former ; elle s'épura, s'allégea beaucoup, et souvent même se troussa fort lestement.

riode *d'un* on *pour* il, etc., toutes choses auxquelles, dans la préface de son *Dictionnaire critique*, il assure bien gratuitement qu'il fait beaucoup d'attention; en un mot, il n'aurait plus tant osé écrire *à toute bride* (madame de Sévigné disait *à bride abattue*) ce qui lui venait dans l'esprit. Mais, pour mon compte, je serais fâché de cette perte; je l'aime mieux avec ses images franches, imprévues, pittoresques, malgré leur mélange. Il me rappelle le vieux Pasquier avec un tour plus dégagé, ou Montaigne avec moins de soin à aiguiser l'expression. Écoutez-le disant à son frère cadet qui le consulte : « Ce « qui est propre à l'un ne l'est pas à l'autre; il faut donc faire « la guerre à l'œil et se gouverner selon la portée de chaque « génie..... il faut exercer contre son esprit le personnage « d'un questionneur fâcheux, se faire expliquer sans rémis- « sion tout ce qu'il plaît de demander. » Comme cela est joli et mouvant! Le mot vif, qui chez Bayle ne se fait jamais longtemps attendre, rachète de reste cette *phrase longue* que Voltaire reprochait aux jansénistes, qu'avait en effet le grand Arnauld, mais que le Père Maimbourg n'avait pas moins. Bayle lui-même remarque, à ce sujet des périodes du Père Maimbourg, que ceux qui s'inquiètent si fort des règles de grammaire, dont on admire l'observance chez l'abbé Fléchier ou le Père Bouhours, se dépouillent de tant de grâces vives et animées, qu'ils perdent plus d'un côté qu'ils ne gagnent de l'autre. Montesquieu, qui conseillait plaisamment aux asthmatiques les *périodes* du Père Maimbourg, n'a pas échappé à son tour au défaut de trop écourter la phrase; ou plutôt Montesquieu fait bien ce qu'il fait; mais ne regrettons pas de retrouver chez Bayle la phrase au hasard et étendue, cette liberté de façon à la Montaigne, qui est, il l'avoue ingénument, *de savoir quelquefois ce qu'il dit, mais non jamais ce qu'il va dire*. Bayle garda son tour intact dans sa vie de province et de cabinet, il ne l'eût pas fait à Paris; il eût pris garde davantage, il eût voulu se polir; cela eût bridé et ralenti sa critique.

Une des conditions du génie critique dans la plénitude où Bayle nous le représente, c'est de n'avoir pas *d'art* à soi, de *style* : hâtons-nous d'expliquer notre pensée. Quand on a un style à soi, comme Montaigne, par exemple, qui certes est un grand esprit critique, on est plus soucieux de la pensée qu'on exprime et de la manière aiguisée dont on l'exprime, que de la pensée de l'auteur qu'on explique, qu'on développe, qu'on critique; on a une préoccupation bien légitime de sa propre œuvre, qui se fait à travers l'œuvre de l'autre, et quelquefois à ses dépens. Cette distraction limite le génie critique. Si Bayle l'avait eue, il aurait fait durant toute sa vie un ou deux ouvrages dans le goût des *Essais*, et n'eût pas écrit ses *Nouvelles de la République des Lettres*, et toute sa critique usuelle, pratique, incessante. De plus, quand on a un *art* à soi, une poésie, comme Voltaire, par exemple, qui certes est aussi un grand esprit critique, le plus grand, à coup sûr, depuis Bayle, on a un goût décidé, qui, quelque souple qu'il soit, atteint vite ses restrictions. On a son œuvre propre derrière soi à l'horizon; on ne perd jamais de vue ce clocher-là. On en fait involontairement le centre de ses mesures. Voltaire avait de plus son fanatisme philosophique, sa passion, qui faussait sa critique. Le bon Bayle n'avait rien de semblable. De passion aucune : l'équilibre même; une parfaite idée de la profonde bizarrerie du cœur et de l'esprit humain, et que tout est possible, et que rien n'est sûr. De style, il en avait sans s'en douter, sans y viser, sans se tourmenter à la lutte comme Courier, La Bruyère ou Montaigne lui-même; il en avait suffisamment, malgré ses longueurs et ses parenthèses, grâce à ses expressions charmantes et de source. Il n'avait besoin de se relire que pour la clarté et la netteté du sens : heureux critique ! Enfin il n'avait pas *d'art*, de *poésie*, par-devers lui. L'excellent Bayle n'a, je crois, jamais fait un vers français en sa jeunesse, de même qu'il n'a jamais rêvé aux champs, ce qui n'était guère de son temps encore, ou qu'il n'a jamais été amoureux, passionnément amoureux d'une femme, ce qui est davantage de tous les temps. Tout son art est critique, et consiste, pour les ouvrages où il se déguise, à dispenser mille petites circonstances, à assortir mille petites adresses afin de mieux divertir le lecteur et de lui colorer la fiction : il prévient lui-même son frère de ces artifices ingénieux, à propos de la *Lettre des Comètes.*

Je veux énumérer encore d'autres manques de talents, ou de passions, ou de dons supérieurs, qui ont fait de Bayle le plus accompli critique qui se soit rencontré dans son genre, rien n'étant venu à la traverse pour limiter ou troubler le rare développement de sa faculté principale, de sa passion unique. Quant à la religion d'abord, il faut bien avouer qu'il est difficile, pour ne pas dire impossible, d'être religieux avec ferveur et zèle en cultivant chez soi cette faculté critique et discursive, relâchée et accommodante. Le métier de critique est comme un voyage perpétuel avec toutes sortes de personnes et en toutes sortes de pays, par curiosité. Or, comme on sait,

> Rarement à courir le monde
> On devient plus homme de bien ;

rarement du moins, on devient plus croyant, plus occupé du but invisible. Il faut dans la piété un grand jeûne d'esprit, un retranchement fréquent, même à l'égard des commerces innocents et purement agréables, le contraire enfin de se répandre. La façon dont Bayle était religieux (et nous croyons qu'il l'était à un certain degré) cadrait à merveille avec le génie critique qu'il avait en partage. Bayle était religieux, disons-nous, et nous tirons cette conclusion moins de ce qu'il communiait quatre fois l'an, de ce qu'il assistait aux prières publiques et aux sermons, que de plusieurs sentiments de résignation et de confiance en Dieu, qu'il manifeste dans ses lettres. Quoiqu'il avertisse quelque part (1) de

---

(1) *Nouvelles de la République des Lettres,* avril 1684.

ne pas trop se fier aux lettres d'un auteur comme à de bons témoins de ses pensées, plusieurs de celles où il parle de la perte de sa place respirent un ton de modération qui ne semble pas tenir seulement à une humeur calme, à une philosophie modeste, mais bien à une soumission mieux fondée et à un véritable esprit de christianisme. En d'autres endroits voisins des précédents, nous le savons, l'expression est toute philosophique; mais avec Bayle, pour rester dans le vrai, il ne convient pas de presser les choses; il faut laisser coexister à son heure et à son lieu ce qui pour lui ne s'entre-choquait pas (1). Nous aimons donc à trouver que le mot de *bon Dieu* revient souvent dans ses lettres d'un accent de naïveté sincère. Après cela, la religion inquiète médiocrement Bayle; il ne se retranche par scrupule aucun raisonnement qui lui semble juste, aucune lecture qui lui paraît divertissante. Dans une lettre, tout à côté d'une belle phrase sincère sur la Providence, il mentionnera l'*Hexameron rustique* de La Mothe-Le-Vayer avec ses obscénités : « *Sed omnia sana sanis,* » ajoute-t-il tout aussitôt, et le voilà satisfait. Si, par impossible, quelque bel esprit janséniste avait entretenu une correspondance littéraire, y rencontrerait-on jamais des lignes comme celles qui suivent? « M. Hermant, docteur de Sorbonne, qui a com-
« posé en françois les Vies de quatre Pères de l'Église grecque,

---

(1) Voir une lettre intéressante (*OEuv. div.*, I, 184) où il explique pourquoi il n'était pas en bonne odeur de religion. — L'illustre Joseph de Maistre, si acharné aux athées, ne s'est pas montré trop rigoureux à l'endroit de Bayle : « Bayle même, le père de l'incrédulité moderne,
« ne ressemble point à ses successeurs. Dans ses écarts les plus con-
« damnables on ne lui trouve point une grande envie de persuader,
« encore moins le ton de l'irritation ou de l'esprit de parti; il nie
« moins qu'il ne doute; il dit le pour et le contre; souvent même il
« est plus disert pour la bonne cause que pour la mauvaise (comme
« dans l'article *Leucippe* de son *Dictionnaire*). » *Principe générateur des Constitutions politiques*, LXII. — Rappelons encore ce mot sur Bayle, qui a son application en divers sens : « Tout est dans Bayle,
« mais il faut l'en tirer. » (Ce mot n'est pas de M. de Maistre, comme M. Sayous l'a cru.)

« vient de publier celle de saint Ambroise, l'un des Pères de
« l'Église latine. M. Ferrier, bon poëte françois, vient de faire
« imprimer les *Préceptes galants* : c'est une espèce de traité
« semblable à l'*Art d'aimer* d'Ovide. » Et quelques lignes plus
bas : « On fait beaucoup de cas de *la Princesse de Clèves*.
« Vous avez ouï parler sans doute de deux décrets du
« pape, etc. » Plus ou moins de religion qu'il n'en avait
aurait altéré la candeur et l'expansion critique de Bayle.

Si nous osions nous égayer tant soit peu à quelqu'un de ces
badinages chez lui si fréquents, nous pourrions soutenir que
la faculté critique de Bayle a été merveilleusement servie par
son manque de désir amoureux et de passion galante (1). Il
est fâcheux sans doute qu'il se soit laissé aller à quelque licence
de propos et de citations. L'obscénité de Bayle (on l'a dit
avec raison) n'est que celle même des savants qui s'éman-
cipent sans bien savoir, et ne gardent pas de nuances. Certains dévots n'en gardent pas non plus dans l'expression, dès
qu'il s'agit de ces choses, et l'on a remarqué qu'ils aiment à
salir la volupté, pour en dégoûter sans doute. Bayle n'a pas
d'intention si profonde. Il n'aime guère la femme ; il ne songe
pas à se marier : « Je ne sais si un certain fonds de paresse
« et un trop grand amour du repos et d'une vie exempte de
« soins, un goût excessif pour l'étude et une humeur un peu
« portée au chagrin, ne me feront toujours préférer l'état de
« garçon à celui d'homme marié. » Il n'éprouve pas même
au sujet de la femme et contre elle cette espèce d'émotion
d'un savant une fois trompé, de l'*antiquaire* dans Scott, contre
le *genre-femme*. Un jour à Coppet, en 1672, c'est-à-dire à

(1) Ce qu'on a dit sur les amours de Bayle et de madame Jurieu
n'est pas une objection à ce qu'on remarque ici. En supposant (ce
qui me paraît fort possible) que l'abbé d'Olivet ait été bien informé,
et que son récit, consigné dans les *Mémoires* de D'Artigny, mérite
quelque attention, il en résulterait que Bayle, âgé de vingt-huit ans
alors, dérogea un moment, auprès de la femme avenante du ministre,
aux habitudes de son humeur et au régime de toute sa vie. L'occasion
aidant, il n'était pas besoin de grande passion pour cela.

vingt-cinq ans, dans son moment de plus grande galanterie, il prêta à une demoiselle le roman de *Zayde*; mais celle-ci ne le lui rendait pas : « Fâché de voir lire si lentement un livre, « je lui ai dit cent fois le *tardigrada, domiporta* et ce qui s'en-« suit, avec quoi on se moque de la tortue. Certes, voilà bien « des gens propres à dévorer les bibliothèques! » Dans un autre moment de galanterie, en 1675, il écrit à mademoiselle Minutoli; et, à cet effet, il se pavoise de bel esprit, se raille de son incapacité à déchiffrer les modes, lui cite, pour être léger, deux vers de Ronsard sur les cornes du bélier, et les applique à un mari : « Au reste, mademoiselle, dit-il à un « endroit, le coup de dent que vous baillez à celui qui vous « a louée, etc. » L'état naturel et convenable de Bayle à l'égard du sexe est un état d'indifférence et de quiétisme. Il ne faut pas qu'il en sorte; il ne faut pas qu'il se ressouvienne de Ronsard ou de Brantôme pour tâcher de se faire un ton à la mode. S'il a perdu à ce manque d'émotions tendres quelque délicatesse et finesse de jugement, il y a gagné du temps pour l'étude (1), une plus grande capacité pour ces impressions moyennes qui sont l'ordinaire du critique, et l'ignorance de ces dégoûts qui ont fait dire à La Fontaine : *Les délicats sont malheureux.* Si Bayle en demeura exempt, l'abbé Prévost, critique comme lui, mais de plus romancier et amoureux, ne fut pas sans en souffrir.

On lit dans la préface du *Dictionnaire critique :* « Divertis-« sements, parties de plaisir, jeux, collations, voyages à la

---

(1) Dans une note de son article *Érasme* du *Dictionnaire critique*, parlant des transgressions avec les personnes qui sont obligées de sauver les apparences, il dit de ce ton de naïveté un peu narquoise qui lui va si bien : « Elles exigent des préliminaires, elles se font assiéger « dans toutes les formes. Se sont-elles rendues, c'est un bénéfice qui « demande résidence... Il est rare qu'on ne tombe qu'une fois dans « cette espèce d'engagement; on ne s'en retire qu'avec un morceau « de chaîne qui forme bientôt une nouvelle captivité. Aussi on m'a-« vouera qu'un homme qui a presque toujours la plume et les livres « à la main ne sauroit trouver assez de temps pour toutes ces choses. »

« campagne, visites et telles autres récréations nécessaires à
« quantité de gens d'étude, à ce qu'ils disent, ne sont pas mon
« fait ; je n'y perds point de temps. » Il était donc utile à Bayle
de ne point aimer la campagne ; il lui était utile même d'avoir
cette santé frêle, ennemie de la bonne chère, ne sollicitant
jamais aux distractions. Ses migraines, il nous l'apprend,
l'obligeaient souvent à des jeûnes de trente et quarante heures
continues. Son sérieux habituel, plus voisin de la mélancolie
que de la gaieté, n'avait rien de songeur, et n'allait pas au
chagrin ni à la bizarrerie. Une conversation gaie lui revenait
fort par moments, et on aurait été près alors de le loger dans
la classe des rieurs. Il se sentit toujours peu porté aux mathématiques ; ce fut la seule science qu'il n'aborda pas et ne
désira pas posséder. Elle absorbe en effet, détourne un esprit
critique, chercheur et à la piste des particularités ; elle dis-
pense des livres, ce qui n'était pas du tout le fait de Bayle.
La dialectique, qu'il pratiqua d'abord à demi par goût et à
demi par métier (étant professeur de philosophie), finit par
le passionner et par empiéter un peu sur sa faculté littéraire.
Il a dit de Nicole et l'on peut dire de lui que « sa coutume
de pousser les raisonnements jusqu'aux derniers recoins de
la dialectique le rendoit mal propre à composer des pièces
d'éloquence. » Ce désintéressement où il était pour son propre compte dans l'éloquence et la poésie le rendait d'autre
part plus complet, plus fidèle dans son office de rapporteur
de la république des lettres. Il est curieux surtout à entendre
parler des *poètes et pousseurs de beaux sentiments*, qu'il considère assez volontiers comme une espèce à part, sans en faire
une classe supérieure. Pour nous qui en introduisant l'art,
comme on dit, dans la critique, en avons retranché tant d'autres qualités, non moins essentielles, qu'on n'a plus, nous ne
pouvons nous empêcher de sourire des mélanges et associa-
tions bizarres que fait Bayle, bizarres pour nous à cause de la
perspective, mais prompts et naïfs reflets de son impression
contemporaine : le ballet de *Psyché* au niveau des *Femmes*

savantes; l'*Hippolyte* de M. Racine et celui de M. Pradon, *qui sont deux tragédies très-achevées*; Bossuet côte à côte avec *le Comte de Gabalis*, l'*Iphigénie* et sa préface qu'il aime presque autant que la pièce, à côté de *Circé*, opéra à machines. En rendant compte de la réception de Boileau à l'Académie, il trouve que « M. Boileau est d'un mérite si distingué qu'il eût été difficile à messieurs de l'Académie de remplir aussi avantageusement qu'ils ont fait la place de M. de Bezons. » On le voit, Bayle est un véritable républicain en littérature. Cet idéal de tolérance universelle, d'anarchie paisible et en quelque sorte harmonieuse, dans un État divisé en dix religions comme dans une cité partagée en diverses classes d'artisans, cette belle page de son *Commentaire philosophique*, il la réalise dans sa république des livres, et, quoiqu'il soit plus aisé de faire *s'entre-supporter* mutuellement les livres que les hommes, c'est une belle gloire pour lui, comme critique, d'en avoir su tant concilier et tant goûter.

Un des écueils de ce goût si vif pour les livres eût été l'engouement et une certaine idée exagérée de la supériorité des auteurs, quelque chose de ce que n'évitent pas les subalternes et caudataires en ce genre, comme Brossette. Bayle, sous quelque dehors de naïveté, n'a rien de cela. On lui reprochait d'abord d'être trop prodigue de louanges; mais il s'en corrigea, et d'ailleurs ses louanges et ses respects dans l'expression envers les auteurs ne lui dérobèrent jamais le fond. Son bon sens le sauva, tout jeune, de la superstition littéraire pour les illustres : « J'ai assez de vanité, écrit-il à
« son frère, pour souhaiter qu'on ne connoisse pas de moi ce
« que j'en connois, et pour être bien aise qu'à la faveur d'un
« livre qui fait souvent le plus beau côté d'un auteur, on
« me croie un grand personnage..... Quand vous aurez connu
« personnellement plus de personnes célèbres par leurs
« écrits, vous verrez que ce n'est pas si grand'chose que de
« composer un bon livre... » C'est dans une lettre suivante à ce même frère cadet qui se mêlait de le vouloir pousser à

je ne sais quelle cour, qu'on lit ce propos charmant : « Si
« vous me demandez pourquoi j'aime l'obscurité et un état
« médiocre et tranquille, je vous assure que je n'en sais
« rien.... Je n'ai jamais pu souffrir le miel, mais pour le
« sucre je l'ai toujours trouvé agréable : voilà deux choses
« douces que bien des gens aiment. » Toute la délicatesse,
toute la sagacité de Bayle, se peuvent apprécier dans ce trait
et dans le précédent.

L'équilibre et la prudence que nous avons notés en lui,
cette humeur de tranquillité et de paresse dont il fait souvent
profession, ne l'induisirent jamais à aucun de ces ménagements pour lui-même, à rien de cet égoïsme discret dont son
contemporain Fontenelle offre, pour ainsi dire, le chef-
d'œuvre. La parcimonie, le méticuleux propre à certaines
natures analytiques et sceptiques, est chose étrangère à sa
veine. Cet esprit infatigable produit sans cesse, et, qualité
grandement distinctive, il se montre abondant, prodigue et
généreux, comme tous les génies.

Le moment le plus actif et le plus fécond de cette vie si
égale fut vers l'année 1686. Bayle, âgé de trente-neuf ans,
poursuivait ses *Nouvelles de la République des Lettres*, publiait
sa *France toute catholique*, contre les persécutions de Louis XIV,
préparait son *Commentaire philosophique*, et en même temps,
dans une note qu'il rédigeait (*Nouv. de la Rép. des Lett.*, mars
1686) sur son écrit anonyme de *la France toute catholique*,
note plus modérée et plus avouable assurément que celle
que l'abbé Prévost insérait dans son *Pour et Contre* sur son
chevalier des Grieux, dans cette note parfaitement mesurée
et spirituelle, Bayle faisait pressentir que l'auteur, après avoir
tancé les catholiques sur l'article des violences, pourrait
bientôt *toucher cette corde des violences* avec les protestants
eux-mêmes qui n'en étaient pas exempts, et qu'alors il y aurait lieu à des *représailles*. La *Réponse d'un nouveau Converti*
et le fameux *Avis aux Protestants*, toute cette contre-partie de
la question, qui remplit la seconde moitié de la carrière de

Bayle, était ainsi présagée. La maladie qui lui survint l'année suivante (1687), par excès de travail, le força de se dédoubler, en quelque sorte, dans ce rôle à la fois littéraire et philosophique ; il dut interrompre ses *Nouvelles de la République des Lettres*. Peu auparavant, il écrivait à l'un de ses amis, en réponse à certains bruits qui avaient couru, qu'il n'avait nul dessein de quitter sa fonction de *journaliste*, qu'il n'en était point las du tout, qu'il n'y avait pas d'apparence qu'il le fût de longtemps, et que c'était l'occupation qui convenait le mieux à son humeur. Il disait cela après trois années de pratique, au contraire de la plupart des journalistes qui se dégoûtent si vite du métier. C'était chez lui force de vocation. Au temps qu'il était encore professeur de philosophie, il éprouvait un grand ennui à l'arrivée de tous les livres de la foire de Francfort, si peu choisis qu'ils fussent, et se plaignait que ses fonctions lui ôtassent le loisir de cette pâture. Il s'était pris d'admiration et d'émulation pour la belle invention des journaux par M. de Sallo, pour ceux que continuait de donner à Paris M. l'abbé de La Roque, pour les *Actes des Érudits* de Leipsick. Lorsqu'il entreprit de les imiter, il se plaça tout d'abord au premier rang par sa critique savante, nourrie, modérée, pénétrante, par ses analyses exactes, ingénieuses, et même par les petites notes qui, bien faites, ont du prix, et dont la tradition et la manière seraient perdues depuis longtemps, si on n'en retrouvait des traces encore à la fin du *Journal* actuel *des Savants* (1); petites notes où chaque mot est pesé dans la balance de l'ancienne et scrupuleuse critique, comme dans celle d'un honnête joaillier d'Amsterdam. Cette critique modeste de Bayle, qui est républicaine de Hollande, qui va à pied, qui s'excuse de ses défauts auprès du public sur ce qu'elle a peine à se procurer les livres, qui prie les auteurs de s'empresser un peu de faire venir les exemplaires, ou du moins les curieux *de les prêter pour quelques jours*, cette

(1) Dirigé par M. Daunou.

critique n'est-elle pas en effet (si surtout on la compare à la nôtre et à son éclat que je ne veux pas lui contester) comme ces millionnaires solides, rivaux et vainqueurs du grand roi, et si simples au port et dans leur comptoir? D'elle à nous, c'est toute la différence de l'ancien au nouveau notaire, si bien marquée l'autre jour par M. de Balzac dans sa *Fleur des Pois* (1).

Après qu'il eut renoncé à ses *Nouvelles de la République des Lettres*, la faculté critique de Bayle se rejeta sur son *Dictionnaire*, dont la confection et la révision l'occupèrent durant dix années, depuis 1694 jusqu'en 1704. Il publia encore par délassement (1704) la *Réponse aux Questions d'un Provincial*, dont le commencement n'est autre chose qu'un assemblage d'aménités littéraires. Mais ses disputes avec Le Clerc, Bernard et Jaquelot, envahirent toute la suite de l'ouvrage. Bien que ces disputes de dialectique fussent encore pour Bayle une manière d'amusement, elles achevèrent d'user sa santé si frêle et sa *petite complexion*. La poitrine, qu'il avait toujours eue délicate, se prit ; il tomba dans l'indifférence et le dégoût de la vie à cinquante-neuf ans. Un symptôme grave, c'est ce qu'il écrivait à un ami en novembre 1706, un mois environ avant sa mort : « Quand même ma santé me permettroit de « travailler à un supplément du Dictionnaire, je n'y travail- « lerois pas ; je me suis dégoûté de tout ce qui n'est point « matière de raisonnement... » Bayle dégoûté de son Dictionnaire, de sa critique, de son amour des faits et des particularités de personnes, est tout à fait comme Chaulieu sans amabilité, tel que mademoiselle De Launay nous dit l'avoir vu aux approches de sa fin. Nous ne rappellerons pas plus de détails sur ce grand esprit : sa vie par Desmaizeaux et ses œuvres diverses sont là pour qui le voudra bien connaître. Comme qualité qui tient encore à l'essence de son génie cri-

---

(1) *La Fleur des Pois*, un de ces romans à la Balzac, qui promettent et qui ne tiennent pas.

tique, il faut noter sa parfaite indépendance, indépendance par rapport à l'or et par rapport aux honneurs. Il est touchant de voir quelles précautions et quelles ruses il fallut à milord Shaftsbury pour lui faire accepter une montre : « Un « tel meuble, dit Bayle, me paroissoit alors très-inutile ; mais « présentement il m'est devenu si nécessaire, que je ne sau- « rois plus m'en passer... » Reconnaissant d'un tel cadeau, il resta sourd à toute autre insinuation du grand seigneur son ami. On n'était pourtant pas loin du temps où certains grands offraient au spirituel railleur Guy Patin un louis d'or sous son assiette, chaque fois qu'il voudrait venir dîner chez eux. On se serait arraché Bayle s'il avait voulu, car il était devenu, du fond de son cabinet, une espèce de roi des beaux esprits. Le plus triste endroit de la vie de Bayle est l'affaire assez tortueuse de l'*Avis aux Protestants*, soit qu'il l'ait réellement composé, soit qu'il l'ait simplement revu et fait imprimer. Il y poussa l'anonyme jusqu'à avoir besoin d'être clandestin. Sa sincérité dut souffrir d'être si à la gêne et réduite à tant de faux-fuyants.

Bayle restera-t-il ? est-il resté ? demandera quelqu'un ; relit-on Bayle ? Oui, à la gloire du génie critique, Bayle est resté et restera autant et plus que les trois quarts des poëtes et orateurs, excepté les très-grands. Il dure, sinon par telle ou telle composition particulière, du moins par l'ensemble de ses travaux. Les neuf volumes in-folio que cela forme en tout, les quatre volumes principalement de ses *Œuvres diverses*, préférables au Dictionnaire (1), bien que moins connues, sont une des lectures les plus agréables et commodes. Quand on veut se dire que rien n'est bien nouveau sous le soleil, que

---

(1) Dans une note du *Journal des Savants* (juin 1836), M. Daunou, en jugeant avec une indulgence qui nous honore cet article sur Bayle, a trouvé que son Dictionnaire, principal titre de sa renommée, n'avait pas obtenu ici l'attention qu'il méritait. Ce n'est pas en effet en lisant ce Dictionnaire qu'on apprend à l'apprécier, c'est en s'en servant. — Un homme d'esprit a comparé drôlement le Dictionnaire de Bayle, où

chaque génération s'évertue à découvrir ou à refaire ce que ses pères ont souvent mieux vu, qu'il est presque aussi aisé en effet de découvrir de nouveau les choses que de les déterrer de dessous les monceaux croissants de livres et de souvenirs; quand on veut réfléchir sans fatigue sur bien des suites de pensées vieillies ou qui seraient neuves encore, oh! qu'on prenne alors un des volumes de Bayle et qu'on se laisse aller. Le bon et savant Dugas-Montbel, dans les derniers mois de sa vie, avouait ne plus supporter que cette lecture d'érudition digérée et facile. La lecture de Bayle, pour parler un moment son style, est comme la collation légère des *après-disnées* reposées et déclinantes, la nourriture ou plutôt le *dessert* de ces heures médiocrement animées que l'étude désintéressée colore, et qui, si l'on mesurait le bonheur moins par l'intensité et l'éclat que par la durée, l'innocence et la sûreté des sensations, pourraient se dire les meilleures de la vie (1).

Décembre 1835.

le texte disparaît sous les notes, à ces petites boutiques ambulantes lentement traînées par un petit âne qui disparaît sous la multitude de jouets et de marchandises de toutes sortes étalées sur chaque point aux regards des passants : ce petit âne, c'est le texte.

(1) On ne sera pas fâché de lire ici l'opinion de La Fontaine sur Bayle ; elle est digne de tous deux. On la trouve à la fin d'une lettre à M. Simon de Troyes, dans laquelle il décrit à cet ami un dîner et la conversation qu'on y tint (février 1686) :

. . . .
Aux journaux de Hollande il nous fallut passer ;
Je ne sais plus sur quoi ; mais ou fit leur critique.
Bayle est, dit-on, fort vif ; et, s'il peut embrasser
L'occasion d'un trait piquant et satirique,
Il la saisit, Dieu sait, en homme adroit et fin :
Il trancheroit sur tout, comme enfant de Calvin,
S'il osoit ; car il a le goût avec l'étude.
Le Clerc pour la satire a bien moins d'habitude ;
Il paroît circonspect ; mais attendons la fin.
Tout faiseur de journaux doit tribut au malin.
Le Clerc prétend du sien tirer d'autres usages ;
Il est savant, exact, il voit clair aux ouvrages ;

> Bayle aussi. Je fais cas de l'une et l'autre main :
> Tous deux ont un bon style et le langage sain.
> Le jugement en gros sur ces deux personnages,
>   Et ce fut de moi qu'il partit,
>   C'est que l'un cherche à plaire aux sages,
>   L'autre veut plaire aux gens d'esprit.
> Il leur plaît. Vous aurez peut-être peine à croire
> Qu'on ait dans un repas de tels discours tenus :
>   On tint ces discours ; on fit plus,
>   On fut au sermon après boire...

Et cet autre jugement aussi, de Voltaire, n'est pas indifférent à rappeler ; Voltaire a très-bien parlé de Bayle en maint endroit, mais jamais mieux qu'à la fin d'une lettre au Père Tournemine (1735) : « M. Newton, dit-il, a été aussi vertueux qu'il a été grand philosophe : tels sont pour la plupart ceux qui sont bien pénétrés de l'amour des sciences, qui n'en font point un indigne métier, et qui ne les font point servir aux misérables fureurs de l'esprit de parti. Tel a été le docteur Clarke ; tel était le fameux archevêque Tillotson ; tel était le grand Galilée ; tel notre Descartes ; tel a été Bayle, cet esprit si étendu, si sage et si pénétrant, dont les livres, tout diffus qu'ils peuvent être, seront à jamais la bibliothèque des nations. Ses mœurs n'étaient pas moins respectables que son génie. Le désintéressement et l'amour de la paix comme de la vérité étaient son caractère ; *c'était une âme divine.* »

LA BRUYÈRE

Vers 1687, année où parut le livre des *Caractères*, le siècle de Louis XIV arrivait à ce qu'on peut appeler sa troisième période ; les grandes œuvres qui avaient illustré son début et sa plus brillante moitié étaient accomplies ; les grands auteurs vivaient encore la plupart, mais se reposaient. On peut distinguer, en effet, comme trois parts dans cette littérature glorieuse. La première, à laquelle Louis XIV ne fit que donner son nom et que prêter plus ou moins sa faveur, lui vint toute formée de l'époque précédente ; j'y range les poëtes et les écrivains nés de 1620 à 1626, ou même avant 1620, La Rochefoucauld, Pascal, Molière, La Fontaine, madame de Sévigné. La maturité de ces écrivains répond ou au commencement ou aux plus belles années du règne auquel on les rapporte, mais elle se produisait en vertu d'une force et d'une nourriture antérieures. Une seconde génération très-distincte et propre au règne même de Louis XIV, est celle en tête de laquelle on voit Boileau et Racine, et qui peut nommer encore Fléchier, Bourdaloue, etc., etc., tous écrivains ou poëtes, nés à dater de 1632, et qui débutèrent dans le monde au plus tôt vers le temps du mariage du jeune roi. Boileau et Racine avaient à peu près terminé leur œuvre à cette date de 1687 ; ils étaient tout occupés de leurs fonctions d'historiographes. Heureusement, Racine allait être tiré de son silence de dix années par madame de Maintenon. Bossuet régnait pleinement par son génie en ce milieu du grand règne, et sa vieillesse commençante en devait longtemps encore soutenir et rehausser la majesté. C'était donc un admirable moment que cette fin d'été radieuse, pour une production nouvelle de mûrs et brillants esprits. La Bruyère et Fénelon parurent et achevèrent, par des grâces imprévues, la beauté d'un tableau qui se calmait sensiblement et auquel il devenait d'autant plus difficile de rien ajouter. L'air qui circulait dans les esprits, si l'on peut ainsi dire, était alors d'une merveilleuse sérénité. La chaleur modérée de tant de nobles œuvres, l'épuration continue qui s'en était suivie, la constance enfin des astres et de la saison, avaient amené l'atmosphère des esprits à un état tellement limpide et lumineux, que du prochain beau livre qui saurait naître, pas un mot immanquablement ne serait perdu, pas une pensée ne resterait dans l'ombre, et que tout naîtrait dans son vrai jour. Conjoncture unique! éclaircissement favorable en même temps que redoutable à toute pensée! car combien il faudra de netteté et de justesse dans la nouveauté et la profondeur! La Bruyère en triompha. Vers les mêmes années, ce qui devait nourrir à sa naissance et composer l'aimable génie de Fénelon était également disposé et comme pétri de toutes parts; mais la fortune et le caractère de La Bruyère ont quelque chose de plus singulier.

On ne sait rien ou presque rien de la vie de La Bruyère, et cette obscurité ajoute, comme on l'a remarqué, à l'effet de son œuvre, et, on peut dire, au bonheur piquant de sa destinée. S'il n'y a pas une seule ligne de son livre unique qui, depuis le premier instant de la publication, ne soit venue et restée en lumière, il n'y a pas, en revanche, un détail particulier de l'auteur qui soit bien connu. Tout le rayon du siècle est tombé juste sur chaque page du livre, et le visage de l'homme qui le tenait ouvert à la main s'est dérobé.

Jean de La Bruyère était né dans un village proche Dourdan, en 1639, disent les uns; en 1644, disent les autres et

D'Olivet le premier, qui le fait mourir à cinquante-deux ans (1696). En adoptant cette date de 1644 (1), La Bruyère aurait eu vingt ans quand parut *Andromaque*; ainsi tous les fruits successifs de ces riches années mûrirent pour lui et furent le mets de sa jeunesse; il essuyait, sans se hâter, la chaleur féconde de ces soleils. Nul tourment, nulle envie. Que d'années d'étude ou de loisir durant lesquelles il dut se borner à lire avec douceur et réflexion, allant au fond des choses et attendant! Il résulte d'une note écrite vers 1720 par le Père Bougerel ou par le Père Le Long, dans des mémoires particuliers qui se trouvaient à la bibliothèque de l'Oratoire, que La Bruyère a été de cette congrégation (2). Cela veut-il dire qu'il y fut simplement élevé ou qu'il y fut engagé quelque temps? Sa première relation avec Bossuet se rattache peut-être à cette circonstance. Quoi qu'il en soit, il venait d'acheter une charge de trésorier de France à Caen lorsque Bossuet, qu'il connaissait on ne sait d'où, l'appela près de M. le Duc pour lui enseigner l'histoire. La Bruyère passa le reste de ses jours à l'hôtel de Condé à Versailles, attaché au prince en qualité d'homme de lettres avec mille écus de pension.

D'Olivet, qui est malheureusement trop bref sur le célèbre auteur, mais dont la parole a de l'autorité, nous dit en des termes excellents : « On me l'a dépeint comme un philoso-
« phe, qui ne songeoit qu'à vivre tranquille avec des amis et
« des livres, faisant un bon choix des uns et des autres; ne
« cherchant ni ne fuyant le plaisir; toujours disposé à une
« joie modeste, et ingénieux à la faire naître; poli dans ses
« manières et sage dans ses discours; craignant toute sorte

---

(1) On sait enfin maintenant, après bien des tâtonnements, et d'une manière positive, que La Bruyère est né à Paris et y a été baptisé le 17 août 1645. Le registre des naissances de la paroisse Saint-Christophe-en-Cité en fait foi.

(2) *Histoire manuscrite de l'Oratoire*, par Adry, aux Archives du Royaume.

« d'ambition, même celle de montrer de l'esprit (1). » Le témoignage de l'académicien se trouve confirmé d'une manière frappante par celui de Saint-Simon, qui insiste, avec l'autorité d'un témoin non suspect d'indulgence, précisément sur ces mêmes qualités de bon goût et de sagesse : « Le public, « dit-il, perdit bientôt après (1696) un homme illustre par « son esprit, par son style et par la connoissance des hom- « mes ; je veux dire La Bruyère, qui mourut d'apoplexie à « Versailles, après avoir surpassé Théophraste en travaillant « d'après lui et avoir peint les hommes de notre temps dans « ses nouveaux *Caractères* d'une manière inimitable. C'étoit « d'ailleurs un fort honnête homme, de très-bonne compa- « gnie, simple, sans rien de pédant et fort désintéressé. Je « l'avois assez connu pour le regretter et les ouvrages que son « âge et sa santé pouvoient faire espérer de lui. » Boileau se montrait un peu plus difficile en fait de ton et de manières que le duc de Saint-Simon, quand il écrivait à Racine, 19 mai 1687 : « Maximilien (*pourquoi ce sobriquet de Maximilien?*) « m'est venu voir à Auteuil et m'a lu quelque chose de son « *Théophraste*. C'est un fort honnête homme à qui il ne « manqueroit rien, si la nature l'avoit fait aussi agréable « qu'il a envie de l'être. Du reste, il a de l'esprit, du savoir « et du mérite. » Nous reviendrons sur ce jugement de Boileau. La Bruyère était déjà un peu à ses yeux un homme des générations nouvelles, un de ceux en qui volontiers l'on

---

(1) J'hésite presque à glisser cette parole de Ménage, moins bon juge : elle concorde pourtant : « Il n'y a pas longtemps que M. de La « Bruyère m'a fait l'honneur de me venir voir, mais je ne l'ai pas vu « assez de temps pour le bien connoître. Il m'a paru que *ce n'étoit* « *pas un grand parleur.* » (*Menagiana*, tome III.) — On a opposé depuis à cette idée qu'on se faisait jusqu'ici de La Bruyère quelques mots tirés de lettres et billets de M. de Pontchartrain, et desquels il résulterait que La Bruyère était sujet à des accès de joie extravagante ; c'est peu probable. Dans la disette des documents, on tire les moindres mots par les cheveux. Mais enfin il paraît bien qu'il était très-gai par moments.

trouve que l'envie d'avoir de l'esprit après nous, et autrement que nous, est plus grande qu'il ne faudrait.

Ce même Saint-Simon, qui regrettait La Bruyère et qui avait plus d'une fois causé avec lui (1), nous peint la maison de Condé et M. le Duc en particulier, l'élève du philosophe, en des traits qui réfléchissent sur l'existence intérieure de celui-ci. A propos de la mort de M. le Duc (1710), il nous dit avec ce feu qui mêle tout, et qui fait tout voir à la fois : « Il « étoit d'un jaune livide, l'air presque toujours furieux, mais « en tout temps si fier, si audacieux, qu'on avoit peine à « s'accoutumer à lui. Il avoit de l'esprit, de la lecture, des « restes d'une excellente éducation (*je le crois bien*), de la « politesse et des grâces même quand il vouloit, mais il vou- « loit très-rarement... Sa férocité étoit extrême, et se mon- « troit en tout. C'étoit une meule toujours en l'air, qui faisoit « fuir devant elle, et dont ses amis n'étoient jamais en sûreté, « tantôt par des insultes extrêmes, tantôt par des plaisan- « teries cruelles en face, etc. » A l'année 1697, il raconte comment, tenant les États de Bourgogne à Dijon à la place de M. le Prince son père, M. le Duc y donna un grand exemple de l'amitié des princes et une bonne leçon à ceux qui la recherchent. Ayant un soir, en effet, poussé Santeul de vin de Champagne, il trouva plaisant de verser sa tabatière de tabac d'Espagne dans un grand verre de vin et le lui offrit à boire ; le pauvre *Théodas* si naïf, si ingénu, si bon convive et plein de verve et de bons mots, mourut dans d'affreux vomissements (2). Tel était le petit-fils du grand Condé et l'é-

---

(1) Une pensée inévitable naît de ce rapprochement : Quand La Bruyère et le duc de Saint-Simon causaient ensemble à Versailles dans l'embrasure d'une croisée, lequel des deux était le peintre de son siècle ? Ils l'étaient, certes, tous les deux ; mais l'un, le peintre alors avoué, et dont les portraits aujourd'hui sont devenus un peu voilés et mystérieux ; l'autre, le peintre inconnu alors et clandestin, et dont les portraits aujourd'hui manifestes trahissent leurs originaux à nu.

(2) Au tome second des *OEuvres choisies* de La Monnoye (page 296), on lit un récit détaillé de cette mort de Santeul par La Monnoye;

lève de La Bruyère. Déjà le poëte Sarasin était mort autrefois sous le bâton d'un Conti dont il était secrétaire. A la manière énergique dont Saint-Simon nous parle de cette race des Condés, on voit comment par degrés en elle le héros en viendra à n'être plus que quelque chose tenant du chasseur ou du sanglier. Du temps de La Bruyère, l'esprit y conservait une grande part; car, comme dit encore Saint-Simon de Santeul, « M. le Prince l'avoit presque toujours à Chantilly « quand il y alloit; M. le Duc le mettoit de toutes ses parties, « c'étoit de toute la maison de Condé à qui l'aimoit le mieux, « et des assauts continuels avec lui de pièces d'esprit en « prose et en vers, et de toutes sortes d'amusements, de ba- « dinages et de plaisanteries. » La Bruyère dut tirer un fruit inappréciable, comme observateur, d'être initié de près à cette famille si remarquable alors par ce mélange d'heureux dons, d'urbanité brillante, de férocité et de débauche (1). Toutes ses remarques sur les *héros* et les *enfants des Dieux* naissent de là : il y a toujours dissimulé l'amertume : « Les

témoin presque oculaire; rien n'y vient ouvertement à l'appui du dire de Saint-Simon : Santeul s'était levé le 4 août, encore gai et bien portant; il ne fut pris de ses atroces douleurs d'entrailles que sur les onze heures du matin; il expira dans la nuit, vers une heure et demie. La Monnoye, qui devait dîner avec lui ce jour-là, le vint voir dans l'après-midi et le trouva moribond; il causa même du malade avec M. le Duc, qui témoigna s'y intéresser beaucoup. Après cela, les symptômes extraordinaires rapportés par La Monnoye, et les réponses peu nettes des médecins, aussi bien que le traitement employé, s'accorderaient assez avec le récit de Saint-Simon; on conçoit que la chose ait été étouffée le plus possible. On se demande seulement si les effets de la tabatière avalée au souper de la veille ont bien pu retarder jusqu'au lendemain onze heures du matin; c'est un cas de médecine légale que je laisse aux experts.

(1) La Bruyère descendait d'un ancien ligueur, très-fameux dans les Mémoires du temps, et qui joua à Paris un des grands rôles municipaux dans cette faction anti-bourbonienne; il est piquant que le petit-fils, précepteur d'un Bourbon, ait pu étudier de si près la race. Notre moraliste dut songer, en souriant, à cet aïeul qu'il ne nomme pas, un peu plus souvent qu'au Geoffroy de La Bruyère des Croisades dont il plaisante. Voir dans la *Satyre Ménippée* de Le Duchat les nom-

« enfants des Dieux, pour ainsi dire, se tirent des règles de
« la nature et en sont comme l'exception. Ils n'attendent
« presque rien du temps et des années. Le mérite chez eux
« devance l'âge. Ils naissent instruits, et ils sont plus tôt des
« hommes parfaits que le commun des hommes ne sort de
« l'enfance. » Au chapitre des *Grands*, il s'est échappé à dire
ce qu'il avait dû penser si souvent : « L'avantage des Grands
« sur les autres hommes est immense par un endroit : je leur
« cède leur bonne chère, leurs riches ameublements, leurs
« chiens, leurs chevaux, leurs singes, leurs nains, leurs fous
« et leurs flatteurs ; mais je leur envie le bonheur d'avoir à
« leur service des gens qui les égalent par le cœur et par
« l'esprit, et qui les passent quelquefois. » Les réflexions inévitables que le scandale des mœurs princières lui inspirait
n'étaient pas perdues, on peut le croire, et ressortaient moyennant détour : « Il y a des misères sur la terre qui saisissent le
« cœur : il manque à quelques-uns jusqu'aux aliments ; ils
« redoutent l'hiver ; ils appréhendent de vivre. L'on mange
« ailleurs des fruits précoces : l'on force la terre et les saisons
« pour fournir à sa délicatesse. De simples bourgeois, seu-
« lement à cause qu'ils étoient riches, ont eu l'audace d'a-
« valer en un seul morceau la nourriture de cent familles.
« Tienne qui voudra contre de si grandes extrémités, je me
« jette et me réfugie dans la médiocrité. » Les *simples bourgeois* viennent là bien à propos pour endosser le reproche,
mais je ne répondrais pas que la pensée ne fût écrite un soir
en rentrant d'un de ces soupers de demi-dieux, où M. le Duc
poussait de champagne Santeul (1).

breux passages où il est question de ces La Bruyère, père et fils (car
ils étaient deux), notamment au tome second, pages 67 et 339. Je me
trompe fort, ou de tels souvenirs domestiques furent un fait capital
dans l'expérience secrète et la maturité du penseur.

(1) Bien des passages de Mme de Staal (De Launay) viennent à l'appui de ce qu'a dû sentir La Bruyère ; ainsi dans une lettre à Mme Du
Deffand (17 septembre 1747) : « Les Grands, à force de s'étendre,

La Bruyère, qui aimait la lecture des anciens, eut un jour l'idée de traduire Théophraste, et il pensa à glisser à la suite et à la faveur de sa traduction quelques-unes de ses propres réflexions sur les mœurs modernes. Cette traduction de Théophraste n'était-elle pour lui qu'un prétexte, ou fut-elle vraiment l'occasion déterminante et le premier dessein principal? On pencherait plutôt pour cette supposition moindre, en voyant la forme de l'édition dans laquelle parurent d'abord les *Caractères*, et combien Théophraste y occupe une grande place. La Bruyère était très-pénétré de cette idée, par laquelle il ouvre son premier chapitre, que *tout est dit, et que l'on vient trop tard après plus de sept mille ans qu'il y a des hommes, et qui pensent*. Il se déclare de l'avis que nous avons vu de nos jours partagé par Courier, lire et relire sans cesse les anciens, les traduire si l'on peut, et les imiter quelquefois : « On ne « sauroit en écrivant rencontrer le parfait, et, s'il se peut, « surpasser les anciens, que par leur imitation. » Aux anciens, La Bruyère ajoute *les habiles d'entre les modernes* comme ayant enlevé à leurs successeurs tardifs le meilleur et le plus beau. C'est dans cette disposition qu'il commence à *glaner*, et chaque épi, chaque grain qu'il croit digne, il le range devant nous. La pensée du difficile, du mûr et du parfait l'occupe visiblement, et atteste avec gravité, dans chacune de ses paroles, l'heure solennelle du siècle où il écrit. Ce n'était plus l'heure des coups d'essai. Presque tous ceux qui avaient porté les grands coups vivaient. Molière était mort; longtemps après Pascal, La Rochefoucauld avait disparu; mais tous les autres restaient là rangés. Quels noms! quel audi-

deviennent si minces qu'on voit le jour au travers : c'est une belle étude de les contempler, je ne sais rien qui ramène plus à la philosophie. » Et dans le portrait de cette duchesse du Maine qui contenait en elle tout l'esprit et le caprice de cette race des Condés : « Elle a fait dire à une personne de beaucoup d'esprit que *les Princes étoient en morale ce que les monstres sont dans la physique : on voit en eux à découvert la plupart des vices qui sont imperceptibles dans les autres hommes.* »

toire auguste, consommé, déjà un peu sombre de front, et un peu silencieux ! Dans son discours à l'Académie, La Bruyère lui-même les a énumérés en face ; il les avait passés en revue dans ses veilles bien des fois auparavant. Et ces Grands, rapides connaisseurs de l'esprit ! et Chantilly, *écueil des mauvais ouvrages !* et ce Roi *retiré dans son balustre*, qui les domine tous ! quels juges pour qui, sur la fin du grand tournoi, s'en vient aussi demander la gloire ! La Bruyère a tout prévu, et il ose. Il sait la mesure qu'il faut tenir et le point où il faut frapper. Modeste et sûr, il s'avance ; pas un effort en vain, pas un mot de perdu ! du premier coup, sa place qui ne le cède à aucune autre est gagnée. Ceux qui, par une certaine disposition trop rare de l'esprit et du cœur, *sont en état*, comme il dit, *de se livrer au plaisir que donne la perfection d'un ouvrage*, ceux-là éprouvent une émotion, d'eux seuls concevable, en ouvrant la petite édition in-12, d'un seul volume, année 1688, de trois cent soixante pages en fort gros caractères, desquelles Théophraste, avec le discours préliminaire, occupe cent quarante-neuf, et en songeant que, sauf les perfectionnements réels et nombreux que reçurent les éditions suivantes, tout La Bruyère est déjà là.

Plus tard, à partir de la troisième édition, La Bruyère ajouta successivement et beaucoup à chacun de ses seize chapitres. Des pensées qu'il avait peut-être gardées en portefeuille dans sa première circonspection, des ridicules que son livre même fit lever devant lui, des originaux qui d'eux-mêmes se livrèrent, enrichirent et accomplirent de mille façons le chef-d'œuvre. La première édition renferme surtout incomparablement moins de portraits que les suivantes. L'excitation et l'irritation de la publicité les firent naître sous la plume de l'auteur, qui avait principalement songé d'abord à des réflexions et remarques morales, s'appuyant même à ce sujet du titre de *Proverbes* donné au livre de Salomon. Les *Caractères* ont singulièrement gagné aux additions ; mais on voit mieux quel fut le dessein naturel, l'origine simple du livre et, si j'ose dire, son accident heureux, dans cette première et plus courte forme (1).

En le faisant naître en 1644, La Bruyère avait quarante-trois ans en 87. Ses habitudes étaient prises, sa vie réglée; il n'y changea rien. La gloire soudaine qui lui vint ne l'éblouit pas ; il y avait songé de longue main, l'avait retournée en tous sens, et savait fort bien qu'il aurait pu ne point l'avoir et ne pas valoir moins pour cela. Il avait dit dès sa première édition : « Combien d'hommes admirables et qui avoient de « très-beaux génies sont morts sans qu'on en ait parlé ! Com- « bien vivent encore dont on ne parle point et dont on ne « parlera jamais ! » Loué, attaqué, recherché, il se trouva seulement peut-être un peu moins heureux après qu'avant son succès, et regretta sans doute à certains jours d'avoir livré au public une si grande part de son secret. Les imitateurs qui lui survinrent de tous côtés, les abbés de Villiers, les abbés de Bellegarde (en attendant les Brillon, Alléaume et autres, qu'il ne connut pas et que les Hollandais ne surent

(1) M. Walckenaer, dans son *Étude sur La Bruyère*, a rappelé une agréable anecdote tirée des Mémoires de l'Académie de Berlin et qui s'était conservée par tradition : « M. de La Bruyère, a dit Formey, qui le tenait de Maupertuis, venait presque journellement s'asseoir chez un libraire nommé Michallet, où il feuilletait les nouveautés, et s'amusait avec un enfant fort gentil, fille du libraire, qu'il avait pris en amitié. Un jour il tire un manuscrit de sa poche, et dit à Michallet : « Voulez-vous imprimer ceci (c'était *les Caractères*) ? Je ne sais si vous y trouverez votre compte ; mais, en cas de succès, le produit sera pour ma petite amie. » Le libraire, plus incertain de la réussite que l'auteur, entreprit l'édition ; mais à peine l'eut-il exposée en vente qu'elle fut enlevée, et qu'il fut obligé de réimprimer plusieurs fois ce livre, qui lui valut deux ou trois cent mille francs. Telle fut la dot imprévue de sa fille, qui fit dans la suite le mariage le plus avantageux et que M. de Maupertuis avait connue. » On sait le nom du mari ; M. Édouard Fournier, dans ses recherches sur La Bruyère, l'a retrouvé. Elle épousa Juli ou Juilly, un honnête homme de la finance, qui devint fermier général et qui garda une réputation sans tache. Il eut de la petite Michallet, en se mariant, plus de cent mille livres argent comptant.

— Ce livre, d'une expérience amère et presque misanthropique, devenu la dot d'une jeune fille : singulier contraste !

jamais bien distinguer de lui) (1), ces auteurs *nés copistes* qui s'attachent à tout succès comme les mouches aux mets délicats, ces *Trublets* d'alors, durent par moments lui causer de l'impatience : on a cru que son conseil à un auteur *né copiste* (chap. *des Ouvrages de l'Esprit*), qui ne se trouvait pas dans les premières éditions, s'adressait à cet honnête abbé de Villiers. Reçu à l'Académie le 15 juin 1693, époque où il y avait déjà eu en France sept éditions des *Caractères*, La Bruyère mourut subitement d'apoplexie en 1696 et disparut ainsi en pleine gloire, avant que les biographes et commentateurs eussent avisé encore à l'approcher, à le saisir dans sa condition modeste et à noter ses réponses (2). On lit dans la note manuscrite de la bibliothèque de l'Oratoire, citée par Adry, « que madame la marquise de Belleforière, de qui il était « fort l'ami, pourroit donner quelques mémoires sur sa vie « et son caractère. » Cette madame de Belleforière n'a rien dit et n'a probablement pas été interrogée. Vieille en 1720, date de la note manuscrite, était-elle une de ces personnes

(1) On lit dans les *Mémoires de Trévoux* (mars et avril 1701), à propos des *Sentiments critiques sur les Caractères de M. de La Bruyère* (1701) : « Depuis que les Caractères de M. de La Bruyère ont été don-
« nés au public, outre les traductions en diverses langues et les dix
« éditions qu'on en a faites en douze ans, il a paru plus de trente
« volumes à peu près dans ce style : *Ouvrage dans le goût des Carac-*
« *tères; Théophraste moderne, ou nouveaux Caractères des Mœurs;*
« *Suite des Caractères de Théophraste et des Mœurs de ce siècle; les*
« *différents Caractères des Femmes du siècle; Caractères tirés de l'Écri-*
« *ture sainte, et appliqués aux Mœurs du siècle; Caractères naturels*
« *des hommes, en forme de dialogue; Portraits sérieux et critiques;*
« *Caractères des Vertus et des Vices.* Enfin tout le pays des Lettres a
« été inondé de Caractères... »

(2) Il paraît qu'une première fois, en 1691, et sans le solliciter, La Bruyère avait obtenu sept voix pour l'Académie par le bon office de Bussy, dont ainsi la chatouilleuse prudence (il est permis de le croire) prenait les devants et se mettait en mesure avec l'auteur des *Caractères*. On a le mot de remercîment que lui adressa La Bruyère (*Nouvelles Lettres* de Bussy-Rabutin, t. VII). C'est même la seule lettre qu'on ait de lui, avec un autre petit billet agréablement grondeur à Santeul, imprimé sans aucun soin dans le *Santoliana*.

dont La Bruyère, au chapitre *du Cœur*, devait avoir l'idée présente quand il disait : « Il y a quelquefois dans le cours « de la vie de si chers plaisirs et de si tendres engagements « que l'on nous défend, qu'il est naturel de désirer du moins « qu'ils fussent permis : de si grands charmes ne peuvent « être surpassés que par celui de savoir y renoncer par « vertu. » Était-elle celle-là même qui lui faisait penser ce mot d'une délicatesse qui va à la grandeur ? « L'on peut être « touché de certaines beautés si parfaites et d'un mérite si « éclatant, que l'on se borne à les voir et à leur parler (1). »

Il y a moyen, avec un peu de complaisance, de reconstruire et de rêver plus d'une sorte de vie cachée pour La Bruyère, d'après quelques-unes de ses pensées qui recèlent toute une destinée, et, comme il semble, tout un roman enseveli. A la manière dont il parle de l'amitié, de ce *goût* qu'elle a et *auquel ne peuvent atteindre ceux qui sont nés médiocres*, on croirait qu'il a renoncé pour elle à l'amour ; et, à la façon dont il pose certaines questions ravissantes, on jurerait qu'il a eu assez l'expérience d'un grand amour pour devoir négliger l'amitié. Cette diversité de pensées accomplies, desquelles on pourrait tirer tour à tour plusieurs manières d'existences charmantes ou profondes, et qu'une seule personne n'a pu directement former de sa seule et propre expérience, s'explique d'un mot : Molière, sans être Alceste, ni Philinte, ni Orgon, ni Argan, est successivement tout cela ; La Bruyère, dans le cercle du moraliste, a ce don assez pareil, d'être successivement chaque cœur ; il est du petit nombre de ces hommes qui ont tout su.

Molière, à l'étudier de près, ne fait pas ce qu'il prêche. Il représente les inconvénients, les passions, les ridicules, et dans sa vie il y tombe ; La Bruyère jamais. Les petites incon-

(1) Cette dame a pu être Marie-Renée de Belleforière, fille du Grand-Veneur de France, ou encore Justine-Hélène de Hénin, fille du seigneur de Querevain, mariée à Jean-Maximilien-Ferdinand, seigneur de Belleforière (Voir Moréri). J'inclinerais pour la première.

séquences du *Tartufe*, il les a saisies, et son *Onuphre* est irréprochable (1) : de même pour sa conduite, il pense à tout et se conforme à ses maximes, à son expérience. Molière est poëte, entraîné, irrégulier, mélange de naïveté et de feu, et plus grand, plus aimable peut-être par ses contradictions mêmes : La Bruyère est sage. Il ne se maria jamais : « Un « homme libre, avait-il observé, et qui n'a point de femme, « s'il a quelque esprit, peut s'élever au-dessus de sa fortune, « se mêler dans le monde et aller de pair avec les plus hon- « nêtes gens. Cela est moins facile à celui qui est engagé ; il « semble que le mariage met tout le monde dans son ordre. » Ceux à qui ce calcul de célibat déplairait pour La Bruyère, peuvent supposer qu'il aima en lieu impossible et qu'il resta fidèle à un souvenir dans le renoncement.

On a remarqué souvent combien la beauté humaine de son cœur se déclare énergiquement à travers la science inexorable de son esprit : « Il faut des saisies de terre, des enlève- « ments de meubles, des prisons et des supplices, je l'avoue ; « mais, justice, lois et besoins à part, ce m'est une chose « toujours nouvelle de contempler avec quelle férocité les « hommes traitent les autres hommes. » Que de réformes, poursuivies depuis lors et non encore menées à fin, contient cette parole! le cœur d'un Fénelon y palpite sous un accent plus contenu. La Bruyère s'étonne, comme d'une chose *toujours nouvelle*, de ce que madame de Sévigné trouvait tout simple, ou seulement un peu drôle : le xviiie siècle, qui s'étonnera de tant de choses, s'avance. Je ne fais que rappeler la page sublime sur les paysans : « Certains animaux farou- « ches, etc. (chap. *de l'Homme*). » On s'est accordé à reconnaître La Bruyère dans le portrait du philosophe qui, assis dans son cabinet et toujours accessible malgré ses études profondes, vous dit d'entrer, et que vous lui apportez quelque

(1) La Motte a dit : « Dans son tableau de *l'Hypocrite*, La Bruyère « commence toujours par effacer un trait du *Tartufe*, et ensuite il en « *recouche* un tout contraire. »

chose de plus précieux que l'or et l'argent, *si c'est une occasion de vous obliger.*

Il était religieux, et d'un spiritualisme fermement raisonné, comme en fait foi son chapitre des *Esprits forts;* qui, venu le dernier, répond tout ensemble à une beauté secrète de composition, à une précaution ménagée d'avance contre des attaques qui n'ont pas manqué, et à une conviction profonde. La dialectique de ce chapitre est forte et sincère ; mais l'auteur en avait besoin pour racheter plus d'un mot qui dénote le philosophe aisément dégagé du temps où il vit, pour appuyer surtout et couvrir ses attaques contre la fausse dévotion alors régnante. La Bruyère n'a pas déserté sur ce point l'héritage de Molière : il a continué cette guerre courageuse sur une scène bien plus resserrée (l'autre scène, d'ailleurs, n'eût plus été permise), mais avec des armes non moins vengeresses. Il a fait plus que de montrer au doigt le courtisan, *qui autrefois portait ses cheveux,* en perruque désormais, l'habit serré et le bas uni, parce qu'il est dévot ; il a fait plus que de dénoncer à l'avance les représailles impies de la Régence, par le trait ineffaçable : *Un dévot est celui qui sous un roi athée serait athée;* il a adressé à Louis XIV même ce conseil direct, à peine voilé en éloge : « C'est une chose délicate à un prince
« religieux de réformer la cour et de la rendre pieuse; ins-
« truit jusques où le courtisan veut lui plaire et aux dépens
« de quoi il feroit sa fortune, il le ménage avec prudence ; il
« tolère, il dissimule, de peur de le jeter dans l'hypocrisie ou
« le sacrilége ; il attend plus de Dieu et du temps que de son
« zèle et de son industrie. »

Malgré ses dialogues sur le quiétisme, malgré quelques mots qu'on regrette de lire sur la révocation de l'édit de Nantes, et quelque endroit favorable à la magie, je serais tenté plutôt de soupçonner La Bruyère de liberté d'esprit que du contraire. *Né chrétien et Français,* il se trouva plus d'une fois, comme il dit, *contraint dans la satire;* car, s'il songeait surtout à Boileau en parlant ainsi, il devait par contre-coup songer un peu à lui-même, et à ces *grands sujets* qui lui étaient *défendus*. Il les sonde d'un mot, mais il faut qu'aussitôt il s'en retire. Il est de ces esprits qui auraient eu peu à faire (s'ils ne l'ont pas fait) pour sortir sans effort et sans étonnement de toutes les circonstances accidentelles qui restreignent la vue. C'est bien moins d'après tel ou tel mot détaché, que d'après l'habitude entière de son jugement, qu'il se laisse voir ainsi. En beaucoup d'opinions comme en style, il se rejoint assez aisément à Montaigne.

On doit lire sur La Bruyère trois morceaux essentiels, dont ce que je dis ici n'a nullement la prétention de dispenser. Le premier morceau en date est celui de l'abbé D'Olivet dans son *Histoire de l'Académie*. On y voit trace d'une manière de juger littéralement l'illustre auteur, qui devait être partagée de plus d'un esprit *classique* à la fin du XVIIe et au commencement du XVIIIe siècle : c'est le développement et, selon moi, l'éclaircissement du mot un peu obscur de Boileau à Racine. D'Olivet trouve à La Bruyère trop d'*art*, trop d'*esprit*, quelque abus de *métaphores* : « Quant au style précisément, M. de La Bruyère
« ne doit pas être lu sans défiance, parce qu'il a donné, mais
« pourtant avec une modération qui, de nos jours, tiendroit
« lieu de mérite, dans ce style affecté, guindé, entortillé, etc. »
Nicole, dont La Bruyère a paru dire en un endroit *qu'il ne pensoit pas assez* (1), devait trouver, en revanche, que le nouveau moraliste pensait trop, et se piquait trop vivement de raffiner la tâche. Nous reviendrons sur cela tout à l'heure. On regrette qu'à côté de ces jugements, qui, partant d'un homme de goût et d'autorité, ont leur prix, D'Olivet n'ait pas procuré plus de détails, au moins académiques, sur La Bruyère. La réception de La Bruyère à l'Académie donna lieu à des que-

---

(1) Toutes les anciennes *clefs* nomment en effet Nicole comme étant celui que désigne ce trait (*Des Ouvrages de l'Esprit*) : *Deux écrivains dans leurs ouvrages*, etc., etc.; mais il faut convenir qu'il se rapporterait beaucoup mieux à Balzac. — J'ai discuté ce point ailleurs (*Port-Royal*, tome II, p. 390).

relles, dont lui-même nous a entretenus dans la préface de son Discours et qui laissent à désirer quelques explications (1). Si heureux d'emblée qu'eût été La Bruyère, il lui fallut, on le voit, soutenir sa lutte à son tour comme Corneille, comme Molière en leur temps, comme tous les vrais grands. Il est obligé d'alléguer son chapitre des *Esprits forts* et de supposer à l'ordre de ses matières un dessein religieux un peu subtil, pour mettre à couvert sa foi. Il est obligé de nier la réalité de ses portraits, de rejeter au visage des fabricateurs *ces insolentes clefs* comme il les appelle : Martial avait déjà dit excellemment : *Improbe facit qui in alieno libro ingeniosus est.* — « En vérité, je ne doute point, s'écrie La Bruyère avec un
« accent d'orgueil auquel l'outrage a forcé sa modestie, que
« le public ne soit enfin étourdi et fatigué d'entendre depuis
« quelques années de vieux corbeaux croasser autour de ceux
« qui, d'un vol libre et d'une plume légère, se sont élevés à
« quelque gloire par leurs écrits. » Quel est ce corbeau qui croassa, ce *Théobalde* qui bâilla si fort et si haut à la harangue de La Bruyère, et qui, avec quelques académiciens, faux confrères, ameuta les coteries et *le Mercure Galant*, lequel se vengeait (c'est tout simple) d'avoir été mis *immédiatement au-dessous de rien* (2) ? Benserade, à qui le signalement de *Théo-*

---

(1) Il fut reçu le même jour que l'abbé Bignon et par M. Charpentier, qui, en sa qualité de partisan des anciens, le mit lourdement au-dessous de Théophraste; la phrase, dite en face, est assez peu aimable : « Vos portraits ressemblent à de certaines personnes, et souvent
« on les devine ; les siens ne ressemblent qu'à l'homme. Cela est cause
« que ses portraits ressembleront toujours ; mais il est à craindre que
« les vôtres ne perdent quelque chose de ce vif et de ce brillant qu'on
« y remarque, quand on ne pourra plus les comparer *avec ceux sur*
« *qui vous les avez tirés.* » On voit que si La Bruyère *tirait* ses portraits, M. Charpentier *tirait* ses phrases, mais un peu différemment.

(2) Voici un échantillon des aménités que *le Mercure* prodiguait à La Bruyère (juin 1693) : « M. de La Bruyère a fait une traduction
« des Caractères de Théophraste, et il y a joint un recueil de Portraits
« satyriques, dont la plupart sont faux et les autres tellement ou-

balde sied assez, était mort ; était-ce Boursault qui, sans appartenir à l'Académie, avait pu se coaliser avec quelques-uns du dedans ? Était-ce le vieux Boyer (1) ou quelque autre de même force ? D'Olivet montre trop de discrétion là-dessus. — Les deux autres morceaux essentiels à lire sur La Bruyère sont une Notice exquise de Suard, écrite en 1782, et un *Éloge*

« trés, etc., etc. Ceux qui s'attachent à ce genre d'écrire devroient
« être persuadés que la satyre fait souffrir la piété du Roi, et faire
« réflexion que l'on n'a jamais ouï ce Monarque rien dire de désobli-
« geant à personne. (*Tout ceci et ce qui suit sent quelque peu la dénon-*
« *ciation.*) La satyre n'étoit pas du goût de Madame la Dauphine, et
« j'avois commencé une réponse aux Caractères du vivant de cette
« princesse qu'elle avoit fort approuvée et qu'elle devoit prendre sous
« sa protection, parce qu'elle repoussoit la médisance. L'ouvrage de
« M. de La Bruyère ne peut être appelé livre que parce qu'il a une
« couverture et qu'il est relié comme les autres livres. Ce n'est qu'un
« amas de pièces détachées... Rien n'est plus aisé que de faire trois
« ou quatre pages d'un portrait qui ne demande point d'ordre... Il
« n'y a pas lieu de croire qu'un pareil recueil qui choque les bonnes
« mœurs ait fait obtenir à M. de La Bruyère la place qu'il a dans
« l'Académie. Il a peint les autres dans son amas d'invectives, et dans
« le discours qu'il a prononcé il s'est peint lui-même... Fier de *sept*
« éditions que ses Portraits satyriques ont fait faire de son merveil-
« leux ouvrage, il exagère son mérite... » Et *le Mercure* conclut, en remuant sottement sa propre injure, que tout le monde a jugé du discours *qu'il était directement au-dessous de rien.* Certes, l'exemple de telles injustices appliquées aux plus délicats et aux plus fins modèles serait capable de consoler ceux qui ont du moins le culte du passé, de toutes les grossièretés qu'eux-mêmes ils ont souvent à essuyer dans le présent.

(1) Ce serait plutôt Boursault que Boyer ; car je me rappelle que Segrais a dit à propos des épigrammes de Boileau contre Boyer : « Le « pauvre M. Boyer n'a jamais offensé personne. » — Je m'étais mis, comme on voit, fort en frais de conjectures, lorsque Trublet, dans ses *Mémoires sur Fontenelle*, page 225, m'est venu donner la clef de l'énigme et le nom des masques. Il paraît bien qu'il s'agit en effet de Thomas Corneille et de Fontenelle, ligués avec De Visé : Fontenelle était de l'Académie à cette date ; lui et son oncle Thomas faisaient volontiers au dehors de la littérature de feuilletons et écrivaient, comme on dirait, dans les *petits journaux*. On sait le mot de Boileau à propos de La Motte : « C'est dommage qu'il ait été *s'encanailler* de « ce petit Fontenelle. »

approfondi par Victorin Fabre (1810). On apprend d'un morceau qui se trouve dans *l'Esprit des Journaux* (févr. 1782), et où l'auteur anonyme apprécie fort délicatement lui-même la Notice de Suard, que La Bruyère, déjà moins lu et moins recherché au dire de D'Olivet, n'avait pas été complétement mis à sa place par le xviii° siècle; Voltaire en avait parlé légèrement dans le *Siècle de Louis XIV* : « Le marquis de Vauve« nargues, dit l'auteur anonyme (qui serait digne d'être Fon« tanes ou Garat), est presque le seul, de tous ceux qui ont « parlé de La Bruyère, qui ait bien senti ce talent vraiment « grand et original. Mais Vauvenargues lui-même n'a pas l'es« time et l'autorité qui devraient appartenir à un écrivain qui « participe à la fois de la sage étendue d'esprit de Locke, de « la pensée originale de Montesquieu, de la verve de style de « Pascal, mêlée au goût de la prose de Voltaire ; il n'a pu faire « ni la réputation de La Bruyère ni la sienne. » Cinquante ans de plus, en achevant de consacrer La Bruyère comme génie, ont donné à Vauvenargues lui-même le vernis des maîtres. La Bruyère, que le xviii° siècle était ainsi lent à apprécier, avait avec ce siècle plus d'un point de ressemblance qu'il faut suivre de plus près encore.

Dans ces diverses études charmantes ou fortes sur La Bruyère, comme celles de Suard et de Fabre, au milieu de mille sortes d'ingénieux éloges, un mot est lâché qui étonne, appliqué à un aussi grand écrivain du xvii° siècle. Suard dit en propres termes que La Bruyère avait *plus d'imagination que de goût*. Fabre, après une analyse complète de ses mérites, conclut à le placer dans le si petit nombre des parfaits modèles de l'art d'écrire, *s'il montrait toujours autant de goût qu'il prodigue d'esprit et de talent* (1). C'est la première fois

(1) Et M. de Feletz, bon juge et vif interprète des traditions pures, a écrit : « La Bruyère qui possède si bien sa langue, qui la maîtrise, « qui l'orne, qui l'enrichit, l'altère aussi quelquefois et en viole les « règles. » (*Jugements historiques et littéraires sur quelques Écrivains...* 1840, page 250.)

qu'à propos d'un des maîtres du grand siècle on entend toucher cette corde délicate, et ceci tient à ce que La Bruyère, venu tard et innovant véritablement dans le style, penche déjà vers l'âge suivant. Il nous a tracé une courte histoire de la prose française en ces termes : « L'on écrit régulièrement de-
« puis vingt années ; l'on est esclave de la construction ; l'on a
« enrichi la langue de nouveaux tours, secoué le joug du lati-
« nisme, et réduit le style à la phrase purement françoise ; l'on
« a presque retrouvé le nombre que Malherbe et Balzac avoient
« les premiers rencontré, et que tant d'auteurs depuis eux
« ont laissé perdre ; l'on a mis enfin dans le discours tout
« l'ordre et toute la netteté dont il est capable : cela conduit
« insensiblement à y mettre de l'esprit. » Cet esprit, que La Bruyère ne trouvait pas assez avant lui dans le style, dont Bussy, Pellisson, Fléchier, Bouhours, lui offraient bien des exemples, mais sans assez de continuité, de consistance ou d'originalité, il l'y voulut donc introduire. Après Pascal et La Rochefoucauld, il s'agissait pour lui d'avoir une grande, une délicate manière, et de ne pas leur ressembler. Boileau, comme moraliste et comme critique, avait exprimé bien des vérités en vers avec une certaine perfection. La Bruyère voulut faire dans la prose quelque chose d'analogue, et, comme il se le disait peut-être tout bas, quelque chose de mieux et de plus fin. Il y a nombre de pensées droites, justes, proverbiales, mais trop aisément communes, dans Boileau, que La Bruyère n'écrirait jamais et n'admettrait pas dans son élite. Il devait trouver au fond de son âme que c'était un peu trop de pur bon sens, et, sauf le vers qui relève, aussi peu rare que bien des lignes de Nicole. Chez lui tout devient plus détourné et plus neuf ; c'est un repli de plus qu'il pénètre. Par exemple, au lieu de ce genre de sentences familières à l'auteur de l'*Art poétique* :

Ce que l'on conçoit bien s'énonce clairement, etc.,

il nous dit, dans cet admirable chapitre *des Ouvrages de l'Es-*

prit, qui est son *Art poétique* à lui et sa *Rhétorique* : « Entre
« toutes les différentes expressions qui peuvent rendre une
« seule de nos pensées, il n'y en a qu'une qui soit la bonne :
« on ne la rencontre pas toujours en parlant ou en écrivant ;
« il est vrai néanmoins qu'elle existe, que tout ce qui ne l'est
« point est foible et ne satisfait point un homme d'esprit qui
« veut se faire entendre. » On sent combien la sagacité si
vraie, si judicieuse encore, du second critique, enchérit pourtant sur la raison saine du premier. A l'appui de cette opinion,
qui n'est pas récente, sur le caractère de novateur entrevu chez
La Bruyère, je pourrais faire usage du jugement de Vigneul-
Marville et de la querelle qu'il soutint avec Coste et Brillon à
ce sujet : mais, le sentiment de ces hommes en matière de
style ne signifiant rien, je m'en tiens à la phrase précédemment citée de D'Olivet. Le goût changeait donc, et La Bruyère
y aidait *insensiblement.* Il était bientôt temps que le siècle finît :
la pensée de dire autrement, de varier et de rajeunir la forme,
a pu naître dans un grand esprit; elle deviendra bientôt
chez d'autres un tourment plein de saillies et d'étincelles.
Les *Lettres Persanes,* si bien annoncées et préparées par
La Bruyère, ne tarderont pas à marquer la seconde époque.
La Bruyère n'a nul tourment encore et n'éclate pas, mais il
est déjà en quête d'un agrément neuf et du trait. Sur ce
point il confine au xviiie siècle plus qu'aucun grand écrivain de son âge ; Vauvenargues, à quelques égards, est plus
du xviie siècle que lui. Mais non... ; La Bruyère en est encore pleinement, de son siècle incomparable, en ce qu'au
milieu de tout ce travail contenu de nouveauté et de rajeunissement, il ne manque jamais, au fond, d'un certain goût
simple.

Quoique ce soit l'homme et la société qu'il exprime surtout,
le pittoresque, chez La Bruyère, s'applique déjà aux choses
de la nature plus qu'il n'était ordinaire de son temps. Comme
il nous dessine dans un jour favorable la petite ville qui lui
paraît *peinte sur le penchant de la colline !* Comme il nous

montre gracieusement, dans sa comparaison du prince et du pasteur, le troupeau, répandu par la prairie, qui broute l'herbe *menue et tendre!* Mais il n'appartient qu'à lui d'avoir eu l'idée d'insérer au chapitre *du Cœur* les deux pensées que voici : « Il y a des lieux que l'on admire; il y en a d'autres « qui touchent et où l'on aimerait à vivre. » — « Il me semble « que l'on dépend des lieux pour l'esprit, l'humeur, la passion, « le goût et les sentiments. » Jean-Jacques et Bernardin de Saint-Pierre, avec leur amour des lieux, se chargeront de développer un jour toutes les nuances, closes et sommeillantes, pour ainsi dire, dans ce propos discret et charmant. Lamartine ne fera que traduire poétiquement le mot de La Bruyère, quand il s'écriera :

> Objets inanimés, avez-vous donc une âme
> Qui s'attache à notre âme et la force d'aimer?

La Bruyère est plein de ces germes brillants.

Il a déjà l'art (bien supérieur à celui des *transitions* qu'exigeait trop directement Boileau) de composer un livre, sans en avoir l'air, par une sorte de lien caché, mais qui reparaît, d'endroits en endroits, inattendu. On croit au premier coup d'œil n'avoir affaire qu'à des fragments rangés les uns après les autres, et l'on marche dans un savant dédale où le fil ne cesse pas. Chaque pensée se corrige, se développe, s'éclaire, par les environnantes. Puis l'imprévu s'en mêle à tout moment, et, dans ce jeu continuel d'entrées en matière et de sorties, on est plus d'une fois enlevé à de soudaines hauteurs que le discours continu ne permettrait pas : *Ni les troubles, Zénobie, qui agitent votre empire,* etc. Un fragment de lettre ou de conversation, imaginé ou simplement encadré au chapitre *des Jugements : Il disoit que l'esprit dans cette belle personne étoit un diamant bien mis en œuvre,* etc., est lui-même un adorable joyau que tout le goût d'un André Chénier n'aurait pas *mis en œuvre* et en valeur plus artistement. Je dis André Chénier à dessein, malgré la disparate des genres et des noms ; et, chaque fois que j'en viens à ce passage de La Bruyère, le motif aimable

> Elle a vécu, Myrto, la jeune Tarentine, etc.,

me revient en mémoire et se met à chanter en moi (1).

Si l'on s'étonne maintenant que, touchant et inclinant par tant de points au xviiie siècle, La Bruyère n'y ait pas été plus invoqué et célébré, il y a une première réponse : C'est qu'il était trop sage, trop désintéressé et reposé pour cela ; c'est qu'il s'était trop appliqué à l'homme pris en général ou dans ses variétés de toute espèce, et il parut un allié peu actif, peu spécial, à ce siècle d'hostilité et de passion. Et puis le piquant de certains portraits tout personnels avait disparu. La mode s'était mêlée dans la gloire du livre, et les modes passent. Fontenelle (*Cydias*) ouvrit le xviiie siècle, en étant discret à bon droit sur La Bruyère qui l'avait blessé ; Fontenelle, en demeurant dans le salon cinquante ans de plus que les autres, eut ainsi un long dernier mot sur bien des ennemis de sa jeunesse. Voltaire, à Sceaux, aurait pu questionner sur La Bruyère Malezieu, un des familiers de la maison de Condé, un peu le collègue de notre philosophe dans l'éducation de la duchesse du Maine et de ses frères, et qui avait lu le manuscrit des *Caractères* avant la publication ; mais Voltaire ne paraît pas s'en être soucié. Il convenait à un esprit calme et fin comme l'était Suard, de réparer cette négligence injuste, avant qu'elle s'autorisât (2). Aujourd'hui, La Bruyère n'est plus à remettre à son rang. On se révolte, il est vrai, de temps

---

(1) M. de Barante, dans quelques pages élevées où il juge l'Éloge de La Bruyère par Fabre (*Mélanges littéraires*, tome II), a contesté cet artifice extrême du moraliste écrivain, que Fabre aussi avait présenté un peu fortement. Pour moi, en relisant les *Caractères*, la rhétorique m'échappe, si l'on veut, mais j'y sens de plus en plus la science de la Muse.

(2) On peut voir au tome II des Mémoires de Garat sur Suard, p. 268 et suiv., avec quel à-propos celui-ci cita et commenta un jour le chapitre des *Grands* dans le salon de M. De Vaines.

à autre, contre ces belles réputations simples et hautes, conquises à si peu de frais, ce semble; on en veut secouer le joug; mais, à chaque effort contre elles, de près, on retrouve cette multitude de pensées admirables, concises, éternelles, comme autant de chaînons indestructibles : on y est repris de toutes parts comme dans les divines mailles des filets de Vulcain.

La Bruyère fournirait à des choix piquants de mots et de pensées qui se rapprocheraient avec agrément de pensées presque pareilles de nos jours. Il en a sur le cœur et les passions surtout qui rencontrent à l'improviste les analyses intérieures de nos contemporains. J'avais noté un endroit où il parle des jeunes gens, lesquels, à cause des passions *qui les amusent*, dit-il, supportent mieux la solitude que les vieillards, et je rapprochais sa remarque d'un mot de *Lélia* sur les promenades solitaires de Sténio. J'avais noté aussi sa plainte sur l'infirmité du cœur humain trop tôt consolé, qui manque *de sources inépuisables de douleur pour certaines pertes*, et je la rapprochais d'une plainte pareille dans *Atala*. La rêverie, enfin, à côté des personnes qu'on aime, apparaît dans tout son charme chez La Bruyère. Mais, bien que, d'après la remarque de Fabre, La Bruyère ait dit que *le choix des pensées est invention*, il faut convenir que cette invention est trop facile et trop séduisante avec lui pour qu'on s'y livre sans réserve. — En politique, il a de simples traits qui percent les époques et nous arrivent comme des flèches : « Ne penser qu'à soi et au présent, source d'erreur en politique. »

Il est principalement un point sur lequel les écrivains de notre temps ne sauraient trop méditer La Bruyère, et sinon l'imiter, du moins l'honorer et l'envier. Il a joui d'un grand bonheur et a fait preuve d'une grande sagesse : avec un talent immense, il n'a écrit que pour dire ce qu'il pensait; le mieux dans le moins, c'est sa devise. En parlant une fois de madame Guizot, nous avons indiqué de combien de pensées mémorables elle avait parsemé ses nombreux et obscurs articles, d'où il avait fallu qu'une main pieuse, un œil ami, les allât discerner et détacher. La Bruyère, né pour la perfection dans un siècle qui la favorisait, n'a pas été obligé de semer ainsi ses pensées dans des ouvrages de toutes les sortes et de tous les instants; mais plutôt il les a mises chacune à part, en saillie, sous la face apparente, et comme on piquerait sur une belle feuille blanche de riches papillons étendus. « L'homme « du meilleur esprit, dit-il, est inégal...; il entre en verve, « mais il en sort : alors, s'il est sage, il parle peu, il n'écrit « point... Chante-t-on avec un rhume? Ne faut-il pas attendre « que la voix revienne? » C'est de cette habitude, de cette nécessité de *chanter* avec toute espèce de voix, d'avoir de la verve à toute heure, que sont nés la plupart des défauts littéraires de notre temps. Sous tant de formes gentilles, sémillantes ou solennelles, allez au fond : la nécessité de remplir des feuilles d'impression, de pousser à la colonne ou au volume sans faire semblant, est là. Il s'ensuit un développement démesuré du détail qu'on saisit, qu'on brode, qu'on amplifie et qu'on effile au passage, ne sachant si pareille occasion se retrouvera. Je ne saurais dire combien il en résulte, à mon sens, jusqu'au sein des plus grands talents, dans les plus beaux poëmes, dans les plus belles pages en prose, — oh! beaucoup de savoir-faire, de facilité, de dextérité, de main-d'œuvre savante, si l'on veut, mais aussi ce je ne sais quoi que le commun des lecteurs ne distingue pas du reste, que l'homme de goût lui-même peut laisser passer dans la quantité s'il ne prend garde, — le simulacre et le faux semblant du talent, ce qu'on appelle *chique* en peinture et qui est l'affaire d'un pouce encore habile même alors que l'esprit demeure absent. Ce qu'il y a de *chique* dans les plus belles productions du jour est effrayant, et je ne l'ose dire ici que parce que, parlant au général, l'application ne saurait tomber sur aucun illustre en particulier. Il y a des endroits où, en marchant dans l'œuvre, dans le poëme, dans le roman, l'homme qui a le pied fait s'aperçoit qu'il est sur le creux :

ce creux ne rend pas l'écho le moins sonore pour le vulgaire. Mais qu'ai-je dit? c'est presque là un secret de procédé qu'il faudrait se garder entre artistes pour ne pas décréditer le métier. L'heureux et sage La Bruyère n'était point tel en son temps ; il traduisait à son loisir Théophraste et produisait chaque pensée essentielle à son heure. Il est vrai que ses mille écus de pension comme homme de lettres de M. le Duc et le logement à l'hôtel de Condé lui procuraient une condition à l'aise qui n'a point d'analogue aujourd'hui. Quoi qu'il en soit, et sans faire injure à nos mérites laborieux, son premier petit in-12 devrait être à demeure sur notre table, à nous tous écrivains modernes, si abondants et si assujettis, pour nous rappeler un peu à l'amour de la sobriété, à la proportion de la pensée au langage. Ce serait beaucoup déjà que d'avoir regret de ne pouvoir faire ainsi.

Aujourd'hui que l'*Art poétique* de Boileau est véritablement abrogé et n'a plus d'usage, la lecture du chapitre des *Ouvrages de l'Esprit* serait encore chaque matin, pour les esprits critiques, ce que la lecture d'un chapitre de *l'Imitation* est pour les âmes tendres.

La Bruyère, après cela, a bien d'autres applications possibles par cette foule de pensées ingénieusement profondes sur l'homme et sur la vie. A qui voudrait se réformer et se prémunir contre les erreurs, les exagérations, les faux entraînements, il faudrait, comme au premier jour de 1688, conseiller le moraliste immortel. Par malheur on arrive à le goûter et on ne le découvre, pour ainsi dire, que lorsqu'on est déjà soi-même au retour, plus capable de voir le mal que de faire le bien, et ayant déjà épuisé à faux bien des ardeurs et des entreprises. C'est beaucoup néanmoins que de savoir se consoler ou même se chagriner avec lui.

1ᵉʳ Juillet 1836.

MILLEVOYE

Quand on cherche, dans la poésie de la fin du xviiie siècle et dans celle de l'Empire, des talents qui annoncent à quelque degré ceux de notre temps et qui y préparent, on trouve Le Brun et André Chénier, comme visant déjà, l'un à l'élévation et au grandiose lyrique, l'autre à l'exquis de l'art ; on trouve aussi (pour ne parler que des poëtes en vers), dans les tons, encore timides, de l'élégie mélancolique et de la méditation rêveuse, Fontanes et Millevoye. Le poëte du *Jour des Morts* et celui de *la Chute des Feuilles* sont des précurseurs de Lamartine comme Le Brun l'est pour Victor Hugo dans l'ode, comme l'est André Chénier pour tout un côté de l'école de l'art. Ce rôle de précurseur, en relevant par la précocité ce que le talent peut avoir eu de hasardeux ou d'incomplet, offre toujours, dans l'histoire littéraire, quelque chose qui attache. S'il se rencontre surtout dans une nature aimable, facile, qui n'a en rien l'ambition de ce rôle et qui ignore absolument qu'elle le remplit ; s'il se produit en œuvres légères, courtes, inachevées, mais sorties et senties du cœur ; s'il se termine en une brève jeunesse, il devient tout à fait intéressant. C'est là le sort de Millevoye ; c'est la pensée que son nom harmonieux suggère. Entre Delille qui finit et Lamartine qui prélude, entre ces deux grands règnes de poëtes, dans l'intervalle, une pâle et douce étoile un moment a brillé ; c'est lui.

Le Brun qui avait (il n'est pas besoin de le dire) bien autrement de force et de nerf que Millevoye, mais qui était, à quelques égards aussi, simple précurseur d'un art éclatant, Le Brun tente des voies ardues, heurte à toutes les portes de l'Olympe lyrique, et, après plus de bruit que de gloire, meurt, corrigeant et recorrigeant des odes qui n'ont à aucun temps triomphé. Il y a dans cette destinée quelque chose de toujours *à côté*, pour ainsi dire, et qui ne satisfait pas. Fontanes, connu par des débuts poétiques purs et touchants, s'en retire bientôt, s'endort dans la paresse, et s'éclipse dans les dignités : c'est là une fin non poétique, assez discordante, et que l'imagination n'admet pas. André Chénier, lui, nature gracieuse et studieuse, mais énergique pourtant et passionnée, vaincu violemment et intercepté avant l'heure, a son harmonie à la fois délicate et grande. Millevoye, en son moindre genre, a la sienne également. Chez lui, l'accord est parfait entre le moment de la venue, le talent et la vie. Il chante, il s'égaye, il soupire, et, dans son gémissement s'en va, un soir, au vent d'automne, comme une de ces feuilles dont la chute est l'objet de sa plus douce plainte ; il incline la tête, comme fait la marguerite coupée par la charrue, ou le pavot surchargé par la pluie. De tous les jeunes poëtes qui ne meurent ni de désespoir, ni de fièvre chaude, ni par le couteau, mais doucement et par un simple effet de lassitude naturelle, comme des fleurs dont c'était le terme marqué, Millevoye nous semble le plus aimé, le plus en vue, et celui qui restera.

Il y a mieux. En nous tous, pour peu que nous soyons poëtes, et si nous ne le sommes pourtant pas décidément, il existe ou il a existé une certaine fleur de sentiments, de désirs, une certaine rêverie première, qui bientôt s'en va dans les travaux prosaïques, et qui expire dans l'occupation de la vie. Il se trouve, en un mot, dans les trois quarts des hommes, comme un poëte qui meurt jeune, tandis que l'homme survit. Millevoye est au dehors comme le type personnifié de ce poëte jeune qui ne devait pas vivre, et qui meurt, à trente ans plus ou moins, en chacun de nous (1).

Sa vie, aussi simple que courte, n'offre qu'un petit nombre de traits sur lesquels nous courrons. Charles-Hubert Millevoye est né à Abbeville le 24 décembre 1782, et par conséquent, s'il vivait aujourd'hui, il aurait à peu près le même âge (un peu moins) que Béranger. Il reçut tous les soins affectueux et l'éducation de famille; son père était négociant; un oncle, frère de son père, qui logeait sous le même toit, donna à l'enfant les premières notions de latin, et on l'envoya bientôt suivre les classes au collége. Il en profita jusqu'en 94, où ce collége fut supprimé. Deux de ses maîtres, qui s'étaient fort attachés à lui, bons humanistes et hellénistes, lui continuèrent leurs soins. L'enfant avait annoncé sa vocation précoce par de petites fables en vers français, et les dignes professeurs, émerveillés, favorisèrent cette disposition plutôt que de la combattre. Le jeune Millevoye perdit son père à l'âge de treize ans; dix ans après, il célébrait cette douleur, encore sensible, dans l'élégie qui a pour titre *l'Anniversaire.* Il reporta sur sa mère une plus vive tendresse. Des sentiments de famille naturels et purs, une facilité de talent non combattue, bientôt l'émotion rapide, mobile, du plaisir et de la rêverie, c'est là le fonds entier de sa jeunesse, ce sont les caractères qui, en simples et légers délinéaments, pour ainsi dire, vont passer de l'âme de Millevoye dans sa poésie.

Il vint à Paris âgé de quinze ou seize ans, et suivit en 1798 le cours de belles-lettres professé à l'École centrale des Quatre-Nations par M. Dumas. Il trouva en ce nouveau maître, qui succédait cette année-là à M. de Fontanes, un élève affaibli, mais encore suffisant, de la même école littéraire, un homme instruit et doux, qui s'attacha à lui et l'entoura de conseils, sinon bien vifs et bien neufs, du moins graves et sains. M. Dumas, dans une notice qu'il a écrite sur Millevoye,

(1) M. Alfred de Musset m'a adressé, à l'occasion de ce passage, de très-aimables vers auxquels j'ai répondu. (Voir dans les *Pensées d'Août.*)

nous apprend lui-même qu'il eut à le ramener d'une admiration un peu excessive pour Florian à des modèles plus sérieux et plus solides. Ses études terminées, le jeune homme songea à prendre un état ; il essaya du barreau et entra quelque temps dans une étude de procureur. Il sortit de là pour être commis libraire dans la maison Treuttel et Würtz, espérant concilier son goût d'étude avec ce commerce des livres. Le pastoral Gessner avait su faire ainsi. Mais, un jour que le jeune Millevoye était, au fond du magasin, absorbé dans une lecture, le chef passa et lui dit : « Jeune homme, vous lisez ! vous ne serez jamais libraire. » Après deux ans de cette tentative infructueuse, Millevoye, en effet, y renonça. Il avait d'ailleurs amassé en portefeuille un certain nombre de pièces légères ; il avait composé son *Passage du mont Saint-Bernard*, une *Satire sur les Romans nouveaux*, couronnée par l'Académie de Lyon, et sa pièce des *Plaisirs du Poëte*. Il publia ces essais de 1801 à 1804 (1), et ne vécut plus que de la vie littéraire, et aussi de la vie du monde, tout entier au moment et au caprice.

Parmi les nombreux essais que Millevoye a faits en presque tous les genres de poésie, il en est beaucoup que nous n'examinerons pas ; ce sera assez les juger. On y trouverait de la facilité toujours, mais trop d'indécision et de pâleur. Talent naturel et vrai, mais trop docile, il ne s'est pas assez connu lui-même, et a sans cesse accordé aux conseils une grande part dans ses choix. Ayant commencé très-jeune à produire et à publier, dans un temps où le peu de concurrence des talents et un goût vif des Lettres renaissantes mettaient l'encouragement à la mode, il a subi l'inconvénient d'achever et de *doubler*, en quelque sorte, sa rhétorique, en public, dans les concours d'académie. Il y a nombre de ces prix ou de ces *accessits*

(1) Dans *la Décade* de l'an XII (4ᵉ trimestre, page 561, nᵒ du 30 fructidor), on lit sur *les Plaisirs du Poëte* et autres premiers opuscules de Millevoye un article de M. Auger, judicieux et bienveillant, quoique sec ; la mesure du jeune poëte y est bien prise.

sur lesquels la critique de nos jours, qui n'a plus le sentiment de ces fautes et de ces *demi*-fautes, est tout à fait incompétente à prononcer. On a pu trouver ingénieux, dans le temps, cet endroit de son poëme d'*Austerlitz*, où il parle noblement de la baïonnette en vers :

> Là, menaçant de loin, le bronze éclate et tonne ;
> Ici frappe de près le poignard de Bayonne.

Tel passage du *Voyageur*, cité par M. Dumas, a pu exciter l'enthousiasme de Victorin Fabre, généreux émule, qui y voyait l'un des beaux morceaux de la langue. Il nous est impossible à nous autres, nés d'autre part et nourris, si l'on veut, d'autres défauts, d'avoir pour ces endroits, je ne dirai pas un pareil enthousiasme, mais même la moindre préférence. La faible couleur est si passée, que le discernement n'y prend plus. Les *Discours en vers* de Millevoye, ses *Dialogues* rimés d'après Lucien, ses tragédies, ses traductions de l'*Iliade* ou des *Églogues* selon la manière de l'abbé Delille, nous semblent, chez lui, des thèmes plus ou moins étrangers, que la circonstance académique ou le goût du temps lui imposa, et dont il s'occupait sans ennui, se laissant dire peut-être que la gloire sérieuse était de ce côté. Nous nous en tiendrons à sa gloire aimable, à ce que sa seule sensibilité lui inspira, à ce qui fait de lui le poëte de nos mélancolies et de nos romances.

Les poëtes particulièrement (notons ceci) sont très-sujets à rencontrer d'honnêtes personnes, d'ailleurs instruites et sensées, mais qui ne semblent occupées que de les détourner de leur vrai talent. Les trois quarts des prétendus juges, ne se formant idée de la valeur des œuvres que d'après les genres, conseilleront toujours au poëte aimable, léger, sensible, quelque chose de grand, de sérieux, d'important; et ils seront très-disposés à attacher plus de considération à ce qui les aura convenablement ennuyés. La postérité n'est pas du tout ainsi; il lui est parfaitement indifférent, à elle, qu'on ait cultivé d'une manière estimable, et dans de justes dimensions, les genres en honneur. Elle vous prend et vous classe sans façon pour votre part originale et neuve, si petite que vous l'ayez apportée (1). Que Millevoye, tenté par l'immense succès des *Géorgiques* de Delille et par l'espérance d'arriver, avec un grand ouvrage, à l'Académie, ait terminé un chant de plus ou de moins de sa traduction de l'*Iliade*, elle s'en soucie peu ; et c'est de quoi sans doute, autour de lui, on se souciait beaucoup. Sans croire faire injure au tendre poëte, nous sommes déjà ici de la postérité dans nos indifférences, dans nos préférences.

Son premier recueil d'Élégies est de 1812 ; il en avait composé la plupart dans les années qui avaient précédé, et sa *Chute des Feuilles*, par où le recueil commence, avait, un peu auparavant, obtenu le prix aux Jeux Floraux. Dans un fort bon discours sur l'Élégie, qu'il a ajouté en tête, Millevoye, qui se plaît à suivre l'histoire de cette veine de poésie en notre littérature, marque assez sa prédilection et la trace où il a essayé de se placer. Chez Marot, chez La Fontaine, chez Racine, il cite les passages de sensibilité et de plainte qu'il rapporte à l'élégie ; et, quels que soient les éloges sans réserve qu'il donne à Parny, le maître récent du genre, on prévoit qu'il pourra faire entendre, à son tour, quelque nouvel et mol accent. L'élégie chez Millevoye n'est pas comme chez Parny l'histoire d'une passion sensuelle, unique pourtant, énergique et intéressante, conduite dans ses incidents divers avec un art auquel il aurait fallu peu de chose de plus du côté

(1) Il y a une piquante épigramme de Martial où ce qu'il dit de ses Épigrammes mêmes peut s'appliquer aux élégies, à toute cette poésie vivante et vraie : « Tu crois, dit-il à un de ces estimables conseillers, « que mes épigrammes n'ont rien de sérieux ; mais c'est le contraire ; « celui-là véritablement n'est pas sérieux qui nous vient chanter pour « la centième fois avec emphase le festin de Térée ou de Thyeste... « C'est pourtant là ce qu'on loue, ce qu'on estime, me diras-tu, ce « qu'on honore sur parole. — Oui, on le loue, mais moi, on me lit. »

Nescis, crede mihi, quid sint epigrammata, Flacce, etc.

de l'exécution et du style pour garder sa beauté. C'est une variété d'émotions et de sujets élégiaques, selon le sens grec du genre, une *demeure abandonnée*, un *bois détruit*, une feuille qui tombe, tout ce qui peut prêter à un petit chant aussi triste qu'une larme de Simonide (1).

La perle du recueil, la pièce dont tous se souviennent, comme on se souvenait d'abord du *Passereau de Lesbie* dans le recueil de Catulle, est la première, *la Chute des Feuilles*. Millevoye l'a corrigée, on ne sait pourquoi, à diverses reprises, et en a donné jusqu'à deux variantes consécutives. Je me hâte de dire que la seule version que j'admette et que j'admire, c'est la première, celle qui a obtenu le prix aux Jeux Floraux, et qui est d'ordinaire reléguée parmi les notes. Cette pièce que chacun sait par cœur, et qui est l'expression délicieuse d'une mélancolie toujours sentie, suffit à sauver le nom poétique de Millevoye, comme la pièce de *Fontenay* suffit à Chaulieu, comme celle du *Cimetière* suffit à Gray.

> Anacréon n'a laissé qu'une page
> Qui flotte encor sur l'abîme des temps,

a dit M. Delavigne d'après Horace. Millevoye a laissé au courant du flot sa feuille qui surnage ; son nom se lit dessus, c'en est assez pour ne plus mourir. On m'apprenait dernièrement que cette *Chute des Feuilles*, traduite par un poëte russe,

---

(1) Puisque j'ai eu occasion de nommer Parny et que probablement j'y reviendrai peu, qu'on me permette d'ajouter une note écrite sur lui en toute sincérité dans un livret de *Pensées* : « Le grand tort, « le malheur de Parny est d'avoir fait son poëme de *la Guerre des* « *Dieux* : il subit par là le sort de Piron à cause de son ode, de Laclos « pour son roman, de Louvet jusque dans sa renommée politique pour « son *Faublas*, le sort auquel Voltaire n'échappe, pour sa *Pucelle*, « qu'à la faveur de ses cent autres volumes où elle se noie, le sort « qu'un immortel chansonnier encourrait pour sa part, s'il avait mul- « tiplié le nombre de certains couplets sans aveu. On évite de s'oc- « cuper de Parny comme de Laclos. La mode ayant changé en poésie, « les nouveaux venus le méprisent, les moraux le conspuent, per- « sonne ne le défend. Ceux qui ont assez de goût encore pour l'ap-

avait été de là retraduite en anglais par le docteur Bowring, et de nouveau citée en français, comme preuve, je crois, du génie rêveur et mélancolique des poëtes du Nord. La pauvre feuille avait bien voyagé, et le nom de Millevoye s'était perdu en chemin. Une pareille inadvertance n'est fâcheuse que pour le critique qui y tombe. Le nom de Millevoye, si loin que sa feuille voyage, ne peut véritablement s'en séparer. Ce bonheur qu'ont certains poëtes d'atteindre, un matin, sans y viser, à quelque chose de bien venu, qui prend aussitôt place dans toutes les mémoires, mérite qu'on l'envie, et faisait dire dernièrement devant moi à l'un de nos chercheurs moins heureux : « Oh! rien qu'un petit roman, qu'un petit poëme, s'écriait-il ; quelque chose d'art, si petit que ce fût de dimension, mais que la perfection ait couronné, et dont à jamais on se souvînt ; voilà ce que je tente, ce à quoi j'aspire, et vainement ! Oh! rien qu'un denier d'or marqué à mon nom, et qui s'ajouterait à cette richesse des âges, à ce trésor accumulé qui déjà comble la mesure !... » Et mon inquiet poëte ajoutait : « Oh! rien que *le Cimetière* de Gray, *la Jeune Captive* de Chénier, *la Chute des Feuilles* de Millevoye ! »

Millevoye a surtout mérité ce bonheur, j'imagine, parce qu'il ne le cherchait pas avec intention et calcul. Il n'attachait point à ses élégies le même prix, je l'ai dit déjà, qu'à ses autres ouvrages académiques, et ce n'est que vers la fin qu'il parut comprendre que c'était là son principal talent. Facile, insouciant, tendre, vif, spirituel et non malicieux, il menait une vie de monde, de dissipation, ou d'étude par accès et de brusque retraite. Il s'abandonnait à ses amis ; il ne

---

« précier, ont aussi le bon goût de ne pas le dire. Cela d'ailleurs
« n'en vaut pas la peine, et l'injustice se consacrera. Et quelle vi-
« gueur pourtant par éclairs ! quel plus beau mouvement, quel plus
« désolé délire que dans l'étincelante élégie :

« J'ai cherché dans l'absence un remède à mes maux !...

« Il a de la passion ; Millevoye n'en a pas. »

s'irritait jamais des critiques du dehors; il cédait outre mesure aux conseils du dedans; dès qu'on lui disait de corriger, il le faisait. D'une physionomie aimable, d'une taille élevée, assez blond, il avait, sauf les lunettes qu'il portait sans cesse, toute l'élégance du jeune homme. Un rayon de soleil l'appelait, et il partait soudain pour une promenade de cheval; il écrivait ses vers au retour de là, ou en rentrant de quelque déjeuner folâtre. Aucune des histoires romanesques, que quelques biographes lui ont attribuées, n'est exacte; mais il dut en avoir réellement beaucoup qu'on n'a pas connues. La jolie pièce du *Déjeuner* nous raconte bien des matinées de ses printemps. Il essayait du luxe et de la simplicité tour à tour, et passait d'un entresol somptueux à quelque riante chambrette d'un village d'auprès de Paris. Il aimait beaucoup les chevaux, et les plus fringants (1). Après chaque livre ou chaque prix, il achetait de jolis cabriolets, avec lesquels il courait de Paris à Abbeville, pour y voir sa mère, sa famille, ses vieux professeurs; il se remettait au grec près de ceux-ci. Il aimait tendrement sa mère; quand elle venait à Paris, elle l'avait tout entier. Un jour, l'Archi-Chancelier Cambacérès, chez qui il allait souvent, lui dit : « Vous viendrez dîner chez moi demain. » — « Je ne puis pas, Monseigneur, répondit-il, je suis invité. » — « Chez l'Empereur donc ? » répliqua le second personnage de l'Empire. — « Chez ma mère, » repartit le poëte. Ce petit trait rappelle de loin la belle carpe que Racine, en réponse à une invitation de M. le Duc, montrait à l'écuyer du prince, et qu'il tenait absolument à manger en famille avec ses *pauvres enfants*, le grand Racine qu'il était.

Il reste plaisant toujours que le personnage qu'était là-bas M. le Duc, se trouve ici devenu le *citoyen* Cambacérès.

Millevoye, sans ambition, sans un ennemi, très-répandu, très-vif au plaisir, très-amoureux des vers, vivait ainsi. Il

(1) On peut lire à ce propos une histoire de cheval assez agréablement contée par Arnault, *Souvenirs d'un Sexagénaire*, t. IV, p. 217 et suiv.

n'était pas encore malade et au lait d'ânesse, et certaines historiettes que des personnes, qui d'ailleurs l'ont connu, se sont plu à broder sur son compte, ne sont, je le répète, que des jeux d'imagination, et comme une sorte de légende romanesque qu'on a essayé de rattacher au nom de l'auteur de *la Chute des Feuilles* et du *Poëte mourant*. Il ne devint malade de la poitrine qu'un an avant sa mort ; jusque-là il était seulement délicat et volontiers mélancolique, bien qu'enclin aussi à se dissiper. On doit croire qu'en avançant dans la jeunesse, et plus près du moment où sa santé allait s'altérer, sa mélancolie augmenta, et par conséquent son penchant à l'élégie. Le premier livre des poésies rangées sous ce titre porte l'empreinte de cette disposition croissante et de ces présages. C'est alors que les beautés attrayantes, volages, passaient et repassaient plus souvent devant ses yeux :

>   Elles me disaient : « Compose
>   De plus gracieux écrits,
>   Dont le baiser, dont la rose,
>   Soient le sujet et le prix. »
>   A cette voix adorée
>   Je ne pus me refuser,
>   Et de ma lyre effleurée
>   Le chant n'eut que la durée
>   De la rose ou du baiser.

Dans *le Poëte mourant*, admirable soupir, qui est toute son histoire, les pressentiments vont à la certitude et l'on dirait qu'il a écrit cette pièce d'adieux, à la veille suprême, comme Gilbert et André Chénier :

>   Compagnons dispersés de mon triste voyage,
>   O mes amis, ô vous qui me fûtes si chers !
>   De mes chants imparfaits recueillez l'héritage,
>   Et sauvez de l'oubli quelques-uns de mes vers.
>   Et vous par qui je meurs, vous à qui je pardonne,
>   Femmes ! etc., etc. . . . .

Le poëte de Millevoye meurt pour avoir trop goûté de cet *arbre où le plaisir habite avec la mort*; l'extrême langueur s'exhale dans cette voix parfaitement distincte, mais affaiblie (1); il n'a pas su dire à temps comme un élégiaque plus récent, qui s'écrie sous une inspiration semblable :

> Otez, ôtez bien loin toute grâce émouvante,
> Tous regards où le cœur se reprend et s'enchante ;
> Otez l'objet funeste au guerrier trop meurtri !
> Ces rencontres, toujours ma joie et mon alarme,
> Ces airs, ces tours de tête, ô femmes, votre charme ;
> Doux charme par où j'ai péri !

Le service qu'il réclamait de ses amis, pour ses vers à sauver du naufrage, Millevoye le rendait alors même, autant qu'il était en lui, à ceux d'André Chénier. Le premier, il cita des fragments du poëme de *l'Aveugle* dans les notes de son second livre d'Élégies, de même que M. de Chateaubriand avait cité *la Jeune Captive*. Millevoye ignorait que ce morceau, par lui signalé, d'un poëte inconnu, et les autres reliques qui allaient suivre, effaceraient bientôt toutes ses propres tentatives d'élégie grecque, et, s'il l'avait su, il n'aurait pas moins cité dans sa candeur : toute jalousie, même celle de l'art, était loin de lui. Ce second livre des Élégies de Millevoye reste bien inférieur au premier, quoique l'intention en soit plus grande. Mais, chez Millevoye, l'art en lui-même est faible, et ce poëte charmant, mélodieux, correct, a besoin de la sensibilité toujours présente. Comme il a manqué, par exemple, ce beau sujet d'Eschyle désertant Athènes qui lui préfère un rival ! Je cherche, j'attends quelque écho de ce grand vers résonnant d'Eschyle, et je ne trouve que notre alexandrin clair et flûté. Millevoye n'a pas l'invention du style, l'illumination, l'image perpétuelle et renouvelée ; il a

---

(1) Un critique ingénieux l'a exprimé plus énergiquement que nous : « Millevoye a fait de charmantes choses, mais la force lui man-« que ; c'est Narcisse qui s'écoule en eau par amour. »

de l'oreille et de l'âme, et, quand il dit en poëte amoureux ce qu'il sent, il touche. Hors de là, il manque sa veine.

Nous avons comparé plus d'une fois la muse d'André Chénier au portrait qu'il fait lui-même d'une de ses idylles, à cette jeune fille, chère à Palès, qui sait se parer avec un art souverain dans ses grâces naïves :

> De Pange, c'est vers toi qu'à l'heure du réveil
> Court cette jeune fille au teint frais et vermeil :
> Va trouver mon ami, va, ma fille nouvelle,
> Lui disais-je. Aussitôt, pour te paraître belle,
> L'eau pure a ranimé son front, ses yeux brillants :
> D'une étroite ceinture elle a pressé ses flancs,
> Et des fleurs sur son sein, et des fleurs sur sa tête,
> Et sa flûte à la main. . . . .

La muse de Millevoye est bergère aussi, mais sans cet art inné qui se met à tout, et par lequel la fille de Chénier, sous sa corbeille, s'égale aisément aux reines ou aux déesses. Elle, sensible bergère, pour emprunter à son poëte même des traits qui la peignent, elle est assez belle aux yeux de l'amant si, au sortir de la grotte bocagère où se sont oubliées les heures, elle rapporte

> Un doux souvenir dans son âme,
> Dans ses yeux une douce flamme,
> Une feuille dans ses cheveux.

Le troisième livre d'Élégies de Millevoye se compose d'espèces de romances, auxquelles on en peut joindre quelques autres encadrées dans ses poëmes. J'avais lu la plupart de ces petits chants, j'avais lu ce *Charlemagne*, cet *Alfred*, où il en a inséré ; je trouvais l'ensemble élégant, monotone et pâli, et, n'y sentant que peu, je passais, quand un contemporain de la jeunesse de Millevoye et de la nôtre encore, qui me voyait indifférent, se mit à me chanter d'une voix émue, et l'œil humide, quelques-uns de ces refrains auxquels il rendit une vie d'enchantement ; et j'appris combien, un moment du moins, pour les sensibles et les amants d'alors, tout cela avait vécu, combien pour de jeunes cœurs, aujourd'hui éteints ou refroidis, cette légère poésie avait été une fois la musique de l'âme, et comment on avait usé de ces chants aussi pour charmer et pour aimer. C'était le temps de la mode d'Ossian et d'un Charlemagne enjolivé, le temps de la fausse Gaule poétique bien avant Thierry, des Scandinaves bien avant les cours d'Ampère, de la ballade avant Victor Hugo; c'était le style de 1813 ou de la reine Hortense, *le beau Dunois* de M. Alexandre de Laborde, le *Vous me quittez pour aller à la gloire* de M. de Ségur. Millevoye paya tribut à ce genre, il en fut le poëte le plus orné, le plus mélodieux. Son fabliau d'*Emma* et d'*Éginhard* offre toute une allusion chevaleresque aux mœurs de 1812, sur ce ton. Il nous y montre la vierge au départ du chevalier,

> Priant tout haut qu'il revienne vainqueur,
> Priant tout bas qu'il revienne fidèle (1).

Il y a loin de là à *la Neige*, qui est le même sujet traité par M. de Vigny dans un tout autre style, dans un goût rare et, je crois, plus durable, mais qui a aussi sa teinte particulière de 1824, c'est-à-dire le précieux.

Parmi les romances de Millevoye, les amateurs distinguent, pour la tendresse du coloris et de l'expression, celle de *Morgane* (dans le poëme de *Charlemagne*); la fée y rappelle au chevalier le bonheur du premier soir :

---

(1) Tibulle avait dit, Élégie première, livre II :

> Vos celebrem cantate Deum, pecorique vocate
> Voce, palam pecori, clam sibi quisque vocet.

Le premier et le plus grand exemple de ce genre d'arrière-pensée, de cette duplicité de sentiments, non plus seulement gracieuse, mais pathétique et touchante, se rencontre dans Homère au chant XIX de *l'Iliade*, quand les captives conduites par Briséis se lamentent autour du corps de Patrocle, « tout haut sur Patrocle, mais au fond chacune « sur soi-même et sur son propre malheur. »

> L'anneau d'azur du serment fut le gage :
> Le jour tomba ; l'astre mystérieux
> Vint argenter les ombres du bocage,
> Et l'univers disparut à nos yeux.

Je recommanderai encore, d'après mon ami qui la chantait à ravir, la romance intitulée *le Tombeau du Poëte persan*, et ce dernier couplet où la fille du poëte expire sous le cyprès paternel :

> Sa voix mourante à son luth solitaire
> Confie encore un chant délicieux,
> Mais ce doux chant, commencé sur la terre,
> Devait, hélas ! s'achever dans les cieux.

Il y a certes dans ces accents comme un écho avant-coureur des premiers chants de Lamartine, qui devait dire à son tour en son *Invocation* :

> Après m'avoir aimé quelques jours sur la terre,
> Souviens-toi de moi dans les cieux.

En général, beaucoup de ces romances de Millevoye, de ces élégies de son premier livre où il est tout entier, et j'oserai dire sa jolie pièce du *Déjeuner* même, me font l'effet de ce que pouvaient être plusieurs des premiers vers de Lamartine, de ces vers légers qu'à une certaine époque il a brûlés, dit-on. Mais Lamartine, en introduisant le sentiment chrétien dans l'élégie, remonta à des hauteurs inconnues depuis Pétrarque. Millevoye n'était qu'un épicurien poëte, qui avait eu Parny pour maître, quoique déjà plus rêveur.

Si l'on pouvait apporter de la précision dans de semblables aperçus, je m'exprimerais ainsi : Pour les sentiments naturels, pour la rêverie, pour l'amour filial, pour la mélodie, pour les instincts du goût, l'âme, le talent de Millevoye est comme la légère esquisse, encore épicurienne, dont le génie de Lamartine est l'exemplaire platonique et chrétien.

En refaisant *le Poëte mourant* dans de grandes proportions

lyriques et avec le souffle religieux de l'hymne, l'auteur des secondes *Méditations* semble avoir pris soin lui-même de manifester toute notre idée et de consommer la comparaison. Si glorieuse qu'elle soit pour lui, disons seulement que l'un n'y éteint pas entièrement l'autre. *Le Poëte mourant* de Millevoye, à distance du chantre merveilleux, garde son accent, garde son timide et plus terrestre parfum; églantier de nos climats, venu avant l'oranger d'Italie (1).

Millevoye a jeté, sous le titre de *Dizains* et de *Huitains*, une certaine quantité d'épigrammes d'un tour heureux, d'une pensée fine ou tendre. Le huitain du *Phénix* et de la *Colombe* est pour le sentiment une petite élégie. Il a fait quelques épigrammes proprement dites, sans fiel; de ce nombre une *épitaphe* qui pourrait bien avoir trait à Suard. Ç'aurait été, au reste, sa seule inimitié littéraire, et elle ne paraît pas avoir été bien vive, pas plus vive que son objet.

Si Millevoye n'avait pas de passions littéraires, il en eut encore moins de politiques. Le bon M. Dumas, son biographe sous la Restauration, a essayé de faire de lui un pieux Français dévoué au trône légitime. Un autre biographe, après 1830 il est vrai, M. de Pongerville, a voulu nous le montrer comme un fidèle de l'Empire. Millevoye avait chanté l'un, et commençait à fêter l'autre. Il aimait la France, mais il n'avait, de bonne heure, ravi aucune des flammes de nos orages; le Dieu pour lui, comme dans l'Églogue, était le Dieu qui faisait des loisirs : en tout, un poëte élégiaque.

Millevoye s'était marié dans son pays vers 1813; époux et père, sa vie semblait devoir se poser. Un jour qu'il avait à dîner quelques amis à Épagnette, près d'Abbeville, une discussion s'engagea pour savoir si le clocher qu'on apercevait

---

(1) Nous retrouvons ce rapport de Millevoye à Lamartine délicatement exprimé dans une page du roman de *Madame de Mably*, par M. Saint-Valry (t. I, 315). — Il a de plus, par certaines de ses ballades ou romances, par sa dernière surtout, celle du *Beffroi*, donné le ton et la *note* aux premières de madame Desbordes-Valmore.

dans le lointain était celui du Pont-Remi ou de Long, deux prochains villages. Obéissant à l'une de ces promptes saillies comme il en avait, le poëte se leva de table à l'instant, et dit de seller son cheval pour faire lui-même cette reconnaissance, cette espèce de course au clocher. Mais à peine était-il en route, que le cheval, qu'il n'avait pas monté depuis longtemps, le renversa. Il eut le col du fémur cassé, et le traitement, la fatigue qui s'ensuivit, déterminèrent la maladie de poitrine dont il mourut, le 12 août 1816. Il avait passé les six dernières semaines à Neuilly, et ne revint à Paris que tout à la fin; la veille de sa mort, il avait demandé et lu des pages de Fénelon.

Son souvenir est resté intéressant et cher; ce qui a suivi de brillant ne l'a pas effacé. Toutes les fois qu'on a à parler des derniers éclats harmonieux d'une voix puissante qui s'éteint, on rappelle le chant du cygne, a dit Buffon. Toutes les fois qu'on aura à parler des premiers accords doucement expirants, signal d'un chant plus mélodieux, et comme de la fauvette des bois ou du rouge-gorge au printemps avant le rossignol, le nom de Millevoye se présentera. Il est venu, il a fleuri aux premières brises; mais l'hiver recommençant l'a interrompu. Il a sa place assurée pourtant dans l'histoire de la poésie française, et sa *Chute des Feuilles* en marque un moment.

1er Juin 1837.

DES SOIRÉES LITTÉRAIRES

ou

LES POËTES ENTRE EUX.

Les soirées littéraires, dans lesquelles les poëtes se réunissent pour se lire leurs vers et se faire part mutuellement de leurs plus fraîches prémices, ne sont pas du tout une singularité de notre temps. Cela s'est déjà passé de la sorte aux autres époques de civilisation raffinée ; et du moment que la poésie, cessant d'être la voix naïve des races errantes, l'oracle de la jeunesse des peuples, a formé un art ingénieux et difficile, dont un goût particulier, un tour délicat et senti, une inspiration mêlée d'étude, ont fait quelque chose d'entièrement distinct, il a été bien naturel et presque inévitable que les hommes voués à ce rare et précieux métier se recherchassent, voulussent s'essayer entre eux et se dédommager d'avance d'une popularité lointaine, désormais fort douteuse à obtenir, par une appréciation réciproque, attentive et complaisante. En Grèce, en cette patrie longtemps sacrée des Homérides, lorsque l'âge des vrais grands hommes et de la beauté sévère dans l'art se fut par degrés évanoui, et qu'on en vint aux mille caprices de la grâce et d'une originalité combinée d'imitation, les poëtes se rassemblèrent à l'envi. Fuyant ces brutales révolutions militaires qui bouleversaient la Grèce après Alexandre, on les vit se blottir, en quelque sorte, sous l'aile pacifique des Ptolémées ; et là ils fleurirent, ils brillèrent aux yeux les uns des autres ; ils se composèrent en pléiade. Et qu'on ne dise pas qu'il n'en sortit rien que de maniéré et de faux ; le charmant Théocrite en était. A Rome, sous Auguste et ses successeurs, ce fut de même. Ovide avait à regretter, du fond de sa Scythie, bien des succès littéraires dont il était si vain, et auxquels il avait sacrifié peut-être les confidences indiscrètes d'où la disgrâce lui était venue. Stace, Silius, et ces *mille et un* (1) auteurs et poëtes de Rome dont on peut demander les noms à Juvénal, se nourrissaient de lectures, de réunions, et les tièdes atmosphères des soirées d'alors, qui soutenaient quelques talents timides en danger de mourir, en faisaient pulluler un bon nombre de médiocres qui n'aurait pas dû naître. Au Moyen-Age, les troubadours nous offrent tous les avantages et les inconvénients de ces petites sociétés directement organisées pour la poésie : éclat précoce, facile efflorescence, ivresse gracieuse, et puis débilité, monotonie et fadeur. En Italie, dès le XIVe siècle, sous Pétrarque et Boccace, et, plus tard, au XVe, au XVIe, les poëtes se réunirent encore dans des cercles à demi poétiques, à demi galants, et l'usage du sonnet, cet instrument si compliqué à la fois et si portatif, y devint habituel. Remarquons toutefois qu'au XIVe siècle, du temps de Pétrarque et de Boccace, à cette époque de grande et sérieuse renaissance, lorsqu'il s'agissait tout ensemble de retrouver l'antiquité et de fonder le moderne avenir littéraire, le but des rapprochements était haut, varié, le moyen indispensable, et le résultat heureux, tandis qu'au XVIe siècle il n'était plus question que d'une flatteuse récréation du cœur et de l'esprit, propice sans doute encore au développement de certaines imaginations

---

(1) Cet article avait d'abord été écrit pour *le Livre des Cent et Un*. On y répondait indirectement et sans amertume à un article *de la Camaraderie littéraire* qui fit du bruit dans le temps, et que le très-spirituel auteur (M. de Latouche) me permettra de qualifier de partial et d'exagéré.

tendres et malades, comme celle du Tasse, mais touchant déjà de bien près aux abus des académies pédantes, à la corruption des *Guarini* et des *Marini*. Ce qui avait eu lieu en Italie se refléta par une imitation rapide dans toutes les autres littératures, en Espagne, en Angleterre, en France ; partout des groupes de poëtes se formèrent, des écoles artificielles naquirent, et on complota entre soi pour des innovations chargées d'emprunts. En France, Ronsard, Du Bellay, Baïf, furent les chefs de cette ligue poétique, qui, bien qu'elle ait échoué dans son objet principal, a eu tant d'influence sur l'établissement de notre littérature classique. Les traditions de ce culte mutuel, de cet engouement idolâtre, de ces largesses d'admiration puisées dans un fonds d'enthousiasme et de candeur, se perpétuèrent jusqu'à mademoiselle de Scudery, et s'éteignirent à l'hôtel de Rambouillet. Le bon sens qui succéda, et qui, grâce aux poëtes de génie du xviie siècle, devint un des traits marquants et populaires de notre littérature, fit justice d'une mode si fatale au goût, ou du moins ne la laissa subsister que dans les rangs subalternes des rimeurs inconnus. Au xviiie siècle, la philosophie, en imprimant son cachet à tout, mit bon ordre à ces récidives de tendresse auxquelles les poëtes sont sujets si on les abandonne à eux-mêmes ; elle confisqua d'ailleurs pour son propre compte toutes les activités, toutes les effervescences, et ne sut pas elle-même en séparer toutes les manies. En fait de ridicule, le pendant de l'hôtel de Rambouillet ou des poëtes à la suite de la Pléiade, ce serait au xviiie siècle La Mettrie, d'Argens et Naigeon, *le petit ouragan Naigeon*, comme Diderot l'appelle, dans une débauche d'athéisme entre eux.

Pour être juste toutefois, n'oublions pas que cette époque fut le règne de ce qu'on appelait *poésie légère*, et que, depuis le quatrain du marquis de Sainte-Aulaire jusqu'à *la Confession de Zulmé*, il naquit une multitude de fadaises prodigieusement spirituelles, qui, avec les in-folio de l'*Encyclopédie*, faisaient 'ordinaire des toilettes et des soupers. Mais on ne vit rien alors de pareil à une poésie distincte ni à une secte isolée de poëtes. Ce genre léger était plutôt le rendez-vous commun de tous les gens d'esprit, du monde, de lettres, ou de cour, des mousquetaires, des philosophes, des géomètres et des abbés. Les lectures d'ouvrages en vers n'avaient pas lieu à petit bruit *entre soi*. Un auteur de tragédie ou comédie, Chabanon, Desmahis, Colardeau, je suppose, obtenait un salon à la mode, ouvert à tout ce qu'il y avait de mieux; c'était un sûr moyen, pour peu qu'on eût bonne mine et quelque débit, de se faire connaître; les femmes disaient du bien de la pièce; on en parlait à l'acteur influent, au gentilhomme de la Chambre, et le jeune auteur, ainsi poussé, arrivait s'il en était digne. Mais il fallait surtout assez d'intrépidité et ne pas sortir des formes reçues. Une fois, chez madame Necker, Bernardin de Saint-Pierre, alors inconnu, essaya de lire *Paul et Virginie* : l'histoire était simple et la voix du lecteur tremblait; tout le monde bâilla, et, au bout d'un demi-quart d'heure, M. de Buffon, qui avait le verbe haut, cria au laquais : *Qu'on mette les chevaux à ma voiture!*

De nos jours, la poésie, en reparaissant parmi nous, après une absence incontestable, sous des formes quelque peu étranges, avec un sentiment profond et nouveau, avait à vaincre bien des périls, à traverser bien des moqueries. On se rappelle encore comment fut accueilli le glorieux précurseur de cette poésie à la fois éclatante et intime, et ce qu'il lui fallut de génie opiniâtre pour croire en lui-même et persister. Mais lui, du moins, solitaire il a ouvert sa voie, solitaire il l'achève : il n'y a que les vigoureuses et invincibles natures qui soient dans ce cas. De plus faibles, de plus jeunes, de plus expansifs, après lui, ont senti le besoin de se rallier; de s'entendre à l'avance, et de préluder quelque temps à l'abri de cette société orageuse qui grondait alentour. Ces sortes d'intimités, on l'a vu, ne sont pas sans profit pour l'art aux époques de renaissance ou de dissolution. Elles consolent, elles soutiennent dans les commencements, et à une certaine saison de la vie des poëtes, contre l'indifférence du dehors; elles permettent à quelques parties du talent, craintives et tendres, de s'épanouir, avant que le souffle aride les ait séchées. Mais dès qu'elles se prolongent et se régularisent en cercles arrangés, leur inconvénient est de rapetisser, d'endormir le génie, de le soustraire aux chances humaines et à ces tempêtes qui enracinent, de le payer d'adulations minutieuses qu'il se croit obligé de rendre avec une prodigalité de roi. Il suit de là que le sentiment du vrai et du réel s'altère, qu'on adopte un monde de convention et qu'on ne s'adresse qu'à lui. On est insensiblement poussé à la forme, à l'apparence; de si près et entre gens si experts, nulle intention n'échappe, nul procédé technique ne passe inaperçu; on applaudit à tout : chaque mot qui scintille, chaque accident de la composition, chaque éclair d'image est remarqué, salué, accueilli. Les endroits qu'un ami équitable noterait d'un triple crayon, les faux brillants de verre que la sérieuse critique rayerait d'un trait de son diamant, ne font pas matière d'un doute en ces indulgentes cérémonies. Il suffit qu'il y ait prise sur un point du tissu, sur un détail hasardé, pour qu'il soit saisi, et toujours en bien; le silence semblerait une condamnation; on prend les devants par la louange. *C'est étonnant* devient synonyme de *C'est beau*; quand on dit *Oh!* il est bien entendu qu'on a dit *Ah!* tout comme dans le vocabulaire de M. de Talleyrand (1). Au milieu de cette admiration haletante et morcelée, l'idée de l'ensemble, le mouvement du fond, l'effet général de l'œuvre, ne saurait trouver place; rien de largement naïf ni de plein ne se réfléchit dans ce miroir grossissant, taillé à mille facettes. L'artiste, sur ces réunions, ne fait donc aucunement l'épreuve du public, même de ce public choisi, bienveillant à

---

(1) Ceci fait allusion à une anecdote souvent répétée de la présentation de l'abbé de Périgord à Versailles.

l'art, accessible aux vraies beautés, et dont il faut en définitive remporter le suffrage. Quant au génie pourtant, je ne saurais concevoir sur son compte de bien graves inquiétudes. Le jour où un sentiment profond et passionné le prend au cœur, où une douleur sublime l'aiguillonne, il se défait aisément de ces coquetteries frivoles, et brise, en se relevant, tous les fils de soie dans lesquels jouaient ses doigts nerveux. Le danger est plutôt pour ces timides et mélancoliques talents, comme il s'en trouve, qui se défient d'eux-mêmes, qui s'ouvrent amoureusement aux influences, qui s'imprègnent des odeurs qu'on leur infuse, et vivent de confiance crédule, d'illusions et de caresses. Pour ceux-là, ils peuvent avec le temps, et sous le coup des infatigables éloges, s'égarer en des voies fantastiques qui les éloignent de leur simplicité naturelle. Il leur importe donc beaucoup de ne se livrer que discrètement à la faveur, d'avoir toujours en eux, dans le silence et la solitude, une portion réservée où ils entendent leur propre conseil, et de se redresser aussi par le commerce d'amis éclairés qui ne soient pas poëtes.

Quand les soirées littéraires entre poëtes ont pris une tournure régulière, qu'on les renouvelle fréquemment, qu'on les dispose avec artifice, et qu'il n'est bruit de tous côtés que de ces intérieurs délicieux, beaucoup veulent en être; les visiteurs assidus, les auditeurs littéraires se glissent; les rimeurs qu'on tolère, parce qu'ils imitent et qu'ils admirent, récitent à leur tour et applaudissent d'autant plus. Et dans les salons, au milieu d'une assemblée non officiellement poétique, si deux ou trois poëtes se rencontrent par hasard, oh! la bonne fortune! vite un échantillon de ces fameuses soirées! le proverbe ne viendra que plus tard, la contredanse est suspendue, c'est la maîtresse de la maison qui vous prie, et déjà tout un cercle de femmes élégantes vous écoute; le moyen de s'y refuser? — Allons, poëte, exécutez-vous de bonne grâce! Si vous ne savez pas d'aventure quelque monologue de tragédie, fouillez dans vos souvenirs personnels; entre vos confidences d'amour, prenez la plus pudique ; entre vos désespoirs, choisissez le plus profond ; étalez-leur tout cela ! et le lendemain, au réveil, demandez-vous ce que vous avez fait de votre chasteté d'émotion et de vos plus doux mystères.

André Chénier, que les poëtes de nos jours ont si justement apprécié, ne l'entendait pas ainsi. Il savait échapper aux ovations stériles et à ces curieux de société qui *se sont toujours fait gloire d'honorer les neuf Sœurs*. Il répondait aux importunités d'usage, qu'*il n'avait rien*, et que *d'ailleurs il ne lisait guère*. Ses soirées, à lui, se composaient de son *jeune Abel*, des frères Trudaine, de Le Brun, de Marie-Joseph :

> C'est là le cercle entier qui, le soir, quelquefois,
> A des vers, non sans peine obtenus de ma voix,
> Prête une oreille amie et cependant sévère.

Cette sévérité, hors de mise en plus nombreuse compagnie, et qui a tant de prix quand elle se trouve mêlée à une sympathie affectueuse, ne doit jamais tourner trop exclusivement à la critique littéraire. Boileau, dans le cours de la touchante et grave amitié qu'il entretint avec Racine, eut sans doute le tort d'effaroucher souvent ce tendre génie. S'il avait exercé le même empire et la même direction sur La Fontaine, qu'on songe à ce qu'il lui aurait retranché ! L'ami du poëte, le *confident de ses jeunes mystères*, comme a dit encore Chénier, a besoin d'entrer dans les ménagements d'une sensibilité qui ne se découvre à lui qu'avec pudeur et parce qu'elle espère au fond un complice. C'est un faible en ce monde que la poésie ; c'est souvent une plaie secrète qui demande une main légère : le goût, on le sent, consiste quelquefois à se taire sur l'expression et à laisser passer. Pourtant, même dans ces cas d'une poésie tout intime et mouillée de larmes, il ne faudrait pas manquer à la franchise par fausse indulgence. Qu'on ne s'y trompe pas : les douleurs célébrées avec harmonie sont déjà des blessures à peu près cicatrisées, et la part de l'art s'étend bien avant jusque dans les plus réelles effusions d'un cœur qui chante. Et puis les vers, une fois faits, tendent d'eux-mêmes à se produire ; ce sont des oiseaux longtemps couvés qui prennent des ailes et qui s'envoleront par le monde un matin. Lors donc qu'on les expose encore naissants au regard d'un ami, il doit être toujours sous-entendu qu'on le consulte, et qu'après votre première émotion passée et votre rougeur, il y a lieu pour lui à un jugement.

Quelques amitiés solides et variées, un petit nombre d'intimités au sein des êtres plus rapprochés de nous par le hasard ou la nature, intimités dont l'accord moral est la suprême convenance; des liaisons avec les maîtres de l'art, étroites s'il se peut, discrètes cependant, qui ne soient pas des chaînes, qu'on cultive à distance et qui honorent; beaucoup de retraite, de liberté dans la vie, de comparaison rassise et d'élan solitaire, c'est certainement, en une société dissoute ou factice comme la nôtre, pour le poëte qui n'est pas en proie à trop de gloire ni adonné au tumulte du drame, la meilleure condition d'existence heureuse, d'inspiration soutenue et d'originalité sans mélange. Je me figure que Manzoni en sa Lombardie, Wordsworth resté fidèle à ses lacs, tous deux profonds et purs génies intérieurs, réalisent à leur manière l'idéal de cette vie dont quelque image est assez belle pour de moindres qu'eux. Rêver plus, vouloir au delà, imaginer une réunion complète de ceux qu'on admire, souhaiter les embrasser d'un seul regard et les entendre sans cesse et à la fois, voilà ce que chaque poëte adolescent a dû croire possible; mais, du moment que ce n'est là qu'une scène d'Arcadie, un épisode futur des Champs-Élysées, les parodies imparfaites que la société réelle offre en échange ne sont pas dignes qu'on s'y arrête et qu'on sacrifie à leur vanité. Lors même que, fasciné par les plus gracieuses lueurs, on se flatte d'avoir rencontré autour de soi une portion de son rêve et qu'on s'abandonne à en jouir, les mécomptes ne tardent pas ; le côté des amours-propres se fait bientôt jour, et corrompt les douceurs les mieux apprêtées; de toutes ces affections subtiles qui s'entrelacent les unes aux autres, il sort inévitablement quelque chose d'amer.

Un autre vœu moins chimérique, un désir moins vaste et bien légitime que forme l'âme en s'ouvrant à la poésie, c'est d'obtenir accès jusqu'à l'illustre poëte contemporain qu'elle préfère, dont les rayons l'ont d'abord touchée, et de gagner une secrète place dans son cœur. Ah! sans doute, s'il vit de nos jours et parmi nous, celui qui nous a engendré à la mélodie, dont les épanchements et les sources murmurantes ont éveillé les nôtres comme le bruit des eaux qui s'appellent, celui à qui nous pouvons dire, de vivant à vivant, et dans un aveu troublé (*con vergognosa fronte*), ce que Dante adressait à l'ombre du doux Virgile :

> Or se' tu quel Virgilio, e quella fonte
> Che spande di parlar si largo fiume?
> . . . .
> Vagliami 'l lungo studio e 'l grande amore
> Che m' han fatto cercar lo tuo volume;
> Tu se' lo mio maestro, e 'l mio autore....,

sans doute il nous est trop charmant de le lui dire, et il ne doit pas lui être indifférent de l'entendre. Schiller et Goëthe, de nos jours, présentent le plus haut type de ces incomparables hyménées de génies, de ces adoptions sacrées et fécondes. Ici tout est simple, tout est vrai, tout élève. Heureuses de telles amitiés, quand la fatalité humaine, qui se glisse partout, les respecte jusqu'au terme; quand la mort seule les délie, et, consumant la plus jeune, la plus dévouée, la plus tendre au sein de la plus antique, l'y ensevelit dans son plus cher tombeau ! A défaut de ces choix resserrés et éternels, il peut exister de poëte à poëte une mâle familiarité, à laquelle il est beau d'être admis, et dont l'impression franche dédommage sans peine des petits attroupements concertés. On se visite après l'absence, on se retrouve en des lieux divers, on se serre la main dans la vie ; cela procure des jours rares, des heures de fête, qui ornent par intervalles les souvenirs. Le grand Byron en usait volontiers de la sorte dans ses liaisons si noblement menées ; et c'est sur ce pied de cordialité libre que Moore, Rogers, Shelley, pratiquaient l'amitié avec lui. En général, moins les rencontres entre poëtes qui s'aiment ont de but littéraire, plus elles donnent de vrai bonheur et laissent d'agréables pensées. Il y a bien des années déjà, Charles Nodier et Victor Hugo en voyage pour la Suisse, et Lamartine qui les avait reçus au passage dans son château de Saint-Point, gravissaient, tous les trois ensemble, par un beau soir d'été, une côte verdoyante d'où la vue planait sur cette riche contrée de Bourgogne ; et, au milieu de l'exubérante nature et du spectacle immense que recueillait en lui-même le plus jeune, le plus ardent de ces trois grands poëtes, Lamartine et Nodier, par un retour facile, se racontaient un coin de leur vie dans un âge ignoré, leurs piquantes disgrâces, leurs molles erreurs, de ces choses oubliées qui revivent une dernière fois sous un certain reflet du jour mourant, et qui, l'éclair évanoui, retombent à jamais dans l'abîme du passé. Voilà sans doute une rencontre harmonieuse, et comme il en faut peu pour remplir à souhait et décorer la mémoire ; mais il y a loin de ces hasards-là à une soirée priée à Paris, même quand nos trois poëtes y assisteraient.

Après tout, l'essentiel et durable entretien des poëtes, celui qui ne leur manque ni ne leur pèse jamais, qui ne perd rien, en se renouvelant, de sa sérénité idéale ni de sa suave autorité, ils ne doivent pas le chercher trop au dehors ; il leur appartient à eux-mêmes de se le donner. Milton, vieux, aveugle et sans gloire, se faisant lire Homère ou la Bible par la douce voix de ses filles, ne se croyait pas seul, et conversait de longues heures avec les antiques génies. Machiavel nous a raconté, dans une lettre mémorable, comment après sa journée passée aux champs, à l'auberge, aux propos vulgaires, le soir tombant, il revenait à son cabinet, et, dépouillant à la porte son habit villageois couvert d'ordure et de boue, il s'apprêtait à entrer dignement dans les cours augustes des hommes de l'antiquité. Ce que le sévère historien a si hautement compris, le poëte surtout le doit faire ; c'est dans ce recueillement des nuits, dans ce commerce salutaire avec les impérissables maîtres, qu'il peut retrouver tout ce que les frottements et la poussière du jour ont enlevé à sa foi native, à sa blancheur privilégiée. Là il rencontre, comme Dante au vestibule de son Enfer, les cinq ou six poëtes souverains dont il est épris ; il les interroge, il les entend ; il convoque leur noble et incorruptible école (*la bella scuola*), dont toutes les réponses le raffermissent contre les disputes ambiguës des écoles éphémères ; il éclaircit, à leur flamme céleste, son observation des hommes et des choses ; il y épure la réalité sentie dans laquelle il puise, la séparant avec soin de sa portion pesante, inégale et grossière ; et, à force de s'envelopper de *leurs saintes reliques*, suivant l'expression de Chénier, à force d'être attentif et fidèle à la propre voix de son cœur, il arrive à créer comme eux selon sa mesure, et à mériter peut-être que d'autres conversent avec lui un jour.

1831.

CHARLES NODIER[1]

Le titre de *littérateur* a quelque chose de vague, et c'est le seul pourtant qui définisse avec exactitude certains esprits, certains écrivains. On peut être littérateur, sans être du tout historien, sans être décidément poëte, sans être romancier par excellence. L'historien est comme un fonctionnaire officiel et grave, qui suit ou fraye les grandes routes et tient le centre du pays. Le poëte recherche les sentiers de traverse le plus souvent ; le romancier s'oublie au cercle du foyer, ou sur le banc du seuil devant lequel il raconte. Les livres et les *belles-lettres* peuvent n'être que fort secondaires pour eux, et l'historien lui-même, qui s'en passe moins aisément, y voit surtout l'usage positif et sévère. On peut être littérateur aussi, sans devenir un érudit critique à proprement parler ; le métier et le talent d'érudit offrent quelque chose de distinct, de précis, de consécutif et de rigoureux. Un littérateur, dans le sens vague et flottant où je le laisse, serait au besoin et à plaisir un peu de tout cela, un peu ou beaucoup, mais par instants et sans rien d'exclusif et d'unique. Le pur littérateur aime les livres, il aime la poésie, il s'essaye aux romans, il s'égaye au pastiche, il effleure parfois l'histoire, il

---

[1] Au moment où cette réimpression (1844) s'achève, la mort, qui se hâte, nous permet d'y faire entrer ces pages, qui ne sont plus consacrées à un vivant : *inter Divos habitus*. — (Seulement, pour éviter la disproportion entre les volumes, on a mis à la fin du tome premier ce que l'ordre naturel eût fait placer à la fin du second.)

grapille sans cesse à l'érudition; il abonde surtout aux particularités, aux circonstances des auteurs et de leurs ouvrages; une note à la façon de Bayle est son triomphe. Il peut vivre au milieu de ces diversités, de ces trente rayons d'une petite bibliothèque choisie, sans faire un choix lui-même et en touchant à tout : voilà ses délices. Il y a plus : poëte, romancier, préfacier, commentateur, biographe, le littérateur est volontiers à la fois amateur et nécessiteux, libre et commandé; il obéira maintes fois au libraire, sans cesser d'être aux ordres de sa propre fantaisie. Cette nécessité qu'il maudit, il l'aime plus qu'il ne se l'avoue : dans son imprévu, souvent elle lui demande ce qu'il n'eût pas donné d'une autre manière; elle supplée par accès et fait émulation en quelque sorte à son imagination même. Sa vie intellectuelle ainsi, dans sa variété et son recommencement de tous les jours, est le contraire d'une spécialité, d'une voie droite, d'une chaussée régulière. Oh! combien je comprends que les parents sages d'autrefois ne voulussent pas de littérateurs parmi leurs enfants! Les historiens, les philosophes, les érudits, les linguistes, les *spéciaux*, tous tant qu'ils sont, encaissés dans leur rainure (en laquelle une fois entrés, notez-le bien, ils arrivent le plus souvent à l'autre bout par la force des choses, comme sur un chemin de fer les wagons), tous ces esprits justement établis sont d'abord assez de l'avis des parents, et professent eux-mêmes une sorte de dédain pour le littérateur, tel que je le laisse flotter, et pour ce peu de carrière régulièrement tracée, pour cette école buissonnière prolongée à travers toutes sortes de sujets et de livres; jusqu'à ce qu'enfin ce littérateur errant, par la multitude de ces excursions, l'amas de ses notions accessoires, la flexibilité de sa plume, la richesse et la fertilité de ses miscellanées, se fasse un nom, une position, je ne dis pas plus utile, mais plus considérable que celle des trois quarts des spéciaux; et alors il est une puissance à son tour, il a cours et crédit devant tous, il est reconnu.

Nul écrivain de nos jours ne saurait mieux prêter à nous définir d'une manière vivante le littérateur indéfini, comme je l'entends, que ce riche, aimable et presque insaisissable polygraphe, — Charles Nodier.

Ce qui caractérise précisément son personnage littéraire, c'est de n'avoir eu aucun parti spécial, de s'être essayé dans tout, de façon à montrer qu'il aurait pu réussir à tout, de s'être porté sur maints points à certains moments avec une vivacité extrême, avec une surexcitation passionnée, et d'avoir été vu presque aussitôt ailleurs, philologue ici, romanesque là, bibliographe et werthérien, académique cet autre jour avec effusion et solennité, et le lendemain ou la veille le plus excentrique ou le plus malicieux des novateurs : un mélange animé de Gabriel Naudé et de Cazotte, légèrement cadet de René et d'Oberman, représentant tout à fait en France un essai d'organisation dépaysée de Byron, de Lewis, d'Hoffmann, Français à travers tout, Comtois d'accent et de saveur de langage, comme La Monnoye était Bourguignon, mariant le *Ménagiana* à *Lara*, curieux à étudier surtout en ce que seul il semble lier au présent des arrière-fonds et des lointains fuyants de littérature, donnant la main de Bonneville à M. de Balzac, et de Diderot à M. Hugo. Bref, son talent, ses œuvres, sa vie littéraire, c'est une riche, brillante et innombrable armée, où l'on trouve toutes les bannières, toutes les belles couleurs, toutes les hardiesses d'avant-garde et toutes les formes d'aventures; ... tout, hormis le quartier-général.

C'est le quartier-général, en effet, la discipline seule qui de bonne heure a manqué à ces recrues généreuses et faciles, à ces ardentes levées de bande qui eurent leur coup de collier chacune, mais qui, trop vite, la plupart, ont plié. Je me figure une armée en bataille d'avant Louvois; chaque compagnie s'est déployée sous son chef à sa guise; chaque capitaine, chaque colonel a étalé son écharpe et sa casaque de fantaisie. En tout, Nodier a été un peu ainsi; s'il étudie la botanique ou les insectes, — ces brillants coléoptères à qui sa plume déroba leurs couleurs, — dans le pli de science où il se joue, c'est à un point de vue particulier toujours et sans tant s'inquiéter des classifications générales et des grands systèmes naturels : Jean-Jacques de même en était à la botanique d'avant Jussieu. Nodier, dans les genres divers qu'il cultive, s'en tient volontiers à la chimie d'avant Lavoisier, comme il reviendrait à l'alchimie ou aux vertus occultes d'avant Bacon ; après l'*Encyclopédie,* il croit aux songes ; en linguistique, il semble un contemporain de Court de Gébelin, non pas des Grimm ou des Humboldt. C'est toujours ce corps d'armée d'avant le grand ordonnateur Louvois.

On dirait que dans sa destinée prodigue, dans cette vocation mobile qui aime à s'épandre hors du centre, il se reflète quelque chose de la destinée de sa province elle-même, si tard réunie. Il y a en lui, littérairement parlant, du Comtois d'avant la réunion, du fédéraliste girondin.

A qui la faute ? et est-ce une faute en ces temps de révolution et de coupures si fréquentes ? Qu'on songe à la date de sa naissance. Nous aurons à rappeler tout à l'heure les impressions de son enfance précoce, les orages de son adolescence émancipée, cette vie de frontière aux lisières des monts, aux années d'émigration et d'anarchie, entre le Directoire expirant et l'Empire qui n'était pas né ; car c'est bien alors que son imagination a pris son pli ineffaçable, et que l'idéal en lui à grands traits hasardeux, s'est formé. L'honneur de Nodier dans l'avenir consistera, quoi qu'il en soit, à représenter à merveille cette époque convulsive où il fut jeté, cette génération littéraire, adolescente au Consulat, coupée par l'Empire, assez jeune encore au début de la Restauration, mais qui eut toujours pour devise une sorte de contre-temps historique : ou *trop tôt* ou *trop tard !*

Trop tôt; car si elle eût tardé jusqu'à la Restauration, si elle eût débuté fraîchement à l'origine, elle aurait eu quinze années de pleine liberté et d'ouverte carrière à courir tout d'une haleine. — *Trop tard;* car si elle se fût produite aussi bien vers 1780, si elle fût entrée en scène le lendemain de Jean-Jacques, elle aurait eu chance de se faire virile en ces dix années, de prendre rang et consistance avant les orages de 89.

Mais, dans l'un ou dans l'autre cas, elle n'aurait plus été elle-même, c'est-à-dire une génération poétique jetée de côté et interceptée par un char de guerre, une génération vouée à des instincts qu'exaltèrent et réprimèrent à l'instant les choses, et dont les rares individus parurent d'abord marqués au front d'un pâle éclair égaré. *Hélas! nous aurions pu être!* a dit l'aimable miss Landon dans un refrain mélancolique, récemment cité par M. Chasles. C'est la devise de presque toutes les existences. Seulement ici, de ces existences littéraires d'alors qui ont manqué et qui *auraient pu être*, il en est une qui a surgi, qui, malgré tout, a brillé, qui, sans y songer, a hérité à la longue de ces infortunes des autres et des siennes propres, qui les résume en soi avec éclat et charme, qui en est aujourd'hui en un mot le type visible et subsistant. Cela fait aussi une gloire.

J'insiste encore, car, pour le littérateur, c'est tout si on le peut rattacher à un vrai moment social, si on peut sceller à jamais son nom à un anneau quelconque de cette grande chaîne de l'histoire. Quelle fut, à les prendre dans leur ensemble, la direction principale et historique des générations qui arrivaient à la virilité en 89, et de celles qui y atteignaient vers 1803? Pour les unes, la politique, la liberté, la tribune; pour les autres, l'administration ou la guerre. De sorte qu'on peut dire, en abrégeant, que les générations politiques et révolutionnaires de 89 eurent pour mot d'ordre *le droit*, et que les générations obéissantes et militaires de l'Empire eurent pour mot d'ordre *le devoir*. Or, nos générations, à nous, romanesques et poétiques, n'ont guère eu pour mot d'ordre que *la fantaisie.*

Mais que devinrent les éclaireurs avancés, les enfants perdus de nos générations encore lointaines, lorsque, s'ébattant aux dernières soirées du Directoire, essayant leur premier essor aux jeunes soleils du Consulat, et croyant déjà à la plénitude de leur printemps, ils furent pris par l'Empire, séparés par lui de leur avenir espéré, et enfermés de toutes parts un matin en un horizon de fer comme dans le cercle de Popilius ? Ce fut un vrai cri de rage (1).

Deux seuls grands esprits souvent cités résistèrent à cet Empire et lui tinrent tête, M. de Chateaubriand et madame de Staël. Mais remarquez bien qu'ils étaient très au complet, et comme en armes, quand il survint. M. de Chateaubriand se faisait déjà homme en 89; dix ans d'exil, d'émigration et de solitude achevèrent de le tremper. Madame de Staël, de même, ne put être supprimée par l'Empire, auquel elle était antérieure de position prise et de renommée fondée. Nés dix ou quinze ans plus tard, et s'ils n'avaient eu que dix-sept ans en 1800, ces deux chefs de la pensée eussent-ils fait tête aussi fermement à l'assaut ? Du moins, on l'avouera, les difficultés pour eux eussent été tout autres.

Il faut en tenir compte au brillant, aimable et intermédiaire génie dont nous parlons. Charles-Emmanuel Nodier doit être né à Besançon le 29 avril 1780, si tant est qu'il s'en souvienne rigoureusement lui-même; le contrariant Quérard le fait naître en 1783 seulement; Weiss, son ami d'enfance, le suppose né en 1781. Ce point initial n'est donc pas encore parfaitement éclairci, et je le livre aux élucubrations des Mathanasius futurs. Son père, avocat distingué, avait été de l'Oratoire et avait professé la rhétorique à Lyon. Il fut le premier et longtemps l'unique maître de ce fils adoré (fils naturel, je le crois), dont l'éducation ainsi resta presque entièrement privée et qui ne parut au collège que dans les classes supérieures. Le jeune Nodier suivit pourtant à Besançon les cours de l'École centrale et fut élève de M. Ordinaire, de

(1) On peut lire dans *les Méditations du Cloître*, qui font suite au *Peintre de Saltzbourg*, le paragraphe qui commence ainsi : « Voilà une génération tout entière, etc., etc. »

M. Droz. Ses relations avec le moine Schneider, telles qu'il s'est plu à nous les peindre, ne sont-elles pas une réflexion fort élargie, une pure réfraction du souvenir à distance au sein d'une vaste et mobile imagination? Nous nous garderions bien, quand nous le pourrions, de chercher à suivre le réel biographique dans ce qui est surtout vrai comme impression et comme peinture, et d'y décolorer à plaisir ce que le charmant auteur a si richement fondu et déployé. Ce que nous demandons à l'enfance et à la jeunesse de Nodier, c'est moins une suite de faits positifs et d'incidents sans importance que ses émotions mêmes et ses songes; or, de sa part, les souvenirs légèrement *romancés* nous les rendent d'autant mieux.

Les premiers sentiments du jeune Nodier le poussèrent tout à fait dans le sens de la Révolution. Son père fut le second maire constitutionnel de Besançon; M. Ordinaire avait été le premier. L'enfant, dès onze ou douze ans, prononçait des discours au club. Une députation de ce club de Besançon alla rendre visite au général Pichegru qui avait repoussé les Autrichiens, du côté de Strasbourg : l'enfant fut de la partie; deux commissaires le demandèrent à son père : « Donnez-nous-le, nous le ferons voyager! » Pichegru lui fit accueil et l'assit même sur ses genoux, car l'enfant, très-jeune, était de plus très-mince et petit, il n'a grandi que tard. Il passa ainsi trois ou quatre jours au quartier-général et partagea le lit d'un aide de camp. Cette excursion fut féconde pour sa jeune âme; mille tableaux s'y gravèrent, mille couleurs la remplirent. Il put dire avec orgueil : Pichegru m'a aimé. Mais lorsqu'ensuite, dans son culte enthousiaste, il s'obstina jusqu'au bout à parler de Pichegru comme d'une pure victime, comme d'un bon Français et d'un loyal défenseur du sol, il fut moins fidèle à l'information de l'histoire qu'à la reconnaissance et au pieux désir.

Pendant la Terreur probablement, un M. Girod de Chantrans, ancien officier du génie, forcé de quitter Besançon par suite du décret qui interdisait aux ci-devant nobles le séjour dans les places de guerre, alla habiter Novilars, château à deux lieues de là ; il emmena le jeune Nodier avec lui. C'était un savant, un sage, une espèce de Linné bisontin. Il donna à l'enfant des leçons de mathématiques et d'histoire naturelle, mais l'élève ne mordit qu'à cette dernière. C'est là qu'il commença ses études entomologiques, ses collections, s'attachant aux coléoptères particulièrement : il y acquit des connaissances réelles, découvrit l'organe de l'ouïe chez les insectes : une dissertation publiée à Besançon en l'an vi (1798) en fait foi. M. Duméril confirma depuis cette opinion, ou même, selon son jeune et jaloux devancier, s'en empara : il y eut réclamation dans les journaux (1). Dès ce temps, Nodier avait commencé un poëme sur les charmants objets de ses études; on en citait de jolis vers que quelques mémoires, en le voulant bien, retrouveraient peut-être encore. Je n'ai pu saisir que les deux premiers :

> Hôtes légers des bois, compagnons des beaux jours,
> Je dirai vos travaux, vos plaisirs, vos amours....

Mais qu'est-il besoin de poëme? ne l'avons-nous pas dans *Séraphine*, aussi vif, aussi frais, aussi matinal et diapré que les ailes de ces papillons sans nombre que l'auteur décrit amoureusement et qu'il étale? Quand on est poëte, quand la lumière se joue dans l'atmosphère sereine de l'esprit ou en colore à son gré les transparentes vapeurs, il n'est que mieux d'attendre pour peindre, de laisser la distance se faire, les rayons et les ombres s'incliner, les horizons se dorer et s'amollir. Tous ces *Souvenirs* enchanteurs de Nodier, qui commencent par *Séraphine*, ont pour muse et pour fée, non pas le *Souvenir* même, beaucoup trop précis et trop distinct, mais

(1) On peut voir dans la *Décade*, 3ᵉ trimestre de l'an xii, p. 377, une lettre de Charles Nodier, de laquelle il résulte cependant que M. Duméril, loin de s'emparer de l'observation de son devancier, l'avait négligée et n'en avait pas tenu compte. L'exactitude est bien difficile à obtenir, en tout ce qui concerne Charles Nodier, — surtout si l'on a causé avec lui.

l'adorable *Réminiscence*. C'est bien important, à propos de Nodier, de poser dès l'abord en quoi la réminiscence diffère du souvenir. Un amant disait à sa maîtresse qui brûlait chaque fois les lettres reçues, et qui pourtant s'en ressouvenait mieux :

> Au lieu d'un froid tiroir où dort le souvenir,
> J'aime bien mieux ce cœur qui veut tout retenir,
> Qui dans sa vigilance à lui seul se confie,
> Recueille, en me lisant, des mots qu'il vivifie,
> Les mêle à son désir, les plie en mille tours,
> Incessamment les change et s'en souvient toujours.
> Abus délicieux! confusion charmante!
> Passé qui s'embellit de lui-même et s'augmente!
> Forêt dont le mystère invite et fait songer,
> Où la Réminiscence, ainsi qu'un faon léger,
> T'attire sur sa trace au milieu d'avenues
> Nouvelles à tes yeux et non pas inconnues!

C'est ce faon léger des lointains mystérieux, ce daim à demi fuyant de l'Égérie secrète, que dans ses inspirations les plus heureuses Nodier vieillissant a suivi.

Au retour de Novilars, il fréquenta à Besançon les cours de l'Ecole centrale; dès 1797, il était adjoint au bibliothécaire de la ville, avec de petits appointements qui lui permirent quelque indépendance. Jusqu'alors il avait été plutôt timide et d'une allure toute poétique; il commença de s'émanciper, et ces vives années de son adolescence purent paraître très-dissipées et très-oisives. Son père l'aurait voulu avocat; il suivit le droit à Besançon, mais inexactement et sans fruit. A cette époque il en était déjà aux romans, soit à les pratiquer, soit à les écrire. L'influence de *Werther* fut très-grande sur lui et l'exalta singulièrement. La mode y poussait; le plus flatteur triomphe d'un *jeune-France* en ce temps-là consistait à obtenir des parents de porter l'habit bleu de ciel et la culotte jaune de Werther. Dans ces premiers accès d'enthousiasme germanique, Nodier ne savait que fort peu l'allemand; il lisait plus directement Shakspeare; mais il avait pour ainsi dire le don des langues ; il les déchiffrait très-vite et d'instinct, et en général il sait tout comme par réminiscence. Rien d'étonnant que, comme toutes les réminiscences, ses connaissances, d'autant plus ingénieuses, soient parfois un peu hasardées.

Il se trouva impliqué en 1799 (an VII) dans quelque petite échauffourée politique. Il s'agissait d'*un complot contre la sûreté de l'État*. Condamné d'abord par contumace, il fut ensuite acquitté à la majorité d'une voix, le 10 fructidor an VII. Il avait perdu sa place de bibliothécaire-adjoint ; son père l'envoya à Paris (vers 1800) pour y continuer ses études interrompues ; il y porta des romans déjà faits, et y contracta de nouvelles liaisons politiques. Après un premier séjour à Paris, il fut rappelé à Besançon ; c'était l'époque où les émigrés commençaient à rentrer ; il se lia avec ceux d'entre eux qui étaient encore jeunes, et tourna au royalisme en combinant ses nouvelles affections avec les anciennes. Revenu à Paris à l'époque où Bonaparte consul visait de près à l'empire, il y fit *la Napoléone* (1802), encore plus républicaine que royaliste : le dernier vers y salue *l'échafaud de Sidney*. Il publia presque en même temps le petit roman des *Proscrits*, et, dans un genre fort différent, une *Bibliographie entomologique* ; il avait écrit des articles dans un journal d'opposition intitulé *le Citoyen français*, qui paraissait pendant la première année du Consulat. Il avait déjà fait imprimer à Besançon, en 1801, et tirer à vingt-cinq exemplaires *Quelques Pensées de Shakspeare*, avec cette épigraphe de Bonneville :

Génie agreste et pur qu'ils traitent de barbare.

En quittant chaque fois Besançon, Nodier y laissait un ami qu'il revoyait toujours ensuite avec bonheur, qu'il émerveillait de ses nouveaux récits, au cœur de qui il gravait comme sur l'écorce du hêtre les chiffres du moment, et que quarante années écoulées depuis lors n'ont pas arraché du même lieu. Weiss, cet ami d'enfance, bibliographe comme Nodier, et, qui plus est, homme d'imagination comme lui, l'un des derniers de cette franche et docte race provinciale à la façon du xvie siècle, héritier direct des Grosley et des Boisot, l'excellent Weiss est resté dans sa ville natale comme un exemplaire déposé de la vie première et de l'âme de son ami, un exemplaire sans les arabesques et les dorures, mais avec les corrections à la main, avec les marges entières précieuses, et ce qu'on appelle en bibliographie les *témoins*. Qui donc n'a pas ainsi quelqu'un de ces amis purs et fidèles qui est resté au toit quand nous l'avons déserté, le pigeon casanier qui garde la tourelle? mais l'autre souvent ne revient pas. C'est le tome premier de nous-même, et celui presque toujours qui nous représente le mieux. Pour savoir le Nodier d'alors, c'est bien moins le Nodier d'aujourd'hui, trop lassé de s'entendre, qu'il eût fallu interroger, que le témoin mémoratif et glorieux d'un tel ami, lorsque dans la belle promenade de Chamars, si pleine de souvenirs (avant que le Génie militaire eût gâté Chamars), il s'épanchait en abondants et naïfs récits, et faisait revivre sous les grands feuillages d'automne les confidences des printemps d'autrefois, désespoirs ardents, philtres mortels, consolations promptes, complots, terreurs crédules, fuites errantes, une fenêtre escaladée, les années légères.

Je me représente Nodier à ces heures de jeunesse, lorsque, superbe et puissant d'espérance, ou, ce qui revient au même, prodigue de désespoir, il partit pour Paris du pied de sa montagne comme pour une conquête. Il n'était pas tel que nous le voyons aujourd'hui lorsqu'à pas lents, un peu voûté et comme affaissé, il s'achemine tous les jours régulièrement par les quais jusque chez Crozet et Techener, ou devers l'Académie les jours de séance, *afin que cela l'amuse*, comme dirait La Fontaine. « Vous l'avez rencontré cent fois, vous l'avez coudoyé, dit un spirituel critique, qui en cette occasion est peintre [1], et sans savoir pourquoi vous avez remarqué sa

---

[1] *Portraits littéraires*, par M. Planche.

figure anguleuse et grave, son pas incertain et aventureux, *son œil vif et las*, sa démarche fantasque et pensive. » Prenez garde pourtant, attendez : il y a de la vigueur encore sommeillante sous cette immense lassitude, il survient de singuliers réveils dans cette langueur. Un jour que je le rencontrais ainsi dans une de ces cours de l'Institut que les profanes traversent irrévérencieusement pour raccourcir leur chemin, comme on traverse une église, — un jour que je le rencontrais donc, et qu'arrivé tout fraîchement moi-même de sa Franche-Comté et de son Jura, je lui en rappelais avec feu quelques grands sites, il m'écoutait en souriant ; mais j'avais cherché vainement le nom de *Cerdon* pour le rattacher à cette haute et austère entrée dans la montagne après Pont-d'Ain : ce nom de *Cerdon*, que je ne retrouvais pas et que je balbutiais inexactement, avait dérouté à lui-même sa mémoire, et nous avions tourné autour, sachant au juste de quel lieu il s'agissait, mais sans le bien dénommer. Il m'avait quitté, il était loin, lorsque du fond de la seconde cour, et du seuil même de l'illustre *portique*, un cri, un accent net et vibrant, le mot de *Cerdon*, qui lui était revenu, et qu'il me lançait avec une joie fière en se retournant, m'arriva comme un rappel sonore du pâtre matinal aux échos de la montagne : le Nodier jeune et puissant était retrouvé !

Les soirs même de dimanche, en cet *Arsenal* toujours gracieux et embelli, s'il s'oublie quelquefois, comme par mégarde, à causer et à rajeunir, si, debout à la cheminée, il s'engage en un attachant récit qui ne va plus cesser, à mesure que sa parole élégante et flexible se déroule, écoutez, assistez ! Voyez-vous cette organisation puissante qui a faibli, comme elle se rehausse aux souvenirs ! l'œil s'éclaire, la voix monte, le geste lui-même, à peine sorti de sa longue indolence, est éloquent. Je me figure un Vergniaud qui cause.

Dans le Nodier d'aujourd'hui, à travers la fatigue, il y a encore, par accès, du montagnard élancé à haute et large poitrine, de même que dans celui d'autrefois et jusqu'en sa pleine force, on dut entrevoir toujours quelque chose de ce qui a promptement fléchi. Les Francs-Comtois transplantés ne sont-ils pas volontiers comme cela (1)?

Quoi qu'il en soit, lui, il était tel lorsque ses premiers séjours à Paris agrandirent sous ses pas bondissants le cercle des aventures. J'ajourne pour un instant les échappées politiques : littérairement on le possède dès ce moment-là, d'une manière complète et circonstanciée, dans quelques petits ouvrages de lui qui furent conçus sous ces coups de soleil ardents, sous ces premières lunes sanglantes et bizarres.

Le Peintre de Saltzbourg, journal des émotions d'un cœur souffrant, suivi des *Méditations du Cloître*, 1803.

Le dernier Chapitre de mon Roman, 1803.

Essais d'un jeune Barde, 1804.

Les Tristes, ou Mélanges tirés des tablettes d'un Suicide, 1806. J'y ajouterais le roman intitulé *les Proscrits*, si on pouvait se le procurer (2); mais j'y joins celui d'*Adèle*, qui, publié beaucoup plus tard, remonte pour la première idée et l'ébauche de la composition à ces années de prélude. En relisant ces divers écrits, en tâchant, s'il se peut, pour les *Essais d'un jeune Barde* et pour *les Tristes*, de ressaisir l'édition originale (car dans les volumes des *Œuvres complètes* la physionomie particulière de ces petits recueils s'est perdue et comme fondue), on surprend à merveille les affinités sentimentales et poétiques de Nodier dans leurs origines.

Il est d'avant *René*, bien qu'il n'éclate qu'un peu après et à côté. Il n'a pas non plus besoin d'*Oberman* pour naître, bien qu'il le lise de bonne heure et qu'il l'admire aussitôt ; mais

(1) Jouffroy, par exemple.
(2) On le peut assez aisément, car il a été réimprimé en 1820 (*Stella ou les Proscrits*). L'auteur l'a rejeté depuis avec raison, comme trop juvénile et peu digne de ses *Œuvres complètes*. Les autres ouvrages dont je parle en dispensent.

si Oberman et René sont pour lui des frères aînés et plus mûris, ce ne sont pas ses parents directs, ses pères. Nodier, au début, se rattache plus directement à Saint-Preux, mais à Saint-Preux germanisé, vaporisé, werthérisé. Il a lu aussi *les dernières Aventures du jeune d'Olban*, publiées en 1777, et il s'en ressent d'une manière sensible. Mais qu'est-ce, me dira-t-on, que *les Aventures du jeune d'Olban?* Avant 89, il y avait en France un très-réel commencement de romantisme, une veine assez grossissante dont on est tout surpris à l'examiner de près : les drames de Diderot, de Mercier, les traductions et les préfaces de Le Tourneur, celles de Bonneville. Tout un jeune public, contre lequel tonnait La Harpe, y répondait : on a vu ailleurs que M. Joubert, l'ami de Fontanes, en était. Or Ramond, depuis membre grave des assemblées politiques, de l'Académie des Sciences, et historien si éminent des Pyrénées, Ramond jeune, nourri dans Strasbourg, sa patrie, des premiers sucs de la littérature allemande mûrissante, en fut légèrement enivré. Séjournant en Suisse et dans une sorte d'exil commandé, à ce qu'il semble, par quelque passion malheureuse, il publia à Yverdun, en 1777, *les Aventures du jeune d'Olban* qui finissent à la Werther par un coup de pistolet, et l'année suivante il publia encore, dans la même ville, un volume d'Élégies alsaciennes de plus de sentiment et d'exaltation que d'harmonie et de facture ; on y lit cette rustique approbation signée du bailli du lieu : *Permis d'imprimer les Élégies ci-devant.* Nodier, à la veille du *Peintre de Saltzbourg*, se ressouvenait du roman de Ramond (1), il ajouta même à son *Peintre*, par manière d'épilogue, une pièce intitulée *le Suicide et les Pèlerins*, qui n'est qu'une mise en vers du dernier chapitre en prose de *d'Olban*. Comme talent d'écrire (bien que Ramond en ait montré dans ses autres ouvrages), il n'y a pas de comparaison à faire entre

(1) Il a poussé la complaisance et la longanimité du souvenir jusqu'à donner une édition des *Aventures de d'Olban*, avec notice, 1829, chez Techener.

le Peintre de Saltzbourg et le roman alsacien ; mais c'est le même fonds de sentimentalité.

Les *Essais d'un jeune Barde* sont dédiés par Nodier à Nicolas Bonneville ; c'est à lui surtout, à ses *âpres et sauvages, mais fières et vigoureuses* traductions, comme il les appelle, qu'il avait dû d'être initié au théâtre allemand. Bonneville avait débuté jeune par des poésies originales où l'on remarque de la verve ; ensuite il s'était livré au travail de traducteur. Vers 1786, en tête d'un *Choix de petits romans imités de l'allemand*, il avait mis pour son compte une préface où il pousse le cri famélique et orgueilleux des génies méconnus. Il n'y manque pas l'exemple de Chatterton, qu'il raconte et étale avec vigueur. Il est l'un des premiers qui aient commencé d'entonner cette lugubre et emphatique complainte qui n'a fait que grossir depuis, et dont l'opiniâtre refrain revient à redire : *Admire-moi, ou je me tue!* La Révolution le dispersa violemment hors de la littérature (1). Voilà bien quelques-uns des précurseurs parmi cette génération werthérienne d'avant 89, dont fut encore Granville, aussi décousu, plus malheureux que Bonneville, et qui semble lui disputer un pan de ce manteau superbe et quelque peu troué qui se déchira tout à fait entre ses mains. Granville, auteur du *Dernier Homme*, poëme en prose dont Nodier s'est fait depuis l'éditeur, et que M. Creusé de Lesser a rimé, Granville, atteint comme Gilbert d'une fièvre chaude, se noya le 1ᵉʳ février 1805 à Amiens, dans le canal de la Somme, qui coulait au pied de son jardin.

Je demande pardon de remuer de si tristes frénésies ; mais il le faut, puisque c'est de la généalogie littéraire. Remarquez que le secret du malheur de ces écrivains tourmentés est en grande partie dans la disproportion de l'effort avec le talent. Car de *talent*, à proprement parler, c'est-à-dire de pouvoir créateur, de faculté expressive, de mise en œuvre heureuse,

(1) Voir sur Bonneville le portrait qu'en trace Nodier dans *les Prisons de Paris sous le Consulat*, chap. ɪ, et la note vɪɪɪ du *Dernier Banquet des Girondins*.

ils n'en avaient que peu ; ils n'ont laissé que des lambeaux aussi déchirés que leur vie, des canevas informes que les imaginations enthousiastes ont eu besoin de revêtir de couleurs complaisantes, de leurs propres couleurs à elles, pour les admirer.

Ce fut sans doute un malheur de Nodier au début, que de s'éprendre de ce côté, et de se trouver engagé par je ne sais quelle fascination irrésistible vers ces faux et troublants modèles. Je conçois et j'admets qu'à l'entrée de la vie, les premières affections, même littéraires, ne soient pas dans chacun celles de tous. Dans sa jolie nouvelle de *la Neuvaine de la Chandeleur*, Nodier en commençant explique très-bien comme quoi il n'y a de véritable enfance qu'au village, ou du moins en province, dans des coins à part, bien loin des rendez-vous des capitales et de la rue Saint-Honoré. De même en littérature, en poésie, les premières impressions, et souvent les plus vraies et les plus tendres, s'attachent à des œuvres de peu de renom et de contestable valeur, mais qui nous ont touché un matin par quelque coin pénétrant, comme le son d'une certaine cloche, comme un nid imprévu au rebord d'un buisson, *comme le jeu d'un rayon de soleil sur la ferblanterie d'un petit toit solitaire*. Ainsi l'*Estelle* de Florian ou la *Lina* de Droz, les *Fragments* de Ballanche ou les *Nuits Élyséennes* de Gleizes, peuvent toucher un cœur adolescent autant et bien plus qu'une Iliade. Même plus tard, on pourrait, *comme faible secret, et en ne l'avouant jamais*, préférer *Valérie* à Sophocle; on peut, et en l'avouant, préférer le *Lac* des *Méditations* à *Phèdre* elle-même. Dans l'enfance donc et dans l'adolescence encore, rien de mieux littérairement, poétiquement, que de se plaire, durant les récréations du cœur, à quelques sentiers favoris, hors des grands chemins, auxquels il faut bien pourtant, tôt ou tard, se rallier et aboutir. Mais ces grands chemins, c'est-à-dire les admirations légitimes et consacrées, à mesure qu'on avance, on ne les évite pas impunément; tout ce qui compte y a passé, et l'on y doit passer à son tour : ce sont les voies sacrées qui mènent à la Ville éternelle, au rendez-vous universel de la gloire et de l'estime humaine. Nodier, si fait pour pratiquer ces voies et pour les suivre, et qui, jeune, en savait mieux que les noms, ne les hanta, pour ainsi parler, qu'à la traverse, et ne s'y enfonça à aucun moment en droiture. Je ne sais quelle fatalité de destinée ou quel tourbillon romanesque, du *Peintre de Saltzbourg* à *Jean Sbogar*, le jeta toujours par les précipices ou sur les lisières, à droite ou à gauche de ces grandes lignes où convergent en définitive les seules et vraies figures du poëme humain comme de l'histoire. Par un généreux mais décevant instinct, il s'en alla accoster d'emblée, en littérature comme en politique, ceux surtout qui étaient dehors et qui lui parurent immolés, Bonneville ou Granville, comme Oudet et Pichegru.

Et plus tard, tout à fait mûr et le plus ingénieux des sceptiques, ne voudra-t-il pas réhabiliter Cyrano? il appellera Perrault un autre Homère.

Jeune, deux choses entre autres le sauvèrent et permirent qu'à la fin, arrivé à son tour, reposé ou du moins assis, et comptant devant lui les débris amassés, il se fit une richesse. Et d'abord, si sincère qu'il se montrât dans le transport d'expression de ses douleurs juvéniles, il était trop poëte pour que son imagination, à certains moments, ne les lui exagérât point beaucoup, et, à d'autres moments aussi, ne les vînt pas distraire et presque guérir. Sa sensibilité, tempérée par la fantaisie, ne prenait pas le malheur dans un sérieux aussi continu que de loin on pourrait le croire. Et par exemple, en ce temps même du *Peintre de Saltzbourg*, il écrivait *le dernier Chapitre de mon Roman*, réminiscence très-égayée d'une génération légère qui avait eu, comme il l'a très-bien dit, *Faublas* pour *Télémaque*. J'aime peu à tous égards ce *dernier Chapitre*, si spirituel qu'il soit; il rappelle trop son modèle par des côtés non-seulement scabreux, mais un peu vulgaires. Je ne sais en ce genre-là de vraiment délicat que le petit conte : *Point de Lendemain*, de Denon, qu'on peut ci-

ter sans danger, puisqu'on ne trouvera nulle part à le lire (1).
Mais dans ce *dernier Chapitre*, la mélancolie était raillée, et
il y était fait justice des Werthers à la mode, de façon à ras-
surer contre les autres écrits de l'auteur lui-même. Il ne
manque souvent à l'ardeur fiévreuse de la jeunesse et à ces
fumeuses exaltations de tête, qu'une soupape de sûreté qui
empêche l'explosion et rétablisse de temps en temps l'équilibre : *le dernier Chapitre de mon Roman* prouverait qu'ici, dès
l'origine, cette espèce de garantie était trouvée.

Mais ce qui sauva surtout Nodier et le tira hors de pair
d'entre tous ces faux modèles secondaires auxquels il faisait
trop d'honneur en s'y attachant, et qui ne devaient bientôt
plus vivre que par lui, c'est tout simplement le talent, le don,
le jeu d'écrire, la faculté et le bonheur d'exprimer et de
peindre, une plume riche, facile, gracieuse et vraiment
charmante, et le plaisir qu'il y a, quand on en est maître,
à laisser courir tout cela.

On peut se donner l'agrément, et j'y invite, de lire dans
Trilby, dès la troisième ou quatrième page, une certaine
phrase infinie qui commence par ces mots : « Quand Jeannie,
de retour du lac... » Jamais ruban soyeux fut-il plus flexueu-
sement dévidé, jamais soupir de lutin plus amoureusement
filé, jamais fil blanc de *bonne Vierge* plus incroyablement
affiné et allongé sous les doigts d'une reine Mab? Eh bien!
quand on est destiné à écrire cette phrase-là, ou celles encore de la magique danse des castagnettes dans *Inés de las
Sierras*, on éprouve trop de dédommagement secret à décrire
même ses erreurs, même ses désespoirs, pour ne pas devoir
leur échapper bientôt et leur survivre.

Nodier écrivain, s'il faut le définir, c'est proprement un
Arioste de la phrase. Or, si Werther qu'on semble au début,
quand je ne sais quel Arioste est dessous, j'ai bon espoir, on
en revient.

(1) Paris, 1812, Didot l'aîné : tiré à très-peu d'exemplaires.

Ces fines qualités de style se présageaient déjà vivement dans *le Peintre de Saltzbourg*, qui n'a plus guère conservé d'intérêt que par là. A travers le chimérique de l'action, le vague et l'exalté des caractères, on y peut relever quelques tableaux de nature qui rappelaient alors les touches encore récentes de Bernardin de Saint-Pierre, et qui supposaient le voisinage prochain de Chateaubriand et d'Oberman. Nodier, grand *styliste* prédestiné, a de bonne heure excellé à revêtir les formes et les teintes d'alentour : une de ses images favorites est celle de la *pierre de Bologne*, qui garde, dit-on, quelque temps les rayons dont elle a été pénétrée. *Le Peintre de Saltzbourg* avait de plus, sur quelques points de sa palette, ses rayons à lui. On distinguera cette belle page sur l'hiver, datée du 10 octobre : « Oui, je le répète, l'hiver dans toute son indigence, l'hiver avec ses astres pâles et ses phénomènes désastreux, me promet plus de ravissements que l'orgueilleuse profusion des beaux jours... » Si cette page se fût trouvée aussi bien dans l'*Émile* ou dans le *Génie du Christianisme*, elle aurait été mainte fois citée. Je note encore une admirable description du matin (14 septembre), qui se termine par ces traits de maître : « ..... Chaque heure qui s'approche amène d'autres scènes. Quelquefois, un seul coup de vent suffit pour tout changer. Toutes les forêts s'inclinent, tous les saules blanchissent, tous les ruisseaux se rident, et tous les échos soupirent. »

De plus en plus, en avançant, le style de Nodier, avec une grâce et une souplesse qui ne seront qu'à lui et qui composeront son caractère, atteindra à peindre de la sorte les mouvements prompts, les reflets soudains, les chatoiements infinis de la verdure et des eaux, moins sans doute, dans toute scène, les grands traits saillants et simples qu'une multitude de surfaces nuancées et d'intervalles qui semblaient indéfinissables et qu'il exprime. Ainsi, dans *Jean Sbogar*, sa plume saisira le vol des goëlands qui s'élèvent à perte de vue et redescendent *en roulant sur eux-mêmes, comme le fuseau d'une bergère échappé à sa main* (1). Ainsi, à un autre endroit, il prolongera dans le sable fin et mobile de la plage les ondulations vagues qui bercent la voiture et le rêve d'Antonia (2). Son mouvement de style, aux places heureuses, est tout à fait tel, parfois rapide et plus souvent bercé.

Le roman d'*Adèle*, que je rapporte à cette première époque de Nodier, s'ouvre avec intérêt et vie : il y a du soleil. Le monde rentrant des émigrés en province y est assez fidèlement rendu. Les déclamations même sur la noblesse, sur les inégalités sociales, sur les sciences, ces traces présentes de Jean-Jacques, deviennent des traits assez vrais du moment. Bien des pages y sont délicieuses de simplicité et de fraîcheur : celle, par exemple, à la date du 17 avril, sur les fleurs préférées et les souvenirs qui s'y rattachent, On y voit déjà ce choix de l'*ancolie* qui en fait la fleur de Nodier, comme la *pervenche* est celle de Rousseau (3). A la date du 8 juin, je note un doux projet d'Éden, un rêve adolescent de chaumière ; et puis (8 mai) l'ascension à la Dôle, le *Chalet des Faucilles*, ce joli nid à romans qu'on appelle pays de Vaud, et l'éblouissante splendeur des monts d'au delà, de laquelle on peut rapprocher encore, dans la nouvelle d'*Amélie*, la plus flottante description de brume automnale et matinale au bord du lac de Neuchâtel ; car c'est le triomphe de cette plume amusée d'avoir à dérouler ainsi des réseaux tour à tour scintillants ou vaporeux.

Après cela, malgré les grâces courantes, les longs rubans

(1) Chap. IV.
(2) Chap. V.
(3) Aimé De Loy, poëte franc-comtois des plus errants et des plus naufragés, mais dont l'amitié vient de recueillir les débris sous le titre de *Feuilles aux Vents*, a dit quelque part, en célébrant une de ses riantes stations passagères :

> J'y cultive, au pied d'un coteau,
> La fleur de Nodier, l'ancolie,
> Si chère à la mélancolie,
> Et la pervenche de Rousseau.

flexibles et les méandres de mots, les caractères, dans ce petit roman d'*Adèle,* laissent fortement à désirer. Adèle n'est pas une vraie femme de chambre, ce qu'il faudrait pour que la donnée eût toute sa hardiesse originale ; elle n'est qu'une demoiselle déclassée et méconnue. Maugis ne diffère en rien du pur traître des vieux romans de chevalerie ou de ceux de l'éternel mélodrame. La conduite de Gaston et des autres manque tout à fait d'une certaine faculté de justesse et de raisonnement qui n'est jamais tellement absente dans la vie. Ce ne sont que personnages qui croient, se détrompent, s'exaltent encore, ne vérifient rien, et se jettent par une fenêtre ou se cassent d'autre façon la tête, un peu comme dans les romans de l'abbé Prévost, mais d'un abbé Prévost piqué de Werther. Chez l'abbé Prévost ils s'évanouissaient simplement, ici ils se tuent.

Les Tristes, écrits dans des quarts d'heure de vie errante, ne sont qu'un recueil de différentes petites pièces (prose ou vers), originales ou imitées de l'allemand, de l'anglais, et qui sentent le lecteur familier d'Ossian et d'Young, le mélancolique glaneur dans tous les champs de la tombe. Toujours mêmes couleurs éparses, mêmes complaintes égarées, même affreuse catastrophe. *L'inconnu,* auteur supposé des *Tristes,* se tue d'un coup de lime au cœur, comme Charles Munster (le peintre de Saltzbourg) se noyait dans le Danube, comme Gaston dans *Adèle* se fait, je crois, sauter la tête. Ce qui a manqué à ces personnages infortunés de Nodier, si souvent reproduits par lui, ç'a été de se résumer à temps en un type unique, distinct, et qui prît rang à son tour, du droit de l'art, entre ces hautes figures de Werther, de René et de Manfred, illustre postérité d'Hamlet. Au lieu de cela, il n'a fait que fournir les plus intéressants et, sans comparaison, les plus regrettables dans cette suite de cadets trop pâlissants, qui ont tant fait couler de pleurs d'un jour, de *d'Olban* à *Antony.*

Plus tard, pour les figures de femmes, surtout de jeunes filles, il a mieux atteint à l'idéal voulu, et, dans le charme de

26.

les peindre, son pinceau gracieux et amolli n'a pas eu besoin
de plus d'effort. Remarquez pourtant comme le premier pli
se garde toujours, comme le trait marquant qui s'est prononcé
à nu dans la jeunesse se transforme, se déguise, s'arrange,
mais se reproduit inévitable au fond et ne se corrige jamais.
Même dans les plus expansives et sereines réminiscences des
soirs d'automne de la maturité, même quand il semble le plus
loin de Charles Munster et de Gaston de Germancé, quand il
n'est plus que *Maxime Odin*, le doux railleur légèrement
attendri, quand près de sa Séraphine, en d'aimables gronde-
ries, il est assis sur le banc de l'allée des marronniers, le lendemain de sa nocturne enjambée au *bassin des Salamandres*;
quand se multiplient et se diversifient à ravir sous son récit
les plus rougissantes scènes adolescentes et (idéal du premier
désir!) ce bouquet de cerises malicieusement promené sur les
lèvres de celui qu'on croit endormi; lorsque véritablement il
paraît ne plus vouloir emprunter de ses précédents romans
trop ensanglantés que les souriantes prémices ou les douleurs
embellies, comme étaient dans *Thérèse Aubert* les adieux à la
Butte des Rosiers et ce baiser à travers les feuilles d'une rose;
quand donc on se croit assuré qu'il en est là, tout d'un
coup... qu'est-ce? méfiez-vous, attendez!... le procédé final
n'a pas changé; l'adorable idylle, la pastorale enchantée, tout
amoureusement tressée qu'elle semble, va se trancher net
encore à la Werther ou à la *Werthérie,* sinon par un coup de
pistolet, au moins par une petite vérole qui tue, par un ané-
vrisme qui rompt, par une convulsion délirante; Séraphine,
Thérèse, Clémentine, Amélie, Cécile, Adèle, toutes ces amantes
qu'il a touchées au front, elles en sont là; il a comme résumé
leur destin en un seul dans ces Stances mélodieuses, où du
moins le rhythme et l'image ont tout revêtu et adouci :

> Elle était bien jolie, au matin, sans atours,
> De son jardin naissant visitant les merveilles,
> Dans leur nid d'ambroisie épiant les abeilles,
> Et du parterre en fleurs suivant les longs détours.

Elle était bien jolie, au bal de la soirée,
Quand l'éclat des flambeaux illuminait son front,
Et que, de bleus saphirs ou de roses parée,
De la danse folâtre elle menait le rond.

Elle était bien jolie, à l'abri de son voile
Qu'elle livrait flottant au souffle de la nuit,
Quand pour la voir, de loin, nous étions là, sans bruit,
Heureux de la connaître au reflet d'une étoile.

Elle était bien jolie ; et de pensers touchants,
D'un espoir vague et doux chaque jour embellie,
L'amour lui manquait seul pour être plus jolie !...
— « Paix ! voilà son convoi qui passe dans les champs !... » —

Idylle et catastrophe, une vive et brillante promesse interceptée, son imagination avait pris de bonne heure ce tour dans le sentiment de sa propre destinée et dans l'expérience des malheurs particuliers, réels, auxquels il est temps de venir.

Nous serons bref dans un détail que lui-même nous a orné de couleurs si vivantes en mainte page de ses *Souvenirs*. Il suffira de nous rabattre à quelques points précis et moins illustrés. En 1802, *la Napoléone*, dont les copies se multiplièrent à l'infini, et une foule de petits écrits séditieux qui s'imprimaient clandestinement chez le républicain Dabin et se distribuaient sous le manteau, attirèrent les recherches de la police. Dabin fut arrêté. On m'assure que Nodier, dans un moment d'exaltation généreuse, écrivit à Fouché et se dénonça lui-même comme auteur de *la Napoléone* (1). Quoi qu'il en soit, Fouché avait pour bibliothécaire le Père Oudet, ancien ami du père de Nodier dans l'Oratoire. Cette circons-

(1) Depuis que cette notice est écrite, je suis arrivé à recueillir des informations tout à fait exactes et singulières sur ce point de la vie de Nodier. Ce fut lui qui se dénonça en effet par une lettre, dont voici le texte dans toute son excentricité, et qui sent son Werther au premier chef :

« Parvenu au comble de l'infortune et du désespoir ; abandonné de

tance ne laissa pas de tempérer les premières sévérités politiques contre l'imprudent jeune homme. Il fut renvoyé à son père à Besançon ; mais d'actives liaisons avec les émigrés rentrants et avec les ennemis du Gouvernement en général le compromirent de nouveau. Accusé d'avoir pris part à l'évasion de Bourmont, il s'évada lui-même de la ville, et n'y revint qu'après qu'un jugement rendu l'eut mis à l'abri. Il dut fuir encore, comme plus ou moins enveloppé dans la grande machination dénoncée par Méhée sous le nom d'*alliance des jacobins et des royalistes* : il était en danger de passer pour un *trait-d'union* des deux partis. Prévenu à temps, il gagna la campagne et resta errant jusque vers le commencement de 1806, soit dans le Jura français, soit en Suisse (1). C'est dans cet intervalle qu'il produisit *les Tristes*, et même

tout ce que j'aimais ; veuf de toutes mes affections ; à vingt-cinq ans j'ai survécu à tout amour et à toute amitié.

« Il me reste du moins le bonheur d'être coupable, et de pouvoir vous demander la prison, l'exil ou l'échafaud.

« Un ouvrage intitulé *la Napoléone* et dirigé contre le Premier Consul a paru il y a deux ans. La police en a recherché l'auteur. C'est moi.

« Sans attendre des hommes et de vous ni égards ni pitié, je vous apporte ma liberté. Demain l'usage en serait peut-être terrible. Quiconque a pu beaucoup aimer, peut haïr avec excès, et mon temps est venu.

« Je m'appelle Charles Nodier.

« Je loge hôtel Berlin, rue des Frondeurs. »

L'adresse, digne de la lettre, est : « Au Premier Consul, et, en son lieu, à l'un des préfets du Palais. » La date est du 25 frimaire an XII (décembre 1803) ; ce qui fait remonter la date de *la Napoléone* à 1801.

On conçoit que, sur le vu de cette lettre, il ait été donné un ordre du Grand-Juge « de faire rechercher l'auteur qui prend le nom de Nodier, de l'interroger sur ses motifs pour écrire et sur les projets qu'il pourrait avoir. »

Je reviendrai peut-être un jour sur ce fol épisode, si j'en viens à traiter le Nodier réel et à le suivre de plus près.

(1) M. Mérimée, successeur de Nodier à l'Académie, et qui, ayant à prononcer son Éloge, s'en est acquitté un peu ironiquement, a dit en parlant de cette époque de sa vie où il était peut-être moins persécuté qu'il ne se l'imaginait : « Il croyait fuir les gendarmes et poursuivait les papillons. »

le *Dictionnaire des Onomatopées*, singulière inspiration chez un proscrit romanesque, et bien notable indice d'un instinct philologique qui grandira.

En 1806, son mandat d'arrêt fut levé et converti en un permis de séjour à Dôle, sous la surveillance du sous-préfet, M. de Roujoux, homme aimable, instruit, qui préparait dès lors son estimable essai des *Révolutions des Arts et des Sciences*. Nodier y connut beaucoup Benjamin Constant, qui avait à Dôle une partie de sa famille : leurs esprits souples et brillants, leurs sensibilités promptes et à demi brisées devaient du premier coup s'enlacer et se convenir. Il ouvrit un cours de littérature qui fut très-suivi, et s'il avait laissé le temps aux préventions politiques de s'effacer, l'Université aurait probablement fini par l'accueillir. Le préfet Jean de Bry lui portait intérêt ; le ministre Fouché associait son nom à des souvenirs oratoriens. Ces années ne furent donc pas absolument malheureuses, les sentiments consolants de la jeunesse les embellissaient, et de fréquentes tournées au village de Quintigny, qui recélait pour son cœur une espérance charmante, lui décoraient l'avenir. Il rêvait de faire une *Flore* du Jura ; il rêvait mieux, une vie heureuse, domestique, studieuse, sous l'humble toit verdoyant. Il a exprimé lui-même ces poétiques douceurs d'alors à quelques années de là, lorsque dans son exil d'Illyrie il se reportait avec une plainte mélodieuse vers les saisons déjà regrettables :

> Qui me rendra l'aspect des plantes familières,
> Mes antiques forêts aux coupoles altières,
> Des bouquets du printemps mon parterre épaissi,
> Le houx aux lances meurtrières,
> L'ancolie au front obscurci
> Qui se penche sur les bruyères,
> Le jonc qui des étangs protége les lisières,
> Et la pâle anémone et l'éclatant souci ?
> . . . .
> Les arbres que j'aimais ne croissent point ici.

> O riant Quintigny, vallon rempli de grâces,
> Temple de mes amours, trône de mon printemps,
> Séjour que l'espérance offrait à mes vieux ans,
> Tes sentiers mal frayés ont-ils gardé mes traces ?
> Le hasard a-t-il respecté
> Ce bocage si frais que mes mains ont planté,
> Mon tapis de pervenche, et la sombre avenue
> Où je plaignais Werther que j'aurais imité ?...

Rien n'est doux et brillant comme de regarder à distance nos jeunes années malheureuses à travers ce prisme qu'on appelle une larme.

Le poëte, chez Nodier, est déjà bien avancé, bien en train de mûrir : une circonstance particulière vint développer en lui le philologue, le lexicographe, et lui permit dès lors de pousser de front ce goût vif à côté de ses autres prédilections un peu contrastantes. Le chevalier Herbert Croft, baronnet anglais, prisonnier de guerre à Amiens, où il s'occupait de travaux importants sur les classiques grecs, latins et français, eut besoin d'un secrétaire et d'un collaborateur : Nodier lui fut indiqué et fut agréé ; il obtint l'autorisation d'aller près de lui. Il nous a peint plus tard son vieil ami sous le nom légèrement adouci de sir Robert Grove, dans son attachante nouvelle d'*Amélie*. Il était impossible de toucher un tel portrait à la Sterne avec une plus gracieuse et, pour ainsi dire, affectueuse ironie : « Ce qui faisait sourire l'esprit, conclut-il, dans les innocentes manies du chevalier, faisait en même temps pleurer l'âme. On se disait : Voilà pourtant ce que nous sommes, quand nous sommes tout ce qu'il nous est permis d'être au-dessus de notre espèce ! »

Sans plus recourir au portrait un peu flatté du vieux savant dans *Amélie* et en m'en tenant aux notices critiques de Nodier même, du vivant ou peu après la mort du chevalier (1),

---

(1) Au tome Ier, page 205, et au tome II, page 429, des *Mélanges de Littérature et de Critique* de Charles Nodier, recueillis par Barginet (de Grenoble), 1820.

il en résulte que sir Herbert Croft, ancien élève de l'évêque Lowth qui a écrit l'*Essai sur la Poésie des Hébreux*, l'élève aussi et le collaborateur du docteur Johnson soit pour la *Vie d'Young*, soit pour les travaux du Dictionnaire, avait de plus en plus creusé et raffiné dans les recherches littéraires et dans l'étude singulière des mots. Doué par la nature de l'organe le plus exquis des commentateurs, il l'avait encore armé d'une loupe grossissante qui ne se fixait plus décidément que sur les *infiniment petits* de la grammaire. « M. le chevalier Croft, écrivait de lui Nodier émancipé dans un article un peu railleur, peut se dire hautement l'Épicure de la syntaxe et le Leibnitz du rudiment ; il a trouvé l'atome, la monade grammaticale... » Quand il s'appliquait à un classique, sous prétexte de l'éclaircir, il y piquait de tous points ses vrilles imperceptibles et petit à petit destructives, presque comme celles des insectes rongeurs particuliers aux bibliothèques. Son analyse pointilleuse prétendait mettre à nu, par exemple, dans telle période de Massillon (car sir Herbert travaillait beaucoup sur nos auteurs français), une quantité déterminée de *consonnances* et d'*assonnances* qu'une éloquence harmonieuse sait trouver d'elle-même, mais qu'elle dérobe à la critique et qu'à ce degré de rigueur elle ne calcule jamais. Ce fut durant la participation de Nodier, comme secrétaire, aux travaux du chevalier, que celui-ci fit paraître son *Horace éclairci par la ponctuation*, ouvrage curieux et subtil, dont le titre seul promet, parmi les hasards de la conjecture, bien des aperçus piquants. A ses profondes préoccupations érudites, sir Herbert joignait par accident certaines vues libres, romantiques, comme des ressouvenirs du biographe d'Young. Il fut le premier à tirer d'un entier oubli *le dernier Homme* de Granville, *cette admirable ébauche d'épopée*, s'écriait Nodier, *et qui fera la gloire d'un plagiaire heureux*. On voit par combien de points vifs devaient se toucher d'abord le jeune secrétaire et le vieux maître.

L'association ne dura pas aussi longtemps qu'on aurait pu

croire. Après une année environ, l'amour de l'indépendance et la passion de l'histoire naturelle ramenèrent Nodier dans son village de Quintigny. Il s'était marié, il allait être père : de nouveaux projets commençaient. Pourtant les relations avec le chevalier portèrent leur fruit ; cette veine d'études philologiques aboutit en 1811 au livre ingénieux des *Questions de Littérature légale*. Il faut tout dire : le bon chevalier Croft, qui n'était pas tout à fait sir Grove, se montra un peu jaloux de son élève et du succès de cette *brochure populaire*, comme il la qualifia non sans quelque intention de dédain : sur deux ou trois points de textes comparés, il revendiqua même, à mots couverts, la priorité de la note. Nodier, en rendant compte dans les *Débats* de l'ouvrage où perçait cette petite aigreur, la releva avec une vivacité spirituelle et polie, mais assez aiguisée à son tour. A la mort du chevalier, il ne se ressouvint plus que de ses mérites dans un article nécrologique détaillé et touchant. J'ai souri toutefois en saisissant l'instant même où l'élève philologue s'est émancipé : comme dans toute émancipation, il y a eu un brin de révolte.

Ce livre des *Questions de Littérature légale*, fort augmenté depuis l'édition de 1812, et qui, sous son titre à la Bartole, contient une quantité de particularités et d'aménités littéraires des plus curieuses relativement au plagiat, à l'imitation, aux pastiches, etc., etc., est d'une lecture fort agréable, fort diverse, et représente à merveille le genre de mérite et de piquant qui recommande tout ce côté considérable des travaux de Nodier. Dans ses *Onomatopées*, dans sa *Linguistique*, dans ses *Mélanges tirés d'une petite Bibliothèque*, dans cette foule de petites dissertations fines, annexées comme des cachets précieux au *Bulletin du Bibliophile* (1), on le retrouve le même de manière et de méthode, si méthode il y a, d'érudition courante, rompue, variée, excursive. Ne lui de-

---

(1) Chez Techener.

mandez pas une discussion suivie et rigoureuse, armée de précautions, appuyée aux lignes établies de l'histoire, aux grands résultats acquis et aux jugements généraux de la littérature. Il s'échappe à tout moment *par la tangente*, il ne vise qu'à des points spéciaux, à des trouvailles imprévues, à des raretés d'exception où il se porte tout entier et où son sceptiscisme déguisé agite l'hyperbole. Sa critique, c'est bien souvent une vraie guerre de guérillas, une Fronde qui fait échec aux grands corps réguliers de la littérature et de l'histoire. Ou encore, sans but aucun, c'est un assaisonnement perpétuel, le *hors-d'œuvre* à la fin d'un grand banquet, après une littérature finie. Athénée, en son temps, n'a guère fait autre chose. Bayle parle quelque part de ces lectures mélangées qui sont comme le *dessert* de l'esprit. Nodier accommode par goût l'érudition pour les estomacs rassasiés et dédaigneux. Son livre des *Questions légales*, par exemple, c'est proprement un *quatre-mendiants* de la littérature; on passe des heures musardes à y grappiller sans besoin, à y ronger avec délices. Il a poussé en ce sens le Bayle et le Montaigne à leurs extrêmes conséquences; ce ne sont plus que miettes friandes.

Les esprits fermes, à régime sain, qui n'ont jamais eu de dégoût indolent ni de caprice, les esprits applicables, d'appétit judicieux, empressés de mordre d'abord à quelque pièce de bonne digestion, pourront se demander souvent à quoi bon ces raffinements de coup d'œil sur des riens, ces jeux de l'ongle sur des écorces, ces dégustations exquises sur le plus rare des *Ana*; à quoi bon de savoir si la *sphère* au frontispice est un insigne tout spécial des Elzevirs, et si leur large guirlande de *roses trémières* ne leur a pas été en maint cas dérobée. Les esprits même les plus en délicatesse de littérature pourront désirer quelquefois plus de circonspection et de sévérité dans certains jugements qui atteignent des noms connus : ainsi, M. de La Rochefoucauld n'est pas formellement accusé, à l'article IV des *Questions*, d'être un plagiaire de Corbinelli; mais cette singulière accusation, une fois soulevée, n'est pas non plus réfutée et réduite à néant, comme il l'aurait fallu. Pascal, à l'article v, demeure hautement accusé d'avoir pillé Montaigne; son plagiat est même proclamé le plus évident et le plus *manifestement intentionnel* que l'on connaisse, et l'on oublie que Pascal, mort depuis plusieurs années lorsqu'on recueillit et qu'on publia ses *Pensées*, ne peut répondre des petits papiers qu'on y inséra et qui, pour lui, n'étaient que des notes dont il se réservait l'usage. Ses pieux amis, les éditeurs, plus versés dans saint Augustin que dans Montaigne, ne s'aperçurent pas qu'ils avaient affaire par endroits à des extraits de ce dernier, et négligèrent naturellement d'en avertir. On aurait à multiplier les remarques de ce genre à propos de la critique de notre ingénieux et poétique érudit. Un jour, dans un article sur le cardinal de Retz, il lui appliquera je ne sais quel mot de celui qu'il appelle tout à coup *le sage et vertueux Balzac*, oubliant trop que cet estimable écrivain n'était pas le moins du monde un philosophe ni un sage, mais bien un utile pédant doué de nombre, sous qui notre prose a fait et doublé une excellente rhétorique : voilà tout.

Dans le plus suivi et le plus philosophique de ses jeux érudits, dans ses *Éléments de Linguistique*, Nodier a développé un système entier de formation des langues, l'histoire imagée du mot depuis sa première éclosion sur les lèvres de l'homme jusqu'à l'invention de l'écriture et à l'achèvement des idiomes. Ces sortes de questions dépassent de beaucoup le cercle des conjectures sur lesquelles nous nous permettons d'exprimer et même d'avoir un avis. Un savant article du baron d'Eckstein (1) vint protester au nom des résultats et des procédés de l'école historique : il fut sévère. En revanche, de consolants et affectueux articles de M. Vinet (2) exprimèrent l'admiration

---

(1) *Journal de l'Institut historique*, 2ᵉ livraison.
(2) *Essais de Philosophie morale.*

sans réserve et bien flatteuse d'un lecteur sérieux, complétement séduit.

A des endroits un peu moins antédiluviens, et où nous nous sentirions plus à même de prendre parti, il nous semble que Nodier, érudit, ne triomphe jamais plus sûrement, ne s'ébat jamais avec une plus heureuse licence qu'en plein XVIe siècle, en cette époque de liberté, de fantaisie aussi et de vaste bigarrure, et de style français déjà excellent. Il est de son mieux quand il disserte à fond sur le *Cymbalum mundi*, et la réhabilitation de Bonaventure des Periers peut en ce genre passer pour son chef-d'œuvre, à moins qu'on ne le préfère discourant, après Naudé, sur les Mazarinades, et épuisant la théorie des deux éditions du *Mascurat*.

Pour revenir, est-ce aller trop loin que de croire de Nodier bibliographe, lexicographe et philologue, qu'après tout, l'élève du chevalier Croft garda toujours quelque chose de lui, et que même pour les doctes excentricités qu'il jugeait en souriant et que depuis il nous a peintes, il s'en inocula dès lors quelques-unes avec originalité ? En attendant, il est curieux de voir comme, dès 1812, son butin se grossit, comme sa pacotille encyclopédique se bigarre et s'amasse. Encore un moment, encore le voyage d'Illyrie, et nous posséderons Nodier au complet, avec tous ses piquants romantismes et dilettantismes.

Comptons un peu et récapitulons, comme par le trou du kaléidoscope, quelques points au hasard dans l'étincelant pêle-mêle d'idéal qui survivra. Il aime, il caresse d'imagination les proscrits, les brigands héroïques, les grands destins avortés, les lutins invisibles, les livres anonymes qui ont besoin d'une clef, les auteurs illustres cachés sous l'anagramme, les patois persistants à l'encontre des langues souveraines, tous les recoins poudreux ou sanglants de raretés et de mystères, bien des rogatons de prix, bien des paradoxes ingénieux et qui sont des échancrures de vérités, la liberté de la presse d'avant Louis XIV, la publicité littéraire d'avant l'imprimerie, l'orthographe surtout d'avant Voltaire : il fera une guerre à mort aux *a* des imparfaits.

Vers 1811, l'ennui de ses facultés mobiles, bientôt à l'étroit dans le riant Quintigny, et l'espérance de trouver des ressources à l'étranger, le poussèrent en Italie, et de là en Carniole : il fut nommé bibliothécaire à Laybach. Son caractère aimable et la douceur de ses mœurs lui ayant procuré, comme partout, des protecteurs et des amis, il fut chargé de la direction de la librairie et devint, à ce titre, propriétaire et rédacteur en chef d'un journal intitulé *le Télégraphe*, qu'il publia d'abord en trois langues, français, allemand et italien, puis en quatre, en y ajoutant le slave vindique. Il y inséra, sur la langue et la littérature du pays, de nombreux articles dont on peut prendre idée par ceux qu'il mit plus tard dans le *Journal des Débats* (1). *Jean Sbogar* et *Smarra*, et *Mademoiselle de Marsan*, furent, dès cette époque, ses secrètes et poétiques conquêtes.

L'arrivée de Fouché comme gouverneur semblait devoir donner à sa fortune une face nouvelle ; la place de secrétaire-général de l'intendance d'Illyrie lui fut proposée ; il négligea ces avantages, et l'occasion rapide ne revint pas. L'abandon des provinces illyriennes le ramena en France, à Paris, ce centre final d'où jusque-là il avait toujours été repoussé. Il entra dans la rédaction des *Débats*, alors *Journal de l'Empire*, et que dirigeait encore M. Étienne. On assure que quand Geoffroy sur les derniers temps fut malade, Nodier le suppléa dans les feuilletons en conservant l'ancienne signature et en imitant sa manière ; si bien que le recueil qu'on fit ensuite de Geoffroy contient plusieurs morceaux de lui. On court risque, avec Nodier, comme avec Diderot, de le retrouver ainsi souvent dans ce que des voisins ont signé ; il faut prendre garde, en retour, de lui trop rapporter bien des écrits plus apparents on ne le retrouve pas.

(1) Recueillis au tome II, pages 353 et suiv. de ses *Mélanges de Littérature et de Critique*, 1820.

Nodier, revenu en France, avait trente ans passés ; il doit être mûr ; le voilà au centre ; une nouvelle vie mieux assise et plus en vue de l'avenir pourrait-elle commencer ? Par malheur, l'atmosphère est bien fiévreuse, et les temps plus que jamais sont dissipants. Je n'essayerai pas de le deviner et de le suivre à travers ces enthousiastes chaleurs de la première et de la seconde Restauration. Les Cent-Jours le rejetèrent à douze années en arrière, aux fougues politiques du Consulat : le 18 mars, il écrivit dans le *Journal des Débats* une autre *Napoléone*, une philippique à l'envi de celle que Benjamin Constant y lançait vers le même moment. Il résista mieux à l'épreuve du lendemain. Non pas tout à fait Napoléon, il est vrai, mais Fouché le fit venir, et lui demanda ce qu'il voulait. — « Eh bien ! donnez-moi cinq cents francs... pour aller à Gand. » Il est l'auteur de la pièce intitulée *Bonaparte au 4 mai*, qui parut dans *le Nain jaune* et dans *le Moniteur de Gand* ; il est l'auteur du vote attribué à divers royalistes, et qui circula au *Champ-de-Mai* : « Puisqu'on veut absolument pour la France un souverain qui monte à cheval, je vote pour Franconi. » Au reste, il se déroba de Paris durant la plus grande partie des Cent-Jours, et les passa à la campagne dans un château ami.

Les années qui suivent, et où se rassemble avec redoublement son reste de jeunesse, suffisent à peine, ce semble, à tant d'emplois divers d'une verve continuelle et en tous sens exhalée : journaliste, romancier, bibliophile toujours, dramaturge quelque peu et très-assidu au théâtre, témoin aux cartels, tout aux amis dans tous les camps, improvisateur dès le matin comme le neveu de Rameau. Avec cela des retours par accès vers les champs, des reprises de tendresse pour l'histoire naturelle et l'entomologie : un jour, ou plutôt une nuit, qu'il errait au bois de Boulogne pour sa docte recherche, une lanterne à la main, il se vit arrêté comme malfaiteur.

Il demeura jusqu'en 1820 dans la rédaction des *Débats*, et ne passa qu'alors à celle de la *Quotidienne*, sans préjudice des journaux de rencontre. Il publia *Jean Sbogar* en 1818, *Thérèse Aubert* en 1819, *Adèle* en 1820, *Smarra* en 1821, *Trilby* en 1822 : je ne touche qu'aux productions bien visibles. Chacun de ces rapides écrits était comme un écho français, et bien à nous, qui répondait aux enthousiasmes qui commençaient à nous venir de Walter Scott et de Byron. La valeur définitive de chaque ouvrage se peut plus ou moins discuter; mais leur ensemble, leur multiplicité dénonçait un talent bien fertile, une incontestable richesse, et il reste à citer de tous de ravissantes pages d'écrivain. A dater de 1820, la position littéraire de Nodier prit manifestement de la consistance.

Pour mettre un peu d'ordre à notre sujet et éviter (ce qui en est l'écueil) la dispersion des points de vue, nous ne tenterons ni l'analyse des principaux ouvrages en particulier, ni encore moins le dénombrement, impossible peut-être à l'auteur lui-même, de tous les écrits qui lui sont échappés. Deux questions, qui dominent l'étendue de son talent, nous semblent à poser : 1° la nature et surtout le degré d'influence des grands modèles étrangers sur Nodier, qui, au premier aspect, les réfléchit; 2° sa propre influence sur l'école moderne qu'il devança, qu'il présageait dès 1802, qu'il vit surgir et qu'il applaudit le premier en 1820.

L'influence des modèles étrangers sur Nodier (on peut déjà le conclure de notre étude suivie) est encore plus apparente que réelle. On a vu à ses débuts sa vocation marquée, on a saisi ses inclinations à l'origine. Il procède de *Werther* sans doute; mais on ne se compromet pas en affirmant que si *Werther* n'eût pas existé, il l'aurait inventé. Il ne connut longtemps de la littérature allemande que ce qui nous en arrivait par madame de Staël après Bonneville; mais l'esprit lui en arrivait surtout : la ballade de *Lénore*, *le Roi des Aulnes*, *la Fiancée de Corinthe*, *le Songe* de Jean-Paul, faisaient le plus vibrer ses fibres secrètes de fantaisie et de terreur. *Jean Sbogar*, conçu en 1812 sur les lieux mêmes de la scène, était autre chose certainement que le *Charles Moor* de Schiller, et n'avait pas besoin de *Rob-Roy*. Ces neuves et vivantes descriptions du paysage, la scène dramatique d'Antonia au piano devant cette glace qui lui réfléchit brusquement, au-dessus des plis de son cachemire rouge, la tête pâle et immobile de l'amant inconnu, ce sont là des marques aussi de franche possession et d'indépendante investiture. *Trilby*, le frais lutin, put naître sans l'*Ondine* de La Motte-Fouqué; *Smarra* se réclamait surtout d'Apulée. Il serait chimérique de prétendre ressaisir et désigner, au sein d'un talent aussi complexe et aussi mobile, le reflet et le croisement de tous les rayons étrangers qui y rencontraient, y éveillaient une lumière vive et mille jets naturels. La venue d'Hoffmann et son heureuse naturalisation en France durent imprimer à l'imagination de Nodier un nouvel ébranlement, une toute récente émulation de fantaisie; la lecture du *Majorat* le provoqua peut-être ou ne nuisit pas du moins à *Inès* ou à *Lydie*; *le Songe d'or*, ou *la Fée aux Miettes*, purent également se ressentir de contes plus ou moins analogues; mais n'avait-il pas, sans tant de provocations du dehors, cette autre lignée bien directe au coin du feu, cette facile descendance du bon Perrault et de M. Galand? En somme, il m'est évident que Nodier se trouve originellement en France de cette famille poétique d'Hoffmann et des autres, et que s'il répond si vite sur ce ton au moindre appel, c'est qu'il a l'accent en lui. Ce qu'ils traduisent en chants ou en récits, il se ressouvient tout aussitôt de l'avoir pensé, de l'avoir rêvé. Nodier peut être dit un frère cadet (bien Français d'ailleurs) des grands poëtes romantiques étrangers, et il le faut maintenir en même temps original : il était en grand train d'ébaucher de son côté ce qui éclatait du leur.

A l'égard de l'école française moderne, ce fut un frère aîné des plus empressés et des plus influents. On l'a vu, vingt ans auparavant, le plus matinal au téméraire assaut et séparé tout d'un coup de ceux-là, à jamais inconnus, qui probablement eussent aidé et succédé. Nulle aigreur ne suivit en lui ces mécomptes du talent et de la gloire. Les jeunes essais, qui désormais rejoignent ses espérances brisées, le retrouvent souriant, et il bat des mains avec transport aux premiers triomphes. Il avait connu et aimé Millevoye faiblissant; il enhardissait De Latouche, éditeur d'André Chénier; il n'eut qu'un cri d'admiration et de tendresse pour le chant inouï de Lamartine. Il connut Victor Hugo de bonne heure, à la suite d'un article qui n'était pas sans réserve, si je ne me trompe, sur *Han d'Islande*; il découvrit vite, au langage vibrant du jeune lyrique, les dons les plus royaux du rhythme et de la couleur. Un voyage en Suisse qu'ils firent tous deux ensemble et en famille, vers 1825, acheva et fleurit le lien. Dans le même temps, par ses publications avec son ami M. Taylor, par les descriptions de provinces auxquelles il prit une part effective au moins au début, il poussait à l'intelligence du gothique, au respect des monuments de la vieille France. Ses préfaces spirituelles, qu'en toute circonstance il ne haïssait pas de redoubler, harcelaient les classiques, et, en vrai père de Trilby, il sut piquer plus d'un de ses vieux amis sans amertume. Les savantes expériences de sa prose cadencée, les artifices de déroulement de sa plume en de certaines pages merveilleuses eussent été plus appréciés encore et eussent mieux servi la cause de l'art, si on ne les avait pu confondre par endroits avec les alanguissements inévitables dus à la fatigue d'écrire beaucoup, à la nécessité d'écrire toujours. Nombre de ses images, qui expriment des nuances, des éclairs, des mouvements presque inexprimables (comme celle du goëland qui tombe, citée plus haut), étaient faites pour illustrer et couronner l'audace; et, dans une Poétique de l'école moderne, si on avait pris soin de la dresser, nul peut-être n'aurait apporté un plus riche contingent d'exemples. Le petit volume de Poésies qu'il publia en 1827 vint montrer tout ce qu'il aurait pu, s'il avait concentré ses facultés de grâce et d'harmonie en un seul genre, et combien cette admiration fraternelle qu'il prodiguait autour de lui était négligente d'elle-même et de ses propres trésors par trop dissipés. Deux ou trois tendres élégies, quelques chansonnettes nées d'une larme, surtout des contes délicieux datés d'époques déjà anciennes, firent comprendre avec regret que, si elle y avait plus tôt songé, il y aurait eu là en vers une nouvelle muse. Mais, avant tout, un dégoût bien vrai de la gloire, un pur amour du rêve y respiraient :

> Loué soit Dieu! puisque dans ma misère,
> De tous les biens qu'il voulut m'enlever,
> Il m'a laissé le bien que je préfère :
> O mes amis, quel plaisir de rêver,
> De se livrer au cours de ses pensées,
> Par le hasard l'une à l'autre enlacées,
> Non par dessein : le dessein y nuirait!
> L'heureux loisir qui délasse ma vie
> Perd de son charme en perdant son secret ;
> Il est volage, irrégulier, distrait ;
> Le nonchaloir ajoute à son attrait,
> Et sa douceur est dans sa fantaisie.
> On se néglige, il semble qu'on s'oublie,
> Et cependant on se possède mieux.
> On doit alors à la bonté des Dieux
> Deux attributs de leur grandeur suprême ;
> Car on existe, on est tout par soi-même,
> Et l'on embrasse et les temps et les lieux.
> En fait de biens chacun a son système,
> Desquels le moindre a du prix à mon gré :
> Si l'un pourtant doit être préféré,
> Jouir est bon, mais c'est rêver que j'aime (1).

La clarté facile et la grâce mélodieuse distinguent ce petit nombre de vers de Nodier ; et il s'étend même assez souvent avec complaisance sur ce chapitre des qualités naturelles, pour qu'on y puisse voir sans malice une leçon insinuante à ses jeunes amis. En homme revenu et sage, il se faisait toutes les objections ; en ami chaud, il ne les disait pas. Voici

(1) *Le Fou du Pirée*, conte.

une pièce de lui peu connue, et qui n'a pas été insérée dans son volume de vers : c'est une petite Poétique, telle, ce me semble, qu'à deux ou trois mots près l'aurait pu signer La Fontaine.

DU STYLE.

« Tout bon habitant du Marais
« Fait des vers qui ne coûtent guère,
« Moi c'est ainsi que je les fais,
« Et, si je voulois les mieux faire,
« Je les ferois bien plus mauvais. »

C'est ainsi que parlait Chapelle,
Et moi je pense comme lui.
Le vers qui vient sans qu'on l'appelle,
Voilà le vers qu'on se rappelle.
Rimer autrement, c'est ennui.

Peu m'importe que la pensée
Qui s'égare en objets divers,
Dans une phrase cadencée
Soumette sa marche pressée
Aux règles faciles des vers ;

Ou que la prose journalière,
Avec moins d'étude et d'apprêts,
L'enlace, vive et familière,
Comme les bras d'un jeune lierre
Un orme géant des forêts ;

Si la manière en est bannie
Et qu'un sens toujours de saison
S'y déploie avec harmonie,
Sans prêter les droits du génie
Aux débauches de la raison.

La parole est la voix de l'âme,
Elle vit par le sentiment ;
Elle est comme une pure flamme

Que la nuit du néant réclame (1)
Quand elle manque d'aliment.

Elle part prompte et fugitive,
Comme la flèche qui fend l'air,
Et son trait vif, rapide et clair,
Va frapper la foule attentive
D'un jour plus brillant que l'éclair.

Si quelque gêne l'emprisonne,
Déliez-vous de son lien.
Tout effort est contraire au bien,
Et la parole en vain foisonne,
Sitôt que le cœur ne dit rien.

Le simple, c'est le beau que j'aime,
Qui, sans frais, sans tours éclatants,
Fait le charme de tous les temps.
Je donnerais un long poëme
Pour un cri du cœur que j'entends.

En vain une muse fardée
S'enlumine d'or et d'azur,
Le naturel est bien plus sûr.
Le mot doit mûrir sur l'idée,
Et puis tomber comme un fruit mûr.

Cette coulante doctrine de la facilité naturelle, cet épicuréisme de la diction, si bon à opposer en temps et lieu au stoïcisme guindé de l'art, a pourtant ses limites; et quand l'auteur dit qu'en style *tout effort est contraire au bien*, il n'entend parler que de l'effort qui se trahit, il oublie celui qui se dérobe.

Un an avant la publication de ses propres Poésies, Nodier donnait, de concert avec son ami M. de Roujoux, un second

---

(1) Je n'aime pas cette *nuit du néant* qui *réclame* une *flamme*; c'est la rime qui a donné cela.

volume de Clotilde de Surville (1), qui est en grande partie de sa façon. Il s'était prononcé dans ses *Questions de Littérature légale* contre l'authenticité des premières Poésies de Clotilde, et s'était même appuyé alors de l'opinion exprimée par M. de Roujoux (2). Mais ce dernier possédait un manuscrit de M. de Surville avec des ébauches inédites de pastiches nouveaux, et les deux amis, malgré leur jugement antérieur, ne purent résister au plaisir de rentrer, en la prolongeant, dans la supercherie innocente.

Comme, après tout, la prétendue Clotilde est un poëte de l'école poétique moderne, un bouton d'églantine éclos en serre à la veille de la renaissance de 1800, il convenait à Nodier, ce précurseur universel, d'y toucher du doigt. Il se trouve mêlé, plus on y regarde, à toutes les brillantes formes d'essai, à tous les déguisements du romantisme.

En résumé, Nodier, par rapport à la nouvelle école qu'il aurait pu songer à se rattacher et à conduire, et qu'il ne voulut qu'aider et aimer, Nodier sans prétention, sans morgue, sans regret, ne fut aux poëtes survenants que le frère aîné, comme je l'ai dit, et le premier camarade, un camarade bon, charmant, enthousiaste, encourageant, désintéressé, redevenu bien souvent le plus jeune de tous par le cœur et le plus sensible. Si on l'eût écouté, volontiers il ne leur eût été qu'un héraut d'armes.

Sur ces entrefaites, son existence s'était assise enfin et fixée. Il avait tâché de renoncer, dès 1820, à la politique si effervescente; son insouciance pour sa fortune personnelle n'avait pas changé. En 1824, M. Corbière, ministre de l'intérieur et bibliophile très-éclairé, le nomma, sur sa réputation et sans qu'il l'eût demandé, bibliothécaire de l'Arsenal en remplacement de l'abbé Grosier qui venait de mourir. Un nouveau

---

(1) *Poésies inédites* de Clotilde de Surville, chez Nepveu, 1826.
(2) Au tome II, page 89, des *Révolutions des Sciences et des Beaux-Arts*.

cercle d'habitudes se forma. La jeunesse, quand elle se prolonge, est toujours embarrassante à finir ; rien n'est pénible à démêler comme les confins des âges (*Lucanus an Appulus, anceps*) ; il faut souvent que quelque chose vienne du dehors et coupe court. Dans sa retraite une fois trouvée, au soleil, au milieu des livres dont une élite sous sa main lui sourit, la vie de Nodier s'ordonna : des après-midi flâneuses, des matinées studieuses, liseuses, et de plus en plus productives de pages toujours plus goûtées. Je me figure que bien des journées de Le Sage, de l'abbé Prévost vieillissant, se passaient ainsi. Les travaux même non voulus, les heures assujetties dont on se plaint, gardent au fond plus d'un correctif aimable, bien des enchantements secrets. A en juger par les fruits plus savoureux en avançant, il faut croire que la fatigue intérieure et trop réelle se trompe, s'élude, dans la production, par de certains charmes. Je ne sais quel penseur misanthropique a dit, en façon de recette et de conseil : « Un peu d'amertume dans les talents sur l'âge est comme quelque chose d'astringent qui donne du ton. » Assez d'écrivains éminents en ont eu de reste : ils n'ont pas ménagé cette dose d'astringent ; Nodier, lui, en manque tout à fait, et pourtant sa veine de talent a plutôt gagné, elle s'est comme échauffée d'une douce chaleur, en déployant au couchant la diversité de ses teintes. Si de tout temps il y eut en sa manière quelque chose qui est le contraire de la condensation, ces qualités élargies n'ont pas dépassé la mesure en se continuant, et elles ont rencontré, pour y jouer, des cadres de mieux en mieux assortis. Toutes les fois qu'il reproduit des souvenirs ou des songes de sa jeunesse, Nodier écrivain reprend une sève plus montante et plus colorée. *Séraphine*, *Amélie*, la fleur de ces récits heureux, l'ont assez prouvé : qu'on y ajoute la première partie d'*Inès*, on aura le plus parfait et le dernier mot de sa manière. Qu'on ne dédaigne pas non plus, comme échantillon final, deux ou trois dissertations de bibliophile, où, sous prétexte de bouquins poudreux, il butine le joli et le fin : il y a tel petit extrait sur la *reliure* moderne, qui commence, à la lettre, par un hymne au rossignol (1).

En 1832, ses Œuvres complètes, et pourtant choisies encore, parurent pour la première fois, et vinrent déployer, en une série imposante, les titres jusqu'alors épars d'une renommée qui dès longtemps ne se contestait plus. En 1834, l'Académie française, réparant de trop longs délais, le choisit à l'unanimité en remplacement de M. Laya. Nodier, qui s'était pris tant de fois de raillerie au célèbre corps, fut saisi d'une joie toute naïve et attendrie en y entrant. Aucun autre discours de récipiendaire ne respire peut-être, à l'égal du sien, l'expansion sentie de la reconnaissance. Il la prouva surtout par un dévouement sans réserve à ses devoirs d'académicien : le Dictionnaire futur n'a pas de fondateur plus absorbé ni plus amusé que lui. Et qui donc serait plus capable, en effet, de suivre en buissonnant l'histoire et les aventures de chaque mot à travers la langue ? Odyssée pour Odyssée, celle-là, à ses yeux, en vaut bien une autre. Revenu de tout, il s'anime d'autant plus, il se passionne, en sceptique qu'on croirait crédule, à ces menues questions de vocabulaire, d'étymologie, d'orthographe ; prenez garde ! elles ne sont, dans la bouche du Lucien au fin sourire, qu'une façon détournée et bienveillante d'ironie universelle. Ainsi souvent il se délasse de l'ennui de trop penser. Il s'en délasse à moins de frais, avec une plus vraie douceur, en famille, les soirs, en cet Arsenal rajeunissant, où tous ceux qui y reviennent après des années retrouvent un passé encore présent, un frais sentiment d'eux-mêmes, et des souvenirs qui semblent à peine des regrets, dans une atmosphère de poésie, de grâce et d'indulgence.

1er Mai 1840.

(1) Depuis sa mort, on a fait un tout petit volume d'une dernière nouvelle de lui, intitulée *Franciscus Columna*, où il se retrouve tout entier sous sa double forme ; c'est un coin de roman logé dans un cadre de bibliographie, une fleur toute fraîche conservée entre les feuillets d'un vieux livre.

CHARLES NODIER

APRÈS LES FUNÉRAILLES (1).

La mort est à l'œuvre et frappe coup sur coup. Hier la tombe se fermait sur Casimir Delavigne, elle s'ouvre aujourd'hui pour Charles Nodier. La littérature contemporaine, qu'on dit si éparse et sans drapeau, ne se donne plus rendez-vous qu'à de funèbres convois. La mort de Charles Nodier n'a pas semblé moins prématurée que celle de Casimir Delavigne ; et quoiqu'il eût passé le terme de soixante ans, ce qui est toujours un long âge pour une vie si remplie de pensées et d'émotions, on ne peut, quand on l'a connu, c'est-à-dire aimé, s'ôter de l'idée qu'il est mort jeune. C'est que Nodier l'était en effet ; une certaine jeunesse d'imagination et de poésie a revêtu jusqu'au bout chacune de ses paroles, chaque ligne échappée de lui ; le souffle léger ne l'a pas quitté un instant. Quand il n'était point brisé par la fatigue et succombant à la défaillance, il se relevait aussitôt et redevenait le Nodier de vingt ans par la verve, par le jeu de la physionomie et le geste, même par l'attitude. Il y a de ces organisations élancées et gracieuses qui ressemblent à un peuplier : on a dit de cet arbre qu'il a toujours l'air jeune, même quand il est vieux. Dans des vers charmants que les lecteurs de cette *Revue* n'ont certes pas oubliés, Alfred de Musset, répondant à

---

(1) Nodier est mort le 27 janvier 1844. Les pages suivantes parurent quelques jours après, dans la *Revue des Deux Mondes*.

des vers non moins aimables du vieux maître (1), lui disait, à propos de cette fraîcheur et presque de cette renaissance du talent :

> Si jamais ta tête qui penche
> Devient blanche,
> Ce sera comme l'amandier,
> Cher Nodier.
>
> Ce qui le blanchit n'est pas l'âge,
> Ni l'orage ;
> C'est la fraîche rosée en pleurs
> Dans les fleurs.

Nous-même, nous n'avions pas attendu le jour fatal pour essayer de caractériser cette veine si abondante et si vive, cet esprit si souple et si coloré, ce merveilleux talent de nature et de fantaisie (2). On ne trouvera pas que ce soit trop d'en rassembler encore une fois les traits si regrettables et plus que jamais présents à tous, en ce moment de mystère et de deuil où le moule se brise, où la forme visible s'évanouit.

Charles Nodier était né à Besançon, en avril 1780 ; il fit ses études dans sa ville natale, et, sauf quelques échappées à Paris, il passa sa première jeunesse dans sa province bien-aimée. Aussi peut-on dire qu'il resta Comtois toute sa vie ; au milieu de sa diction si pure et de sa limpide éloquence, il avait gardé de certains accents du pays qui marquaient par endroits, donnaient à l'originalité plus de saveur, et l'imprégnaient à la fois de bonhomie et de finesse. Sa jeunesse fut errante, poétique, et, on peut le dire, presque fabuleuse. Là-dessus les souvenirs des contemporains ne tarissent pas ; quand une fois le nom de Nodier est prononcé devant le bon Weiss (aujourd'hui inconsolable), devant quelqu'un de ces amis et de ces témoins d'autrefois, tout un passé s'ébranle et se réveille, les histoires, les aventures s'enchaînent et se

---

(1) *Revue des Deux Mondes* du 1ᵉʳ juillet et du 15 août 1843.
(2) *Revue* du 1ᵉʳ mai 1840 ; il s'agit de l'article précédent.

multiplient, l'Odyssée commence. Combien elle abondait surtout aux lèvres de Nodier lui-même, dans ces soirées de dimanche où debout, appuyé à la cheminée, un peu penché, il renonçait à sa veine de whist, décidément trop contraire ce soir-là, et consentait à se ressouvenir ! Bien que dans ses *Souvenirs de Jeunesse*, et dans cette foule d'anecdotes et de nouvelles publiées, il n'ait cessé de puiser à la source secrète et d'y introduire le lecteur, on peut assurer que, si on ne l'a pas entendu causer, on ne le connaît, on ne l'apprécie comme conteur qu'à demi. Sa jeunesse donc essaya de tout, et risqua toutes les aventures, politique et sentimentale tour à tour, passant de la conspiration à l'idylle, de l'étude innocente et austère au délire romanesque, mais arrêtant, coupant le tout assez à temps pour n'en recueillir que l'émotion et n'en posséder que le rêve. Nul plus que lui n'évita ce que les autres prudents recherchent et recommandent si fort, la grande route, la route battue; mais il connut, il découvrit tous les sentiers. Que de miel, que de rosée à travers les ronces ! En ne songeant qu'à pousser au hasard les heures et à tromper éperdument les ennuis, il amassait le butin pour les années apaisées, pour la saison tardive du sage. Nous en avons joui à le lire, à l'écouter; lui-même en a joui à y revenir.

De toutes ses vicissitudes, de tous ses travaux, de tous ses essais, de toutes ses erreurs même, il était résulté à la longue, chez cette nature la mieux douée, un fonds unique, riche, fin, mobile, propre aux plus délicates fleurs, aux fruits les plus savoureux. De toutes ces aimables sœurs de notre jeunesse qui nous quittent une à une en chemin, et qu'il nous faut ensevelir, il lui en était resté deux, jusqu'au dernier jour fidèles, deux muses se jouant à ses côtés, et qui n'ont déserté qu'à l'heure toute suprême le chevet du mourant, la Fantaisie et la Grâce.

Aucun écrivain n'était plus fait que Nodier pour représenter et pour exprimer par une définition vivante ce que c'est qu'un homme *littéraire*, en donnant à ce mot son acception la plus précise et la plus exquise. Nos hommes distingués, nos personnages éminents dans les grandes carrières tracées, ne se rendent pas toujours bien compte de ce genre de mérite compliqué, fugitif, et sont tentés de le méconnaître. L'exemple de Nodier est là qui les réfute aujourd'hui et de la seule manière convenable en-telle matière, c'est-à-dire qui les réfute avec charme. Être un esprit *littéraire*, ce n'est pas, comme on peut le croire, venir jeune à Paris avec toute sorte de facilité et d'aptitude, y observer, y deviner promptement le goût du jour, la vogue dominante, juger avec une sorte d'indifférence et s'appliquer vite à ce qui promet le succès, mettre sa plume et son talent au service de quelque beau sujet propre à intéresser les contemporains et à pousser haut l'auteur. Non, il peut y avoir dans le rôle que je viens de tracer beaucoup de talent *littéraire* sans doute, mais l'esprit même, l'inspiration qui caractérisent cette nature particulière n'y est pas. Tout homme né littéraire aime avant tout les lettres pour elles-mêmes; il les aime pour lui, selon la veine de son caprice, selon l'attrait de sa chimère : *Quem tu Melpomene semel*. Il laisse la foule, si elle lui déplaît, et s'en va égarer ses belles années dans les sentiers. Les sujets qu'il choisit, et sur lesquels sa verve le plus souvent s'exerce, ne lui arrivent point par le bruit du dehors et comme un écho de l'opinion populaire; ils tiennent plutôt à quelque fibre de son cœur, ou il ne les demande qu'à l'écho des bois. Ce sont parfois des poursuites, des entraînements singuliers dont les hommes positifs, les esprits judicieux et qui ne songent qu'à arriver ne se rendent pas bien compte, et auxquels ils sourient non sans quelque pitié. Patience! tout cela un jour s'achève et se compose. Cet intérêt qui manquait d'abord au sujet, le talent le lui imprime, et il le crée pour ceux qui viennent après lui. Ce qui n'existait pas auparavant va dater de ce jour-là, et l'élite des générations humaines saura le goûter. Qui donc plus que Nodier a prodigué en littérature, même en critique, ces créations piquantes, imprévues, non point si passagères qu'on pourrait le croire? elles s'ajouteront au dépôt des pièces curieuses et délicates, dont les connaisseurs futurs, les Nodier de l'avenir s'occuperont.

Nous disons que Nodier fut toujours le même jusqu'à la fin, toujours le Nodier des jeunes années; nous devons faire remarquer pourtant que sa vie littéraire se peut diviser en deux parts sensiblement différentes. Il ne vint s'établir à Paris qu'au commencement de la Restauration, et, pendant ces années politiques ardentes, il n'aurait point fallu demander à cette imagination si vive le calme souriant où nous l'avons vu depuis. En usant alors à la hâte ce surplus des passions dont le milieu de la vie se trouve souvent comme embarrassé, il se préparait à cette indifférence du sage, à cette bienveillance finale, inaltérable, à peine aiguisée d'une légère ironie. Fixé à l'Arsenal depuis 1824, il put, pour la première fois, y asseoir un peu son existence, si longtemps battue par l'orage; sa maturité d'écrivain date de là. Il était de ces natures excellentes qui, comme les vins généreux, s'améliorent et se bonifient encore en avançant. Plus sa destinée continua depuis ce premier moment de s'établir et de se consolider, plus aussi son talent gagna en vigueur, en louable et libre emploi. Nommé il y a dix ans à l'Académie française, il y trouva une carrière toute préparée et enfin régulière pour ses facultés sérieuses, pour ses études les plus chéries. Ce qu'il avait entrepris et déjà exécuté de travaux et d'articles pour le nouveau Dictionnaire historique de la langue française ne saurait être apprécié en ce moment que de ceux qui en ont entendu la lecture; ce qui est bien certain, c'est qu'il gardait, jusque dans des sujets en apparence voués au technique et à une sorte de sécheresse, toute la grâce et la fertilité de ses développements; il n'avait pas seulement la science de la philologie, il en avait surtout la muse (1).

(1) On a raconté une anecdote assez piquante : Nodier lisait dans une séance particulière de l'Académie l'article *Abolition* du Dictionnaire : « Abolition, substantif féminin, etc., etc...; prononcez *aboli-*

Pour nous qui ne le jugions que par le dehors, il ne nous a jamais paru plus fécond d'idées, plus inépuisable d'aperçus, plus sûr de sa plume toujours si flexible et si légère, qu'en ces dernières années et dans les morceaux mêmes dont il enrichissait nos recueils, fiers à bon droit de son nom. Il avait acquis avec l'âge assez d'autorité, ou, si ce mot est trop grave pour lui, assez de faveur universelle pour se permettre franchement l'attaque contre quelques-uns de nos travers, ou peut-être de nos progrès les plus vantés. Le docteur *Néophobus* ne s'y épargnait pas, et ceux même qui se trouvaient atteints en passant ne lui gardaient pas rancune. Le propre de Nodier, son vrai don, était d'être inévitablement aimé. Il faut lui savoir gré pourtant, un gré sérieux, d'avoir, en plus d'une circonstance, opposé aux abus littéraires cette expression franche, cette contradiction indépendante qui, dans une nature de conciliation et d'indulgence comme la sienne, avait tout son prix.

Le dernier morceau qu'il ait donné à cette *Revue*, le dernier acte de présence de Nodier, ç'a été ses agréables stances à M. Alfred de Musset :

> J'ai lu ta vive Odyssée
> Cadencée,
> J'ai lu tes sonnets aussi,
> Dieu merci !...

On peut dire de cette jolie pièce mélodieuse, touchante, et dont le rhythme gracieux, mais exprès tombant et un peu affaibli, exprime à ravir un sourire déjà las, qu'elle a été le chant de cygne de Nodier :

cion. » — « Votre dernière remarque me paraît inutile, dit un académicien présent, car on sait bien que devant l'*i* le *t* a toujours le son du *c*. » — « Mon cher confrère, ayez *picié* de mon ignorance, répond Nodier en appuyant sur chaque mot, et faites-moi l'*amicié* de me répéter la *moicié* de ce que vous venez de me dire. » On juge de l'éclat de rire universel qui saisit la docte assemblée; on ajoute que l'académicien réfuté (M. de Feletz) en prit gaiement sa part.

Mais reviens à la vesprée
Peu parée,
Bercer encor ton ami
Endormi.

Nodier, depuis bien des années, et même sans qu'aucune maladie positive se déclarât, ressentait souvent des fatigues extrêmes qui le faisaient se mettre au lit avant le soir, chercher le sommeil avant l'heure. Il aimait le sommeil, comme La Fontaine, et il l'a chanté en des vers délicieux, peu connus et que nous demandons à citer, comme exemple du jeu facile et habituel de cette fantaisie sensible :

LE SOMMEIL.

Depuis que je vieillis, et qu'une femme, un ange,
Souffre sans s'émouvoir que je baise son front ;
Depuis que ces doux mots que l'amour seul échange
Ne sont qu'un jeu pour elle et pour moi qu'un affront ;

Depuis qu'avec langueur j'assiste à la veillée
Qu'enchantent son langage et son rire vermeil,
Et la rose de mai sur sa joue effeuillée,
Je n'aime plus la vie et j'aime le Sommeil :

Le Sommeil, ce menteur au consolant mystère,
Qui déjoue à son gré les vains succès du Temps,
Et sur les cheveux blancs du vieillard solitaire
Épand l'or du jeune âge et les fleurs du printemps.

Il vient ; et, bondissant, la Jeunesse animée
Reprend ses jeux badins, son essor étourdi ;
Et je puise l'amour à sa coupe embaumée
Où roule en serpentant le myrte reverdi.

Comme un enchantement d'espérance et de joie,
Il vient avec sa cour et ses chœurs gracieux,
Où, sous des réseaux d'or et des voiles de soie,
S'enchaînent des Esprits inconnus dans les cieux ;

> Soit que, dans un soleil où le jour n'a point d'ombre,
> Il me promène errant sur un firmament bleu,
> Soit qu'il marche, suivi de Sylphides sans nombre
> Qui jettent dans la nuit leurs aigrettes de feu :
>
> L'une tombe en riant et danse dans la plaine,
> Et l'autre dans l'azur parcourt un blanc sillon ;
> L'une au zéphyr du soir emprunte son haleine,
> A l'astre du berger l'autre vole un rayon.
>
> C'est pour moi qu'elles vont ; c'est moi seul qui les charme,
> C'est moi qui les instruis à ne rien refuser.
> Je n'ai jamais payé leurs rigueurs d'une larme,
> Et leur lèvre jamais ne dénie un baiser.
>
> Ah ! s'il versait longtemps, le prisme heureux des songes,
> Sur mes yeux éblouis ses éclairs décevants !
> S'il ne s'éteignait pas, ce bonheur des mensonges,
> Dans le néant des jours où souffrent les vivants !
>
> Ou si la mort était ce que mon cœur envie,
> Quelque sommeil bien long, d'un long rêve charmé,
> La nuit des jours passés, le songe de la vie !
> Quel bonheur de mourir pour être encore aimé !...

Ainsi pensait-il depuis que s'étaient enfuies les belles années dans lesquelles le poëte s'accoutume trop à enfermer tout son destin. Le souvenir, la réminiscence, le songe, venaient donc à son aide, et lui obéissaient au moindre signe, comme des esprits familiers et consolants. Plus d'une fois, nous l'avons vu, le matin, à quelque réunion d'amis à laquelle il était convié et dont il était l'âme : il arrivait au rendez-vous, fatigué, pâli, se traînant à peine ; aux bonjours affectueux, aux questions empressées, il ne répondait d'abord que par une plainte, par une pensée de mort qu'on avait hâte d'étouffer. La réunion était complète, on s'asseyait : c'est alors qu'il s'animait par degrés, que sa parole facile, élégante, retrouvait ses accents vibrants et doux, que le souvenir évoquait en lui les Ombres de ce passé charmant qu'il redemandait tout à l'heure au sommeil; le conteur-poëte était devant nous; nous possédions Nodier encore une fois tout entier. Depuis des années, il avait si souvent parlé de la mort, et nous l'avions en toute rencontre retrouvé si vivant par l'esprit qu'on ne pouvait se figurer qu'il ne s'exagérât pas un peu ses maux, et à lui aussi on pourrait appliquer ce qu'on disait de M. Michaud, que la durée même de nos craintes refaisait à la longue nos espérances. On était tenté surtout de répéter avec M. Alfred de Musset :

> Ami, toi qu'a piqué l'abeille,
> Ton cœur veille,
> Et tu n'en saurais ni guérir,
> Ni mourir.

Mais non, il y avait plus que la piqûre de l'abeille; l'aiguillon fatal était là. C'est trop longtemps insister et nous complaire à de gracieux retours que la gravité de la fin dernière vient couvrir et dominer. Nodier est mort en homme des espérances immortelles, en homme religieux et en chrétien. Ces idées, ces croyances du berceau et de la tombe, étaient de tout temps demeurées présentes à son imagination, à son cœur. Entouré de la famille la plus aimable et la plus aimée, d'une famille que l'adoption dès longtemps n'avait pas craint de faire plus nombreuse, de ses quatre petits-enfants qui jouaient la veille encore, ne pouvant rien comprendre à ces approches funèbres, de sa charmante fille, sa plus fidèle image, son œuvre gracieuse la plus accomplie, Nodier a traversé les heures solennelles au milieu de tout ce qui peut les soutenir et les relever; si une pensée de prévoyance humaine est venue par moments tomber sur les siens, elle a été comprise, devinée et rassurée par la parole d'un ministre, son confrère, l'ami naturel des lettres (1). Les témoignages d'intérêt et d'affection, durant toute sa maladie, ont été una-

(1) M. Villemain, ministre de l'Instruction publique.

nimes, universels; il y était sensible; il croyait trop à l'amitié qu'il inspirait pour s'en étonner. Il exprimait pourtant, parfois, et de son plus fin sourire, du ton d'un Sterne attendri, combien tout cela lui paraissait presque disproportionné avec une vie qui lui semblait, à lui, avoir toujours été si incomplète et si précaire. Ainsi l'auraient pensé d'eux-mêmes Le Sage ou l'abbé Prévost mourants (1).

Nodier allait être déjà un mort illustre. C'est un honneur de ce pays-ci et de cette France, on l'a remarqué, que l'esprit, à lui seul, y tienne tant de place, que, dès qu'il y a eu sur un talent ce rayon du ciel, la grâce et le charme, il soit finalement compris, apprécié, aimé, et qu'on sente si vite ce qu'on va perdre en le perdant. Comme le disait devant moi une femme de goût (2), ce serait un grand seigneur ou un simple écrivain, le duc de Nivernais ou Nodier, on ne ferait pas autrement : en France, à une certaine heure, il n'y a que l'esprit qui compte. Oui, l'esprit charmant, l'esprit aidé et servi du cœur. L'intérêt public, celui du monde proprement dit, celui du peuple même (on l'a vu aux funérailles de Nodier) cet intérêt d'autant plus touchant ici qu'il est plus désintéressé, éclate de toutes parts; le nom de celui qui n'a rien été, qui n'a rien pu, qui n'a exercé d'autre pouvoir que le don de plaire et de charmer, ce nom-là est en un moment dans toutes les bouches, et tous le pleurent.

1er Février 1844.

(1) Je glisse au bas de la page ce mot humble, ce mot touchant, que je préfère à d'autres mots plus glorieux, parce qu'il sent l'homme cette heure de vérité, ce mot toutefois qu'il faudrait être lui pour prononcer comme il convient, avec sensibilité et ironie, avec un sourire dans une larme; il s'agissait de ces marques d'affection et d'honneur qui lui arrivaient en foule et ne cessèrent plus, dès qu'on le sut en danger : « Qui est-ce qui dirait, à voir tout cela, que je n'ai toujours été qu'un pauvre diable ? » — Comme Cherubini dans le tableau d'Ingres il ne voyait pas la Muse immortelle qui debout était derrière.

(2) La comtesse de Castellane, celle qui fut l'amie de M. Molé.

APPENDICE

LA FONTAINE, Page 54.

(L'article suivant, écrit dans *le Globe* (15 septembre 1827), à propos des *Fables* de La Fontaine rapprochées de celles des autres auteurs par M. Robert, ajoute quelques détails et quelques développements au morceau que contient ce volume.)

La littérature du siècle de Louis XIV repose sur la littérature française du xvie et de la première moitié du xviie siècle; elle y a pris naissance, y a germé et en est sortie; c'est là qu'il faut se reporter si l'on veut approfondir sa nature, saisir sa continuité, et se faire une idée complète et naturelle de ses développements. Pour apprécier, en toute connaissance de cause, Racine et son système tragique, il n'est certes pas inutile d'avoir vu ce système, encore méconnaissable chez Jodelle et Garnier, recevoir grossièrement, sous la plume de Hardy, la forme qu'il ne perdra plus désormais, et n'arriver à l'auteur des *Frères ennemis* qu'après les élaborations de Mairet et avec la sanction du grand Corneille. On ne porterait de Molière qu'un jugement imparfait et hasardé si on l'isolait des vieux écrivains français auxquels il reprenait son bien sans façon, depuis Rabelais et Larivey jusqu'à Tabarin et Cyrano de Bergerac. Boileau lui-même, ce strict réformateur, qui, à force d'épurer et de châtier la langue, lui laissa trop peu de sa liberté première et de ses heureuses nonchalances, Boileau ne fait autre chose que continuer et accomplir l'œuvre de Malherbe; et, pour se rendre compte des tentatives de Malherbe, on est forcé de remonter à Ronsard, à Des Portes, à Regnier, en un mot à toute cette école que le précurseur de Despréaux eut à combattre. Mais si ces études préliminaires trouvent quelque part leur application, n'est-ce pas surtout lorsqu'il s'agit de La Fontaine et de ses ouvrages? Contemporain et ami de Boileau et de Racine, le bonhomme, au premier abord, n'a presque rien de commun avec eux que d'avoir aussi du génie ; et ce serait plutôt à Molière qu'il ressemblerait, si l'on voulait qu'il ressemblât à quelqu'un parmi les grands poëtes de son âge. Rien qu'à lire une de ses fables ou l'un de ses contes après l'*Épître au Roi* ou l'*Iphigénie*, on sent qu'il a son idiome propre, ses modèles à part et ses prédilections secrètes. Il est fort facile et fort vrai de dire que La Fontaine se pénétra du style de Marot, de Rabelais, et le reproduisit avec originalité ; mais de Marot et de Rabelais à La Fontaine il n'y a pas moins de cent ans d'intervalle ; et, quelque vive sympathie de talent et de goût qu'on suppose entre eux et lui, une si parfaite et si naturelle analogie de manière, à cette longue distance, a besoin d'explication, bien loin d'en pouvoir servir. Sans doute il a dû trouver en des temps plus voisins quelque descendant de ces vieux et respectables maîtres, qui l'aura introduit dans leur familiarité : car l'idée ne lui serait jamais venue de *restituer* immédiatement leur *faire* et leur *dire*, ainsi que l'a tenté de nos jours le savant et ingénieux Courier. Ce n'était pas à beaucoup près un travailleur opiniâtre ni un érudit que La Fontaine, ni encore moins un investigateur de manuscrits, comme on l'a récemment avancé (1), et il employait ses nuits à tout autre chose qu'à feuilleter de poudreux auteurs, ou à pâlir sur Platon et Plutarque, que d'ailleurs il aimait fort à lire durant le jour. Aussi, en publiant ses savantes recherches sur nos anciennes fables, M. Robert a grand soin d'avertir qu'il ne prétend nullement indiquer les sources où notre immortel fabuliste a puisé : « Je suis bien persuadé, dit-il, que la plupart lui ont été totalement inconnues. » Un tel aveu dans la bouche d'un commentateur est la preuve d'un excellent esprit. Avant de parler du travail important de M. Robert, nous essaierons, en profitant largement de sa science aussi bien que de celle de M. Walckenaer, d'exposer avec précision quelles furent, selon nous, l'éducation et les études de La Fontaine, quelles sortes de traditions littéraires lui vinrent de ses devanciers, et passèrent encore à plusieurs poëtes de l'âge suivant.

Et, d'abord, on a droit de regarder comme non avenus, par rapport à La Fontaine et à son époque, les anciens poëmes français antérieurs

---

(1) C'est surtout Victorin Fabre qui soutenait cette thèse : il avait intérêt à voir en toutes choses le laborieux.

à la découverte de l'imprimerie, si l'on excepte le *Roman de la Rose*, dont le souvenir s'était conservé, grâce à Marot, durant le xvie siècle, et qu'on lisait quelquefois ou que l'on citait du moins. L'imprimerie, en effet, fut employée dans l'origine à fixer et à répandre les textes des écrivains grecs et latins, bien plus qu'à exhumer les œuvres de nos vieux rimeurs. Personne parmi les doctes ne songeait à eux; il arriva seulement que leurs successeurs profitèrent, depuis lors, du bénéfice général, et participèrent aux honneurs de l'impression. Marot, le premier, en disciple reconnaissant et respectueux, voulut sauver de l'oubli quelques-uns de ceux qu'il appelait ses maîtres : il restaura à grand'peine et publia Villon; il donna une édition du *Roman de la Rose*, dont il rajeunit, comme il put, le style. Mais son érudition n'était pas profonde, même en pareille matière, et très-probablement il déchiffrait cette langue surannée avec moins de sagacité et de certitude que ne le font aujourd'hui nos habiles, M. Méon ou M. Robert par exemple. Ronsard et ses disciples vinrent alors, qui abjurèrent le culte des antiquités nationales et les laissèrent en partage aux érudits, aux Pasquier, aux La Croix du Maine, aux Du Verdier, aux Fauchet, dont les travaux, tout estimables qu'ils sont pour le temps, fourmillent d'erreurs et attestent une extrême inexpérience. L'école de Malherbe, par son dédain absolu pour le passé, n'était guère propre à réveiller le goût des curiosités gauloises, et on ne le retrouve un peu vif que chez Guillaume Colletet, Ménage, du Cange, Chapelain, La Monnoye, tous doctes de profession. Ce fut seulement au xviiie siècle que les fabliaux et les romans-manuscrits devinrent l'objet d'investigations et d'études sérieuses. Irons-nous donc, à l'exemple de certains critiques, ranger La Fontaine parmi ces deux ou trois antiquaires de son temps, et mettre le bonhomme tout juste entre Ménage et La Monnoye, lesquels, comme on sait, tournaient si galamment les vers grecs et les offraient aux dames en guise de madrigaux? Il y a dans un recueil manuscrit du xive siècle une fable du *Renard* et du *Corbeau*, et dans cette fable on lit ce vers :

    Tenait en son bec un fourmage,

qui se retrouve tout entier chez La Fontaine. En faut-il conclure, avec plusieurs personnes de mérite consultées par M. Robert, que notre fabuliste a évidemment dérobé son vers à l'obscur Ysopet, et que, pour s'en donner l'honneur, il s'est bien gardé d'éventer le larcin? Ainsi, le comte de Caylus, dès qu'il eut mis le nez dans les fabliaux, saisi d'un bel enthousiasme, crut y découvrir tout La Fontaine et tout Molière, et se plaignit amèrement du silence obstiné que ces illustres plagiaires avaient gardé sur leurs victimes. Un critique éclairé du *Journal des Débats*, séduit par quelques traits de vague ressemblance, et cédant aussi à cette influence secrète qu'exerce le paradoxe sur les meilleurs esprits, estime que La Fontaine doit beaucoup « et à nos « contes, et à nos poëmes, et à nos *proverbes*, depuis le *Roman de « Renart*, dont on ne me persuadera jamais qu'il n'ait pas eu con- « naissance, jusqu'aux farces de ce Tabarin qu'il cite si plaisamment « dans une de ses fables. » Quant aux farces de Tabarin, quant à nos contes, à nos poëmes *imprimés*, je pourrais tomber d'accord avec le savant critique ; mais le *Roman de Renart*, alors manuscrit et inconnu, où le bonhomme l'eût-il été déterrer ? et quand on le lui aurait mis entre les mains, de quelle façon s'y fût-il pris pour le déchiffrer, même *à grand renfort de besicles*, comme disent Rabelais et Paul-Louis ? On voit dans le *Ménagiana* que Ménage (ou peut-être La Monnoye ; je ne sais trop si l'endroit ne se rapporte pas à l'éditeur) eut communication, pendant deux jours, d'un vieux roman-manuscrit in-folio, intitulé *le Renart contrefait*, espèce de parodie du *Roman de Renart*. A propos d'un passage du poëme, il remarque que M. de La Fontaine aurait pu en tirer parti pour une fable, et sa manière de dire fait entendre assez clairement que M. de La Fontaine ne le connaissait pas. Nous persisterons donc à croire, jusqu'à démonstration positive du contraire, qu'en matière de poëmes et de romans d'une pareille date, l'aimable conteur était d'une ignorance précisément égale à celle de Marot, de Rabelais, de Passerat, de Regnier et de Voiture ; on pourra même trouver que ces derniers le dispensaient assez naturellement des autres.

L'esprit léger, moqueur, grivois, qui de tout temps avait animé nos auteurs de fabliaux, de contes, de farces et d'épigrammes, ne s'était pas éteint vers le milieu du xvie siècle, avec l'école de Marot, en la personne de Saint-Gelais. Malgré Du Bellay, Ronsard, Jodelle, et leurs prétentions tragiques, épiques et pindariques, cet esprit, immortel en France, avait survécu, s'était insinué jusque parmi leur auguste troupe, et tel qu'un malicieux lutin, au lieu d'une ode ampoulée, leur avait dicté bien souvent une chanson gracieuse et légère. D'Aubigné et Regnier, grands admirateurs et défenseurs de Ronsard, appartenaient par leur talent à l'ancienne poésie, et lui rendaient son accent d'énergie familière et, si j'ose ainsi dire, son effronterie naïve ; Passerat et Gilles Durant lui conservaient son badinage ingénieux et ses piquantes finesses. La venue de Malherbe n'interrompit point brusquement ces habitudes nationales, et son disciple Maynard fut plus d'une fois, dans l'épigramme, celui de Saint-Gelais. D'Urfé, Colletet, mademoiselle de Gournay, mademoiselle de Scudery et beaucoup d'autres illustres de cet âge, aimaient notre ancienne littérature, tout en lui préférant la leur. Il y avait quatre-vingts ans environ que le sonnet italien avait détrôné le rondeau gaulois, les ballades et les chants royaux : Voiture, Sarasin, Benserade, y revinrent, et cherchèrent de plus à reproduire le style des maîtres du genre. Mais déjà, depuis 1621, La Fontaine était né, vers le même temps que Molière, quinze ans avant Boileau, dix-huit ans avant Racine.

Les premiers contes pourtant ne parurent qu'en 1662 (d'autres disent 1664). Ils avaient été précédés, et non pas annoncés, en 1654, par la faible comédie de *l'Eunuque*. La Fontaine avait donc quarante et un ans lorsqu'il commençait au grand jour sa carrière poétique. Quelle explication donner de ce début tardif ? Son génie avait-il jusque-là sommeillé dans l'oubli de la gloire et l'ignorance de lui-même ? Ou bien s'était-il préparé, par une longue et laborieuse éducation, à cette facilité merveilleuse qu'il garda jusqu'aux derniers jours de sa vieillesse, et doit-on admettre ainsi que les fables et les contes du bonhomme ne coûtèrent pas moins à enfanter que les odes de Malherbe ? J'avoue qu'*a priori* cette dernière opinion me répugne ; et, sans être de ceux qui croient à la suffisance absolue de l'instinct en poésie, je crois bien moins encore à l'efficacité de vingt années de veilles, quand il s'agit d'une fable ou d'un conte, dût la fable être celle de la *Laitière* et du *Pot au lait*, et le conte celui de *la Courtisane amoureuse*. Que La Fontaine ait travaillé et soigné ses ouvrages, ce ne peut être aujourd'hui l'objet d'un doute. Il *confesse*, dans la préface de *Psyché*, « que la prose lui coûte autant que les vers. » Ses manuscrits, etc., etc..... (Voir page 63 de ce volume les mêmes détails.) Ce soin extrême n'a pas lieu de nous surprendre dans l'ami de Boileau et de Racine, quoique probablement il y regardât de moins près pour cette foule de vers galants et badins dont il semait négligemment sa correspondance. Mais même en poussant aussi loin qu'on voudra cette exigence scrupuleuse de La Fontaine, et en estimant, d'après un précepte de rhétorique assez faux à mon gré, que chez lui la composition était d'autant moins facile que les résultats le paraissent davantage, on n'en viendra pas pour cela à comprendre par quel enchaînement d'études secrètes, et, pour ainsi dire, par quelle série d'épreuves et d'initiations, le pauvre La Fontaine prit ses grades au Parnasse et mérita, le jour précis qu'il eut quarante et un ans, de recevoir des neuf vierges le *chapeau de laurier*, attribut de maître en poésie, à peu près comme on reçoit un bonnet de docteur. En vérité, autant vaudrait dire qu'amoureux de dormir, comme il était, il dormit d'un long somme jusqu'à cet âge, et se trouva poëte au réveil. Mais le mot de l'énigme est plus simple. Livré, après une première éducation très-incomplète, à toutes les dissipations de la jeunesse et des sens, La Fontaine entendit un jour, de la bouche d'un officier qui passait par Château-Thierry, l'ode de Malherbe : *Que direz-vous, races futures*, etc. Il avait alors vingt-deux ans, dit-on, et son génie prit feu aussitôt comme celui de Malebranche à la lecture du livre de *l'Homme*. Dès lors le jeune Champenois fit des vers, d'abord lyriques et dans le genre de Malherbe, mais il s'en dégoûta vite ; puis galants et dans le goût de Voiture, et il y réussit mieux. Malheureusement, rien ne nous a été transmis de ces premiers essais. Sur le conseil de son parent Pintrel et de son ami Maucroix, il se remit sérieusement à l'étude de l'antiquité : il lut et relut avec délices Térence, Horace, Virgile, dans les textes ; Homère, Anacréon, Platon et Plutarque, dans les traductions. Quant aux auteurs français, il avait ceux du temps, passablement nombreux, et la littérature du dernier siècle, qui était encore fort en vogue, surtout hors de la capitale. En somme, Jean de La Fontaine, maître des eaux et forêts à Château-Thierry, devait passer pour un très-agréable poëte de province, quand un oncle de sa femme, le conseiller Jannart, s'avisa de le présenter au surintendant Fouquet, vers 1654. Ainsi introduit à la cour et dans le grand monde littéraire, il y paya sa bienvenue en sonnets, ballades, rondeaux, madrigaux, sixains, dizains, poëmes allégoriques, et put bientôt paraître le successeur immédiat de Voiture et de Sarasin, le rival de Saint-Évremond et de Benserade ; c'était le même ton, la même couleur d'adulation et de galanterie, quoique d'ordinaire avec plus de simplicité et de sentiment. A cette époque, La Fontaine fréquentait avec assiduité la maison de Guillaume Colletet, père du rimeur crotté et famélique, depuis fustigé par Boileau. Ce Guillaume Colletet, singulièrement enclin, selon l'expression de Ménage, aux amours *ancillaires*, avait épousé, l'une après l'autre, trois de ses servantes, et en était, pour le moment, à sa troisième et dernière, appelée Claudine, dont la beauté, jointe à la réputation d'esprit que lui faisait son mari débonnaire, attirait chez elle une foule d'adorateurs. Comme on y causait beaucoup littérature, et que Colletet avait une connaissance particulière et un amour ardent de nos vieux poëtes (1), La Fontaine ne dut pas moins retirer d'instruction auprès de l'époux que d'agrément auprès de la dame. Je suis sûr que plus tard il lui arriva de regretter la table du bon Colletet, où, avec bien d'autres licences, il avait celle d'admirer à son aise Crétin, Coquillart, Guillaume Alexis, Martial d'Auvergne, Saint-Gelais, d'Urfé, voire même Ronsard (2), sans craindre les bourrasques de Boileau. Et Racine, le doux et tendre Racine, qui avait plus d'un faible de commun avec La Fontaine, n'était-il pas obligé aussi de se cacher de Boileau, pour oser rire des facéties de Scarron?

Nous n'avons pas l'intention de suivre plus longtemps la vie de notre poëte. Qu'il nous suffise d'avoir rappelé que, durant les vingt ans écoulés depuis l'aventure de l'ode jusqu'à la publication de *Joconde* (1662), il ne cessa de cultiver son art; qu'il composa, dans le genre et sur le ton à la mode, un grand nombre de vers dont très-peu nous sont restés, et que s'il y porta depuis 1664, c'est-à-dire depuis les débuts de Boileau et de Racine, plus de goût, de correction, de maturité, et parut adopter comme une seconde manière, il garda toujours assez de la première pour qu'on reconnût en lui le commensal du vieux Colletet, le disciple de Voiture, et l'ami de Saint-

(1) Colletet avait été l'un des cinq auteurs qui formaient le conseil littéraire de Richelieu; et, grâce aux largesses du cardinal, il avait pu acheter dans le faubourg Saint-Marceau, tout à côté de l'ancien logement de Baïf, une maison que Ronsard avait autrefois habitée; circonstances glorieuses qu'il ne se lassait pas de remémorer. Il y eut un moment où les deux Colletet père et fils, et la belle-mère de celui-ci, la *belle-maman*, comme il disait, se faisaient à qui mieux mieux en madrigaux les honneurs du Parnasse : ce qui devait prêter assez matière aux rieurs du temps (*Mémoires de Critique et de Littérature*, par d'Artigny, tome VI).

(2) Il faut avouer pourtant que le nom de Ronsard, pour le peu qu'il se trouve chez La Fontaine, n'y figure guère autrement ni mieux que chez les autres contemporains; dans une lettre de lui à Racine (1686), on lit : *Ronsard est dur, sans goût, sans choix*, etc.; et il lui oppose Racan, si élégant et agréable malgré son ignorance. La Fontaine, qui se laissait dire beaucoup de choses aisément, avait pour lors adopté sur Ronsard l'opinion courante, et un peu oublié ce qu'autrefois le vieux Colletet lui avait dû en raconter.

Évremond. Ce n'est pas seulement à la physionomie de son style qu'on s'en aperçoit : le choix peu scrupuleux de ses sujets, et, encore plus, le déréglement absolu de sa vie, se ressentaient des habitudes de la *bonne* Régence ; le favori de Fouquet avait longtemps vécu au milieu des scandales de Saint-Mandé ; il les avait célébrés, partagés, et était resté fidèle aux mœurs autant qu'à la mémoire d'*Oronte*. Louis XIV du moins, même avant sa réforme, voulait qu'on mît dans le désordre plus de mesure et de *décorum*. Ces circonstances réunies nous semblent propres à expliquer la défaveur de La Fontaine à la cour, et l'injustice dont on accuse l'auteur de l'*Art poétique* de s'être rendu coupable envers lui.

A ne les considérer que sous le côté littéraire, il est permis de soupçonner que Boileau et La Fontaine n'avaient peut-être pas tout ce qu'il fallait pour s'apprécier complétement l'un l'autre ; ils représentaient, en quelque sorte, deux systèmes différents, sinon opposés, de langue et de poésie. Un long parallèle entre eux serait superflu. On connaît assez les principes et les préceptes de notre législateur littéraire. Son ami, trop humble pour se croire son rival, en continuant de cheminer dans les voies tracées, se contentait d'être le dernier et le plus parfait de nos vieux poëtes. C'était, il est vrai, un vieux poëte unique en son genre, et par mille endroits ne ressemblant à nul autre, ni à *maître Vincent*, ni à *maître Clément*, ni à *maître François ;* un vieux poëte, adorateur de Platon, *fou de Machiavel, entêté de Boccace*, qui chérissait Homère et l'Arioste, oubliait de dîner pour Tite-Live, goûtait Térence en profitant de Tabarin, qu'une ode de Malherbe transportait presque à l'égal de *Peau d'Ane*, et dont l'admiration vive et mobile, comme celle d'un enfant, embrassait toutes les beautés, s'ouvrait à toutes les impressions, en recevait indifféremment du *nord* ou du *midi*, et trouvait place même pour le prophète Baruch, quand Baruch il y avait (1). De tant de richesses amassées au jour le jour, sans efforts et sans dessein, déposées et fondues ensemble dans le naturel le plus heureux du monde, s'était formé avec l'âge cet inimitable style, à la fois trop complexe et trop simple pour être défini, et qu'on caractérise en l'appelant celui de La Fontaine. Que Boileau n'ait

(1) La Fontaine ayant appris que le savant Huet désirait voir la traduction italienne des *Institutions* de Quintilien par Toscanella, qu'il possédait, s'empressa de la lui offrir en y joignant cette Épître naïve en l'honneur des anciens et de Quintilien : ce qui prouvait, dit Huet, la candeur du poëte, lequel, en se décla-

pas rougi d'avancer (comme Monchesnay et Louis Racine l'assurent) que ce style n'appartient pas en propre à La Fontaine, et n'est qu'un emprunt de Marot et de Rabelais, nous répugnons à le croire; ou, s'il l'a dit en un instant d'humeur, il ne le pensait pas. Sa dissertation sur *Joconde*, et vingt passages formels où il rend à son confrère un éclatant hommage, l'attesteraient au besoin. Il est pourtant vraisemblable que le censeur austère qui se repentait d'avoir loué Voiture, qui sentait peu Quinault, et appelait Saint-Évremond un *charlatan de ruelles*, ne coulait pas toujours avec assez d'indulgence sur la fadeur galante, la morale *lubrique*, les restes de faux goût et les négligences nombreuses du charmant poëte (1). Mais ce ne serait pas assez pour motiver l'omission du nom de La Fontaine dans l'*Art poétique*, si l'on ne songeait que, par son attachement pour Fouquet, et principalement par la publication de ses contes, le bonhomme avait provoqué le mécontentement du monarque, si sévère en fait de convenance, et qu'il eut sa part de cette rancune glaciale et durable dont les Saint-Évremond et les Bussy, beaux-esprits espiègles et libertins, furent également victimes. Boileau sans doute eut tort de sacrifier, je ne dis pas l'amitié, mais l'équité, à la peur de déplaire; du moins aucune pensée de jalousie n'entra dans sa faiblesse. S'il parut se glisser ensuite entre les deux grands écrivains un refroidissement qui augmenta avec les années, la faute n'en fut pas à lui tout entière. Lui-même il déplorait sincèrement, dans l'homme illustre et bon, les penchants, désormais sans excuse, qui l'arrachaient de plus en plus au commerce des honnêtes gens de son âge. Ainsi s'étaient tristement évanouies ces brillantes et douces réunions de la rue du Vieux-Colombier et de la maison d'Auteuil. Molière et Racine avaient de bonne heure cessé de se voir; Chapelle, adonné à des goûts crapuleux, était perdu pour ses amis, et La Fontaine aussi les affligeait par de longs désordres qui souillèrent à la fois son génie et sa vieillesse.

rant pour les anciens contre les modernes dont il était l'un des plus agréables auteurs, plaidait contre sa propre cause. On lit cela dans le *Commentaire* latin de Huet sur lui-même, qui renferme de curieux jugements peu connus sur Boileau, Corneille et autres : on s'en tient d'ordinaire au *Huetiana*, qui n'est pas la même chose.

(1) Dans une lettre à Charles Perrault (1701), Boileau, voulant montrer qu'on n'a point envié la gloire aux poëtes modernes dans ce siècle, dit : « Avec quels « battements de mains n'y a-t-on point reçu les ouvrages de Voiture, de Sarasin « et de La Fontaine! etc. » On le voit, pour lui La Fontaine était de cette famille un peu antérieure au pur et grand goût de Louis XIV.

Comme poëte, il fut, avons-nous dit, le dernier de son école, et n'eut, à proprement parler, ni disciples, ni imitateurs. N'oublions point, toutefois, que bien des rapports d'inclinations et même de talent le liaient à Chapelle et à Chaulieu ; que, jusqu'au temps de sa conversion, il venait fréquemment deviser et boire sous les marronniers du Temple, à la même table où s'assirent plus tard Jean-Baptiste Rousseau et le jeune Voltaire ; et que ce dernier surtout, vif, brillant, frivole, puisa au sein de cette société joyeuse, où circulait l'esprit des deux Régences, certaines habitudes gauloises de licence, de malice et de gaieté, qui firent de lui, selon le mot de Chaulieu, un successeur de Villon, quoiqu'à dire vrai Voltaire n'eût peut-être jamais lu Villon, et que, pour un convive du Temple, il parlât trop lestement de La Fontaine.....

FIN DU TOME PREMIER.

TABLE DES MATIÈRES

DU PREMIER VOLUME.

	PAGES.
Préface.	1
Boileau.	3
La Fontaine de Boileau, épître.	23
Pierre Corneille.	29
La Fontaine.	51
Racine.	69
La reprise de *Bérénice*.	113
Jean-Baptiste Rousseau.	128
Le Brun.	145
Mathurin Regnier et André Chénier.	159
Documents inédits sur André Chénier.	176
George Farcy.	209
Diderot.	239
L'abbé Prévost.	265
M. Andrieux.	290
M. Jouffroy.	296
M. Ampère.	325
Du Génie critique et de Bayle.	364
La Bruyère.	389
Millevoye.	414
Des Soirées littéraires.	430
Charles Nodier.	441
Charles Nodier après les funérailles.	483
Appendice sur La Fontaine.	493

FIN DE LA TABLE.

Paris. — Impr. de P.-A. BOURDIER et Cie, rue Mazarine, 30.

OEUVRES DE M. SAINTE-BEUVE
DE L'ACADÉMIE FRANÇAISE

GALERIE DE FEMMES CÉLÈBRES

Tirée des *Causeries du Lundi*, par M. SAINTE-BEUVE, de l'Académie française. 1 beau vol. grand in-8 jésus, orné de 12 magnifiques portraits dessinés par STAAL et gravés sur acier par Massart, Thibault, Gouttière, Geoffroy, Gervais, Outhwaite, etc. 20 fr.

CHATEAUBRIAND ET SON GROUPE LITTÉRAIRE

Sous l'Empire, par M. Sainte-Beuve, de l'Acad. française. 2 vol. in-8. 15 fr.

Le même. 2 vol. grand in-18, à 3 fr. 50 c.

CAUSERIES DU LUNDI

Ce charmant recueil, contenant une foule d'articles non moins variés qu'intéressants, forme aujourd'hui, en tout, 15 volumes grand in-18. Chaque volume se vend séparément : 3 fr. 50 c.

PORTRAITS LITTÉRAIRES

Suivis des PORTRAITS DE FEMMES et des DERNIERS PORTRAITS

Nouvelle édition. 4 vol. gr. in-18 jésus à 3 fr. 50.

TOME I. — Boileau, Pierre Corneille, La Fontaine, Racine, Jean-Baptiste Rousseau, Le Brun, Mathurin Regnier, André Chénier, George Farcy, Diderot, l'abbé Prévost, M. Andrieux, M. Jouffroy, M. Ampère, Bayle, La Bruyère, Millevoye, Ch. Nodier.

TOME II. — Molière, Delille, Bernardin de Saint-Pierre, le général La Fayette, Fontanes, Joubert, Léonard, Aloïsius Bertrand, le comte de Ségur, J. de Maistre, Gabriel Naudé.

TOME III ou **Portraits de Femmes**. — Mesdames de Sévigné, de Souza, de Duras, de Staël, Roland, Guizot, de La Fayette, M. de La Rochefoucauld, Mesdames de Longueville, Deshoulières, de Krüdner, de Charrière, de Rémusat.

Derniers Portraits. — Théocrite, François 1er poëte, le chevalier de Méré, Mademoiselle Aïssé, Benjamin Constant, M. de Rémusat, Madame de Krüdner, l'abbé de Rancé, Madame de Staal-Delaunay, etc. 1 vol. grand in-18. . . . . 3 fr. 50

Cette collection de *Portraits*, faits antérieurement aux *Causeries du Lundi*, embrasse une grande variété de sujets, dont chacun est traité avec application et avec étendue : on y trouve quelques études de l'antiquité, plusieurs autres qui appartiennent au dix-septième siècle, et un grand nombre qui portent sur nos plus célèbres contemporains.

PORTRAITS CONTEMPORAINS
ET DIVERS

Nouvelle édition. 3 forts vol. gr. in-18 jésus à 3 fr. 50.

TOME I. — Chateaubriand, Béranger, Sénancour, Lamennais, Lamartine, Victor Hugo, Ballanche, de Vigny, Madame Desbordes-Valmore, Madame A. Tastu, Alfred de Musset, Balzac, Villemain, etc.

TOME II. — Xavier de Maistre, Eugène Sue, Eug. Scribe, Lebrun, comte Molé, Mérimée, Topffer, de Barante, Thiers, Fauriel, Vinet, Nisard, Jasmin, J.-J. Ampère, Brizeux, etc.

TOME III. — Daunou, Désaugiers, Parny, Casimir Delavigne, Leopardi, Louise Labé, Victorin Fabre, Fléchier, Mignet, Théophile Gautier, Pascal, etc. — Homère, Apollonius de Rhodes, Méléagre, etc.

ÉTUDE SUR VIRGILE

Suivie d'une *Étude sur Quintus de Smyrne*. 1 vol. gr. in-18 jésus. 3 fr. 50.

www.ingramcontent.com/pod-product-compliance
Lightning Source LLC
Chambersburg PA
CBHW050558230426
43670CB00009B/1170